独上高楼

王國維 传

陈鸿祥 著

团结出版社

图书在版编目（CIP）数据

王国维传 / 陈鸿祥著. -- 北京：团结出版社，2019.3
ISBN 978-7-5126-6018-2

Ⅰ. ①王… Ⅱ. ①陈… Ⅲ. ①王国维（1877-1927）－传记 Ⅳ. ①K825.4

中国版本图书馆 CIP 数据核字(2018)第 002177 号

出　　版：	团结出版社
	（北京市东城区东皇城根南街 84 号　邮编：100006）
电　　话：	（010）65228880　65244790　（出版社）
	（010）65238766　85113874　65133603（发行部）
	（010）65133603（邮购）
网　　址：	http://www.tjpress.com
E-mail：	zb65244790@vip.163.com
	fx65133603@163.com（发行部邮购）
经　　销：	全国新华书店
印　　装：	三河腾飞印务有限公司

开　本：	170mm×240mm　　16 开
印　张：	23.5
字　数：	340 千字
印　数：	4045
版　次：	2019 年 3 月　第 1 版
印　次：	2019 年 3 月　第 1 次印刷

书　号：978-7-5126-6018-2
定　价：68.00 元

（版权所属，盗版必究）

王国维(1877—1927)

新版题记

王国维是在 20 世纪初登上近代中国的文化学术舞台的。

在他迈向世界学术之林的丰富多彩的生涯中，曾有过多次辉煌：

思索人生之问题，攻读西方哲学，撰写《红楼梦评论》，是他的第一次辉煌；

化合中西，贯通今古，以《人间词话》构筑新的美学体系，是他的第二次辉煌；

雅俗并重，特尊俚辞，以"一代有一代之文学"的进化论观照全局，写定《宋元戏曲考》，是他的第三次辉煌；

青铜甲骨，考史通经，倡"二重证据法"，著《殷卜辞中所见先公先王考》《续考》及《殷周制度论》，是他的第四次辉煌。

他以兼通世界之学术，光大中国之文化的实绩，成为 20 年代清华研究院这座学术重镇的大师，有世界性影响的巨子……

世纪回眸，尤见深邃。

在竞攀 21 世纪文化学术高峰的灿烂岁月里，我们为这位影响无远勿届的大师，推出新版传记，更是为着奋发传承，再创中国文化学术之新的辉煌。

这是我为所撰第一部《王国维传》（团结出版社 1998 年版）写的题记。谨将结尾原文"在 20 世纪即将过的时候"，及"迎接新世纪的到来"等一段话酌予修改，以为新版题记。

陈鸿祥

2017 年国庆日，记于南京龙园寓庐

目 录

001 ——— 新版题记

001 ——— **第一章 一生须惜少年时**

001 ——— 一 出生与时代
003 ——— 二 故乡的人，故乡的潮
007 ——— 三 清寒家境传书香
011 ——— 四 私塾·庭训·游戏
016 ——— 五 笃志坟典，心向新学
020 ——— 六 艰难备尝的科举考试

024 ——— **第二章 维新潮中露才学**

024 ——— 一 来到了《时务报》馆
028 ——— 二 入读"东文学社"
035 ——— 三 知遇罗振玉
039 ——— 四 忧愤赋诗咏"变法"
043 ——— 五 予固非匠石，而公则枏梓也
047 ——— 六 学以致用攻英文

第三章　20世纪之初再抉择 …… 051

- 一　参加"出洋考试" …… 051
- 二　书赠《咏史二十首》 …… 053
- 三　咏史图自强，加注斥排外 …… 058
- 四　试译《势力不灭论》与初介歌德《浮士德》 …… 063
- 五　题照别罗氏，悲欢世纪初 …… 067
- 六　留日忧国运，归来逢"变法" …… 071

第四章　迎来了"兴学热" …… 077

- 一　辛丑《杂感》及其学术解读之失误 …… 077
- 二　"变法潮"中攻西洋哲学，"兴学热"中译西学西书 …… 082
- 三　辨哲学之惑，论教育宗旨 …… 086
- 四　就任通师教职，质疑张謇"废庙立学" …… 091
- 五　《叔本华像赞》与《西洋伦理学史要》 …… 098
- 六　"独学"中的辉煌：《红楼梦评论》 …… 105

第五章　遨游"教育世界" …… 112

- 一　以世界的眼光，主编《教育世界》 …… 112
- 二　礼赞孔子，推尊托翁 …… 117
- 三　译介"教育小说"，益以编者所闻见 …… 122
- 四　本"独立、自由"之精神，批驳张之洞"废哲读经" …… 128
- 五　痛诋"平凡主义"，抨击"以官奖励学问" …… 131

第六章　从《人间词》到《人间词话》

138 —— 一　沧浪亭畔寻诗去
141 —— 二　在学术反思中返读康德，为梁启超指"谬"
148 —— 三　做了"相国门生"
152 —— 四　在"官书坐会"中译刊名著，向辜鸿铭叫板
158 —— 五　你的词就叫"人间"吧！
163 —— 六　《人间词》的哲学意蕴
172 —— 七　《人间词话》的写作与问世
176 —— 八　文论的明珠，不朽的经典

第七章　在"学学山海居"里耕耘

183 —— 一　北京安家
187 —— 二　"学术转向"中的第一著：《戏曲考原》
192 —— 三　"学学山海居"里的奠基作：《曲录》
198 —— 四　学术遗迹："词山""曲海"间的几项耕耘成果
205 —— 五　《宋元戏曲考》的写成及其开创性贡献

第八章　辛亥东渡

212 —— 一　定计东渡，寓居京都
216 —— 二　咏史痛诋"狐媚"术，辛亥风云蕴笔底
225 —— 三　《颐和园词》：封建王朝的最后挽歌
233 —— 四　攻究文史，发兴"温经"
238 —— 五　以新眼光论述国学，协同罗氏考释攻关
242 —— 六　新著迭出，硕果累累

247 ——— 七　应约撰札记，艰难度岁月

第九章　丙辰归国

252 ——— 一　新春佳节返上海

256 ——— 二　"包办"杂志，拒迁"哈园"

262 ——— 三　二考一论，轰动学界

270 ——— 四　面对新文化大潮

274 ——— 五　指导演习古礼，讲授《经学概论》

280 ——— 六　《观堂集林》背后的故事

第十章　"骑马"紫禁城

286 ——— 一　进了"南书房"

289 ——— 二　上书溥仪"论政学"

294 ——— 三　竭尽"愚忠"发抗议

298 ——— 四　煞费苦心撰"忠武碑文"

第十一章　清华园里欢与悲

308 ——— 一　清华研究院第一位到任导师

313 ——— 二　娓娓动听讲古史，老老实实说"不知"

318 ———［附录］　伯希和藏清华国学研究院导师演讲及指导研究题

319 ——— 三　长子英年之丧与挚友断交之痛

328 ——— 四　自沉昆明湖

331 ——— 五　自沉以后的遗响：遗书、遗折与遗墨

339 ———— **第十二章 沉痛的历史教训，不朽的学术业绩**

339 ———— 一　巨大的社会反响
342 ———— 二　沉痛的历史教训
348 ———— 三　划时代的学术贡献
352 ———— 四　引领学术新路的不朽业绩

357 ———— **后记**
360 ———— **补记**

第一章 一生须惜少年时

> 大节勿污千载史,少时便尽百年身。
>
> ——陆游《自规》

一 出生与时代

王国维有词云:"一生须惜少年时,那能白首下书帷!"(《浣溪沙·草偃云低》)他的少年时代离我们已很遥远了,但回望他辉煌的学术业绩,却与我们如此贴近。

1877年12月3日,王国维出生于海宁盐官镇双仁巷的王氏旧宅。他自述,"维之八字为丁丑十月廿九日辰时。"[①]丁丑是牛年,辰时为上午八九点钟。"苦觉秋风欺病骨,不堪宵梦续尘劳。"王国维《尘劳》诗里的这两句诗,倒颇合他的生辰八字:尘世劳碌开始之时,恰是他这头幼犊呱呱坠地之刻。

王国维初名国桢,字静庵,又字伯隅。他十六岁考秀才,名录上已写了"王国维(静庵)"。自此以后,他读书任事、著书立说,悉署此名、字。笔名是五四新文化运动中兴起的。中国人文传统上通行的则是"号"。在王国维曾用之号里,以《人间词话》为标志的"人间",与以《观堂集林》

---

① 王国维《致罗振玉》,《王国维全集·书信》(以下简称《书信》),中华书局1984年版,第300页。

为标志的"观堂",驰誉中外,辉映近现代中国文化学术史册。这当然是后话了。

王国维出生的这一年,是清光绪三年。三岁坐了龙廷的"维新"悲剧皇帝——光绪帝载湉,此时才六岁。继太平天国天京陷落(1864年)之后出现的所谓"同治中兴",随短命的同治帝猝死而告结束;被王国维称为"五十年间天下母"的西太后叶赫那拉氏,其时正怀抱着这位在"狂风怒号,沙土飞扬"的"夜间极冷"①中迎进宫禁"入承大统"的"嗣皇帝","垂帘"操持国政……

然而,在历史的视野里,王国维生当帝制向共和转型的大时代。传统要光大,学术要发展,文化要创新。在此前所未有的大变局中造就继往开来、承先启后的巨匠大师,王国维是其中之一。

与同时代学者相比,王国维在中国近三百年学术史上算是搭上了"末班车"。不过,梁启超只在其学术史结尾对他的戏曲史研究扫了一笔②,因为他的新史学开山业绩胥出于"共和"之后;钱穆则将他与"共和"前的"并世译才数严林"的严复、林纾,自称"清代思想史之结束人物"的梁启超与被梁氏称为"过渡人物"的康有为,以及生前即享"国学大师"盛誉的章太炎诸人一道,列入了学术史

王国维塑像

---

① [英]濮兰德、白克浩司《慈禧外纪》,转引孙孝恩、丁琪《光绪传》,人民出版社1997年版,第21页。
② 参见梁启超《中国近三百年学术史》十五,《清代学者整理旧学之总成绩(三)》十一,《乐曲学》。

"附表"①。

为此,有必要将直接或间接与王国维的学业相关之人物,以其出生先后,列举如下:

属于年长者:王国维出生时,沈曾植(1850—1922)二十七岁,林纾(1852—1924)二十五岁,严复(1853—1927)二十四岁,康有为(1858—1927)十九岁,况周颐(1859—1926)十八岁,汪康年(1860—1911)十七岁,罗振玉(1866—1940)十一岁,刘鹗(1867—1909)十岁,蔡元培(1868—1940)九岁,章太炎(1869—1936)八岁,梁启超(1873—1929)四岁。

属于较后者:王国维长于鲁迅(1881—1936)四岁,长于陈寅恪(1890—1969)十七岁,长于胡适(1891—1962)十六岁,长于郭沫若(1892—1978)十五岁。

从出生与时代来看,中国的近代史是以"维新的先驱"(蒋廷黻语)林则徐厉行禁烟、爆发"鸦片战争"的1840年揭开序幕。岁月已逝,光华犹在。我们以此为大背景,就可以看到20世纪到来之前,王国维出生前后,是19世纪"50后"到"70后"的学者梯次相接,构成了"江山代有才人出"的"人才链";进入20世纪,继"70后"的王国维而"各领风骚"的文化学术人物,就不能不是兼备中西之学的19世纪"80后""90后"了。

思往鉴来,奋发啊!

二 故乡的人,故乡的潮

王国维的故乡海宁,位于钱塘江北岸,古称海昌,于东汉建安五年(200

---

① 参见钱穆《中国近三百年学术史》下册《附表》。按,《附表》起自明神宗万历元年(1573),迄于清宣统三年(1911),于政治思想、文化学术人物,罗列甚众,惟取舍似未尽允洽。例如,表中列有袁世凯,漏孙中山;有王懿荣,遗刘鹗;既以辛亥(1911)为断,则此前出生之鲁迅、胡适等,亦不当遗而不录,等等。

年）开始建县①；其治所，就是王国维的生身之地盐官，它在《越绝书》《汉书·地理志》等古籍中早有记载，是浙江的历史名镇，而今更是闻名中外的观潮胜地。

"千古海昌佳绝地"。在数千年的历史变迁中，海宁名人辈出。除了王氏旧宅所在地"双仁巷"之"双仁"——以志节见重于史的唐代书法大家颜真卿及其从兄颜杲卿之外；譬如，居于海宁历史名人榜之首的干宝，按照鲁迅所述，"晋中兴后置史官，宝始以著作郎领国史"，"著《晋纪》二十卷，时称良史"②。看来，干宝是在东西晋之交，所谓"永嘉南渡"到了海宁，并且以"良史"之笔写出了"鬼神志怪"故事，"神仙灵异"人物的《搜神记》。要讲"魔幻小说"，他堪称鼻祖。

又如，备受黄宗羲推重的史学家谈迁（1594—1657），家境贫寒，以佣书为生。他生当明末清初，身微不忘故国，从二十七岁开始，惨淡经营二十余载，"六易其稿，汇成百卷"，独力写成了四百馀万字的编年体明史《国榷》。初稿甫成，家中遭窃。他身无长物，就这部书稿，却被梁上君子尽数窃走了。黄宗羲为他写传，感叹他此时"家徒四壁立"，但著史报国之志不为所动。以五十三岁之年，坚韧不拔的毅力，重头开始，发愤再写《国榷》；稿成，又走京师、访故旧，不断补充、修订，终于在他去世前一年，六十三岁时完成了这部历史巨著。

我们常说，一方水土养一方人。丰厚的人文资源，则是哺育一方人文的必要条件。在王国维先后期的海宁籍文化名人中，其先者如曾任中国第一所外国语专门学校"京师同文馆"天文算学总教习的李善兰（1811—1882），他是一位被誉为"合中西之各术，绍古圣之心传"（美国丁韪良语），以其著译为近代科学发展作出了杰出贡献的科学家③；其后者则如曾赴美

---

① 据陈伯良《海宁文史备考》（2005年刊本）所载《海宁地名简表》；下述"海宁潮"等若干史料，亦出此书，不复注明。
② 《中国小说史略》，《鲁迅全集》第九卷，人民文学出版社1982年版，第45页。
③ 李善兰先后与英国传教士伟烈亚力合译欧几里得《几何原本》后九卷、侯失勒《谈天》；又与英人艾约瑟合译英国物理学家胡威立《重学》二十卷，等。

留学的"新月派"诗人徐志摩（1897—1931），他作为"现代布尔乔亚的代表诗人"（茅盾语），给中国新诗之发展留下了深刻的影响，而他那首《再别康桥》诗里的"满载一船星辉，在星辉斑斓里放歌"，与王国维词中之"更那堪此夜西楼梦，摘得星辰满袖行"（《鹧鸪天·列炬归来》），一"载"一"摘"，其"意"其"境"，竟如此相通①……

当然，人文之外，还有独具特色的"天下奇观海宁潮"，及由此形成的"潮文化"。那沿钱塘江岸构筑的捍海石塘，被誉为堪与长城、运河比美的水利工程；那北宋年间编制的钱塘江《四时候潮图》，曾被李约瑟《中国科学技术史》专章论述，其问世比欧洲最早的《伦敦桥涨潮志》（1215年）还要早一个半世纪；还有那耸立于盐官镇江堤畔的"观潮亭"，曾在袁世凯称帝破产、共和政制恢复的当年八月十八日（1916 年 9 月 15 日）

世界潮流浩浩荡荡顺之则昌逆之则亡　孙文题

孙中山的咏潮题词

观潮节，迎来了孙中山莅临观潮并亲题"猛进如潮"；而自汉初枚乘《七发》赞叹"状如奔马""声如雷鼓"，"扰扰焉如三军之腾装"的涌潮以来，一代又一代诗人、学者来钱塘江观潮赋诗写下的名篇绝唱，真是举不胜举。

但是，与此同时，我们也不可不注意潮灾之可怕。用今天的话来说，文化是软环境，潮水却是硬环境。"海宁"即寓祈求海潮安宁之意。自唐代至明清的咏潮诗里，屡有"临海人家千万户，漂流不见一人还"；"鱼鳖寻常游巷市，蛟螭顷刻变山川"。潮患给包括海宁在内的沿江各地带来了"门前成巨浸，屋里纳奔湍"；"亭户千家哭，沙田比岁荒"的深重灾

---

① 参见陈鸿祥著《王国维与文学》，陕西人民出版社1988年版，第80—82页。

难;人们只能对天浩叹,"东海若知明主意,应教斥卤变桑田"。坐落在盐官镇大东门内的海神庙,就是清雍正十年(1732年),朝廷"特发内帑金十万两,刺督臣李卫度地鸠工"建造的。庙甚宏伟壮观,于今更成了观潮的重要景点。庙内供奉着二十一尊伟岸的海神,最高大显耀的一尊是伍子胥。他怎会做了"海神"?原来,吴越相争,伍子胥被屡谏不听的吴王夫差赐剑以死,并"盛以鸱革,浮之江中";徒有一腔忠愤的伍子胥临终发誓:"吾当朝暮乘潮,以观吴之败!"于是,在"雷奔电走百馀里"的钱江涌潮中,"时有见子胥素车白马在潮头之中,因立庙以祠焉"。① 伍子胥就这样被请进海神庙,以祈求他的忠魂来保佑一方安宁。

王国维是在"早潮才落晚潮来,惊涛日夜两翻覆"的钱塘潮声中长大的。故乡的人,故乡的潮,令他眷恋难忘。抱愤而终,素车白马,伍子胥的忠魂随江潮冉冉而来了,并且被他写进了咏潮词。其一,《蝶恋花》:

辛苦钱塘江上水。日日西流,日日东趋海。两岸越山浈洞里,可能销得英雄气?

说与江潮应不至。潮落潮生,几换人间世。千载荒台麋鹿死,灵胥抱愤终何是!

其二,《虞美人》:

杜鹃千里啼春晚,故园春心断。海门空阔月皑皑,依旧素车白马夜潮来。

山川城郭都非故,恩怨须臾误。人间孤愤最难平,消得几回潮落又潮生。

词中"两岸越山浈洞里"与"海门空阔月皑皑",其地望相同,都是

---

① 据《太平广记》卷二九一《伍子胥》引《钱塘志》。

指处于龛、赭两山间的海门（其北岸即海宁）。由于江流迁徙，观潮的"佳绝处"由唐宋时的钱塘，逐步改至海门，后来更东移到了盐官。王国维幼时，父亲乃誉公还曾搀着他往海门观潮哩！

三 清寒家境传书香

在与王国维先后期的晚清学人中，有一个近似之处，就是多半出寒门。但近似中又有差异。就王国维而言，追溯原籍开封的远祖，在北宋"四世以武功显，三世死国难"；其中最为忠烈者，则是北宋末年，"靖康之难"中殉国的王禀。遗憾的是，《宋史》未列其传。辛亥革命以后，王国维怀古伤今，为彰显"靖康之局之所以得支一年者，公延之也"的王禀之"勋绩忠烈"，特查考史志，为之补传①，说，王禀驻守太原城，"处无望之地，用必死之兵"，在与金兵巷战中粮尽援绝，身负重创十数处，最后偕同其子王荀，怀抱太原庙中太宗御容，赴汾水而死。高宗南渡，追封王禀安化郡王，谥"忠壮"；赐其子王荀右武大夫、恩州刺史；并召见其孙王沆，传旨在直隶临安（今杭州）之海昌城（即盐官）建造"安化坊"；绍兴六年（1136年）又诏赐建康田十顷、银五百两，以旌其功。王氏遂成海宁"巨族"。

然而，"穷不出五服，富不过三世"。武将世家的王沆，凭着世袭的"安化王爵"，做起了诗酒为乐的"儒仙"。到了南宋以后，明清之际，家道中落，如王国维所说：

> 自宋之亡，我王氏失其职，世为农商，以迄于府君。②

---

① 《补家谱忠壮公传》，《观堂集林》卷二十二，《王国维遗书》（以下简称《遗书》）第四册。
② 王国维佚文《先太学君行状》（1906年）。以下述王乃誉生平出此《行状》者，不再注明。

"府君"即王乃誉，自称"安化郡王三十二世孙"。中国的家族制度是凭着祠堂香火维系的，王乃誉曾在日记里按照"祠堂神主"，录举了自北宋以来列祖列宗的世系。据王国维回忆，他儿时还曾见过秋季祭祖，阖族老少去"安化王祠"焚香祭祀散发的祭单。

说到"安化王祠"，还有个插曲。笔者于20世纪80年代初，从清刻黄宗羲遗集中意外地发现了其子黄百家撰的《宋安化王祠碑》。黄宗羲是著名的抗清志士，又是与顾炎武齐名的"清学"开山，曾数次抵海宁访友讲学，与海宁籍学者陈确（乾初）等商磋学术。他首访海宁在清康熙五年（1666年）[①]。其时，这位少年即位的圣祖皇帝正意气风发，决意昭彰前代忠烈以启其励精图治之伟业；而海宁州官则闻风而动，鉴于海宁城（盐官）东的王氏宗祠"浸淫岁月""风雨飘摇"，乃应王氏裔孙请求，"鸠工庀材，乐成其美"。黄百家的这篇碑文，正是他随父初至海宁时，为修葺一新的"安化王祠"撰的。他缅怀先贤，记述了安化王祠的由来，寄托了对王禀父子忠节烈行的敬仰，实在也可以视为黄氏父子在海宁与前明诸老砥砺志节的活动之一[②]。他俩当然不会想到，二百数十年之后，从"我王氏失其职"的后裔里出了其成就足以度越"前清诸老"的王国维这样一位学术大师！

那么，到了王国维的父辈，家境又是怎样呢？据王国维记述，父亲乃誉公"少贫甚"，又值"洪杨之乱"（太平天国革命）。十三岁（1860年）那年，逃难到了上海。王国维的曾祖父、祖父，均在逃难中客死上海。王乃誉一贫如洗，只能向亲友借贷给两位老人收殓，并进了杂货铺当学徒；战乱过后，才随同杂货铺返回海宁，嗣后又投奔了一位在江苏溧阳做县令的亲戚，弃商为吏，生活趋于稳定，并有了较好的成就学业的条件。按照王国维自述，"余家在海宁，故中人产也。一岁所入，略足以给衣食"。[③]

---

① 参见钱穆《中国近三百年学术史·附表》，商务印书馆1997年版，第808页。
② 《宋安化王祠碑》，黄宗羲《南雷集》附录《学箕初稿》卷二。
③ 王国维《三十自序》一，《静庵文集续编》，《遗书》第五册（以下引《自序》，不另注明出处）。

这大致是他出生时的家境。后来，他女儿王东明追述这段家史，说，"我家原属小康，洪秀全、杨秀清之乱，遭遇变故，仅乘薄田二十来亩，老屋一幢，祖父乃誉公游幕各方，仅得糊口。"① 所谓"游幕"，就是做县衙里的"师爷"（幕僚）。有的学者说王乃誉是"小官僚"，看来不尽确切。尤其是中年以后，乃誉公辞了县衙差使，只能居家搞点字画、文物鉴定之类"副业"，赖以"给衣食"者，主要是祖传的那二十来亩田产。据我们查访，旧时米珠薪桂，稻谷产量不高。江浙一带富庶之地，正常年景亩收租子合粳米五斗（每斗十六斤）；二十亩"一年所入"，约计租米十石（每石十斗），这应该是"仅得糊口"的基本来源了。所以，直至20世纪20年代初，王国维在与长子潜明的通信中时有道及家乡风雨年景，说到秋旱，则谓"农田望泽极殷"，"如日内能得雨，则江浙两省尚可望丰年也。"② 等等，其口吻不啻老农耳。

不过，话得说回来。虽然家境清寒，综观王乃誉一生（1847—1906），却不失为承传书香的儒雅君子。他字与言，号纯斋，改号承宰、娱庐。早年帮人经商之余，攻读诗古文辞，研习书画篆刻，可算"亦商亦儒"；壮年借"游幕"之便，足迹遍及苏杭各地，交结学者，寻访大江南北名门望族所藏书画文物，学业大进，应属"亦吏亦儒"，尤其热衷于宋、元、明、清书画及金石器物的蒐集研究，是一位当之无愧的金石学家、书画鉴赏家，诗文造诣亦甚深。王国维在他逝世时写的《行述》中感叹：

王乃誉山水册页

---

① 王东明：《先严王国维给子女所铺的路》（1977年），据赠送笔者的打印稿。
② 《致王潜明》（1922年8月16日），《学术集林》卷十一，上海远东出版社1997年11月。

> 呜呼！君于孤贫之中，阛阓之内，克自树立。其所成就，虽古人无以远过，而年不跻于中寿，名不出乡里，是亦可哀也已！

很明显，王乃誉无学历，无名位，完全是在贫困中苦学成才。他除了攻究褚（遂良）、米（芾）、董（其昌）诸家书法，广习历代画技以外，还撰写了一批考证文物、论述书画的专著，如《游目录》《古钱考》《画衍》《题画诗》，以及《娱庐诗集》等；特别是那部三十巨册、取名《娱庐随笔》，起自清光绪三年，迄于"易簧"（病逝）前一日，"三十年如一日"的日记，文史价值极高。① 从王国维出生到"三十而立"的成长足迹，与夫乃誉公本人在此三十年"世变"中的心迹，以及海宁风土名物等，皆

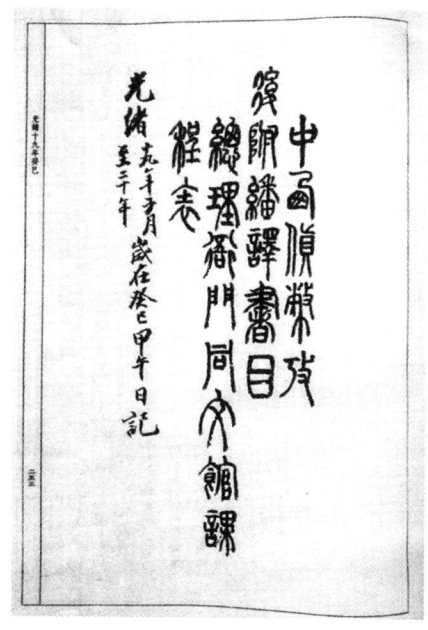 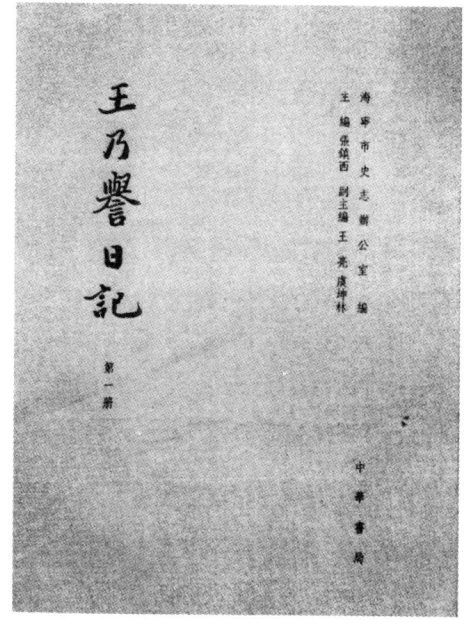

《王乃誉日记》之一页　　　　　《王乃誉日记》2014年影印本封面

---

① 《王乃誉日记》（中华书局2014年7月影印出版），凡五巨册，二千八百二十余页，起自光绪十七年辛卯正月初一日（1891年2月9日），迄于光绪三十二年丙午闰四月十九日（1906年6月10日），适为其"不辍者三十年"之半；自第四册后半（二千一百页以下）至第五册，为王乃誉论述金石、书画之遗著，包括《竹西卧游录》《画粕》《题画诗》《可人》《古钱考（附：王氏尊斋收藏古钱拓本）》《如是观偶录》等，亦皆手迹原稿影印，至可宝也。

可由日记中见之,故虽自谦所记多"细故",实乃是这位饱经沧桑的老人留下的珍贵历史文献,亟待王氏后人及其他学界同仁研发以为今用。

四 私塾·庭训·游戏

这样看来,王国维少年时,有很好的家庭文化氛围,有知书饱学的父亲,这对他的读书成才非常重要。

在王氏家族中,王国维是长房长子。不幸的是,生母凌氏,在他三岁刚离襁褓时就过世了,留下一女一子,就是王国维及其胞姐蕴玉。

我们从《诗经》里就可以读到,"无父何怙,无母何恃"。(《小雅·蓼莪》)缺乏母爱的孩子是很可怜的,在所入仅是温饱的家庭里,当然不可能雇请专职奶妈,幼小的王国维只能交托祖姑母抚养。他自称"体素羸弱,性复忧郁"(《三十自序》一),实在与他自幼失母恃相关。王国维后来主编《教育世界》杂志,十分关注幼儿教育,亲自译述《叔本华的遗传说》,并写《书后》列举孟子所以成圣贤,由于有贤母;曾国藩兄弟所以有"刚毅性格",亦得自母教;他还专门撰文介绍"老夫少妻型"的歌德父母,说,老成的父亲是位法律学家,教子苛严,执意要养成歌德果敢之性;而年轻美丽的母亲则温柔活泼,爱抚之外,更以各种富有想象的童话故事开启歌德的智慧。字里行间表露了王国维十分向往歌德有一位"容止娴雅,饶于艺术之趣味"的贤母,称赞歌德"诗才之高,寓言之妙,想像力之丰富,谓非传自乃母,安可得乎?"[①]。

不过,王国维虽失恃,却有怙,有一位严而不失其慈,传统而又开明的父亲。旧称父教为"庭训"。他的父亲王乃誉则将私塾与庭训较好地结合了起来。

七岁(实龄六岁)那年,王国维进了私塾,由一位名叫潘绶昌(字紫贵)的老先生发蒙教读,无非是三(《三字经》)、百(《百家姓》)、千(《千

---

① 《格代之家庭》(上),《教育世界》第80号,甲辰六月下旬(1904年8月)

字文》），"四书"白文（即不加注释的读本）之类。这样读了四年，相当于后来的小学。

十一岁（1887年），王国维到了"习举子业"的年龄。他随全家从城内双仁巷旧宅迁入城西南的周家兜新居。这就是现已成为国家重点文物保护单位的"王国维故居"。当时，乃誉公以他经商、游幕，积攒了半辈子的银两营造，砖木结构，坐北朝南，前为平房，后进楼房，中有天井，是一座颇具江南特色的庭院，且出门不远就可以上江堤观潮。虽说不上"大宅门"，却也达到了小康居住水平。

海宁盐官镇当年故居

海宁盐官镇现故居

迁入新居后，王国维改入了离周家兜不远处的一家私塾。这是乃誉公亲自为他择定的。塾师陈寿田，是李善兰的学生。他曾以庠生（秀才）的资格就读于总理各国事务衙门同文馆（即京师同文馆），肄业以后返家设馆授徒，讲授的也还是应举必需的"四书""五经"，旁及《左传》《通鉴》、诗古文辞，以及教作"时文""八股"（即所谓"制艺"），等等。王国维回忆这段读书生活，特别怀念从私塾放学回家以后的课外阅读，说：

家有书五六箧，除《十三经注疏》为儿时不喜外，其余晚自塾归，每泛览焉。（《三十自序》一）

这是很值得注意的，说明王国维并非像后人揣测的那样，十来岁就"熟读《四书》《五经》"，而不问其他。相反，王国维虽被誉为"国学大师""新经学家"，但却坦然承认，他儿时最不喜的恰恰是列入《十三经》的这些儒家经典！而王氏祖辈数代"国学生"，藏有五六箱书，乃在情理之中；他一生"惟以书册为伴"，正是承袭了家风，并且是从幼时酷爱课外阅读开始的。我们如果再翻阅王国维后来写的诗文，还可以看到：从汉代《古诗十九首》，到楚辞《离骚》《天问》，他如数家珍；从屈（原）宋（玉）马（司马迁）班（固），到扬雄、三曹（曹操父子）、左思、陶潜，他信手拈来；唐诗宋词，韩（愈）柳（宗元）欧（阳修）苏（轼），李（白）杜（甫）陆（游）辛（弃疾）诸家，尤不在话下。晚年在清华研究院的"师生同乐会"上，梁启超脱口而出咏他精心校注过的孔尚任《桃花扇》名段，而王国维则随口背诵《文选》卷首的张衡《西京赋》。作为中国最早的文学总集，《文选》起自周代，迄于六朝，跨越将近八百年，入选一百三十位知名作者、三百多篇（首）经典性诗文作品。梁启超曾夸赞他的老师康有为背诵《杜工部集》，能从最后一首倒背至第一首，一字不遗；我们虽不敢妄断王国维能将《文选》从头背诵至尾，但有理由认为，在他"晚自塾归，每泛览焉"的读物中，《文选》应该占有重要位置。况且,整天关在私塾里,读得孩子们"视天茫茫"。心智的开启,求知欲的满足,家中那五六箱藏书,不正好为他提供了丰富的知识资源吗?

这一年,王乃誉辞离了溧阳县衙,返回海宁家中。据王国维异母弟国华(字哲安)追述:

> 丁亥(1887年),先大父嗣铎公弃养,先君遂里居不出,以课子自娱。发行箧书,口授指划,每深夜不辍。时先兄才十一(岁)耳。诗文时艺,早洛洛成诵。①

此时,乃誉公正当"四十不惑"之年,自谓"粗茶淡饭苦难全,莫为奢华体面牵"(《岁暮题零用册示儿》)。他借为父服丧"丁忧"辞职,从此居家不出,莳花栽竹,书画自娱,把精力倾注于长子的教育。在近现代学者中,梁启超十分怀念他的祖父、梁氏家族中"第一个秀才"梁维清,但这位老秀才也只是以十二岁拜相的甘罗来激励少年梁启超九岁赶考,十一岁中秀才;胡适"爆得大名"后撰文追怀"含辛茹苦"养育他成才的母亲,

故居内之书房

---

① 王国华《王静安先生遗书序》,《遗书》第一册。

但母亲也只是以他父亲临终遗命"必令适读书",对他"督责至严"等等,而像王国维父亲这样壮年辞职,居家"口授指划""深夜不辍",通过"庭训"以教子成才,实在是不多见的。

这里,应当补述的是,读书固然构成了王国维少年生活的"主课",但除此之外,还有游戏,在王国维看来也是一项不可缺少的活动内容。

后来,他曾以《端居》为题,写了三首五言古诗:

端居多暇日,自与尘世疏。处处得幽赏,时时读异书。高吟惊户牖,清谈霏琼琚。有时作儿戏,距跃绕庭除。角力不耻北,说隐自忘愚。虽惭云中鹤,终胜辕下驹。如此复不乐,问君意何如?

阳春煦万物,嘉树自敷荣。枳棘苕其旁,既锄还复生。我生三十载,役役苦不平。如何万物长,自作牺与牲。安得吾丧我,表里洞澄莹。纤云归大壑,皓月行太清。不然苍苍者,褫我聪与明。冥然逐嗜欲,如蛾赴寒檠。何为方寸地,矛戟森纵横。闻道既未得,逐物又未能。衮衮百年内,持此欲何成?

孟夏天气柔,草木日夕长。远山入吾庐,顾影自骀荡。晴川带芳甸,十里平如掌。时与二三子,披草越林莽。清旷淡人虑,幽茜遗世网。归来倚小阁,坐待新月上。渔火散微星,暮钟发疏响。高谈达夜分,往往入遐想。咏此聊自娱,亦以示吾党。

诗中称"我生三十载",是指王国维写诗的时候(1903年,实为二十七岁)。在现实的"人间",即使"方寸"之地,亦"矛戟"纵横;于是,他回到童年,唯在游戏、赏景、郊游、夜读及与友人谈笑中逃离"世网",进入"忘我"或"无我"之境。而在他所写的"儿戏"里,又有着相当丰富的内容。诸如"角力",即体育活动;"说隐",既包括猜谜在内的智力比赛;还有走出课堂、书房,结伴远足、郊外踏青等等,都是促使青少年德、智、体、美健康发展所不可或缺的。后来,他还通过《教育世界》杂志,译载了《哥罗宰(按,今译谷鲁斯)氏之游戏论》(1905年)。按照谷鲁斯（Groos，1861—1946）在其《人类的游戏》①一书《导论》中所作的论述，游戏，对于动物来说，乃出于保存种类的本能，是为了锻炼幼小动物以后生活而作的一种"准备和练习"。游戏活动给儿童提供了一个极好的机会，使其天生的各种禀赋得到锻炼，从而增强了他以后适应极其复杂的生存环境的能力②。

这样，我们可以《端居》诗勾勒的图景，结合下述王乃誉"庭训"的内容，构想少年王国维亲历的以智育为中心，读书与游戏相辅的"课子图"，试列简表示之：

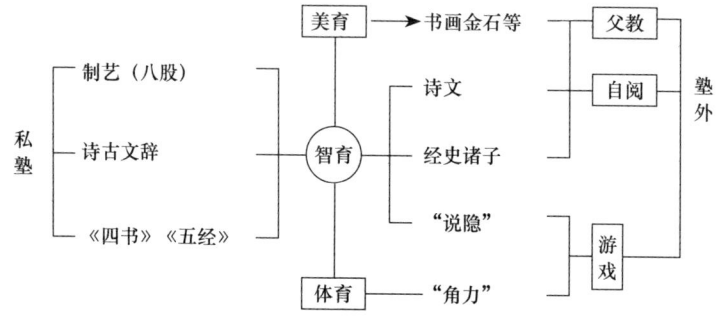

五　笃志坟典，心向新学

那么，王乃誉又是怎样"口授指划"的呢？首先应该说，乃誉公从自己孤贫苦学的经历中，倍感"求才难，而欲望子弟才过其父尤难"。王国维幼失母恃，落落寡欢，瘦弱，多病，望子成才心切的乃誉公甚至担心，"少年毫无英锐不羁，将来安望有成？"从这一时期的乃誉公日记中可以看到其"庭训"的内容，倒也不尽是"子曰""诗云"，也不是"时文""八股"；

---

①　据笔者长女陈君艳从美国依阿华大学图书馆查阅，谷鲁斯《人（类）的游戏》（Play of Man，1916年英译本）《作者前言》称：《动物的游戏》（Play of Animals）德文原著出版于1896年，英译于1898年；《人的游戏》德文原著出版于1898年，英译于1901年。《教育世界》译载之《游戏论》，盖出诸《人的游戏》一书。

②　转引蒋孔阳译《近代美学史述评》，上海译文出版社1980年版，第19—20页。

他"深夜不辍",认真"课子",首先是教书法,辛卯正月十三日"上灯节"(1891年2月21日)之夜,他督责王国维"作字"云:

> 初为静(安)指示作字之法。游衍随意,尚不足遣。盖久闲欲骤坐定甚难,可知懒惰害人,而人不自觉,犹马之脱缰,鹰之脱鞲,一纵不可复收。少年宜自惩戒也。①

当年秋七月,乃誉公又教以写楹联:

> 伯氏又送挽诗来请,遂属静(安)踵成之,并兼书楷焉。盖教其不可畏事,亦不可卤莽。即此小事,亦犹磨镜然,极至精光,落笔何难耶?②

大家知道,少年李白从"铁杵磨针"中受到启发,发愤戒"惰"而成就其学。王乃誉则以"磨镜"为比,认为各种学问都是从苦学中打磨出来的。他欲借教"作字之法"(书法),要求儿辈坐得定,静得心,戒"游衍",勿"懒惰",其一丝不苟的精神是可贵的。据王国维后来回忆,乃誉公自己直到晚年还每天临帖数千字以为"常课",并且"现身说法",把着手教王国维怎样把字写得"气韵生动,趣味闲逸",端秀厚重,不"游"不"草"。

与此同时,作为王乃誉"庭训"的再一项重要内容,是教导王国维题诗作对。后来被王国维写入《人间词话》的"著一'闹'字而境界全出矣"之名句"红杏枝头春意闹",就是乃誉公从海宁著名的仰山书院取来教王国维作"童题诗"的题目。所谓"发行箧书",则是指乃誉公"游幕"归家,随身带回了一批书画文物,供王国维阅读、观摩;乃誉公还总结自己鉴赏文物的经验,传授"鉴赏四毋"秘诀:"毋为重名所骇,毋为秘藏所惑,

---

① 《王乃誉日记》,中华书局2014年影印本,第一册第8页。
② 《王乃誉日记》,中华书局2014年影印本,第一册第75页。

毋为古纸所欺,毋为拓本所误。"王国维虽不以书法名家,亦不以鉴赏招摇,但他那一手充满书卷气的端厚楷书与对古器物的鉴别功夫,殆莫不源于这样的"幼功"。他为《国学丛刊》作《序》,说"一切艺术悉由一切学问出",真是道出了个中奥秘。

当然,除了"庭训"之外,王乃誉也非常关心私塾里的教学,因为这是"习举子业"的主要课堂。他曾亲自拜访塾师陈寿田,了解王国维的学业,督责他学好各门课程。就这样,王国维在陈寿田帐下又读了四年,其"学历"应相当于后来的初中。一年之后,他参加壬辰年(1892年)岁试,果然不负乃誉公所望,以二十一名入了"州学"。

王国维十六岁(实龄十五岁)考中"秀才",这使他"名噪乡里",与同乡陈守谦、叶宜春、褚嘉猷一起,被称为"海宁四才子"而推他为第一。陈守谦回忆说,那时他们每天都见面,"上下古今,纵论文史;或校勘疑误,鉴别异同;或为词章,彼此欣赏。"[①]这也正如王国维词中所咏:"跌宕歌词,纵横书卷,不与遣年华。"(《少年游·垂杨门外》)乃誉公担心他"少年毫无英锐不羁",看来是多虑了。

由于家学的熏陶,王乃誉的影响,按照王国华的说法,"先兄一生淡名利,寡言笑,笃志坟典,一本天性;而弱冠内外,其有承于先君子者尤众"[②]。所谓"坟典",虽内涵了经史诸子,但从王国维这一时段的读书意向来看,最"不喜"的乃是他后来称之为"高头讲章"的《十三经注疏》,而他所"笃志"的则是古史,自述:"十六岁见友人读《汉书》而悦之,乃以幼时储蓄之岁朝钱万,购前四史于杭州,是为平生读书之始。"(《三十自序》一)"前四史"者,《史记》、前后《汉书》及《三国志》。孔子称"吾十有五而志于学"。王国维则把十六岁赴杭州应试,拿出幼时积蓄的"压岁钱"购读《二十四史》前四部大书作为"读书之始"。对此,乃誉公是称赏的,并在日记中记下了王国维所购唐镜香"细批《汉书》",

---

① 陈守谦《祭王忠悫公文》,《王忠悫公哀挽录》,罗氏天津贻安堂刊本,1927年。
② 王国华《王静安先生遗书序》,《遗书》第一册。

称"朱墨灿然,可宝也"。①

不过,王乃誉并不赞同过早地因"嗜古"而入手"考据",说,"髫年须文字光昌,不应走入考据。"②对王国维与他的少年朋友"纵论文史""校勘疑误",颇不以为然。他认为,这样钻古籍,喜考据,不免好高骛远,"名为高,实则懒;名为有学,不苟且,实则无作为耳"。尤令乃誉公吃惊的是,五月仲夏的一个早晨,他刚起床,就发现王国维独个儿躲在书房里撰"条驳"俞樾的《群经平议》③,这使他老人家深为不安,严加批评不该如此"率直"地"责备人",并教导说:

> 至论笔墨,若果有确见,宜含蓄谦退以书。否则,所言非是,徒自取妄;即是,亦自尊太过,必至招尤集忌,故(宜)痛戒此习;若仍不改,难免召祸耳!④

其实,包括"考据"在内的"笃志坟典",只是王国维出诸"天也"的喜好。到了"条驳"俞樾的甲午年间(1894年),他心向往之的乃是"新学"。按照王国维自述,"甲午之役,始知世尚有所谓新学者。家贫不能以赀供游学,居恒怏怏。"(《三十自序》一)在此期间,乃誉公一方面不无责备地说王国维"其性讷钝,好谈时务,嗜古籍而不喜于帖括",欲通过"新学","以期通达中西要务以自立";另一方面又欣然为王国维抄录上海《申报》所载"总理同文馆(即"京师同文馆")课程"及《翻译书目》",认为"实今时务之急也"。乃誉公还录示"康梁疏论"(即康有为、梁启超上书光绪帝的"公车上书"),关注"变法""维新"。所以,王国维追思当年,

---

① 《王乃誉日记》,中华书局2014年影印本,第一册第270页。
② 《王乃誉日记》,中华书局2014年影印本,第一册第265页。
③ 《群经平议》,同治五年(1866年)刊印,是俞樾综论群经的代表作,所"议"之书包括:《周易》《尚书》《周书》《毛诗》《周官》《考工记》《仪礼》,大小戴《礼记》,《春秋》公羊、谷梁、左传,《国语》《论语》《孟子》《尔雅》等;由此可反证王国维十六七岁研读"坟典"的范围之广。
④ 《王乃誉日记》,中华书局2014年影印本,第一册第344—345页。

曾说，"今日（1906年）所行之各新政，皆藐孤等二十年前所习闻者也。"（《先太学君行状》）

六 艰难备尝的科举考试

不过，也应当指出，天才人物的"知"尽可以"先时"，其"行"很难不受他身处的环境制约。这或许是一种历史的"宿命"吧！

王国维的少年尚处于科举时代。他父亲乃誉公尽管"淡名利"，并很早关心"新学""新政"，思想比较开明，但既要望子才过父辈，标志还是"功名"。据他的日记所记，宋亡后"世为农商"的王氏家族，自明至清，虽不乏读书种子，却唯一人中举（"十九世考孝廉"），其他在科考中仅止于"庠生""国学生""廪生"，无有超过"秀才"者；而被王国维尊之为"先太学君"的乃誉公早年遭际太平天国"世乱"，失去了应试的机会，所谓"太学君"，那应该是对读书人的敬称，并不代表其实际的"学历"；所以乃誉公中年"居家不出"，烦神操心，亲自教读，说到底还是为着让王国维在科举考试中打个"翻身仗"。

但科举真要"中式"，谈何容易！

即以"岁试"考秀才为例。这是科举的起点。凡应考者就算年届六七十岁老翁，还得称"童生"；而童生要考上秀才，须经县、府、院三类考试，县、府试又各考五场，只要有一场不过"关"，就得"刷"下来，被取消考下一场资格。可见考个"秀才"功名，其难度也绝不亚于后来的"高考"！

再看王国维十六岁考秀才。那时海宁称"州"，隶属杭州府。考前考后，王乃誉张罗不歇。考前，他借来"朝考卷"等科举试题，供王国维用心研习，自己在旁帮助分析评议，做迎考准备；县（州）考揭晓（即"出案"），他手搀幼子国华，偕同王国维来到州府衙门前看榜；见得了名次，旋即备船为王国维去杭州参加府试作准备，但甚担心在府试中"弃甲曳兵"败下阵来。令乃誉公欣慰的是，王国维并未"妄意自为无敌"，府试也顺利通过。他虽难掩窃喜之情，但在日记中说，亲友"赞静儿不去口，余不以为然"。这是因为，入"州学"做"诸生"，那不过具备了塾师资格的"秀才先生"，还只是个"布衣"。关键是乡试，就是考举人。一旦中试，就可以"公车"赴京会试，有望登科中进士；即使考不上，做了"举人老爷"亦可退而谋个一官半职。所以，那时的秀才莫不以应乡试、中举人，才算"正途"。

乡试称"大比"，农历八月间在省城举行，故亦名"秋试"（即"秋闱"）。清制：乡试三年一次，逢子、午、卯、酉为"正科"；遇朝廷庆典，则加开"恩科"。王国维"壬辰岁试"入"州学"，翌年癸巳（1893），乃誉公命他马不停蹄再赴杭州，备考入"秋闱"，应属于"恩科"。但是，王国维既"不喜帖括"，"尤不屑就时文（即八股）绳墨"；他本人也坦然承认，所谓"八股制艺"，虽在私塾学做，惟"用力不专，略能形似而已"。所以，据与他"相偕入闱"的陈守谦回忆说，在"癸巳大比"中，他"不终场而归"，看来是交了"白卷"。

在此，我们应当补上一笔的是，导致鲁迅祖父周介孚入狱的科举大案，虽历来受到学术界关注，但却无人注意到此案发生的时间。据笔者查考，此案正是由"癸巳大比"引发的。当时，这位有着进士"学历"并做了"内阁中书"的介孚公，本来"丁忧"告假在家，却不甘寂寞，硬要从绍兴奔赴苏州，拜访主持当年浙江乡试的"同年"殷如璋、周锡恩二位考官，并唆使跟班给殷、周两人悄悄送上装有一万银两期票的信封，试图为几个亲戚朋友应考"通关节"。结果，东窗事发，锒铛入狱，判了"斩监候"（即"死缓"），弄光全部家产且不说，还差点儿掉了脑袋！

从此次介孚公的"贿赂公行"案中，鲁迅不仅领略了家道破落的世态炎凉，也看破了科举考试的腐败。那么，"方治举子业"且"入闱"交了"白卷"的王国维又是怎样呢？陈守谦说，"以是知君之无意科名也"，应为实情。与他同时的少年才俊，在留学潮中纷纷出洋留学，如"海宁四才子"之一的褚嘉猷不久就东渡日本进了早稻田大学。王国维则苦于"家贫无赀"供出国留学，他父亲乃誉公更催促他继续备考应试，所以他只能在老家海宁到省城杭州间奔忙补习"举子业"。恰如后来成了他在东文学社的同窗挚友樊炳清所说：

> 弱冠游庠，寻肄业杭州之敷文书院。两应乡试不售。①

这里说"两应乡试"，首次即上述"癸巳大比"。但据王乃誉日记，王国维首试"不售"后，仅有"住崇文书院"的记载，时在翌年甲午（1894年），这是乡试"正科"之年。王国维于正月初三乘船赴杭州，乃誉公还亲自写了封信交王国维，带给一位叫沈宽夫的老友，"嘱其代考甄别，俾列秋试之卷"。②由于当年七八月间爆发了中日甲午之战，他未能等到"秋试"就返回了海宁。

王国维再赴杭州在乙未（1895年）五月，仍住崇文书院。何谓"游庠"？盖指各书院为应试士子举办的科举预备考试，所谓"代考甄别"，应即指此。例如，直至二十七岁（1886年）考上秀才的汪康年，在中举之前数年间，就曾多次参加了"杭城敷文、崇文、紫阳三书院，例于朔望试士子"的预备考试③。是故，王国维"住书院"，无非借以住宿、就餐，而"游庠"则类似于汪康年当年参加有关书院的"试士子"。需要说明的是，杭州原有敷文、崇文、紫阳、诂经精舍四大书院，到王国维"游庠"时只剩崇文书院尚有数斋，供来杭应试学子住读，敷文书院则已改建为"敷文讲学之庐"（1892年改建）；加之住书院食宿费用昂贵，所以王国维每次来杭州备考，多则一两月，少则十数天。数年间多次往返，终于迎来了丁酉（1897年）秋试。这时，他已过"弱冠"（古称二十岁"及冠"）之年，且结婚成家。乃誉公殷望他第二次"入闱"能夺个举人功名，无奈他"不守时文绳墨，不肯入时流"，仍败北而归。

---

① 樊炳清《王忠悫公事略》，《王忠悫公哀挽录》，罗氏天津贻安堂刊本，1927年。
② 《王乃誉日记》，中华书局2014年影印本，第一册第292页。
③ 汪诒年《汪穰卿先生传记》，中华书局2007年版，第222页。

艰难备尝的科举啊！

迄于1905年清廷颁旨，明令废止科举，包括康有为、梁启超等维新人士在内的近代学者，无不一考再考，逐鹿科场。例外的或许仅有"疯子"自况的章太炎。他十六岁（1883年）遵父命起程参加县"童子试"，突发"眩厥症"倒地，自此再未赴考。罗振玉晚年还曾以此数落章氏，说，章炳麟（太炎）幼年得癫痫病，下场曳白而出（即交"白卷"），连个秀才都没考上，因而胸中燃起"排满"之火，提倡革命。蔡元培与章不同。蔡中进士，点翰林，不怕不飞黄腾达，但他却要坚持革命立场，弃官不做，不夹杂个人穷通得失思想在内，这可以叫真革命①。罗氏的这番话，堪称以科举成败论革命了，对蔡的褒扬固然很对，而在对章的贬抑里则有着显而易见的"遗老"意气。在我们看来，真正难以理喻的倒是留洋归国者如严复，他留学归来已成大名，却因为非"正途"出身而"发愤治八股"，历经光绪乙酉（1885年）、戊子（1888年）、己丑（1889年），直至王国维"不终场而归"的癸巳（1893年），接连四应乡试，均榜上无名。嗣后，就像现今做了"博导"理应有个"博士"衔，当了高官尚须谋个"高学历"一样，严复虽相继荣任了京师大学堂译书局总纂，安徽大学堂、复旦公学校长，又是王国维任学部"名词馆协修"的顶头上司（总纂），却还要在科举已废的1909年，与辜鸿铭、詹天佑三位海归大名士一道被清廷赐了"文科进士"。

科举制度早已废止，而被某些西方学者称为"中国第五大发明"的科举何故而"寿终正寝"？这个问题并未画上句号。当年，王国维虽说"无意科名"，但逼于情势，"十六岁入州学"以后，五年之中，两应乡试，皆名落孙山，这才使他彻底绝了科举念头。路在何方？王国维与他的同时代人都曾苦苦地思索、寻觅……

---

① 参见罗继祖《庭闻忆略》，吉林文史出版社1987年版，第104页。

第二章　维新潮中露才学

> 试玉要烧三日满，辨材须待七年期。
> ——白居易《放言五首》之三

一　来到了《时务报》馆

1898年，是中国近代史上著名的"戊戌变法"之年。

这一年元宵佳节刚过，王国维"沪事已成"，全家忙着为他添制出门的衣物；他一面打点行李，一面"至各处辞行"；他的父亲乃誉公更鉴于"静初次远行，上海本在头游，定送之出"，①决意护送他前往上海的《时务报》馆。

抵沪后，王国维首先给为他"导夫先路"的引荐人许家惺写信致谢，并且报告了来报馆数天内，谒见总理馆务的汪康年及其他报馆同仁的简况。落款时间为"正月二十七日"（1898年2月17日）②。从王乃誉日记所记行程，我们可以得知，位于沪杭线中段的海宁，那时走的都还是水路。父子俩于正月二十四日午后从盐官家中出发，二十五日晨于硖石乘王升记轮船，船经平湖一路"呜呜"吼着开行，激起泼剌剌的波浪，那情状就像茅盾的名作《春蚕》里写的；他从头天午时上船起航，过了一宿，至二十六

---

① 参见《王乃誉日记》，中华书华2014年影印本，第二册第821页。
② 王国维《致许家惺》，《书信》第1页。按，《书信》收录致许家惺书札二十一通，均误作"致许同蔺"，特予说明。许家惺（1873—？），字警叔，号默斋，别号车雷，浙江上虞人，王国维少年同学，曾充《时务报》书记，旋辞职荐王国维代之。

日上午才到达上海。①

这时，王国维年方二十一岁。虽结了婚，成了家，但尚未立业。按照罗振玉所说，"公时方冠，有以自试，且为菽水谋，乃襆被至沪江。"②"襆被"就是铺盖卷，并扼要道明了他此番来沪之目的，一是所谓"自试"。科举既名落孙山，故想通过《时务报》以展他"自奋新学"的抱负；二是求职谋生。他是有秀才"学历"的读书人，进报馆起码可以挣一份坐"写字间"的薪水。

由于"头游"上海，人生地不熟，王乃誉全程陪同。王国维下了轮船，踏上"十里夷场"的上海滩，脚登元宝式棉鞋，身穿厚墩墩的土布棉袍，肩挎了个铺盖卷，纯然是一副上海话里的"乡下人"模样。所谓"上海繁华，只在租界"，是那时的实在情形。从外滩到《时务报》馆所在的英租界四马路石路，"华夷杂糅"、熙熙攘攘，使他置入了一个完全陌生的世界。尤其是耸立于租界里的那一幢又一幢豪华阔绰的高楼巨厦，给予他的视觉冲击，是如此强烈。他后来曾写了一首《鹧鸪天》词：

阁道风飘五丈旗，层楼突兀与云齐。空馀明年连钱列，不照红葩倒井披。

频摸索，且攀齐，千门万户是耶非？人间总是堪疑处，惟有兹疑不可疑。

笔者在20世纪80年代撰王国维年谱，曾指出："《鹧鸪天·阁道风飘》：层楼突兀与云齐、千门万户是耶非，如非寓居十里洋场之上海，恐不能有如此描写。"③近年，注家认同"这一推测极有道理"，并稽古征今，再申此词"所描绘的是当时上海景象是可以肯定的"；阐释词中"是耶非"

---

① 参见《王乃誉日记》，中华书华2014年影印本，第二册第822—823页。
② 罗振玉《海宁王忠悫公传》，《丁戊稿》，罗氏己巳（1929年）大连刊本。
③ 陈鸿祥著《王国维年谱》，齐鲁书社1991年版，第88页。

与"堪疑处",乃是"表达了作者到上海后,对上海半封建半殖民地条件下的畸形发展产生疑问:天堂耶?地狱耶?"这既使作者"惊诧",又"引起他深思"①。对此,我们亦颇有同感。不过,由于年代久远,时移境迁,一般的读者可能会觉得此词"隐晦难懂"。例如,起句"阁道风飘五丈旗",本于《史记·秦始皇本纪》阿房宫,"上可以坐万人,下可以建五丈旗"。并表明作者写的决非流布后世的"彩旗飘飘"之类"顺口溜",而是深见"积学功夫"的"学人之词"。然而,太史公笔底之"可以建五丈旗",乃是一个"建筑规划",所谓"建"犹言"竖立",是标于图纸上的"五丈之旗也"(唐·司马贞《史记索隐》);而王国维词中之"阁道风飘五丈旗",则是写实。盖"建"与"飘"虽一字之差,却有虚实之别,古今之分,仿王国维《人间词话》用语,"著一'飘'字而境全出矣"。这个境界,正是突显了租界乃洋人之"天堂"。

为说明王国维词中之"飘"的写实性,拨开历史的烟尘,还其本然之"真",我们还可以举证旧上海的"老照片"。例如,由柳亚子作序的《上海研究资料》(1935年)一书收录之公共租界南京路街景照片,恰好摄于王国维抵沪的1898年,但见马路两侧商楼鳞次栉比,店铺客栈、酒楼茶肆、戏院烟馆、赌场娼寨的招牌广告,五光十色,与词中之"阁道风飘五丈旗"堪称"诗画配"。在王国维来沪的那个年代里,黄浦江畔、外滩一带"层楼突兀",洋行、银行、商楼高悬着"米"字或其他徽标的所谓"万国旗",更彰显了那"五丈旗"所"飘"之处的租界特色。

尤有意味的是,在近人写旧上海的书里,提到了为抗议"沙俄参与八国联军侵略我国时,单独出兵强占东三省",而由蔡元培、汪康年主持"张园大会","革命和尚"乌目山僧(黄宗仰)当众背诵他的名作《庚子纪念图》题诗②,以及这位"诗僧"在会后亲赴《时务报》馆与蔡、汪诸人商建"中

---

① 祖保泉《王国维词解说》,安徽教育出版社2006年版,第160页。
② 这是首咏"庚子事变"的七绝。诗曰:"戊戌惊秋迄已庚,三年政变太纷更。难倾国泪详图画,只记颓京城下盟。"盖黄宗仰为其自绘《庚子纪念图》所题。"城下盟"殆指八国联军攻陷北京,清廷被迫签订丧权辱国的《辛丑条约》

王国维初入上海时之公共租界南京路街景（1898年）

国教育会"，"在《时务报》当书记员的王国维也在座"，等等。证之史实，张园初开"拒俄大会"之际（约当1901年春），王国维早已脱离《时务报》馆，且已东渡日本留学；而翌年（1902年春）由蔡元培会同章太炎等在上海创立中国教育会、设"爱国学社"，旨在鼓吹"排满革命"，王国维更不会与闻其事。但是，这个地处静安寺，原名"安凯第"的张园，由比哈同还早两年（1871年）到上海的英商加伦建造，确是王国维来沪时最为豪华的私家花园，也是当时的志士、名人汇聚之地。园内耸立着"中央呈塔形，尖顶直冲云霄"的标志性建筑"安凯第"巨厦，其底层大厅则是舞厅、餐馆、弹子房、舞台一应俱全，可同时接纳四五千位宾客而不拥挤，堪称"真实版"的"阿房宫"；特别是穿过开阔的绿草茵茵的广场，来到荷叶连翩、清澈见底的池塘，从架于池塘上贴迎水面的红栏小桥俯视，那"水底铺满银圆和金币，随着粼粼水波闪闪发光"[①]的"实有之境"，与王国维词中所写"空馀明月连钱列，不照红蕖倒井披"（按，"红蕖"即荷花，"井披"亦称"井藻"，指豪宅内天花板）的"词中之境"，还真颇可以相互印证呢！

---

① 以上所记"张园大会"及张园情状，参见沈寂《上海大班哈同外传》，学林出版社2002年版，第252、248页。

二　入读"东文学社"

不过，王国维初入《时务报》馆，职务是"当书记员"，主职报纸校对之外，一是兼门房（旧称"司阍"），收发信件及来客登记；二是抄写，为汪康年及其弟诒年誊写书信文稿。按照罗振玉所说，"公平生与人交，简默不露圭角，自待顾甚高。方为汪舍人（按：汪康年曾为清'内阁中书'，故称'舍人'）司书记，第日记门客及书翰往来而已，故抑郁不自聊。"（《海宁王忠悫公传》）这是实情。

实际上，当王国维确定"沪馆可替"（即替代许家惺《时务报》书记员之职）而举家"跃然"之时，作为过来人的王乃誉就暗忖，"此若冀成，沪上乃可立足，所虑本领、识见有不及处耳。"① 故在王国维进入时务报馆后，罗振玉对他初交的这位"自待顾甚高"的挚友之"抑郁不自聊"，深表同情；而乃誉公担心的乃是"简默不露圭角"的长子将会"吃亏"，其亏在何处？老人如是叨念：

> 静儿出门，吃亏有数端：貌寝（无威仪），一也；寡言笑，少酬应，无趣时语，二也；书字不佳，三也；衣帽落拓，四也；作书信条，字句不讲究，五也。②

真是拳拳为父心啊！

应该说，"知子莫若父"。乃誉公拈出之"五端"，确甚"传神"。然而，就当时视之，王国维之所以迥异于罗振玉谓之"浮华少实"的"维新之士"，不正凸显于此么？更何况，他的端厚的"书字"，绝非"不佳"（但他从不以书法自炫）；他的包括书信在内的文章之"字句"，且当列

---

①② 《王乃誉日记》，中华书局2014年影印本，第二册第839页。

诸"自铸伟词"的"大家之作"而无愧色；若再借用他所书叔本华"刻角飞甍，俯视星斗"之"像赞"语，以观照《教育世界》所刊"哲学专攻者"——他本人之"像"，虽无表面之"威"，然其天才独具之貌，非但不"寝"，且颇有足令"懦夫骇焉"的大师之"仪"……

看来，要不受"衣帽落拓"遮蔽而识其人，知其才，真正使王国维的生计、学业出现转机，并使他这位"性讷钝，寡言笑"，既不喜应酬，亦不赶时髦、无"趣味语"的穷书生得以"露圭角"的，乃是来沪不久入读"东文学社"。他自述：

> 二十二岁（按，1898年，实龄二十一岁）正月始至上海，主时务报馆，任书记校雠之役。二月而上虞罗振玉等私立之东文学社成，请于馆主汪君康年，日以午后三时往学焉。汪君许之。（《三十自序》一）

这里，述及了两位非常重要的学术人物：汪康年与罗振玉。他们都是王国维来沪后结交的。

先看汪康年（1860—1911）。他字穰卿，一字毅伯（晚字恢伯），是浙江钱塘（今杭州）著名藏书家振绮堂汪氏的后裔。他早年做过湖广总督张之洞幕僚，曾任汉口自强书院编纂、两湖书院史学斋分教，后参加创办杭州求是书院（浙江大学前身）；但他一生的主要业绩是办报。继《时务报》之后，在上海，在京津，相继创办过《时务日报》《中外日报》《京报》《刍言报》等，是近代新闻事业的先驱者之一。特别是在康、梁"公车上书"带动下，汪康年毅然从武汉来上海，参与筹办"强学会"（1895年），创立《时务报》（1896年），投身"变法维新"，"以文章鼓吹天下"。罗振玉后来如是回顾当年情状：

> 自甲午兵败后，国势顿挫，人心震叠。南海康君（有为）于会试公车北上时，鸠合各省举子上万言书，首请变法自强，并矧强学会于京师。是时，亡友钱唐汪君穰卿（康年）以新进士不应朝殿试，至上

海籾时务报馆，聘新会梁君（启超）任撰述，译欧美报纸，载瓜分之说以激厉人心，海内为之振动。①

汪康年像

据汪诒年记述，从光绪二十二年七月初一日（1896年8月9日）创刊号算起，《时务报》月出三册，年出三十三册；迄于光绪二十四年六月二十一日（1898年8月8日）终刊，先后两年共出六十馀册。王国维则从《时务报》创刊直到他来沪"主《时务报》馆"前夕，挑灯夜读1897年出刊的《时务报》第四十五、四十六册（期），几乎一期不漏，自费购读。梁启超以"笔端常带感情"的大手笔所撰开学堂、废科举、变官制，大声疾呼法不变中国将"亡国灭种"，统名之曰《变法通议》的"系列论文"，曾是那样打动了他年轻的心，激起了他"自奋新学"之志；但是，当他跨进报馆时，梁启超已辞去《时务报》主笔（亦称"总撰述"）。一切馆务，皆由"总理"汪康年及其弟诒年操持。汪康年也曾撰《中国自强策》《论中国参用民权之利益》《论中国求富强宜筹易行之法》等变法强国的论文而名重一时。但令王国维颇感失望的，首先是此时主笔一职虚悬，《时务报》已成强弩之末。创办之初"销行万馀份，为中国有报以来所未有。"举国趋之，如饮狂泉"②的那样一种风光局面，一去不复返了。他不无忧虑地说，刊物销路大不如前，只剩了几千份，维持已发生了困难。

再就是，王国维在报馆"任书记校雠之役"，"事务"远过于他的前

---

① 罗振玉《集蓼编》。按，此编实为罗氏自传，撰于1931年；初刊于《贞松老人遗稿》甲集第六册（1941年），后经删节，改名《雪堂自传》出版。
② 梁启超《饮冰室合集》之《饮冰室文集》六，第52页。

任许家惺①，而"菽水"仅及其半：月薪十二元。初次发薪，他望着账单愣住了：扣除来馆后预支的生活费六元，实得六元，还不够他下个月生活需用。他以为账房算错了，就拿着单子去问询，说，自己原是顶替许君之职，何故薪金不一样？账房先生回答很干脆：许君每月二十元，你就这么多！这是馆方定的，没错。

王国维气恼万分。他顿即给许家惺写信诉说，自己来馆"系为阁下代庖，原与一人无异，何以（薪水）多寡悬殊若此"？即使"办事或有不妥"，馆方应申明减薪理由，本人亦可以"自定去留"，希望许君为他讨个公道②。这时，许家惺已去浙江通志馆任职，碍于老同学情面，就以推荐人身份给汪氏兄弟写了信。结果岂但不给加薪，还把王国维在报馆如何办事不妥，不能处人等等，数落了一通。王乃誉得知这些情况，也很着急。他回顾王国维来沪前曾在海宁教过几家私塾，有的板凳还未坐热就辞职；倘若就此离开报馆，不是更要被推荐人和其他亲友指责"心眼太活"？实则，还在他送王国维进《时务报》馆将返海宁前夕，听到王国维禀告，"与欧君（榘）甚洽"，并劝他"图佳所"，转入"各高才荟萃"、专事繙译的中西文报馆。乃誉公闻言，立予劝阻，坚持不可离馆，告诫说，"初进此，未得分文；且初与交往，究恐难深信；若更他适，则荐者与家人、乡友非怪太活，决使且留。"③乃誉公此"决"，绝非苟且，而是关乎王国维一生，实在太重要了！如果贸然离开《时务报》另图"佳所"，那又何来入读东文学社？而这位"欧君"，殆即欧榘甲（字云樵），为人较平和友善，是梁启超辞离《时务报》后唯一留于该馆的"康门弟子"。乃誉公返回海宁家中后，每接静儿（王国维）来信诉说在馆中遭遇，他都要复示，帮助排解忧疑，加以耐心开导，同时亦颇关心欧君及报馆人事。例如，在二月二十二日（1898年3月14日）"寄静示"中，乃誉公询云："来书所谒康公，

---

① 王国维《致许家惺》，《书信》第3页。
② 王国维《致许家惺》，《书信》第4—5页。
③ 《王乃誉日记》，中华书局2014年影印本，第二册第830页。

抑即所称是南海先生否？欧先生（即欧榘甲）作何行止？略阅上期报，知请郑公，但不审到馆与处能如伊两先生否？"（按，拟请郑孝胥接替《时务报》主笔，但仅传闻之词，未到馆。）由此，我们可窥知：王国维跨入《时务报》馆，确乎眼界大开，不惟结识了"欧君"等维新人物，而且还曾谒见了大名如雷贯耳的康有为南海先生。或者可以这样说，所谓"南海圣人再传弟子，大清皇帝同学少年"，后来做了逊帝溥仪"国文老师"的王国维，直至1925年就任清华研究院导师，才面识梁启超；而谒见其师"南海圣人（康有为）"，却远在变法维新的戊戌之年！

当然，这都是后话。且说当年，王国维要在维新舆论重镇的《时务报》立足，谈何容易！王乃誉在上述复信中，进而写道：

> 汝此出以家累身世计为第一义，然此中明师益友相接席，汝其择事之。所谓增长气识，潜瀹心智，不当以些小之不适而泮涣向意。所陈搬入总理房人杂事冗，势所然也，特汝性不近此，正亦为念否？然喜闹者亦足扩议论，酬酢应对、汝缺少此仪容，若能勉志相习，处一、二月亦能相安，唯作事时不耐此，须告总理，期于一合心者共居房办事，事毕致言仍可在总理相助，似此进出自如，即在合心者房看书作信亦相得，可不拘其性也为要。吾想出外无处非学，总在亟其要者。同乡中曾往看一二否？（下略）①

值得注意的是，"搬入总理房"，也就是要让"校对"兼"书记"（又是"门房"）的王国维迁入汪康年的"总编办公室"，成为名副其实的"总编秘书"，或者说"社长助理"，这在他人岂非求之不得？然而，这使"性不近此"，亦即既不喜"热闹"，亦不善"应对"的王国维，愈感"人杂事冗"而"不适"了！

怎么办？乃誉公以求职谋生不易的体会，在信中开导王国维安下心来，

---

① 《王乃誉日记》，中华书记2014年影印本，第二册第842—843页。

勉力工作，在工作中"增长气识，潜浚心智"，切莫因为"些小不适，而泮涣向意"；嘱付他应"以家累身世为第一义"，在报馆"勉志相习"，学会待人处世，以期汪氏兄弟及其他同事的更多帮助，可谓语重心长。

平心而论，汪康年是"维新志士"，且负"急公好义"的口碑，何以致王国维"不适"若此？这至少在对王国维的"辨材"上，缺少了点眼光。但是，"艰难玉成于汝"。我们也不妨作个逆向思维：王国维当年如果踏入上海《时务报》馆就顺风顺水，白领高管，生活优渥，纵然读书进修，无非混张文凭，他怎能发愤求学？非常幸运，他来报馆之时，欣逢"罗振玉等私立之东文学社成"，给了他就读的机会。

说到东文学社的创立，那可是个变法维新的大时代，创学会、设社团，几成一种时髦。为着筹措经费、取得社会支持，主创者往往要联络志士仁人、社会贤达共同发起。据当时刊印的《东文学社章程》，所署发起者有：溧阳狄葆贤，钱塘汪康年，山阳（按，即今淮安）邱宪，吴县蒋黼，上虞罗振玉等。这个排名实则体现了以主尊宾，学社的主创者实为排在最后的罗振玉。

东文学社规定学习年限三年。学生应是十五岁以上，且须"精通中文"的青年，寄宿或走读不限，但既为"私立"，例须缴纳学费，食宿自理；学生学成肄业，充任学社教习或报馆翻译，皆可由学社推荐或聘用。章程并对无钱缴费的贫困学生，作了如是规定：

> 学生贫苦不能出脩金者，经保人担保，亦可来社习学，不出脩金。但将来学成，必在社翻译，以译资酬学费。其供职之年如所学之年，翻译限内容。欲他就者，向担保加倍索偿学费。

东文学社的创办宗旨，扼要地说是为着"交接东人"与"译书译报"。按照汪诒年所述"设立是校之缘起"：一、因自甲午后吾国与日人交接日繁，需用日文译员至多，而吾国人通日文者甚少，觉有种种不便；二、翻译西书耗财既巨，费时尤多，故拟借径于东文书籍，以为救急之计，而欲翻译多数之东文书籍，非先造成翻译东文之人材，必不足于用，故特设立东文学社。① 所以，这个学制三年，并包"分配"（即推荐或聘用）的学社，实为近代中国第一所日语专门学校。创办此校不仅切合时宜，也应合了王国维这样无钱出洋的青年学子学外语、通"西学"的热切的愿望。

但是，王国维初入《时务报》馆，月薪才十二元。而学社章程规定的缴费标准是每年学费二十元，还须自理食宿。怎么办？看来，罗、汪二位都给王国维伸出了攀援之手。就是，汪作"保荐人"，并同意他"半工半读"，一面在报馆打工，一面去东文学社读书；罗则将他列为"贫苦生"，免去其缴纳学社规定的各种费用。

东文学社开办的时间是"戊戌二月"（1898年3月）。据送孝胥日记，二月十八日（3月10日）午后，"过东文学社，罗、蒋（按，即罗振玉、蒋黼）为社主人，皆衣冠而来，余便服去，缴帖而去。是日为社中开学宴客"。② 这是东文学社创立开学的确切记载。

那时，上海虽早有以教授英文为主的教会学校，而由国人自办、以日文为主的外语学校，舍此别无第二家；加之学社章程公开登在《农学报》及上海出版的日本《东亚学会杂志》等报刊，确是声名远播、动静不小，吸引了众多青年学子闻风前来报名。王乃誉在本月廿六日（3月18日）日记中，曾记有"静信到，内谈入东文学社，从学教习二人：一诸律（日副领事），一藤田丰八（农报繙译，常住社）。静同馆法文繙译潘士裘及魏藩宝与同学东文。罗叔蕴总理。"③ 这应该是首次明确记载了罗振玉（叔蕴）为东文学社"总理"（即校长），兼任《农学报》翻译的藤田丰八（字剑峰）则为"常住"学社的教习。据王国维自述，他投报学社后，由于"馆事颇剧，无自习之暇，故半年中之进步，不如同学诸子远甚"。（《三十自序》一）而罗振玉重提他"举私债"开办东文学社的往事，特别讲了王国维入读头一个月，说：

---

① 汪诒年《汪穰卿先生传记》，中华书局2007年版，第199—200页。
② 《郑孝胥日记》，中华书局1993年版，第二册第646页。
③ 《王乃誉日记》，中华书局2014年影印本，第二册第850页。

海宁王静安（国维），桐乡沈昕伯（纮），山阴樊少泉（炳清），月末考试皆不及格。乃念其笃学力行，为言掌教，仍许入学。①

由罗氏所述，可知报名学生经过为期一个月的试读，乃于二月底（约当阳历4月）进行甄别考试，合格者方可正式入学。所以，罗氏回忆东文学社开学时间，有"戊戌夏""夏五月"之说，这是他将阳历5月当成了阴历的误忆；但又表明，他确将"月末考试"，学生被录取以后再上课，才算正式开学。

罗氏指明考试不及格而"许入学"的王国维、沈纮、樊炳清，在当时均属"贫苦不能出修金"者，故学成肄业后都被罗氏留了下来，担任农学、教育书报的编译；而当时的"掌教者"，就是罗氏创办《农学报》时聘请的第一位日本教员藤田剑峰②。他具体主持此次考试，并遵罗氏所嘱破格录取了王、沈、樊三位学子，尤其赏识王国维才学，其后两人伴随罗氏辗转南北，从事编译、教育活动。

三　知遇罗振玉

按照常情，王国维既谋得了一份报馆"写字间"的体面工作（尽管是"书记兼校对"），又进了颇为当时诸多青年学子向往的"外语学校"，应该是柳暗花明了。

然而，事非尽然。他的烦恼甚至更多，也更剧了。

这时，王国维必须面对这样两大困扰：一是《时务报》微薄的工薪与养家活口的后顾之忧，此即他父亲乃誉公谓之"第一义"的"家累"；二

---

① 罗振玉《集蓼编》。
② 藤田剑峰（1869—1927），本名丰八，毕业于东京文科大学汉学科。1897年应罗振玉聘请来沪，随罗氏担任翻译及教育工作，直至1911年辛亥革命之际返回日本，于1920年获东京帝国大学文科文学博士学位。

是他虽未迁入"总理房",但"人杂事冗"的报馆事务与每天午后去东文学社三小时的课程,既使他"无暇自习",且倍感"学东文势难间断,已成骑虎之势"。他不无愤慨地说:

> 除(每天)读东文三点钟,几无暇晷,于学问丝毫无益,而所入不及一写字人,又奚为哉!①

"自待顾甚高"的王国维,际此"弱势群体"的艰难处境,何去何从?结识"念其笃学力行"的罗振玉,就成了他一生学业,乃至生活道路的转折点。

罗振玉(1866—1940),字叔蕴、叔言,以"雪堂"之号名闻学界。他出生于江苏淮安,原籍浙江上虞永丰乡,故自称"永丰乡人"。同王国维一样,他也是十六岁(1881年)考中秀才,而且名次比王国维还高,是以第七名入"县学",因而被长辈目为"异才"。父亲为他算命,说此子命中注定要进士及第,异日将进京做大官。尽管如此,翌年应乡试考举人,却"报罢"落榜。其后,父亲为他延师补习,再次参加乡试仍未考中,这使他悟得"科名得失,全操于人"。所以他不顾长辈催促,再

上海东文学社创办人罗振玉

也没有参加科考,并且为谋生教私塾。他先在淮安邱家当塾师,交结了世家出身的邱宪(字于藩),成为稍后资助他在上海创办《农学报》的同道友人;旋又移馆居于淮安的丹徒大名士刘鹗家做"西席",使他与刘氏结为学术挚友,并成了儿女亲家。

罗振玉一生的事业,发轫于1896年赴上海,自筹经费创立"学农社"

---

① 王国维《致许家惺》,《书信》第5页。

（亦称"务农会"）。他"念农为邦本"而萌"兴农之志"，观念是传统的，但他创办《农学报》，"购买欧美日本农书，移译以资考究"，这个宗旨却是全新的；而创设东文学社，就其直接的旨意来说，即是为着给《农学报》培养"译才"。所以，报馆与学社乃是"两块牌子一套班子"。罗氏既是《农学报》"笔削"（主编），又是东文学社监督（校长）；随他从淮安来沪办"农学会"的蒋黼与邱宪，则分别协助他管理报馆及学社。

特别值得注意的是，《农学报》暨东文学社的所在地梅福里，旁靠时务报馆，是那时的"维新志士"、文化名人云集的藏龙卧虎之地。罗振玉十分重视并善于人脉资源的开发。他除了早年即已结识蔡元培，抵沪后交结梁启超、汪康年等维新名士之外，还在这里先后结识了唐才常等革命党人；他兴农办报，不惟与社会各界广泛交往，还取得了张之洞、刘坤一等权要的帮助支持；大名鼎鼎的状元实业家张謇返南通兴农垦、办学校，也把罗氏引为他在事业上借重的至交。

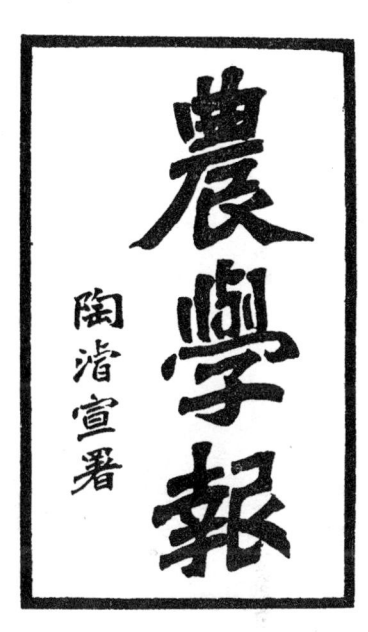

中国第一本农学专门杂志《农学报》创刊号（1896年）

那么，罗振玉与王国维又是怎样走到了一起？他们不沾亲，不带故，完全陌路相逢。回顾两人的相识相知，传闻不一，且颇具传奇色彩。

那时，罗振玉常去时务报馆，与汪氏兄弟商谈业务。也许为着计议即将开设的东文学社吧？就在王国维抵沪不久，罗氏来到报馆。时值傍晚，楼上阒然无声，唯见有一个空无所有的公事房里有人，其人桌上放了包花生，还摊着本书，在独个儿自斟自饮，边饮边吟。罗氏好奇地走上前去，见是本线装《文选》，所吟则是其中的《两都赋》。于是坐下攀谈，方知他是刚来报馆的校对员，叫王国维，约略问其身世，原来也是浙江人氏，秀才功名、私塾教师。这是一种说法。

另一种说法，是罗氏于当年（1898年）春节后来报馆，初见王国维的当天，他独自在房间里饮酒读《庄子》，音节苍凉，闻之大奇；彼此交谈起来，发现这位从海宁来的"书记员"貌似木讷，实负才学；并询知他在报馆工作繁杂，月薪甚低。这使罗氏颇动恻隐之心，遂有了劝他进东文学社学外文，以便改入《农学报》做编译的动议。

以上传闻，是刘蕙孙教授在对罗、王交结的回忆中提供的。他是刘鹗之孙、罗氏长婿刘季英之子。罗、王两人都亲见过。他初述罗、王相识的回忆写于20世纪30年代中期。其时，距王氏去世不到十年，罗氏尚健在①。进入80年代，他再撰回忆文章，虽然年代渐行渐远，细节很难记实；但诸如王国维读《庄子》或《文选》而打动了同样清寒出身的罗氏，引起他的共鸣等等，应该说，非亲历其境的当事者，是无从凭空想象的。

那么，王国维进了东文学社以后，他们相交的情况又是怎样呢？对此，罗振玉是这样说的：

刘蕙孙追述罗、王交谊致笔者的函件

> 公来授学时，予尚未知公。乃于其同舍生扇头读公《咏史》绝句，知为伟器，遂拔之佣类之中，为赡其家，俾力学无内顾忧。（《海宁王忠悫公传》）

罗氏所谓"知"，是说他在东文学社实际接触了王国维，才真知其人。

---

① 刘蕙孙，福建师范大学教授、历史学家，20世纪90年代初去世，享年八十余岁。此文化名龙峨精灵、题《观堂别传》，原刊上海《人间世》杂志第39期，1935年11月5日出版。

但对王国维而言，则是知遇了。而被罗氏识为"伟器"的《咏史》绝句，就是直至王国维去世后才披露的《咏史二十首》中之"千秋壮观君知否？黑海东头望大秦"，我们将在下面详述之。

罗氏十分赏识王国维的才学，进而想帮助他改善读书学习的条件。为此，罗氏亲自出马，偕同东文学社总教习藤田剑峰前往《时务报》馆，向汪康年说项。这时，恰值汪氏自办的《时务日报》开张，每天都要译用日文报纸的文电，因而建议报馆减轻王国维写信、校对等杂务，改为译编日文电讯。这样，使他学以致用，既能集中较多精力学习日文，又帮助报馆做翻译工作，岂非一举两得？

罗振玉长于事业，是很务实的人。他与藤田商定并向汪氏兄弟提出的这个两全之策，当然是王国维非常希望的，也是摆脱他学日文"已成骑虎之势"困境的最佳办法。但依然事与愿违。汪氏兄弟满口答应，实际却是虽增日文翻译而不减原有杂务，还增添了代汪氏兄弟写信、校对、作文，"事务"一天比一天繁重了，"而薪水一切如旧，反加减焉"①。在这样的困境中，累得王国维的脚气病发作了。

罗振玉倾听了王国维的诉说，更加同情他的处境。为了造就他的学业，到下半年东文学社第二学期开学，罗氏就帮助王国维离开报馆，并委任他为学社"庶务"（类似于后来的事务老师），不但免其学费，还给他发薪。笔者曾就此询问过刘蕙孙教授。据他听雪堂公说，每月薪金三十元，比报馆所给增加一倍多。这在当时的"文员"中属中上工薪，从而解决了王国维养家糊口的后顾之忧。这就是罗氏所说"拔之俦类，为赡其家"。

四 忧愤赋诗咏"变法"

王国维进入东文学社的当年初夏，发生了"戊戌变法"。

---

① 王国维《致许家惺》，《书信》第10页。

王国维是"书斋学者",但如果以为他只知学问,不问世事,那是极大的误解。事实上,他像那时许多渴望新学的青年一样,无时不关心着政治的变动,国家的命运;尤其是在他到了上海《时务报》馆以后,接触各方面人士多了,又能看到本埠及外来的各种报刊,比较及时地了解国内外信息。例如,继1897年11月德国强占胶州湾之后,1898年2月,沙俄强租旅(顺)大(连);当年5月,接连发生了"法人又据马江、船政局,德人又据马祖澳"等事件。康有为等人鉴于"国地日割,国权日削,国民日困"而发起"保国会",王国维位卑不忘忧国,目睹列强"瓜分",不胜感慨,说:

> 瓜分之局已见榜样,如何如何!胸中所欲言于足下者十倍于兹,每一提笔,不知其何以忘也。①

正是国事、家事,一齐涌上心头。此时,四岁登上皇位的光绪帝已届二十八岁。慈禧佯为"撤帘",而要让她一手抱大的"皇上"持国政了。于是,光绪帝颁旨"开特科,裁冗员,改武科制度,立大小学堂",史称"明定国是"诏,"戊戌变法"自此启动。从戊戌四月二十三日(1898年6月10日)诏书发布之日起,迄于戊戌八月初六日(1898年9月21日),西太后慈禧发动"八月政变",囚光绪帝于瀛台,并宣布再次垂帘"训政",前后历一百零三天。这就是举世闻名的"戊戌百日维新"。

王国维对于此次"变法",由衷高兴。他说,"连日读上谕,均有怵惕振厉之意";"诏废八股,实为数百年来一大举动"②。他热切关注着"变法"的进程,并写了自注"戊戌四月"的三首《杂诗》:

> 飘风自北来,吹我中庭树。乌乌覆其巢,响晦归何处?西山扬颓

---

① 王国维《致许家惺》,《书信》第6页。
② 王国维《致许家惺》,《书信》第9、10页。

光,须臾复霾雾。儵儵长夜间,漫漫不知曙。旨蓄既以罄,桑土又云腐。欲从鸿鹄翔,铩羽不能遽。阴阳陶万汇,温溧固有数。亮无未雨谋,苍苍何喜怒?

美人如桃李,灼灼照我颜。贻我绝代宝,昆山青琅玕。一朝各千里,执手涕汍澜。我身居斗室,我魂驰关山。神光互离合,咫尺不得攀。惜哉此瑰宝,久弃巾箱间。日月如矢激,倏忽鬓毛斑。我诵《唐棣》诗,愧恧当奚言!

豫章生七年,荏染不成株。其上蠹梗楠,郁郁干云衢。匠石忽惊视,谓与凡材殊。诘朝事斤斧,浃辰涂丹朱。明堂高且严,诛荡天人居。虹梁抗日月,菡萏纷扶敷。顾此豫章苗,谓为中樽栌。付彼拙工辈,刻削失其初。柯翰未云坚,不如栎与樗。中道失所养,幽怨当何如?

"戊戌四月",恰当"变法"启动之时。五言杂诗,则是汉魏两晋间的一种重要诗体。《文选》选有"杂诗"两卷之多;而诗题《杂诗》,最为脍炙人口的,则是建安"三曹"中的曹植(子建)《杂诗六首》。李善注称,"杂者,不拘流例,遇物即言,故云杂也。"特别指出,曹植的这六首《杂诗》,皆"托喻伤政急;朋友道绝,贤人为人窃势"而作[①]。王国维熟读《文选》,且在《时务报》馆的抑郁中时时吟诵。我们在本章开头曾援引罗振玉的话,说他初来上海《时务报》,目的是"有以自试"。这其实也出自《文选》所载曹植《求自试表》:"臣闻骐骥长鸣,伯乐昭其能。"用现在通行的话来表述,就是寻找"知己"的伯乐;而他作此三首《杂诗》,显系借鉴了曹植"不拘流例"的杂体诗来抒发他自己的"我身居斗室,我魂驰关山",身处逆境,心忧天下的高远之志。诗中的"欲从鸿鹄翔,铩羽不能遽";"惜哉此瑰宝,久弃巾箱间";"中道失所养,幽怨当何如"等句,即使今天读之,我们仍可深切感受到他在字里行间流露的"心恒不乐"又才学过人的锋芒。

---

① 《文选》卷二七,曹子建《杂诗六首》注。

忧愤出天才。王国维写这三首《杂诗》虽兴发于"戊戌变法",却绝不是为着给当时颁行的"新政"歌功颂德。这是他与赞颂光绪"圣德"的梁启超截然不同之处。他采用了铺陈其事的手法来托物喻理,尤其是第一首《飘风》所咏"鸟乌覆其巢,响晦归何处",那完全是以诗鉴今。我们查证《诗经·豳风》,有一首《鸱鸮》:"鸱鸮鸱鸮,既取我子,无毁我室!""鸱鸮",《庄子》作"鵩鵩",一种状似猫头鹰的恶鸟。这是一首典型的寓言诗。诗人借被吃了其子还要摧毁其巢(室)的善良无辜的小鸟向凶悍的鸱鸮哀告,谴责《易经》所述"焚如,死如,弃如"的邪恶与横暴。原诗的结尾则是"毁室"以后的小鸟在风雨飘摇中惨叫:

予羽谯谯,予尾翛翛,予室翘翘,风雨所飘摇,予维音哓哓!

王国维则借以托出此时此际的背景:挑起甲午之战的日本侵略者,有如那噬鸟毁室的鸱鸮;而处于"圈牢羊豕"、任西方列强宰割瓜分的危势中的中国,如再不"变法"图强,势必巢覆灭亡!

我们还应当注意到,王国维《杂诗》第二首《美人》所云"我身居斗室,我魂驰关山"的"斗室",已非昔年乃誉公给予他庭训的盐官故居,而是处于上海租界繁华之地,"载瓜分之说,以激厉人心"的《时务报》馆。按照罗振玉描述,当此之时,"士夫(按,指'维新志士')过沪江者,无不鼓掌谈天下事,而《时务报》专以启民智、伸民权为主旨。"[①]何谓"启民智"?用后来通行的话来说,就是启蒙。何谓"伸民权"?其核心的内涵就是事关民族生存之权的救亡。如果说,时过二十年之后的《新青年》,以揭橥"科学"与"民主"两面大旗,成了"五四"新文化运动的舆论重镇;那么,此时的《时务报》,则以伸扬"民智"与"民权",而成为变法维新的舆论重镇。在我们看来,出现在近现代而至今仍影响着中国人文知识分子之理论思考的先后期相接的这两次伟大的思想启蒙运动,实际上都导

---

① 振玉《集蓼编》。

源于罗氏所谓"人心震叠"的"国势顿挫";而其"主旨",莫不在于"救亡"!

看来,王国维在《时务报》馆虽仅是个"任书记校雠之役"的最低层"文员",但他的识见之高远,绝不在曾掌《时务报》笔政的梁启超之下;而其忧国伤时的襟怀,较之"不应朝殿试"而来沪办《时务报》的"新进士"汪康年则还要有过之。他在诗中所说"旨蓄既以罄",不正是当年在日寇及西方列强威迫下割地赔款、民穷财尽的写照吗?"桑土又云腐",不正是对国势衰颓、朝廷昏聩的谴责吗?而他在《时务报》馆的"斗室"里作此《杂诗》时,当然也想到了《鸱鸮》诗里的另外的名句:"迨天之未阴雨,彻彼桑土,绸缪牖户。今女(汝)下民,或敢侮予!"所谓"未雨而绸缪",就是从这里衍伸出来的。孟子曾取了这几句诗,斥责朝臣之"般乐怠敖",并引用孔子的话说,这首《鸱鸮》诗,讲透了治国安邦的道理。谁真能懂得这个"绸缪牖户"的道理,谁就"能治其国家,谁敢侮之!"(《孟子·公孙丑(下)》)从王国维作此《杂诗》以来的近百年历史也确实证明:图强与御侮、启蒙与救亡,是联为一体的。他的《杂诗》,正是紧扣了弱者只能挨打,图强方能争存的时代主题。

五 予固非匠石,而公则柟梓也

王国维在戊戌四月作此《杂诗》,政局如蟫如蝍,如沸如羹。"硕学通才"的康有为"奉上谕",被光绪帝"召对";"英才亮拔""学贯天人"的梁启超由总理各国事务衙门"查看具奏";得此"殊遇"的康、梁诸人,自然要"或喜或愕",受宠若惊了!

然而,"亮无未雨谋,苍苍何喜怒"。王国维清醒地看到,光绪帝用新人、启新政,诏书一道接着一道;而康、梁等一干"新人",只在那里弹冠相庆,又哪来"未雨绸缪"、应对朝政、驾驭时局的深谋远虑?诗云"苍苍",殆指声称"撤帘"的慈禧。如果回顾历史,既有宋神宗熙(熙宁)丰(元丰)

年间王安石推行"变法",又有明神宗万历年间东林党被拘捕杀戮。这两种局面,是否会相随而来,不都决定于她"老佛爷"的喜怒吗!

作为这三首《杂诗》写作之初的见证人,罗氏胞弟罗振常在王国维去世后,补写了跋文:

> 此诗第一首言时事。第二首惜别,对吾兄雪堂言之。第三首自况,时观堂为汪穰卿太史(按,汪康年)作书记,混迹庸众。叔兄(按,罗振玉)见其《咏史》诗惊为异才,将有以培植之,俾成大器,先为别谋一席。会归省,或与龃龉,乃有此作。犹忆此诗寄至淮壖,与叔兄开缄共读,余击节,顾不知其人;叔兄为余述其梗概,称许甚至,余心识之。次年抵沪,乃获相见。①

罗振常于戊戌次年(1899年)才到上海东文学社读书,这时尚未结识王国维,故称"不知其人";而罗氏则正在淮安家中省亲,故谓其第二首《美人》是"惜别",诗中"我诵《唐棣》诗,愧恧当奚言",就是借《诗经》中的《唐棣》,抒写王国维感念罗氏对他的友情,胜过了兄弟。所谓"或与龃龉",则是指王国维在《时务报》馆所受冷遇及其与汪氏兄弟间发生的某些不愉快,以致争执。但其所以发生"龃龉",却又是同王国维进入《时务报》馆以后的所见所闻,以及对"变法"时局的看法密切相关。首先,王国维不像一般维新志士那样头脑发热,自我膨胀。当时,以"维新"标榜的文人学士,开口"竞争",闭口"群学",就连汪康年这样已有进士功名的人,也大谈其"合群",王国维却不以为然。他说,近世士大夫中的"魁偄奇特之士","日日言合群而终不能",仅仅因为学派的异同而相互争得水火不容。例如,粤浙两派中为首的梁启超与章太炎,在《时务报》馆内斗殴闹翻的一幕他虽未亲见,但在他进报馆以后,由于汪康年与康有为、黄遵宪等人的矛盾日渐激化,以致主笔无人、人才离散,使报馆一天

---

① 罗振常辑《观堂诗词汇编·人间诗集》,上海蝉隐庐书店刊本。

比一天不景气，却是他亲身感受的。维新阵营内尚且内讧不已，要"合"全国之"群"去变国家之"法"，办得到吗？

其次，当时的维新志士中虽不乏才杰，但也有不少人学风浮躁，并无实学，罗振玉讥之为"浮华少实"，王国维亦有同感。他主张应当少说多做，脚踏实地，并提醒一班青年志士，不要把什么都寄托在朝廷"变法"上，不要幻想一纸诏书即可万事大吉。他说："欲望在上者变法，万万不能！惟有百姓竭力去做，做到一分算一分。"表明他是在变法刚启动，维新志士们"振臂疾走"的高潮中给他们"泼冷水"，奉劝他们"降温"。即以朝廷颁旨"废八股"这件事情为例。王国维一面赞叹"实为数百年来一大举动"，另一面又敏锐地看到，将"八股"改成"策论"，办学堂仍保留贡举，其实是换汤不换药，如果不改变腐败的官僚体制，那依然是"不能得人才而用之"的。

据此，再回头诵其《杂诗》第二首《美人》，我们认为，"美人"犹言"佳人"，或当脱胎于杜甫的"绝代有佳人，幽居在空谷"（《佳人》）。不过，老杜还是要借"幽居"的美女发其"寄托之语"；而王国维诗中之"美人"，则是指在维新潮中涌现的才杰之士，包括与他同时考上秀才的"海宁四才子"中的少年友人。所以，诗云"一朝各千里，执手涕汍澜"，虽蕴含有对返淮安省亲的"吾兄雪堂"（罗振玉）的"惜别"之情，但主要应该是"惜哉此瑰宝，久弃巾箱间"。这是诗中之"眼"。王国维眼看同辈友人各奔前程，有的出洋留学了，这就更觉自己像被弃置巾箱、无人问津的瑰宝！

于是，《杂诗》起自咏变法的"时事"，而落脚于第三章《豫章》的身世之怨：

柯干未云坚，不知栎与樗。中道失所养，幽怨当何如？

罗《跋》谓"第三首自况"，至确。"豫章"，俗称"樟木"，《山海经》里就被目为珍奇的宝树，亦即后世学者取以比喻奇才的樟楠。诗中的"虹梁抗日月，菡萏纷扶敷"，盖取典于《文选》班固《西都赋》"因瑰材而究奇，抗应龙之虹梁"；张衡《西京赋》："亘雄虹之长梁，结棼橑以相接"。李善注云："抗，举也"；"虹梁"者，谓殿梁"朱画五色如蝃蝀"。那么，为什么说"豫章生七年，茬染不成株"？这也是有出典的。盖取自传颂至今的白居易名作《放言五首》之三，补录如下：

> 赠君一法决狐疑，不用钻龟与祝蓍。试玉要烧三日满（真玉烧三日不热），辨材须待七年期（豫章木生七年而后知）。周公恐惧流言日，王莽谦恭未篡时。向使当时身便死，一生真伪复谁知？（据《全唐诗录二》，卷六十四）

当此之时，所谓"英才亮拔"的康、梁等"志士"，确是被作为朝廷的"虹梁"而"诘朝事斤斧，浃辰涂丹朱"，因为受到"今上"的青睐而一夜间成了"红得发紫"的新贵；借用白诗"向使当时身便死"，被慈禧下令杀害的不是"戊戌六君子"，而是包括康有为在内的"七君子"，有谁会想到：这位首倡"变法"的康圣人，后来竟成了"拉车后退"、奔走"复辟"的"保皇党"首领呢？这大概就是"试玉"效应吧！

王国维是老老实实的学问家。但是，当戊戌之时，就像他这样的一代大师，混迹庸众，也只能被当成不如"栎与樗"（按，劣质杂木）的劣材。这就无怪他要感叹"匠石忽惊视，谓与凡材殊"，以此来表示他对罗振玉将他从"庸众"中识拔出来，"培植之俾成大器"的知遇之感。对此，罗振玉在他"自沉"昆明湖以后所致悼词中，曾说：

> 予固非匠石，而公则柟梓也，至于今而征信矣。①

这里，罗氏于谦执中不免流露了自矜，所以在现行的祭文中删去了这

---

① 罗振玉《祭王忠悫公文》，《王忠悫公哀挽录》，罗氏天津贻安堂1927年刊本。

段文字；嗣后，罗氏在刊印观堂遗诗时又将此首《豫章》诗抽去了，原因是怕被人误以为他要以识拔王国维的"匠石"自诩。①

六 学以致用攻英文

不久，"变法之局全翻"。王国维则于六月炎夏中拖着沉重的脚气病返回了海宁家中。王乃誉为他请来中医，诊断为"鹤膝风"，说是，"因三阴之气不足，风邪兼之，乃虚劳之报"。②他一面治病休养，一面关注着政局的变动。当他从报上看到"八月政变"发生后，清廷下令查会社、封报馆、缉捕"康党"，特别是谭嗣同等"六君子"被杀害的消息传来，不由惊叹"此次变故，实与日本幕府之杀藩士相似"。他与乃誉公一起，"扼腕搥胸""搔首向天"，痛惜"皆中国之俊才"遇难！特别是对于那些曾经奢谈"维新"，一旦有变便隔岸观火，幸灾乐祸的"论者"，十分鄙视。这些人为要洗刷自己，不惜向慈禧太后献媚邀宠。他斥责这些"蔽罪亡人，不遗余力"者的无耻嘴脸，痛心疾首地感慨：国家"危在旦夕，尚不知病，并仇视医者，欲不死得乎？"③

一年之后，王国维写了首题为《八月十五夜月》的七绝：

一餐灵药便长生，眼见山河几变更。
留得当年好颜色，嫦娥底事太无情！

这首诗，与"八月政变"发生之际，康有为在仓皇出逃途中所写《八月七日海上望月》，实为异曲而同工。康氏诗曰：

---

① 罗继祖致笔者函。
② 王国维《致汪康年汪诒年》，《书信》第12—13页。
③ 王国维《致许家惺》，《书信》第17—18页。

忽洒龙漦翳太阴,紫微移座帝星沉。
孤臣辜负传衣带,碧海波涛夜夜心。

应当说明的是,康氏以"孤臣"自居而将慈禧比拟为"龙漦",为褒姒;王国维虽不像康圣人那样睚眦欲裂,却在恬淡中更见思想深度。诗云"眼见山河几变更",包括了咸丰之死、"同治中兴"、光绪接位,其间经历了英法联军火烧圆明园(1860年)、曾国藩平息太平军(1864年)和中日甲午之战(1894年)等等;而点题之句,端在"太无情"一语。"嫦娥"所指何人,也就昭然若揭了。

非常意味深长的是,王国维去世后由罗氏编入《遗书》的《观堂外集》,收录了他早年自定的《静庵诗稿》(1905年),除抽去上述《豫章》诗之外,将这首痛诋西太后那拉氏策动"政变"幽光绪、杀"康党"的"太无情"的《八月十五夜月》诗也删掉了。这是可以理解的,因为在罗氏看来,未免有悖"忠悫"之谥。

当然,这些都是事后插曲。"八月政变"之后,罗振玉从淮安返回上海。《时务报》已被查封。时任两江总督的刘坤一网开一面,在罗氏向他呈报《农学报》去留的信上批示:农报不干政治,有益民生,不在封闭之列,农学会也"不必解散"。罗氏重振精神,招集"政变"期间散失的东文学社学员,并且将学社从原先维新志士车水马龙的四马路梅福里,迁往曾是"洋务"重地的江南制造局前的桂墅里。1899年春节过后,东文学社重新开学上课。

应当作为佳话美谈的是,就在此次"政变"前后,王国维在海宁家中与汪氏兄弟书信往还,热心为汪康年在上海筹办《中外日报》,如何招募

东文学社日籍教员藤田剑峰

股金，如何扩大发行等等，出谋划策。经过夏秋间的医疗调养，王国维的身体得到了恢复，乃于十月十六日（1898年11月29日）"启行赴申"。[①] 到上海后，他虽然辞离报馆，住进了东文学社（暨农报馆），但却与汪氏冰释前嫌，友好终生。罗振玉则进而委任他为东文学社"学监"。但王国维自感不长于待人处世，更不愿受他人恩惠，经藤田剑峰一再劝说，才勉强接受。从这正反两件事情，更使罗氏感到他确是宅心仁厚的笃实君子。

这时，还有件事情对王国维未来的学业很重要：东文学社除教授日文之外，增开英文课程，并参照日本师范学制，讲授史、地和数理化各科。在学社任教的专职日籍教员，原有藤田剑峰，又增聘了田冈岭云。藤田来沪已有四个年头，可算"中国通"了。王国维说，此时藤田君以文学者而授数学，"虽本人亦未尝不自哂"；但他教学认真，尤长于英文。王国维从东文学社肄业以后自学英文，藤田一直是他的辅导老师。新来的田冈岭云，也是文科出身，专攻哲学，是一位颇有造诣的文艺美学家[②]。王国维说，他从田冈随身带来的文集中，看到了康德、叔本华之名，从而引发了他攻读西方哲学的志趣。

尚须一提的是，东文学社的办学特色：致用。学社开设课程多了，仅有藤田、田冈两位授课不够，罗氏还请来了上海日本副领事诸井六郎、书记船井辰一郎任"义务教员"，通过清一色的日本"外教"，以达到口译、笔述兼备；无论学日文、学英文，都要求学员边学习边翻译，将学社采用的日文教科书及其他相关的日、英文书籍译编出版。据罗氏回忆说，王国维这个"学监"不受诸生欢迎，没有当好，不过挂名"致饩"而已，而他的学识则深为师生赞赏。王国维边学边干，入学当年（1898年）就为罗氏影印日本那珂通世的《支那通史》代写了序言，又为樊炳清译日本桑原骘

---

① 《王乃誉日记》，中华书局2014年影印本，第二册第992页。
② 田冈岭云（1870—1912），本名佐代治，1899年5月至1900年5月任教于东文学社，著有《岭云摇曳》《第二岭云摇曳》《云的碎片》等美学著作。

藏的《西洋史要》作序。这两部颇为风行当时学界的史学著作，皆以"东文学社"名义刊印，且销行甚畅，实际上也是罗氏开始着手由学社社员译编中西之书以充"校费"（即办学经费）的开始。由王国维署名的《东洋史要序》，则阐述了"近世历史为一科学"的新观点，颇与梁启超当时正在倡导的"新史学"相契合。这是迄今所见王国维的第一篇史学佚文[①]。

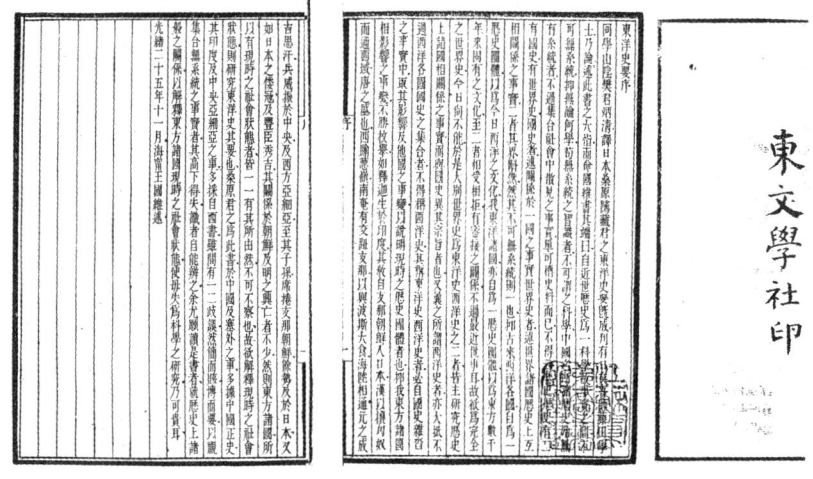

王国维为东文学社所撰《东洋史要序》

[①] 《东洋史要》，上海东文学堂1900年排印本；王《序》见陈鸿祥著《王国维年谱》附录二，齐鲁书社1991年版。

第三章　20世纪之初再抉择

弱冠弄柔翰，卓荦观群书。

——左思《咏史八首》之一

一　参加"出洋考试"

王国维入读东文学社，先后跨越了三个年头，适当新旧世纪之交，国家多事之秋。

"戊戌政变"之后，王国维诗咏"眼见山河几变更"；其实，更大的"变更"还在进入20世纪之后。果然，到了他就读东文学社的第三年——1900年，迎来了我们前面提到的宗仰法师《庚子纪念图》题诗所称"戊戌惊秋迄已庚"的"庚子之变"。

西太后慈禧扑灭了"戊戌变法"，重操国政之后出现的所谓"回春"，仅是假象。紧接着又有了另立"大阿哥"的"己亥废立"。依然处于幽禁中的光绪帝载湉乃于己亥十二月二十五日（1900年1月25日）发了道"硃笔上谕"，以本人"健康"为由，"请求"辞职。

"皇上"亲自写"辞呈"，即使"戏说"野史，亦不多见吧！

这样，庚子正月初一日虽未举行令朝野为之担心的新帝登基典礼，但象征着皇权的新年致祭等活动，均由西太后一手捧起来的"大阿哥恭代"。当此之时，"佛爷"虽老却容光焕发，踌躇满志。庚子春夏间，起自山东，蔓延河北的义和团拥入了北京，京城街头巷尾，出现了口称"刀枪不入"

的"拳民"呐呐念咒，舞枪挥拳。燃遍了贫困的中国北方的义和团"灭洋"之火，也在京师重地烧了起来。

西太后及其宠信的那帮"守旧老臣"，原想以"拳"制"洋"，借助义和团固位自图；被立为大阿哥的溥儁及其父端亲王载漪，更为其欲于乱中废帝夺位而推助义和团的"灭洋"火势。然而，"拳民"的长矛铁铳、血肉之躯，何能抵挡"毛子兵"的洋枪洋炮？其结果只能是玩火自焚。眼看着英、美、德、法、俄、日、意、奥组成的"八国联军"攻占大沽炮台，自天津向北京进迫，西太后惊呼"洋人要灭我国家"。她这句话并不过头。然而，她为抖其雌威，撇开"朕躬总未康复"、气若游丝的光绪帝，悍然发令"向各国宣战"，以报当年英法联军"火烧圆明园"（1860年）的"一箭之仇"。那不是拿了江山社稷押宝当儿戏吗？京城陷入了外国兽兵更加残酷的劫掠与血洗之中。"太无情"的老"嫠妇"至此才老泪纵横，在七月秋风中挟持了业已虚设的"皇上"载湉仓皇逃蹿长安……

这时，在江南虽有张之洞、刘坤一的"东南互保"，但纵然是洋人骤集、灯红酒绿的上海，也骚动了起来。当年六月，东文学社放暑假。罗振玉宣布学生提前肄业，学社在时局的动乱中当然也难以再办下去了。这就是王国维自述"庚子之变，学社解散"（《三十自序》一）的大致过程。

在世纪之初的这场大"变更"中，王国维面临着何去何从的再次抉择。恰巧，浙江当局预定于庚子春夏间，在杭州举行"出洋考试"。这给了他新的机遇。

戊戌《杂诗》不是有"我身局斗室，我魂驰关山"吗？负笈出洋，留学欧洲，这是王国维的素志，是他十六岁考中秀才以后向往的。还在"戊戌变法"失败之初，那些被罗振玉讥为"浮华不实"的"趋新"之士，莫不闻"康党"色变，而在海宁家中养病的王国维却给随同梁启超一起亡命日本的"康门弟子"汤觉顿写信，告以"政变"发生后国内情状，陈述自己出洋留学的愿望，希望得到帮助。乃誉公就在旁帮他思谋指点，说，现今处于乱世，时局不靖，第一度衣食，不必急于攀援登进；第二要趁此时专一学问,以期"十年平后出而用世"。① 应该说,王国维不负乃父所望,两年过去了,经东文学社苦读日、英文,他既有了出洋的知识准备,留学的愿望也更强烈了。罗振玉则为玉成王国维的留学之志,在庚子春节过后就亲自出马,向主持此次"出洋考试"的浙省有关官员"游说"推荐。这更促成了王国维赴考的决心。

当年三月中旬,王国维向东文学社告了假,自沪返海宁。时值暮春,寒暖多变,他得了风寒咳嗽。年轻的妻子莫氏忙着给他更衣端水。父亲乃誉公乐呵呵地怀抱着他的头生子、刚及半纪(六个月)的潜明,望着他病弱的身体,颇为心疼地劝他在家多休息几天。但他哪有这份心情?在家稍事逗留,就赶往杭州了。

二 书赠《咏史二十首》

此番"出洋考试"虽属官办,王国维却是穷书生,无任何官方背景,当然没有衙署官廨接待,一切都得自理。他住进了杭州一个普通旅舍"德升客栈",一面做迎考准备,一面访友探询考试事宜。

值得我们大书一笔的是,就在他访友、备考期间,给时任杭州知府幕僚的友人高啸桐书赠了他早期诗作中最为重要的作品《咏史二十首》,并且加写了注语(以下称"原注")和跋文;兹参校他身后刊出的诗稿(以下称"刊本"),迻录如下:

一

回首伊兰②势渺茫,西来③种族几星霜;

---

① 《王乃誉日记》,中华书局2014年影印本,第二册第987页。
② 刊本作"西陲"。
③ 刊本作"东迁"。

何当踏破双芒屐，却上昆仑望故乡。

二

两条云岭摩天出，九曲黄河绕地回；
自是当年游牧地，有人曾号伏牺①来。

三

懵懵生存起竞争，流传神话使人惊；
铜头铁额今安在？始信轩皇苦用兵。

四

澶漫江淮万里春，九黎未格又苗民；
即今魋结穷山里，此是江南旧主人。

五

二帝精魂死不孤，稽山陵庙似苍梧；
耄年未罢征苗旅，神武如斯旷代无。

六

铜刀岁岁战西欧②，石砮年年出挹娄；
毕竟中原开化早，已闻镠铁贡梁州。

七

谁向钧天听乐过？秦中自古鬼神多；
即今《诅楚文》犹在，乍③告巫咸又亚驼④。

八

《春秋》谜语苦难诠，历史开山数腐迁；
前后故应无此作，一书上下二千年。

---

① 刊本作"羲"。
② 刊本作"东欧"。原注："希腊鄂漠尔（按，今译荷马）诗中多咏铜兵。"
③ 刊本作"才"。
④ 原注："亚驼音与亚当（Adam）近，岂秦在西方，已闻犹太人之说欤？"

九

汉凿昆池始见煤,当年赀力信雄哉!
于今莫笑胡僧妄,本是洪荒劫后灰。

十

扐戈①大启汉山河,武帝雄才世讵多?
轻骑今朝绝大漠,楼船明日下牂舸。

十一

慧光东照日炎炎,河陇降王正款边;
不是金人先入汉,永平谁证梦中缘?

十二

西域纵横尽百城,张陈远略逊甘英;
千秋壮观君知否?黑海东②头望大秦。

十三

三方并帝古未有,两贤相厄我所闻;
何来洒落樽前语?天下英雄惟使君!

十四

北征③洛水拜陵园,奉表迁都大义存;
纵使暮年终作贼,江东那更有桓温?

十五

江南天子皆词客,河北诸王尽将材④;
乍歌乐府《兰陵曲》,又见湘东玉轴灰。

---

① 刊本作"弋"。
② 赵万里《年谱》引作"西"。
③ 刊本作"临"。
④ 刊本作"才"。

十六

绍兴拜表称臣构①,宜曰②倾心事犬戎;

亲出渭桥擒颉利,文皇方③不愧英雄!

十七

南海商船来大食,西京祆寺建波斯;

远人尽有如归乐,知是唐家全盛时。

十八

五国冰④霜惨不支,厓⑤山波浪浩无涯;

当时⑥国势凌迟甚,莫⑦怪诸贤唱攘夷!⑧

十九

黑水金山启伯图,长驱高掌⑨世间无;

至今碧眼黄须客,犹自惊魂说拔都!

二十

东海人奴⑩盖世雄,卷舒八道势如风;

碧蹄倘得擒渠返⑪,大壑何由起蛰龙!⑫

王国维把这二十首《咏史》诗写在印有"东文普通学校"的方格稿笺上,

---

① 刊本作"晋阳蜿蜒起飞龙"。
② 刊本作"北面"。
③ 刊本作"端"。
④ 刊本作"风"。
⑤ 刊本作"崖"。
⑥ 刊本作"年"。
⑦ 刊本作"争"。
⑧ 原注:"尝谓:国势愈弱,则恶外人愈甚。宋人甚恶外人,汉、唐、元盛时不然。国朝嘉(庆)道(光)后始恶外人,康熙间不然。"
⑨ 刊本作"远蹠"。
⑩ 原注:"丰臣秀吉。"
⑪ 刊本作"反"。
⑫ 原注:"明败于朝鲜,而国朝始兴。"

跋云：

> 庚子三月，以事留滞武林，病风苦咳，不能读书，辄拈笔咏古，得二十绝。录呈啸桐先生指正。王国维草。

杭州旧称武林。"以事"即准备参加出洋留学考试。这位高啸桐先生，就是后来在上海与张元济一起创办商务印书馆编译所的高凤谦（梦旦）长兄，林纾的同乡友人，在清末政界学界有一定声誉[①]。王国维录呈给他的诗稿，被保存在他的友朋书札里。由此可以想见，吴宓为纪念王国维逝世一周年（1928年）而发表于《学衡》杂志（第66期）的《咏史二十首》（即前引"刊本"），说是"辗转得之雪堂先生"，那应该是经王国维作了某些文字润色后书赠罗氏的。而罗氏所见王国维写于东文学社同学扇头，并"识为伟器"的"《咏史》绝句"，乃是其中的第十二首。

为了解《咏史二十首》的写作年代，还有必要回看其中第三首"懵懵生存起竞争"。这是借咏远古史事，以阐发严复译介的"英之动植学者达尔文"之"物竞天择"的"生存竞争"学说。这个学说，是严氏在中日甲午之战次年（1895年）所撰《原强》中率先介

王国维写于东文普通学校稿笺之《咏史二十首》

[①] 高啸桐，即高凤歧（1857—1909），字啸桐，号愧室，福建长乐人，与林纾同为清光绪壬午（1882年）举人；曾为杭州知府幕僚、浙江大学堂总教习、两广总督岑春煊幕僚，后赴任梧州知府。事迹见林纾《诰授资政大夫盐运使衔梧州知府长乐高公墓志铭》，《畏庐文集》，商务印书馆1913年版。

绍的①。据此，笔者在20世纪80年代注释和探讨《咏史二十首》，推定其写成"当在严复《原强》发表之后，《天演论》全书出版之前，约1896年前后"。②这是因为，严译《天演论》虽译出于1896年，并在《国闻汇编》分期刊出部分章节，但全书出版却已到了"戊戌变法"的1898年③。现在，我们从王国维书赠高啸桐的《咏史二十首》手稿，可以进而推知，这二十首咏史绝句，至少有十数首写成于他入读东文学社的1898年初或更前于此，这与我们推定的最初写作时间，大致不相上下。

三 咏史图自强，加注斥排外

王国维书赠高啸桐的《咏史二十首》（以下简称"手稿本"），也为我们留下了探讨其早年思想与学术风貌的最珍贵的第一手史料。

其实，显示了王国维"伟器"之才的"《咏史》绝句"，何止"千秋壮观君知否？黑海东头望大秦"（按，"大秦"即古罗马）两句？我们在对此诗的探讨中曾指出：这二十首诗，起自史前传说，炎、黄二帝，迄于"大鏊何由起蛰龙"的清兴（即所谓"国朝始兴"），一诗上下五千年；其所取材之书，至少有《史记》、前后《汉书》《三国志》《南史》《北史》，宋、齐、梁、陈书，《隋书》、新旧《唐书》《宋史》，金、辽、元史，《明史》，旁及《山海经》《春秋左传》《尚书》（如《禹贡》）、诸子（如《墨子》），以及《文心雕龙》等等；范围则涉及历代政治、军事、经济、文化艺术，以及神话传说、宗教、民族、民俗和外交等等；他起点高，胸怀宽，眼光锐，虽是"少作"，但在史学方面的极为渊博的学识，以及对思想文化史，乃至考古发掘（如"铜刀"、"石砮"、《诅楚文》）等方面的见解，

---

① 严复《原强》，初刊于清光绪二十一年二月初八至十三日（1895年3月4—9日）天津《直报》。
② 参见陈鸿祥著《王国维与文学》，陕西人民出版社1988年版，第16页。
③ 严译《天演论》，1898年分别有湖北沔阳卢氏慎始基斋木刻本及天津嗜奇精舍石印本。

都达到了只有其同时代少数杰出学者才有可能跻及的水平。

尤为重要的是，从王国维庚子三月的手稿本，我们不仅得以窥其原诗初稿之全豹，且可探知其此时此际的思想风貌。

首先是以史喻时事，警示国人当自强。

请看手稿第十六首："绍兴拜表称臣构，宜曰倾心事犬戎。"盖以"犬戎"代称"靖康之难"中掳劫了徽钦二帝的金人，而其实际所咏史事，一为南宋，一为唐初。宋高宗赵构南渡，在临安（今杭州）建立南宋朝廷。为求偏安，乃于绍兴十二年（1142年）派使臣北上，向金人呈表乞和，将金奉为"上国"而自甘为"儿皇帝"，且发誓子子孙孙"守臣节"。兹录其降表于后：

> 臣构言：今来画疆，合以淮水中流为界，西有唐、邓州，割属上国。……既蒙恩造，许备藩。世世子孙，谨守臣节。①

自称"臣构"，认贼作父，廉耻丧尽。与之形成鲜明对比的是，曾为晋阳（今太原）太守的唐高祖李渊。隋末天下大乱，国势衰颓。迫于情势，李渊也曾一度向时来侵扰的北方强敌突厥（"犬戎"）称"臣"求和，但那是以屈求伸，"事"敌乃为着制胜。终于在登基立唐、建都长安之后，由"文皇方不愧英雄"的李世民，以西汉名将霍去病"志灭匈奴"的气概，代父出征，生擒颉利（突厥首领）！

再看刊本，将"绍兴拜表称臣构"，改为"晋阳蜿蜿起飞龙"。就诗句而言虽圆熟了，但仅是对李氏父子，尤其是对李渊开国的"歌功颂德"。须知，当庚子之时，王国维原是要借宋之所以亡、唐之所以兴，警示国人：殷鉴虽远，赵构称臣的故事总该记取吧！甲午战败，签订《马关条约》（1895年），割地赔款，不图自强，而乞求苟安，国家必将被推向绝路。这是王国维此时咏史的本意。一年之后，果然出现了西太后那拉氏在八国联军的洋枪洋炮的胁迫下与各国"和议"，并为保全其尊荣权位而下令签订更加

---

① 《续资治通鉴》，中华书局1957年版，第3307页。

丧权辱国的《辛丑条约》（1901年9月7日）。举国怒责，而王国维与他父亲乃誉公则在这个割地、赔款的条约签字前，就"闻之愤怼填膺"，感叹"如是中国岂成为国"[①]！

第二是针对时局加诗注，举证史事斥排外。

以手稿本与刊本对比，更大的不同是刊本无注而手稿有着作者自加的注文。这对我们了解王国维当时的思想趋向，至关紧要。例如，第十八首："当时国势凌迟甚，莫怪诸贤唱攘夷。"注云：

> 尝谓：国势愈弱，则恶外人愈甚。宋人甚恶外人，汉、唐、元盛时不然。国朝嘉（庆）道（光）后始恶外人，康熙间不然。

这段注文，实际上反映了庚子风云骤变初起时情状。"恶外人"就是盲目排外。被太平天国革命吓破了胆的西太后，一向恶"会匪"。何以会对原本与"小刀会"、"白莲教"同根生的另类之"匪"义和团，来了个一百八十度大转弯？就因为那些灰头土脸的"拳民"烧教堂、逐"洋人"、驱"教民"，以至毁电线、拆铁路，桩桩件件，莫不可了"老佛爷"的"恶外人"之心。

然而，"国势愈弱，则恶外人愈甚"。这可以说是王国维从历代国家盛衰、王朝兴替中提炼出来的一个逆向"排外定律"。如诗中所咏，汉武帝雄才，"轻骑今朝绝大漠，楼船明日下牂舸"（第十首）；唐太宗英武，"南海商船来大食，西京祆寺建波斯"（第十七首）；元成吉思汗兵扫欧亚，"至今碧眼黄须客，犹自惊魂说拔都"（第十九首）；国力强盛，何惧"外人"？正所谓"秦皇汉武""唐宗宋祖"。看来，青年王国维尤钦仰汉武、唐宗，因为这是中华帝国最昌盛的大一统时期。"犹自惊魂说拔都"，成吉思汗毕竟"只识弯弓射大雕"嘛。

这里，有必要对王国维抒发"千秋壮观君知否？黑海东头望大秦"的

[①] 《王乃誉日记》，中华书局影印本，第三册第1302页。

豪壮之情的第十二首绝句上联："西域纵横尽百城，张陈远略逊甘英。"所指究为何人何事稍作补充说明。例如，有的论者赞同笔者所说王国维此诗表达了"怀前贤，放眼世界，振我中华的宏大（按，应为'才'）远志"，但对拙说"张陈远略"指张骞出使西域，"陈远略"即《史记》所记"骞身所至者大宛、大月氏、大夏、康居，而传闻其旁大国五六，具为天子言之"①，加以辨"讹"匡正，认为："张"是指"敦煌太守张珰而非张骞"，"陈"即是"尚书陈忠"，东汉安帝刘祜接受了张、陈二位"建议"而遣臣调军，"重新打通了西域各国与中原之间的交通"②，云云。应该说，通过辨疑析难，以深化对诗意的理解，这是有益的。因为，原诗虽明写"甘英"，却未指实"张骞"，故在前此诗注里早就有了"张"指张珰，"陈"为陈忠之说。③然而，我们也应如实指出，以"陈"为姓，尔后张、陈分解，按《二十四史》纪传人名索引加以"对号入座"，看似细密有据，实乃落入了穿凿附会。何以故？这只要列出时间表，即可明白：甘英出使西域，"临西海以望大秦"（古罗马），在东汉和帝永元九年（97年）；而张珰、陈忠上书献策，并非"远略"，旨在朝廷遣使打通已"绝"的西域之路，在安帝延光二年（123年），事迹具见《后汉书·西域传》。王国维诗云"张陈远略逊甘英"，按前人训释，"陈，犹说也。"（《文选》李善注）就是据《史记·大宛列传》，张骞"具为天子言"其出使西域事迹，取以反衬甘英西使足迹，超越了张骞当年"怀致远之略"所"身至"之地。后来居上，这才显"千秋壮观"。如果后来者"纸上谈兵"的所谓"远略"，尚"逊"于曾"望大秦"的前人甘英，即后不如前，还值得赋诗咏之么？这是无须诠解的常情常理。

还必须指出，王国维尊天才、重首创，论词赞史，莫不皆然。《二十四史》纪传中能臣名将，何虑万千，而能入其咏史法眼者，几希？按"官衔"，

---

① 参见陈鸿祥著《王国维全传》（修订本），人民出版社2007年版，第50页。按，引文见《史记》卷一百二十三《大宛列传》。
② 参见窦忠如《王国维传》，百花文艺出版社2007年版，第56页。按，所辨引文据陈《传》2005年初版本。
③ 参见佛雏《王国维诗学研究》，北京大学出版社1987年版，第351页。

甘英只是班超的部属，但他却不咏"班甘"；是故，我们完全可以断言，在王国维史家的眼光里，张珰、陈忠，根本入不了他的史笔！吴宓为发表《咏史二十首》所写《编者识》称其"议论新奇而正大"，至为得当。他立论新颖，大处落笔，张骞"凿通尔道"，辟开西域之路，前无古人，说"逊甘英"，当然绝非意味着要贬抑"去十三岁，惟二人得还"的这位"博望侯"当年艰苦备尝、九死一生的"凿空"之功；恰恰相反，那正是为着彰显"骎骎乎两汉之疆域，广于三代"（《人间词乙稿序》）；开疆拓土，代有其人，且后胜于前，而甘英官虽不大，却能"望大秦"，乃是国势兴盛、勇与"外人"交接之标志。进入清代，康熙年间就不但不"恶外人"，还将来华传教的洋人请进朝廷，帮助翻译"西学""西书"。嘉（庆）道（光）后所以"恶外人"，实际上正是由于1840年中英鸦片战争以后，国势日趋衰颓的必然结果；而庚子年间北方蜂起"灭洋"的"义和团"，不正是反映了中日甲午之战以后，"国势凌迟甚"吗？王国维不但把这些见解写入咏史诗注，从杭州返回海宁，还对来家串门的亲友和外出遇到的熟人，放言时事，抨击慈禧太后及一班守旧大臣支持义和团"灭洋"排外，因而与人发生争辩。那时，他尚属青年气盛，乃誉公十分担心他会招致疑忌，被人误认为"外奸"，故劝他收敛锋芒，千万"不应与不识时者力辩"；更"不应常出与闲人空谈，不独废时失学，且自识亦为牵而下矣"[①]！

第三是以开放的眼光参比古今，融通中西。

图自强，斥排外，同时也体现了王国维此时已具的开放眼光。这使他与因循"坟典"、固步自封的"一孔之陋儒"，从一开始就拉开了距离。如果说，《咏史二十首》咏"僭僭生存起竞争"（第三首），是以风靡当时学界的"物竞天择"的"进化论"，来演绎"流传神话"，即《史记·五帝本纪》所记"轩皇"（黄帝）伐蚩尤之争战；那么，从他所加诗注，又可窥他欲以"西洋神话"参证中国古史的初步尝试。例如，诗注"希腊鄂谟尔（今译荷马）诗中多咏铜兵"，以证他所咏的"铜刀岁岁战西欧"（第

---

① 《王乃誉日记》，中华书局影印本，第三册第1275页。

六首）；又由所咏《诅楚文》（约当作于楚怀王十七年，前313年）中的"诬咸"与"亚驼"，参比《圣经创世纪》传说中之亚当，说，"亚驼音与亚当（Adam）近，岂秦在西方，已闻犹太人之说欤？"（第九首）他的咏史与诗注，可以说是开了近代史学与文学之中西比较研究的先河。

四 试译《势力不灭论》与初介歌德《浮士德》

上述种种，表明了在"庚子之变"的时局动荡中，王国维在准备参加"出洋考试"的同时，仍是那样执著地为"兼通世界之学术"而攻读外文，主要是英文。他回顾这段经历，曾说自己就读东文学社的两年半时间内，有一年半学英文，每学期（半年）一册，共读毕三册；由于学社解散，提前肄业，他又购买了第四、第五册课本带回海宁家中自学，并且边学习，边翻译，《势力不灭论》就是成果之一。

王国维翻译的这本《势力不灭论》，署"德国海尔模壑尔兹著，英人额金孙英译本，海宁王国维译"，曾被编入樊炳清所辑《科学丛书》，由上海《教育世界》社刊行（1903年）。卷首《译例》落款"庚子夏六月"，可证这与他为《咏史二十首》加写若干颇具"西洋色彩"的注文，属于同时期的作品。

王国维亲撰的《势力不灭论·译例》凡四款，引录如下：

一、势力不灭论（The Theory of the Conser Vation of Energy），为十九世纪所发明最大最新之原理，而德人海尔模壑尔兹（Helmholtz），亦发明此原理之中一人也。此书就英国理学博士额金孙（Elthinson）所译海氏之《通俗科学讲义》（Lecture on Popular Scientific Subject）中之《就自然力之交互关系》（On The Interaction of Natural Force）一节译述者，译其名曰《势力不灭论》，蕲不背原意而已。

一、原书本为通俗讲义，一切数学上之公式，及试验之次序，皆略不载,而惟记其结果,其意在使人易晓。

一、译语使用旧译。惟译名有未妥者,则用日本人译语。

一、人地名及书名,概标西名,以便稽核。

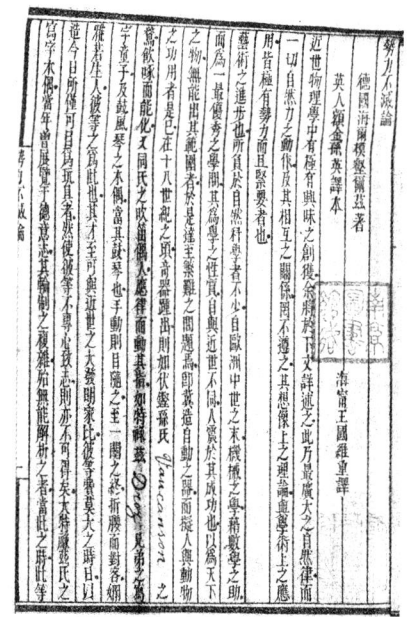

王国维译第一部西书
《势力不灭论》(1900年)

这是王国维初试翻译,也是他将要从东文学社肄业之际所译的第一部"西书"。所谓"译述",应该含有译其原意的意思。"人地名及书名,概标西文",就是至今仍颇为时髦的"中夹洋";不过其目的,不是为了炫耀才学的"卖弄",而是便于读者"稽核"。

那么,何谓《势力不灭论》呢?这里,我们有必要复述恩格斯《自然辩证法》的相关论述。按照恩格斯在这部名著里的介绍,近代"具有决定意义"的"三大发现"是:达尔文的"进化论",施旺、施莱登的细胞学说,以及由迈尔·焦耳和柯尔丁等创立的"能量守衡与转换定律"[①]。王国维谓之"亦发明此原理之中一人"的海尔模鋆尔兹,亦译赫尔姆霍茨、亥姆霍兹,是德国物理学家、生物学家,又是用力学、数学观点阐述艺术与美的美学家,恩格斯称他是位"新康德主义者"。他的《通俗讲演集》(即《通俗科学讲义》)在西方很有名。其中用"纯主观的力的概念"来阐释"力的守衡原理",便是王国维所译的《势力不灭论》。

王国维"译述"《势力不灭论》,还表明了他把学习外语作为沟通世界

---

① 参见恩格斯《自然辩证法·运动的基本形式》,《马克思恩格斯选集》第四卷,人民出版社1995年版,第355页。

学术的工具。所以，在攻读英文的同时，他又自学德文，曾购置了马克思《资本论》的德文原著。他边学外文、边翻译，虽有着罗氏所说解决"社用"经费的目的，但并不率尔操觚。他为学笃实，力戒浮躁，在东文学社重新开学之际（1899年），曾亲手抄录那时刚出版的严译《天演论》，从中揣摩怎样译书；而从《势力不灭论》的翻译中，更可以显见他严谨的治学态度与对近代科学理论的了解。在吴宓主编的《学衡》杂志发表的纪念王国维逝世一周年的文章中，曾说他"治数学才数月，而其著作中西方古代畴人如数家珍。今世大学中之数学教授，视之如何耶？"[①]这应该是指他曾译出过被东文学社用作教材的算术教科书；实际上，这是浅层次的。他对西方"畴人"即科学家的译介，最早也最深层次的则是这部被恩格斯谓之"笛卡儿原理"——运动"既不能创造也不能消灭"的《势力不灭论》！长期以来，学术界推重王国维的"科学头脑"与"科学方法"，但迄今为止，很少有人读过和介绍他的这部译著。这不能不说是对观堂之学研究上的一个重大缺憾。

王国维是紧接着严译《天演论》之后试译《势力不灭论》的。当时，"能量守衡"、"物质不灭"等普通物理学、化学知识都还没有普及。王译此书虽没有产生像严译《天演论》那样的巨大影响，但同样有着不容忽视的科学启蒙意义。值得注意的是，王国维推重"西洋之大文学"，亦起始于"译述"《势力不灭论》。他在此书的翻译中初步接触了"德国大诗人"奇台（Goethe，1749—1832，王氏在嗣后著译中译为格代，今通译歌德）及其"大著述"《法斯特》（Faust，今通译《浮士德》），并以四言古诗的形式，转译了《势力不灭论》原著引录的歌德《浮士德》中的"魔鬼梅斐司托翻尔司（Mephistopheles）之诗"：

渺矣吾身，支中之支。
原始之夜，厥干在兹。
厥干伊何？曰暗而藏。

---

① 素痴（张荫麟）《王静安先生与晚清思想界》，《学衡》第64期，1928年7月。

一支豁然，发其耿光。
　　高严之光，竞于太虚。
　　索其母夜，与其故居。

王国维还在英译"魔鬼"名下加了夹注，云：

　　Mephistopheles，德国大诗人奇台之著作 Faust 中所假设之魔鬼。

今查郭沫若译《浮士德》，"魔鬼"译作"靡非斯特匪勒司"。此诗出诸《浮士德》第一部《书斋》靡非斯特匪勒斯与浮士德对话中之"靡非斯特"一节。王氏译诗中以"支""干"来比拟个体之人（即"小宇宙"）与整体之宇宙的关系。是故，郭译"渺哉吾人"曰"你们号称小宇宙的蠢人"；"支中之支"，郭译为"我还是一体之一体"；而"原始之夜，厥干在兹"，则译为"那起初的一体本是一切"。为便于读者研读，兹将郭译这首"魔鬼之诗"转录如下：

　　我对你是说出了谦虚的真理。／只有你们号称小宇宙的蠢人，／总爱把自己当成为全体；／其实我还是一体之一体，／那起初的一体本是一切，／后来由暗之一体生出了光，／骄傲的光要和母亲黑暗争强，／争夺他母亲所占有的地方，／但是无论怎样他都不能成功，／因为他是附丽于各种形体。／他从形体流出，使形体生美，／形体却又阻碍着他的行程；／在我想，怕不会有好久的时辰，／他会随着形体而一同消尽。①

我们应当记得，郭沫若《女神之再生》卷首引诗第一句，就是《浮士德》尾声的"一切无常者／只是一虚影"；而《凤凰涅槃》令那时无数青年如醉如痴地吟诵的名句，则是诗中一唱三叹的《凤凰更生歌》："一的一切"，

---

① 郭沫若译《浮士德》第一册，人民文学出版社1978年版，第66页。

"一切的一"!

为什么？因为，由王国维以古雅的四言译出的"原始之夜，厥干在兹"，而被郭译为"起初的一体本是一切"，确实体现了"创造"，蕴含了"再生"。

当然，《势力不灭论》原著引录歌德《浮士德》里的这首"魔鬼之诗"是要借以论证康德—拉普拉斯关于太阳系起源的"星云假说"。在著者看来，康德首创"星云"说的功绩，在于以"假说之黑暗"，而导人类以"知识之光明"；并认为，其"星云"说与"古代人类亲属之传记及诗人之想像，其言若出一揆"。王国维于"人类亲属之传记"下，特加夹注云："谓《创世纪》等。"我们如果再查看《创世纪》，是这样说的：

> 上帝乃分光自暗黑中，而名其光为昼，其暗黑为夜，是为第一日。①

这就是王国维译诗中所谓"一支豁然，发其耿光"；郭译曰"后来由黑暗之一体生出了光"。

四年之后（1904年），王国维撰《红楼梦评论》，征引了中国自己的"创世纪"神话——"《红楼梦》开卷第一回"的"女娲氏炼石补天"，并且将"通了灵性"的顽石——"通灵宝玉"的悲剧与浮士德之悲剧加以比较论述。这就不是偶然的了。

五 题照别罗氏，悲欢世纪初

让我们回头来说王国维赴杭州准备参加"出洋考试"。一旦考上，那就可以享受公派"官费"留"西洋"了。这对于"家贫无赀供游学"的王国维，岂不美哉也欤!

---

① 参见《旧约全书》《创世纪》第一章。此据王译《势力不灭论》引文，与通行的白话《旧约》稍异。

然而，这仅是画饼而已。

庚子是三年一次的乡试之年。入夏以后，陆续来杭州迎考的青年学子，就有了两拨。一拨是考出洋的，再一拨是考举人的。乡试须在秋后，而出洋考试本应在夏四五月间举行。王国维焦急地等着开考，高啸桐却从杭州知府衙门里给他送来了信息，说，抚台大人老糊涂，竟把出洋考试这件事情忘记了！询问何时开考，这位老大人回答，等秋后再说。我们从接着发生的"庚子之变"可以知道，这不过是推诿之词。西太后正摩拳擦掌要与"洋人"开战，还谈什么"出洋考试"！

王国维在杭州逗留了半个多月。他喘咳不止，住客栈花费又多，徒然空等已无必要，只能满怀希望而去，一腔失望而归。

返回海宁家中，王乃誉嗟叹不已，认为还是应走新旧两条路。他劝导王国维说，出洋留学，如能成当然很好。但传说省府官员将有变动，出洋考试未必会开考。如再不应"乡试"，以后真要停止科举，岂不是连这条路也断了？所以，他坚持要王国维秋后"入闱"，以求"此（出洋）失彼（科举）得"。但王国维断然拒绝。父子俩形成了"胶执"。乃誉公十分忧伤，曾在日记中写道：

> 此时虽未甚有为，然入场（按，指参加"乡试"）乃系正办。能有获则进途广，即仍理出洋事，亦似较易。若执迷蹉跎，是自误终身。少年此日一刻不容错过，但一老大，欲求功名之望若登仙，晚矣！①

其实，乃誉公多虑了。王国维岂是"执迷蹉跎"之人？不过，那时正处于科举将废而未废的新旧学制交替期，依然把科举看作"正办（途）"，认为考中举人"进途广"了，就算不考进士，也身价高了。王国维理解老父的拳拳之心，但他早已绝了中举人、考进士之类念头，加之在上海数年见识广、历练多了，所以在杭州赴考无望后，他并不灰心，决定自谋出洋之路。

---

① 《王乃誉日记》，中华书局2014年影印本，第三册第1214页。

自夏至秋，王国维往返于海宁、上海之间。那时所谓"出洋"，官费赴西洋是少数，多数自费到日本。王国维回到上海，由于东文学社已解散，罗振玉就留他在农报馆翻译农学书报，同时劝他改往"东洋"，并请已返日本度暑假的藤田剑峰联系去东京留学事宜。这就是王国维所说"北乱稍定，罗氏乃助以赀，使游学于日本，亦从藤田君之劝"（《三十自序》一）。

根据王乃誉日记，王国维于庚子十二月二十一日（1901年2月9日）乘坐日本三菱公司的"博爱丸"轮船，从上海启程东渡，抵达东京后，国内正在爆竹声中度新岁，王国维则忙着做入学的准备。藤田剑峰为他安排了宿舍，其地为东京本乡区本乡五丁目四十四番地牧田方。王国维书告乃誉公，此乃"藤田前在大学时之旧居停，到大学堂甚近"；藤田并且派人陪同他游同文书院，访专门学校（即他将入读之东京物理学校）；他还访晤了同乡闰生，即其时正留学早稻田大学的陆宗舆。①

但更令人难以忘怀的是，王国维临行前，给罗振玉写了《题友人三十小像》赠别。这是二首律诗：

> 劝君惜取镜中姿，三十光阴隙里驰。
> 四海一身原偶寄，千金三致岂前期？
> 论才君自轻侪辈，学道余犹半黠痴。
> 差喜平生同一癖，宵深爱诵剑南诗。
>
> 几看昆池累劫灰，俄惊沧海又楼台。
> 早知世界由心造，无奈悲欢触绪来。
> 翁埠潮回千顷月，超山雪尽万枝梅。
> 卜邻莫忘他年约，同醉中山酒一杯。

这应该是王国维继戊戌《杂诗》之后，第二次直接给罗氏赠诗。当时

---

① 《王乃誉日记》，中华书局2014年影印本，第三册第1380页。

曾在上海农报馆，为王氏东渡留学送别的罗振常在编集《人间诗集》时，特为这二首七律追写了题注："此题雪堂小像"。后来，罗继祖在给笔者的信中说，他儿时从祖父那里见过观堂题诗的照片，乃"先人（罗振玉）三十岁摄于淮安，手持兰花一枝"。看来，罗氏是怀着这幅"手持兰花照"来沪创业的，王国维题诗以"劝君惜取镜中姿"起兴，殆当缘由此。所谓"差喜平生同一癖"，是因为王国维对唐以后诗，特"爱剑南（陆游）"，而罗氏也同他一样，每深夜诵读剑南诗集，并集其诗中"外物不移方是学"、"百家屏尽独穷径"写成楹联自励。

不过，通观王国维这两首题照诗，其要旨有二：一是赞罗资助。第一律"千金三致岂前期"，显系指三次政局大变动前后，罗氏给予他的三次资助："戊戌百日维新"前夕，给他免费入读东文学社，一致；戊戌"八月政变"后重返东文学社，给他发薪赡家，二致；尤其是此次"庚子之变"后的第三致：罗氏资助他去日本留学。这不是凭空悬想，而是有当年罗、王书信、日记为证。且看庚子十月廿四日（1900年12月15日）王乃誉所记：

> 静得沪罗叔蕴信，知伊之鄂办农馆，以资帮静作游费，令即出申。①

所谓"之鄂办农馆"，说的是罗振玉应湖广总督张之洞聘请，从上海赴武汉，就任湖北农务局总理暨武昌农务学堂监督。当时，由于"庚子之变"东文学社解散，王国维曾一度"待业"海宁家中，突接罗振玉（叔蕴）从上海发来书信，告知他已赴湖北办农务，并拟筹集经费资助他"出洋"，这是多么令他喜出望外！按照罗氏"令即之申"的嘱咐，王国维打点行李，于接信次日，即十月廿六日（12月17日）午后离家赶往上海，返回农报馆；他的"春初启程往日"，② 赴日留学的资金、行程等，均由罗振玉帮助安排确定。这岂是他人所能、自己预期的？

---

① 《王乃誉日记》，中华书局2014年影印本，第三册第1322页。
② 《王乃誉日记》，中华书局2014年影印本，第三册第1331页。

要旨之二，是别罗抒怀。第二律"几看昆池累劫灰"，这是应接着他在《八月十五夜月》诗中的"眼见山河几变更"。"昆池"即颐和园之昆明湖。他在《咏诗二十首》中写有"汉凿昆池始见煤"之句，说的是汉武帝元狩三年（前120年），为操练水军而在长安西南开挖昆明池，那是国力强盛的标志；而今慈禧太后动用国帑，在英法联军火烧圆明园焚毁的清乾隆年代所建清漪园基础上大兴土木，造园挖湖，劳民丧财。庚子变乱，八国联军入侵，生灵涂炭。罗振玉自沪赴鄂途中曾赋诗感叹，"北地虫沙成浩劫"（《白门感事》），京津间血流成河，一片瓦砾；王国维则更关注颐和园也在劫难逃，昆明湖再次劫灰累累。他译述《势力不灭论》里说到的景教中"世界末日"之谈，仿佛由八国联军的洋枪洋炮来应验了。

由此，我们更可以窥知，王国维在跨入20世纪之初，东渡留学之际，赠别罗氏诗中之"早知世界由心造，无奈悲欢触绪来"；还有稍后（1903年）他在诗中咏叹的"蓬莱自合今时浅，哀乐偏于我辈深"；这一切难道是"心造"的吗？否。西方哲学家说什么"我思故我在"，什么世界是一个"我的表象"①，纯属虚妄。民族蒙耻，国家遭难，这才是导致王国维"极悲极哀"的现实。于是，第一律头韵次句"三十光阴隙里驰"，与第二律末韵起句"卜邻莫忘他年约"相对应，他心忧多难的故国而惜别罗氏；暂离他曾经观潮（翁埠）赏梅（超山）的家乡而前往一衣带水的东瀛。何谓"卜邻莫忘他年约"？盖"卜邻"其实便是说的留学。

六　留日忧国运，归来逢"变法"

在"北乱稍定"的情势下留学日本，并不能使王国维心情稍安。他进入了东京物理学校。从庚子年底抵达日本，到辛丑四月二十六日（1901年

---

① 叔本华《世界作为表象》第一句："世界是我的表象，这是一个真理。"《作为意志和表象的世界》，商务印书馆1987年版，第25页。

6月26日）返回上海，他在东京留学的实际时间，先后四个多月。他学的是理科。按照他自己所说，是"昼习英文，夜至物理学校习数学"。但平心而论，他之所长在"文"而非"理"；所以，对于他放弃留学，提前归国，比较流行的说法，是由于"病脚气"和"以几何学为苦"。浅近一点讲，就是脚气病（"鹤膝风"）发作，学科又不对口，致使他难以支撑下去。

这都是事实。

然而，我们也不能忽视，王国维之所以提前归国，尚有更深层次的原因。当他来到东京时，中国留日学生的反清爱国活动日趋活跃。孙中山胸怀振兴中华之志创办"兴中会"（1894年），此时更把推翻帝制、创建"共和"的希望寄托于年轻的一代，特别是"注入其主义于留学生中"。王国维清楚地看到，曾被清廷视为洪水猛兽的"康党"变成了"保皇党"，代之而起"酿造大乱者"，乃是"如燎方物，不可遏制"的"孙党"。罗振玉在送别他东渡后不久就来信，向他探问留学情状，特别关心留日学生的动向，说：

留学诸生，多后起之秀，其趋向关系于国家前途者甚大。曷有以匡救之？

应当说，罗氏的话有一半是对的，后来投身辛亥革命的确有不少是与王国维先后期赴日的"留学诸生"。但王国维只身东渡，初来乍到，何来"匡救"之策？从政治倾向上来说，他同罗氏一样，反对推翻帝制的"革命"，而在感情上却对"留学诸生"不满清廷腐败，追求强国进步的一腔爱国之情，还是寄以同情的。所以，他在给罗氏的复信中，如是表示自己的忧虑：

诸生骛于血气，结党奔走，如燎方物，不可遏制。料其将来，贤者以殉其身，不肖者以便其私。万一果发难，国是不可问矣。①

---

① 以上罗王通信，均转引自罗振玉《王忠悫公遗书》弁言。

日本东京物理学校遗址（东京大学杨冰女士拍摄，王亮提供）

很显然，王国维十分关心留日学生中那些"贤者"，不希望他们作无谓的牺牲。他本人绝不愿意介入到这种"结党奔走"的政治漩涡中去。同处于群情激昂中的留日学生相比，他的归国，从某种程度上说倒真颇有"失群孤雁逆风飞"的悲凉意味。

王国维留日归来，欣逢"辛丑变法"。

我们看近代史，过去很长时间内，"戊戌变法"被作为"资产阶级改良主义"，赋予了应有的历史地位；血雨腥风的"庚子之变"后，被西方列强硬按着脖子签订《辛丑条约》的当年，还谈什么"变法"呢！这是20世纪到来之初的现实。我们如果重启这段尘封已久的历史，恰如梁启超所说，"戊戌政变"，西太后那拉氏在八月十一日（1898年9月27日）一天内就颁发了九道"推翻新政"的"谕旨"，包括起用被汰冗员，禁止士民上书，停止各省、州、县设立中、小学校，复八股取士之制，罢经济特科，查禁报馆、会社，等等①。到了王国维东渡留学的庚子年底，躲在长安"行在"的这位老太后，一面摇控指挥着在京的"留守政府"与入侵京城的八

---

① 梁启超《戊戌政变记》卷四，第四篇《政变正记》。

国联军"和议",一面以光绪帝名义颁发谕旨,着军机大臣、各省督抚,以及出使各国大臣都来"参酌中西政要",对朝章、国政、植养、民生、学校、科举、军政、财政等等,当因,当革,当省,当并;对如何兴国势,茂人才,裕度支,修武备等等,"各举所知,各抒所见",并在两个月内"详悉条议以闻"。也许是沾了其祖先当年攻陷北京之荣耀的馀光吧,有的西方学者甚至将这道同样是在列强打上国门的情势中逼出来的"谕旨",誉之为充满了"雄心壮志"的"改革运动的宪章"①!

所谓"辛丑变法",就是在上述"宪章"(光绪谕旨)指导下,于1901年春夏间开场。而在这场"改革运动"中占了先机的,则是两江总督刘坤一、湖广总督张之洞秉西太后"懿旨",向清廷会奏《变法事宜疏》。于是,废"八股"改试"策论",筹办各类新式学堂,以及选派留学生,等等,曾被西太后在"戊戌政变"时严令禁止的各项"新政",重新一一出台。

然而,"俄惊沧海又楼台"。王国维甚为担心,这些"新政"会不会又成海市蜃楼?还在他东渡留学之际,罗振玉即向王国维传递了"明年变法,鄂督荐举人才"的意向。乃誉公也怀着"吾愿如此"的兴奋心情,希望他能被"征召归来",有事可做②。辛丑四月,他抱病从日本归国了,高高在上的"鄂督"又怎会来"召"他这个才留学数月的"诸生"?他原想在海宁家中休养一段时间,等待"官派"留学的机会,改赴"西洋",

湖广总督张之洞

---

① 梅里贝斯·卡梅伦《中国的改革运动,1898—1912年》第57页,转引自[美]任达《新政革命与日本——中国,1898—1912》,江苏人民出版社1998年版,第14页。
② 《王乃誉日记》,中华书局2014年影印本,第三册第1353页。

以圆其出洋留学梦。所以，尽管在上海的学界友人，有的邀请他去那时创办不久的南洋公学任教，有的劝他留沪译编书报，但他均未应允。捱至当年八月，才被罗振玉"电召"到了武昌。这时，罗氏既是武昌农业学校监督（校长），又是"江鄂办新政，皆赖以厘定"的张之洞幕中要员。他力劝王国维放弃继续留学的念头，安排他协助藤田剑峰，做武昌农校的"译授"。讲到这段往事，罗氏不无自矜地说：

> 岁庚子，既毕业，予适主武昌农学校，延公任译授。明年秋，资公东渡，留学日本物理学校。（《王忠悫公传》）

实则，此乃罗氏忆误。包括王氏弟子赵万里撰《王静安先生年谱》（1927年），罗氏长孙罗继祖撰《罗振玉年谱》（1986年），莫不依从其说。晚近某些新撰王国维年谱，亦称王国维"赴日本留学事应在1902年2月或3月间"；而在有的关于"国学大师"王国维的传论中，更"图示"了他"武昌——日本"的"人生轨迹"；凡此，皆属以讹传讹。

实情应当怎样？根据我们查考王国维此时的活动"轨迹"，参酌王乃誉日记，谨列时间表如下：

> 辛丑四月，自日本返抵上海，住农报馆；
> 同年九月上旬，奉罗振玉电召，出申（上海）赴鄂（武昌），接替樊炳清，就任武昌农务学堂"译授"；
> 十二月初六日（1902年1月15日），自武昌启程，初九日（1月18日）抵沪，十八日（1月27日）抵家（海宁），是时，罗振玉正在日本考察教育；
> 壬寅正月初六日（1902年2月13日），离家赴上海，在农报馆与罗氏会合（罗于正月十二日从日返沪）；
> 三月二十六日（5月3日），受罗振玉委派，自沪启程赴日本请"译手"；

同年三月二十八日（5月5日），抵长崎，三十日（5月7日）抵神户；五月初七日（6月12日），回国。

由此，我们有必要将罗氏所记时序移置为：岁庚子（1900年），既毕业（肄业东文学社），"资公东渡留学"；明年秋（1901年辛丑八月），罗氏"适主武昌农学校"，乃"延公任译授"（为日籍教员担任翻译）。这就确切了。

那么，王国维为何要在壬寅三月赴日本？原来，罗振玉于辛丑年底辞去了武昌农校监督之职，改任南洋公学日文分校（即"日文科"）监督，而委王国维为分校"执事"；接着，又委派王国维以"执事"身份前往日本，为他在沪"大开译局"请"通洋文译手"。亦即罗氏的记述，颠倒了王国维赴日留学与抵武昌任"译授"的时序。王国维"岁庚子"年底东渡"留学日本物理学校"，是确实的；而壬寅春赴日本，则是第二次东渡，仅在日本逗留一个多月，乃是为着替罗氏聘请"译手"以译编开办新式学堂所需的教科书。

第四章　迎来了"兴学热"

恐鹈鴂之先鸣兮，使百草为之不芳。

——屈原《离骚》

一　辛丑《杂感》及其学术解读之失误

王国维二次东渡前后，举国上下最为关注的是"兴学"。这时，他的家乡海宁有个因欲授"新学"而在"戊戌党锢"（即"八月政变"）中被查封的"崇正讲舍"。乡亲们为之立碑纪念，请他撰写碑文。他不胜今昔之慨，说：

> 今天子下兴学之诏，时与势殆将至矣。兴学之艰虽不可避，然心诚求之，当必有完全之一日者。①

这篇落款"光绪二十七年"的碑记，应该是王国维在1901年夏留日归国之后写的，反映了"辛丑变法"之际的时尚民情，亦可窥他本人此时的心态，殊可宝贵。记中所说"今天子下兴学之诏"，就是当年八月初四日（1901年10月16日），光绪帝发出"上谕"：各省城书院均改设大学堂，各府、厅、州均改设中学堂，各州、县均改设小学堂，并多设蒙养学堂；接着，又由同年十月十五日（11月25日）、二十五日（12月5日），

---

① 《崇正讲舍碑记略》，《静庵文集续编》，《遗书》第五册。

次年二月初三日（1902年3月12日），相继发出"速筹开办"的谕旨。可谓紧锣密鼓，动了正格。

兴学，一个在20世纪初叶牵动了无数国人之心的社会热点。

时间流逝，岁月推移。这时王国维的笔端，对于那位在"戊戌党锢"中遭难的"今天子"（载湉），流露了显而易见的敬意。我们完全有理说，如果没有这时的"立学堂"，就不会有四年后（1905年）的"废科举"；兴学是准备，是预演，"速筹开办"则加速了废科举的进程，是废科举的真正前奏。王国维说，"时与势殆将至矣。"这是他的真实感触，也是他的历史眼光。尽管持续了一千多年的科举与亘延了两千多年的帝制之掘墓人，是从旧式私塾、书院里走出来的；而后来更大的社会变革与国家建设的杰出人才，则是由这时开始"速筹"的新式学校造就的。

兴学的深远意义，毋庸置疑。

当然，西太后慈禧假光绪之名"颁诏变法"，推行"辛丑新政"，并不仅限于"兴学"；其一系列举措，影响着国家的盛衰，特别是晚清最后十年的命运。王国维曾写了首题为《杂感》的七律，抒其感怀：

> 侧身天地苦拘挛，姑射神人未可攀。
> 云若无心常淡淡，川如不竞岂潺潺。
> 驰怀敷水条山里，托意开元武德间。
> 终古诗人太无赖，苦求乐土向尘寰。

此诗次于王氏本人按时序编定之《静庵诗稿》庚子（1900年）岁末启程赴日留学之际所书《题友人三十九像》之后，是可断当写于王氏翌年留日归国，奉罗振玉电邀赴任武昌农务学堂"译授"期间，约当辛丑（1901年）秋冬之时。

那么"静观人生，感慨系之"的王国维，此时此际题其诗曰《杂感》，究以何所"感"而发？

说来饶有意兴，我们姑称王氏此诗为"辛丑《杂感》"，招徕了两位以饱学著称的解人：周策纵与钱钟书，并作出了各具学术见地的解读，但均归于失误。

先看周策纵。他在海外（美国）挥写散论王国维《人间词》之华章，可谓信笔所致，思接中西，略谓："其早年似亦略受达尔文主义之影响，其二十三四岁时有诗'川如不竞岂潺潺'之句可证。"（以下简称"周解"）[①] 所指殆即此《杂感》诗之颔联："云若无心常淡淡，川如不竞岂潺潺。"我们试谛审王氏原诗，以"无心"衬托"不竞"，"淡淡"突出"潺潺"，一个"岂"字重千钧哪！然则，当如何去体味此"不竞"？盖"不竞"者，"无竞"也。揆其诗意，与"周解"所蕴"物竞天择"的"达尔文主义之影响"，恰相反对；亦即王氏所咏，非西洋之故人达尔文，而是曾自号"无竞居士"之大清重臣、时任湖广总督（兼摄湖北巡抚）张之洞；而"无竞"之出典，当然更非出倡"生存竞争"学说之英国达尔文的《物种起源》，而是我国唐代诗人张九龄之五言近体《咏燕》诗："无心与物竞，鹰隼莫相猜。"《唐诗纪事》云："九龄为相，与李林甫方同列，阴欲中伤之，（中略）九龄惶恐，以燕诗以贻林甫。林甫览之，知其必退，圭怒少解"。[②] 看来，古今二"张"，皆官至一品"宰相级"，张之洞早年出任两广总督，却在抗法卫国取得"谅山大捷"（1884年）的"异常功绩"以后，反被指斥为"好事贪功"而备受猜忌，无奈中乃借曲江（张九龄）《燕》诗自号"无竞"以释怀。[③] 如今，张之洞名高权重，已非昔日可比，是时跻身张氏幕府的罗振玉，说他日处于"当面趋奉"的大小官员包围之中，高高在上，不知下情；王国维则以"川如不竞岂潺潺"，反讽其急功图名，奢言"新政"，以迎合西太后慈禧之"辛丑变法"；哪里还有半丁点儿的早年自况之"清流"？更何谈"无竞"！

这也即是"周解"颔联"川如不竞"，以不了解这段"本事"而致失误的原因之所在。

---

① 周策纵《论王国维〈人间词〉》，台北时报文化出版企业有限公司1981年版，第43页。
② 《全唐诗录》卷九，张九龄《咏燕》诗注。
③ 《体仁阁大学士张公之洞事略》（原刊《神州日报》），《东方杂志》1909年第十期。

然而,"无巧不成书"的还在钱钟书之解读《杂感》。他在其名著《谈艺录》中论说王氏早年诗词之"西学义谛",引录《杂感》全诗,以为"此非柏拉图之理想,而参以浪漫主义之企羡(Sehnsu Cht Nostalgie du Pays et du temps)乎。"而其详加"补订",着力析解者,则为继"周解"颔联之后的颈联,且看:

又如前引《杂感》颈联:"驰怀敷水条山里,托意开元武德间",即仿放翁《出游归鞍上口占》(按,《剑南诗稿》卷六十六):"寄怀楚水吴山里,得意唐诗晋帖间"句调。不曰"羲皇以上"或"黄、农、虞、夏",而曰"开元武德",当是用少陵《有叹》句结句:"武德开元际,苍生岂重攀。""敷水条山"四字,亦疑节取放翁《东篱》诗(按,《剑南诗稿》卷六十五):"每因清梦游敷水,自觉前身隐华山",以平仄故,易"华山"为"条山"。①(以下简称"钱解"。)

应该说,"钱解"特重于查证诗句出处,"驰怀"句"仿放翁"即陆游,"托意"句"用少陵"即杜甫,都很对,特别是就王氏所"仿"所"节取"放翁原诗之查证,实乃准确解读其《杂感》诗所必需;在前述《题友人三十小像》诗中,不是有"宵深爱诵剑南诗"吗?试观王乃誉辛丑日记,"静有《放翁集》,取阅五古至夜分";②是时,王氏父子俩争诵陆游(放翁)诗,几近"如醉似痴"(王乃誉日记语)。当予补述的是,《剑南诗稿》咏"敷水""华山",曷止"清梦"一首?诸如:

太华峻嶒敷水长,白驴依旧系斜阳。
——《剑南诗稿》卷五十八,《八月四日夜梦中作》

---

① 钱钟书《谈艺录》(增订本),中华书局1984年版,第24、25、26页,以下所称"钱解",引文具出此。
② 《王乃誉日记》,中华书局2014年影印本,第三册第1635页。

华山敷水本闲人，一念无端堕世尘。

——《剑南诗稿》卷六十一，《梦中作》

盖诗中"华山"（太华）、"敷水"，皆现于"梦中"，或者说，皆为"梦游"；其例外者，除了"钱解"引录王氏《杂感》"驰怀"所"仿"之放翁"楚水吴山"吟成于"出游归鞍上"，亦即非出"梦中"；就笔者所见，此外尚有一首非"梦"之作，题曰《睡起已亭午终日凉甚有感》（《剑南诗稿》卷五十八），不妨引录全诗：

饭罢颓然付一床，旷怀真足傲羲皇。
松棚尽日常如暮，荷沼无风亦自香。
倚仗月生人影瘦，岸巾露透发根凉。
颇闻王旅徂征近，敷水条山兴已狂。

然则，王国维熟吟剑南诗，岂仅"仿"其"句调"？他所"驰怀"之"敷水条山"，乃"节取"放翁原句，故非可遽指其为"平仄"而强以"华山"易"条山"，此其一；由是，可证"钱解"虽饱学，犹不免百密一疏，于号称近万首之《剑南诗稿》中，忽略了放翁于夏日午睡起身，终日凉甚而"足傲羲皇"的惬适中，"闻王旅"即南宋将出师北伐而赋诗咏"敷水条山"，发其"兴"狂之情怀，此其二；其三，尤要者，"钱解"以"西洋哲学"观照王氏"三十五以前诗"（按，《观堂丙午以前诗》，乃1906年三十岁前，泛称"三十五"（岁）以前，亦有误），亟赞"静安博极群书，又与沈乙菴游"；而未审王氏自述"余之研究哲学，始于辛（丑）壬（寅）之间"。①亦即当其作此《杂感》诗之际，尚未着手研读"西哲"之书，又何来"柏拉图之理想"？至于谓其"与沈乙菴游"，则尤谬矣。就像我们还将在后面详述，王国维之交往沈曾植（乙菴）等"遗老"，那是经罗振玉引荐，

---

① 王国维《静庵文集·自序》，《遗书》第五册。

已在他自日本"丙辰归国"（1916年）之后了。故"钱解"《杂感》之失，端在其不明王氏早年学行而强作解人，故仅限于放翁"敷水华山"诗句出典之反复"补订""附说"（按，"附说"中将放翁笔下道家隐身之"太华山"即华山，与佛教名山之一的"九华山"，混为一谈，亦有误）；而对王氏原诗旨意，殆无一语道及，则又不免落入舍本逐末、掉书袋之嫌耳。

准此，我们完全有理由认为，王国维以《杂感》名其诗，就表明这不是一般的"哲理诗"：既无意于证达尔文"竞争"之"主义"，亦与柏拉图之"理想"无涉；诗以"姑射神人"起兴，典出《列子·黄帝篇》，当然更不会与"观影于穴"的柏氏《理想国》"攀"缘；"钱解"所称"比兴以寄天人之玄感，申悲智之胜义，是治西洋哲学人本色语。"①那也只是解者之领悟，而非原诗欲"申"之"义"。质实地讲，这首辛丑《杂感》，与前述戊戌《杂感》，实皆讽咏时事之作，堪称《观堂丙午以前诗》中熠熠闪光之"联珠"……

二 "变法潮"中攻西洋哲学，"兴学热"中译西学西书

且回归王国维《杂感》本旨：究以何所"感"而发？

如果以史解诗（而非以某种"理念"），我们不妨说：戊戌四月，王国维因痛感列强"瓜分"中国之危局，于忧愤中闻光绪帝"明定国是"诏而赋《杂诗》，奋笔咏"变法维新"；那么，辛丑秋冬间，他之所以赋《杂感》，则实乃是对差不多一年前，曾令他与乃誉公父子俩愤慨不已、"中国岂成为国"的《辛丑条约》胁迫下，尚在西安"行在"急待"銮舆回京"的西太后慈禧，假光绪帝名义颁诏"变法"，实施辛丑"新政"②之感怀。诗云："驰怀敷水条山里"，这屡现于被尊为"爱国诗人"陆游晚岁梦境中之"敷

---

① 钱钟书《谈艺录》（增订本），中华书局1984年版，第24页。
② 这份"变法上谕"，于庚子十一月十日（1901年1月29日）颁布。

水条山"，实乃寄托了其梦寐以求的收复失地、平定中原，以一统大宋江山之切望；然则，以"俯仰人间八十年"（《剑南诗稿》卷五十八，《江楼次前辈韵》）自况的陆游，"颇闻王旅徂征近"而情不自禁地发"敷水条山兴已狂"之吟，换用我们今天的话来说，就是得知宋兵行将北伐，可使他这八十老汉欣喜若狂，直感山也欢来、水也笑！这，不正是他的绝笔之作所期盼的"王师北定中原日"之心理写照么？不过，须当注意的是，王国维虽仿"放翁句式"并"节取"了剑南之句，而他斯时所"驰"之"怀"，与彼时陆游为之而"狂"之"兴"，适相反对，亦即诗家惯称的"反其意而用之"。试回观历史："庚子之变"，慈禧"老佛爷"欲借助义和团"灭洋"，悍然发令"向各国开战"，京津陷入"八国联军"大举入侵的战火血海之中，北方岌岌可危；而江淮以南，江鄂两督（即两江总督刘坤一、湖广总督张之洞）联手"东南互保"，拒受宣战"懿旨"，并未发兵北上"勤王"；是故，与陆游"闻王旅"（即南宋军队）北伐而"兴"狂相反，王国维借"敷水条山"之句以驰其"怀"，恰恰在庆幸"互保"中的大江上下，得以免受"拳乱"之影响，江南富庶之地，保持了昔日稳定之"太平"景象；而在战乱中北方达官贵人纷纷南逃避兵，"十里夷场"的上海之灯红酒绿的"繁华"尤胜往昔！

  以上，应该也是王国维于辛丑九月自沪溯江而上抵武昌，同年十二月初由鄂顺流而下返上海，这样往返之"驰"中所见所感的真情实景；那么，他所"托"的"开元武德"之"意"何在？当然同样实有所指。斯时也，业已"回京有期"的光绪帝"奉皇太后懿旨"从西安"行在"发出"上谕"：刘坤一、张之洞以"共保东南疆土"有功而分别被"赏""太子太保"与"太子少保"衔；而张之洞则尤为踌躇满志：他一面组织教育考察团，委派罗振玉率团赴日本考察教育；一面在他的官邸"抱冰堂"，邀集亲信幕僚郑孝胥、黄绍箕（仲弢）等人筹划施行"新政"：

  南皮（按，张之洞别号）从容言曰："今欲行新政，得数人亦可举耳：陈璧、张百熙、李盛铎、钱恂，及座间郑、黄二君。用此六人，可成小贞观矣。①

请注意"从容言曰",这就不是随口闲聊,而是经过深思熟虑的"政治交底";这个"底",就是旋即由张之洞主持起草,并与刘坤一联名上奏的《江楚会奏三折》,而第一折首论"育才兴学",则成为"新政"的重中之重。② 也可以说,张氏通过"会奏三折",为他所欲实现之"小贞观"作出了"顶层设计";然而,王国维早在《咏史二十首》中,即洞观历代治乱盛衰;厥后,不是更有诗题赞"圣德圣功古所难,千秋郅治想贞观"(《题敦煌所出唐人杂书六首》之五)吗?而他此首《杂感》所"托意"之"开元武德",考稽史实,"武德"是大唐第一代皇帝李渊(唐高祖)之开国年号,而"开元"乃是武后则天死后,她的孙子李隆基(唐玄宗)重开"大唐盛世"之年号。显然,王国维虽取杜诗成句,而意在借这两个年号,期望能振武耀德,开国家强盛、民族复兴之新纪元。然而,自隋入唐,由乱而治;若无第二代皇帝李世民(唐太宗)开创的"千秋郅治"的贞观之世(唐太宗),又何来尔后的大唐盛世?如此"圣德圣功",谁人所能企攀!什么"小贞观"?庚子战乱,神州大地满目疮痍,更强加给了我华夏四万万苍生数亿银两的"赔款"!王国维以他的"托意",表达了对这位陶醉于其推出"会奏三折"、"以经术文章名海内"的昔日"无竞居士"之嘲讽,同时又以《杂感》"苦求乐土向尘寰"之结句,抒发了非"华山敷水本闲人"的老年放翁可比的忧生忧世之感怀!

当然,世"无一成不变之治法"。③ 改革旧法,推行"新政"(即"维新"),乃时代之大潮。在这股强劲的"变法潮"中,王国维却是"云若无心常淡淡";这同样是有出处的,盖出诸陆游剑南诗中戒子自处之警句:

---

① 《郑孝胥日记》(二),中华书局1993年版,第817页。
② 亦称《江楚会奏变法三疏》(1901年6月),依次为:论育才兴学(第一疏),论政治、致富、致强(第二疏),论采用西法(第三疏)。
③ 句出1901年1月29日"变法"上谕。

古今共戒玉自献，

卷舒要似云无心。

——《剑南诗稿》卷五十五《杂言示子聿》

云本无心木不材，

平生得丧信悠哉。

——《剑南诗稿》卷七十四，《即事》

确实，诗如其人。"云本无心"的王国维，既"不露圭角"，亦不"自献"；不发"中华腾飞"之类豪语，而是痛切反思他父亲谓之"翻手覆手"的西太后策动"戊戌政变"以来的历史教训，更加沉潜心智，开始于辛（丑）壬（寅）之间"研究哲学"。他自述，"自是以后，遂为独学之时代矣。"（《三十自序》一）他决意以哲学为切入点，于"独学"中造就自己的大学问，并于次岁（1902年）春开始购读西方社会学、心理学及诸类哲学书籍。仅1902年，他自购之书即有翻尔彭（Fairbanks）之《社会学》，器文（Jevons，今译耶芳斯）之《名学》（即《逻辑学》），海甫定（Hoffding）之《心理学》，巴尔善（Paulsen）之《哲学概论》，文德尔彭（Windelband）之《哲学史》等西方名著，当时尚无汉译，都是花了高价从国外邮购的原著（或英译本）。他说，此时攻读自购的这批"西书"，与他庚子年间带回英文读本，在家自学英文无异。基本的方法是，一边读书，一边深造英文；遇到读不懂的地方，除了向身边的藤田请教，还有一个间接的"老师"，便是用同类的日译"西书"参比对照，解疑释难。

王国维无心"变法潮"，亦淡对"兴学热"。他无意争逐，不图功名，但在学问方面，他奋力砥砺，并且于"独学"中，开始了他译编各类西学西书的编译生涯。

兹将他"独学时代"（1901—1905年）刊行的译著，撮举如下：

（一）列入《科学丛书》刊行者，有《势力不灭论》（1900年）[①]；

[①] 《科学丛书》，樊炳清辑，罗氏"教育世界"社印行，先后二集；初集1901年，二集1903年，而以王译《势力不灭论》编为二集。

(二) 列入《教育丛书》刊行者，有《教育学》（日本立花铣三郎著）、《算术条目及教授法》上下卷（日本泽利喜太郎著）（以上《丛书》初集，1901年），《教育学教科书》（日本牧濑五一郎著，《丛书》二集，1902年），《西洋伦理学史要》（英国西额惟克著，《丛书》三集，1903年）；

(三) 列入《哲学丛书》刊行者，有《哲学概论》（日本桑木严翼著）、《心理学》、《伦理学》（以上二书著者均为日本元良勇次郎）等①；

(四) 列入《农学丛书》刊行者，有《动物学》（日本池田日升三著，1905年）；

(五) 单行出版者，有《法学通论》（日本矶谷幸次郎著，上海金栗斋译书社排印，1902年）。

仅从编译的实绩来看，王国维在辛（丑）壬（寅）前后三四年时间内，译出之书不下十数种；其范围，则涵盖了自然科学及人文社会科学诸多领域。他在当时情势下译编这些书，又是应顺着两方面的需要。其一是兴学校。直接的是为着罗氏创办《教育世界》杂志、刊印教育书刊，间接的是供各类新式学堂（包括师范）教育用书之需。其二是行新政。例如，他所译《法学通论》应属于20世纪初重要的法学译著。其时清廷正要"预备立宪"、制定各类新的法律，故此书甚受重视，光绪帝曾将王译《法学通论》列为"御览"书目之一。

三 辨哲学之惑，论教育宗旨

如上所述，在举世滔滔的"兴学热"中，王国维在编译方面堪称成绩

---

① 《哲学丛书》，王国维译编，罗氏"教育世界"社印行，凡四种，除樊炳清译《社会学》以外，其他哲学、伦理学、心理学，均由王国维译于1902年。

斐然，但他并不迎合时俗，而是坚持走自己的"独学"之路。他自述，1902年春所购的那批西方哲学、心理学、伦理学、社会学名著，在一年内就读完了。从次年（1903年）起，他开始攻读康德、叔本华之书，其中有康德《纯理批译》（今译《纯粹理性批判》）与叔本华《意志及表象之世界》（今译《作为意志和表象的世界》）等。他在攻读中曾写了这样一首五绝：

> 玉女灿然笑，照我读奇书。
> 嗟汝矜智巧，坐此还自屠。
> 一日战百虑，兹事与生俱。
> 膏明兰自烧，古语良非虚。
> ——《偶成二首》之一

诗云"读奇书"，盖指他攻读的西方哲学。室内荧然一灯，窗外明月当空。那明月就仿佛对着自己盈盈灿笑的玉女。笑什么呢？举国急功好利，借"兴学"追求新的仕途经济；你家贫不能出洋留学，何必去苦读这些"洋书"？《庄子·列御寇》里有个典故："朱平漫学屠龙于支离益，单千金之家，三年技成，而无所用其技。"你如此耗费钱财、时间和精力去购"洋书"、读"洋文"，攻百无一用的西洋哲学，这不是比学"屠龙术"还要不识时务吗？

当然，这也可以说是王国维的"自嘲"。不过，"膏明兰自烧"，他深信苦读不负有心人，智巧自在实利外，并且深思默察，写就了他的第一篇哲学论文《哲学辨惑》①，向国人阐释何谓"哲学"：

> 夫哲学者，犹中国所谓"理学"云尔。艾儒略《西学发凡》有"费禄琐非亚"之语，未译其义。哲学之语，实自日本始。日本称自然科学曰"理学"，故不译"费禄琐非亚"曰"理学"，而译曰"哲学"。

---

① 《哲学辨惑》，原刊《教育世界》第55号，癸卯六月上旬（1903年7月）。按，现印行之《教育世界》目录缺本期，此篇系笔者于1979年从本期《教育世界》残本中抄得。

我国人士骇于其名而不察其实，遂以哲学为诟病，则名之不正之过也。

王国维从"正名"入手，对当时一般守旧之士"诟病"即非难以至攻击哲学的种种谬见误说，作了严正批驳，凡五题：

一、哲学非有害之学；
二、哲学非无益之学；
三、中国现时研究哲学之必要；
四、哲学为中国固有之学；
五、研究西洋哲学之必要。

王国维的"哲学五辨"，提纲挈领，不啻为中西哲学论纲。他援引了叔本华的人是"形而上学之动物"，这就比往昔亚里士多德所说人是"政治的动物"更哲学化了；又援引了另一位德国哲学家巴尔善的话，坚信"人心一日存，则哲学一日不亡"，认为哲学与人类共存亡，不是凭谁的权力意志可以取消的，并且针对"哲学纵令无害，决非有益。非叩虚课寂之谈，即骛广志荒之论"的"谬见"，不无愤激地指出：

夫但就人生日用之生活言，岂徒哲学之无益，物理学、化学、博物学，凡所谓"纯粹科学"，皆与吾人之生活无丝毫之关系。其实用于人者，不过医、工、农等学而已。然人之所以为人者，岂徒饮食男女，芸芸以生，厌厌以死云尔哉！饮食男女，人与禽兽之所同；其所以异于禽兽者，则不以理性乎哉！

在王国维看来，哲学乃是理性的升华，智慧的最高表现。他本人所以"决从事于哲学"，是因为"体素羸弱，性复忧郁，人生之问题，日往复于吾前"；在这篇论文中则进而指出，"宇宙之变化，人事之错综，日夜相迫于前，而要求吾人之解释者"，"不得其解，则心不宁"。怎么能说哲学"有害"，哲学"无益"呢？我们还应该说，从此时攻究哲学，到后来考释殷墟甲骨，王国维以他一生的学术业绩，雄辩地证明："学无有用无用"之分，且"无用"中蕴最高的"智巧"；"无用之用"，莫此为大矣。

关于王国维作此"哲学五辨"，以匡正张之洞《陈学务折》贬斥哲学之"流弊"而"欲废哲学"，我们将在下面专节叙述。值得我们重视的是，他在当时视"革命"为洪水猛兽的情况下，公然为"自由、平等、民权"辩护。他说，如果因此而欲废哲学，那么，请问：孟子书中早有了"民权"，岂非连《孟子》这部儒家经典也要废除么？况且，"自由""平等"非哲学原理，乃法学、政治学原理；更何况，倡言"革命"者，并非由于研究哲学。请问：朱元璋起事，李自成、洪秀全之乱，难道都是因为有哲学家在"鼓舞"吗？

那么，王国维为何要力辨哲学非"有害""无益"之学，而力主研究哲学，尤其是西洋哲学之"必要"呢？归结起来，就是要对朝野上下奢论"兴学"，却根本不知近代教育为何物的混沌之状予以正本清源，他说：

> 教育学者，实不过心理学、伦理学、美学之应用。……今夫人之心意，有知力，有意志，有感情，此三者之理想，曰真，曰善，曰美。哲学实综合此三者而论其原理者也。教育之宗旨，亦不外造就真善美之人物。故谓教育上之理想，即哲学上之理想，无不可也。

按照王国维的说法，高严的哲学，康德的"三大批判"的哲学殿堂，由知（理性）、意（伦理）、情（美学）三者构建；而循此知、意、情造就"真善美之人物"，则是近代教育的至上理想。于是，他紧接着写了《论教育之宗旨》①，开宗明义道：

> 教育之宗旨何在？在使人为完全之人物而已。何谓完全之人物？

---

① 《论教育之宗旨》，原刊《教育世界》第56号，癸卯六月下旬（1903年8月）。

谓人之能力无不发达且调和是也。人之能力分为内外二者，一曰身体之能力，一曰精神之能力。发达其身体而萎缩其精神，或发达其精神而罢蔽其身体，皆非所谓完全者也。完全之人物，精神与身体必不可不为调和之发达，而精神之中又分为三部：知力、感情及意志是也。对此三者而有真美善之理想：真者，知力之理想；美者，感情之理想；善者，意志之理想。完全之人物不可不备真美善三德，欲达此理想，于是教育之事起。

所以，王国维心目中的"教育之事"，当分为三部：智育、德育（即意育）、美育（即情育）；具此三者，才称得上"完全之教育"。

王国维的这篇教育专论，与上述《哲学辨惑》皆初刊于罗振玉自任"笔削"的《教育世界》，是相互蝉联的"姐妹篇"。20世纪30年代初，郑振铎编选《晚清文选》，选录王国维的《红楼梦评论》及节选其戏剧、词话，也辑入了佚散于观堂集外的这篇教育专论，这是很有见地的。如果我们统观《文选》，在起自林则徐，迄于陈天华，所选"老维新党"包括魏源、曾国藩、李鸿章、黄遵宪、张之洞、梁启超、谭嗣同、严复、林纾、章太炎，以至孙中山等名家大师的数以千计的论政述学的宏文名著中，王国维此文虽不足二千言，却卓然兀立，是惟一运用西方哲学观点阐述近代教育的大论文，其见解远远超越了罗氏创办《教育世界》时所述"优胜劣绌"的"人才世界"论。借用郑氏编选《文选》时的话来说，"对于我们这一个时代，还是对症之药。"[①]论文提出的造就德、智、美、体"完全之人物"的教育主张，不惟是那时创办新式学堂，育才施教的根本宗旨，即使在一个多世纪后的"教育兴国"中要达此"完全之教育"的目标，仍有待人们的努力。

尤应指出，王国维运用西方哲学观点论说教育宗旨，是为着构建自己的新教育理念。恰如他在《哲学辨惑》中所说，"且今之言教育学者，将用《论语》《学记》作课本乎？抑将博采西洋之教育学以充之也？"正是

---

① 郑振铎《晚清文选序》，《晚清文选》上海生活书店1937年初版，上海书店1987年影印。

本着"博采"的精神，他在《论教育之宗旨》中论智育，强调"居今之世者，不可无今世之知识"，指出：知识之程度之广狭，应时地不同。古代之知识至近代而觉其不足，闭关自守时之知识，至万国交通时而觉其不足，并将知识分为理论与实际二种，认为实际之知识常先于理论之知识，然理论之知识发达后，又为实际之知识之根本也。他论美育，则引入了"近世希痕林（谢林）、歇尔列尔（席勒）等之重美育"的观点，借以参证孔子"兴于诗"、"成于乐"的"诗教"；并在一年后（1904年）撰《孔子之美育主义》[①]，以康德、席勒等的美学论说"观我孔子之学说"。如果缺乏王国维这样的开阔的美学视野，何能读懂"孔子言志，独与曾点"（《论语·先进》）的那番话？在王国维看来，美育就是要通过"涵养其审美之情"，以达到"不随绳墨而自合于道德之法则"。所以，从教育上来说，美育乃是德育与智育之手段。

王国维注重学以致"行"。他确认"古今中外之教育，无不以道德为中心点"，但既没有重弹"仁义道德"的老调，也不照搬西方伦理说教。他说，"然有知识而无道德，则无以得一生之福祉，而保社会之安宁，未得为完全之人物也。"这里，"有知识而无道德"，可谓一语中的，这是他对古今中外之教育的"对症之言"。他特别以"爱人者人恒爱之，敬人者人恒敬之，不爱敬人者反是"来告诫教育者与受教育者。直至晚年，他怀着丧子之痛，请罗振玉教育其女收受恤金时，犹申以"蔑视他人人格，于自己人格亦复于损"，仍一以贯之地本此德育宗旨。王国维以他一生的学术业绩，圆满实践了自己的"完全之教育"与"完全之人格"。

四 就任通师教职，质疑张謇"废庙立学"

上述哲学、教育论文发表的时候，王国维已经应聘就任了通州师范学

---

① 《孔子之美育主义》，原刊《教育世界》第69号，甲辰正月（1904年2月）。

通州师范创办人张謇

校的教职。也可以说,这是他欲以"德智美体完全之人物"的教育理念施之于国人自办师范教育的一个起点吧!

通州师范创建于1903年。其创办人就是与罗振玉交结已久的清末状元张謇。从时间上看,王国维为他的家乡写"崇正讲舍"碑记称赞"今天子下兴学之诏",恰当张謇"伏读"光绪帝的"兴学"上谕,决意在他的家乡通州(今江苏省南通市,时称南通州)筹创师范学校。

张謇在向当局申请办学的报告中称:

考各国学校,有官立公立私立三法:用国税立者曰官立,用地方税立者曰公立,用民人私财立者曰私立。(《通海请立师范学校公呈》)

张謇选定了位于通州三元桥畔的千佛寺作为校址,且颇为自豪地放言:

夫中国之师范学校,自光绪二十八年(按,1902年)始;民间之自立师范学校,自通州始。以二十一行省之大,四万万人之众,为同类知识之谋而仅此乎?……奋而图之,谨而恃之,通理想于众人意设之中,善取法于各国参究之后,是则吾人之责也。(《通州师范学校议》)

这里的关键词是"民间之自立"。为了筹创师范,张謇还将他在通州开办大生纱厂的五年岁息"得银五万两",全部拿出来做了办学经费。所以,他为自己创办的中国第一所私立师范,最初命名为"民立通州师范学校"①。他的兴学举措,得到了刚从日本考察教育归来的罗振玉倾情支持。

---

① 民立通州师范学校,后改名"私立",1912年又改称"江苏省代用师范学校"。

张謇记述，罗氏曾偕同他"谒新宁（刘坤一），定先立师范、中小学校"。①曾留学日本，且已有诸多教育著译问世的王国维就任通州师范教职，也是由于罗氏推荐。

春寒料峭，通州师范尚在筹备，王国维就提前从上海乘轮船前往通州。船出吴淞江，拍浪而行，经过一夜的航程，耸立于长江边的狼山在晨光微曦中渐现于眼前。他曾写有一首《点绛唇》：

> 高峡流云，人随飞鸟穿云去。数峰著雨，相对青无语。岭上金光，岭下苍烟沍。人间曙，疏林平楚，历历来如路。

狼山亦称"紫琅"，《名山记》谓："通之山有五，狼为最。"这应该即是词里的"数峰著雨"。米芾曾书"第一山"于狼山之阳。王安石、文天祥乘船过此，都曾有诗吟咏这万里长江出高峡、入东海之行程中的最后一山。船靠通州，曙光初照，狼山古刹，金光辉映。"狼之山，青迢迢"，通州师范校歌所唱，也正是王国维将要跨上这座历史悠久的苏北古城的第一印象。而张謇则要通过招揽人才，兴学、办实业，施展其将通州打造为"近代都市"的宏图哩！

从张謇日记，我们确知王国维抵达通州师范的时间为清光绪二十九年二月初三日（1903年3月1日）。随同他一道乘船来校的木造高俊、吉泽嘉寿之丞等日籍教员，应该都是他上年（1902年）受罗氏委派去日本聘请"译手"时交结的。张謇非常重视王国维来校任教，曾为他与几位日本教员设宴接风，商谈招生、开学等事宜。

四月初一日（1903年4月27日），通州师范学校正式开学，举行了隆重的开学典礼。张謇率全体师生向孔子像行礼，并发表开学演讲，大声疾呼"中国今日国势衰弱极矣，国望亏损极矣"，希望诸生胸怀"天下一家，中国一人，民吾同胞，物吾与也之道理"，"人人肩上各自担起"责

---

① 张謇日记，光绪二十八年二月十九日（1902年3月28日）。

任。他自任师范"总理",亲题"坚苦自立,忠实不欺"的校训,并提出"以敦朴救浮侈之习",要求从他自己开始,所有教职员"概着布衣",以形成"坚苦自立"的校风。

但是,我们也应看到,通州师范创建伊始,原是按照光绪"各府厅州均设中学堂"的谕旨而开办;又是为着"各州县均改设小学堂"的师资需要而招生,拟定招生对象是:"选厅州县举、贡、生、监中学已优而性行端淑者。"要将这样一批已经有了"秀才"学历,或"举人"功名的学子培养为新式学堂的教师,该如何施教?当时,既缺乏相应的师范教员,更无现成的办学规程和新型的教材,确是一切从零开始,处于"摸着石头过河"的状态。

据通州师范学校教职员名录记载,海宁王国维(静安)列名第一,始任教于癸卯(1903年)四月,退任于十二月(1904年1月),"授伦理、国文";同时任教的日本教员为:远藤民次郎,"授算术、外国地理";吉泽嘉寿之丞,"授算术、理化"。中国教职员为:婺源方新(振民),任"书记";黄岩池文藻(仲英),"授图画、体操";太仓王康寿(晋蕃),任"监理"①。由此可见,在这所"民立第一校"的师范里,王国维是张謇所聘国内教职员中惟一的主课教师;而他的实际到任时间,应为癸卯二月,亦即在开学前二个月内,他参与了师范招生、课程设置等各项筹备工作。特别是学校管理章程,原系张謇在请立通州师范《公呈》的清光绪二十八年(1902年)拟订的。王国维到校后,张謇取出"章程稿","祈请"静安先生"匡所不逮",说,这是为了"求益于事,非拗谦也",其诚意可感。章程改订宗旨,则以"国家思想、实业知识、武备精神三者,为教育之大端",这与王国维要求"德智体美"的教育宗旨,亦大致相合。

从春到冬,王国维在通州师范学校不到一年,教了两个学期。当年秋,王国维返海宁度假时,张謇曾写信给他,说:

> 秋试未揭晓,学生度未齐。科举之弊,令人气短。通州风气未开,

---

① 参见《南通师范校友会杂志》所载《本校及附设各科前任职员录》,1914年编印。

> 诸生见闻杂糅，冀惟先生以爱力合之，旋以公理启之，庶诸生因爱师而爱校，即以浓其学为人师之心。先生热心教育，必见及如此。……惟仗先生与仲英先生及晋蕃先生协商校事……

张謇是光绪帝师翁同龢的门生、慈禧亲点的状元，却在那里感叹"科举之弊"，并且向仅有"诸生"（秀才）资格的王国维诉说科举"令人气短"，这个"历史的经验"倒颇值得注意。

还有个"插曲"，就是张謇如此器重王国维，除了罗氏引荐，更缘于其与王氏家族之情谊。王国维曾有诗《题族祖母蒋夫人画兰》，自注"庚申"，即1920年，末韵"白头二老婆娑处，可许吴兴拜路尘"。这时，老太太已届七十六岁高龄了，自署"王蒋淑芳"，号"研香老人"，乃是王国维族祖父王欣甫（讳豫熙）夫人（长欣甫一岁），以擅画兰著称（欣甫则善画墨梅）；张謇曾为之题《蒋研香女士画兰》，时在光绪十年，即1884年，张公正在"延聘名流，以教弟子"的"玉郎四十宰官身"（张謇《为欣父〈题梅花士女图帐额〉》）①之"宰官"（即知县）王欣甫家充"西席"呢！而十分敬重"欣叔"的王乃誉，则对张謇学问文章早有所知。甲午（1894年）四月，乃誉公阅《申报》"登殿试胪唱，是甲状元张謇（季直，江苏通州）"，由衷赞叹：

> 张公向馆欣甫叔处（按，即王欣甫家塾），早有状头之目。去岁余画扇，为张书者多笔近于柳，弩锐润厚，今果抡元，是有才学自能定价者矣。②

由是，可知张謇曾为王乃誉画扇题字，张、王以文、画相酬，可谓久矣。所谓"定价"，乃是用欧阳修语，"文章如精金美玉，市有定价，非人所能以口舌贵贱也。"（苏轼《答谢民师书》）乃誉公并甚欣赏张公书法"笔近于柳（公权）"；当年寒假，王国维辞谢通州师范教职时携回了张书条幅，

---

① 以上题诗，均见《张謇全集》（7）之《诗词联语》，上海辞书出版社2012年版，第67页。
② 《王乃誉日记》，中华书局2014年影印本，第一册第342页。

通州师范校门

当为乃誉公所求"弩锐润厚"之状元墨宝耳。

不过,张謇虽表示"惟仗先生",对王国维倚重有加,并且称赏王国维"热心教育",但他信中"冀惟"的所谓"以爱力合之","以公理启之",又在事实上委言转达了"见闻杂糅"的"诸生"对他这位"新派教师"之不满。"冀惟"不就是"希望"吗?当此之时,年方二十五六岁的王国维,在课堂上面对的乃是一批"贡举生监"的"师范生",有的年龄比他还要大些。怎么去"启",又怎么去"合"?仅以讲课而言,王国维主讲的伦理学,当然不会是取材于《论语》《学记》等"经书",而是他自己译编的"洋教材"。恰如曾聆听他讲课的通州师范首届毕业生管劲丞在回忆中所说,王国维采用的多外国教材,在讲授中还不时夹带了"洋文",这就很难被那些听惯了"子曰诗云"的学生所接受。所以他的才学也并未得到应有的尊重[1]。

当然,王国维是有主见的。他不会因此而动摇自己提出的"博采西洋",以昌大吾国之哲学、教育的主张。同时,他对"总理"通州师范的张謇在"兴学"中的某些举措,也不随意附和。例如,王乃誉在钦仰张謇的同时,也

---

[1] 参见管劲丞《通州师范的创办与发展》,南通市《文史资料选辑》第二辑,1982年9月。

很赞赏"欣叔"交结的另一些"海内贤豪",如他曾兴味昂然"录范当世诗古文稿";① 而张謇选定千佛寺作师范校址,并偕同支持他砸了寺里的菩萨之人,正是他的同乡好友又是陈三立亲家的新派人物范肯堂(当世)。张謇的这个惊世骇俗的"废庙立学"之举,虽被认为是冲破旧势力的"移风易俗"而得到充分的肯定和赞扬;然而,王国维却并不苟同,并提出了质疑。为什么?他曾撰文专论寺院与学校,指出"人有生命,有财产,有名誉,有自由,此数者皆神圣不可侵犯之权利也。"说:

> 今转而观我国之社会,则正义之思想之缺乏,实有可惊者。岂独平民而已,即素号开通之绅士,侗然不知正义之为何物。往者,某府有设中学校者,其地邻佛寺,遂以官力兼并寺而有之。僧狼狈迁他所,曰:"嘻!此盗所不为也。"原此寺之建,未必不由社会之物力。然僧侣之居处之经营之者,且数百年,则其为个人之财产,固已久矣已。乃不顾一切,以强力夺弱者之所有而有之,并使之无所控告,则自僧侣言之,谓之烈于盗贼,诚非过也。设更有强有力者出夺该校而有之,则创设该校者之感情,又当何如?夫使生徒入如此之讲室,居如此之寄宿舍,而欲涵养其正义之德性,岂非却行而求前,南辕而北其辙哉!夫以佛寺与学校较,则似学校有用,而佛寺无用矣。然以建一校而摇社会之根柢,则其孰得孰失、孰利孰害,宁待知者而决哉!则夫彼之持实利主义者,其有此主义实尚未能贯彻也。夫余岂疾学校而庇游食之民哉,余恶夫正义之德之坠于地也。故不得不辨。

这篇题为《寺院与学校》的《教育偶感》,是王国维"退任"通师教职不久,1904年发表的②。虽未直指张謇大名,而以"素号开通之绅士"代之,但在当时,

---

① 《王乃誉日记》,中华书局2014年影印本,第一册第210页。
② 《寺院与学校》《教育偶感四则》之二,《静庵文集》,《遗书》第五册,按,此篇原刊《教育世界》第73号,甲辰三月上旬(1904年4月)。

能"以官力兼并寺而有之",舍张謇创办"中国第一"的通州师范,殆别无他校矣。

　　王国维在这篇"教育偶感"中提出的"夺寺"建校问题,至今仍很发人深思。自此以后直至20世纪五六十年代,数十年间城乡以"无用"的佛寺建"有用"的学校,所在多有,包括笔者早年就读过的中小学校,莫不如此(有的以祠堂改建)。张謇在这方面确是开了风气之先,其开拓近代教育的勇气固然令人钦敬,但王国维却认为这是"建一校而摇社会之根柢"。张謇不是写信希望他对诸生"以爱力合之,以公理启之"吗?而在王国维看来,如果教人者"侗然不知正义之为何物",尤其是"以强力夺弱者",则所谓"爱力",所谓"公理",又从何谈起!应该说,王国维借"寺院与学校"提出"生命、财产、名誉、自由"为神圣不可侵犯之权利,仍是一百多年后的"今之论者"赞之谓"普世价值"的基本话题。特别是,他在偶感中强调"义之于社会,其用尤急于仁";认为"仁之事,非圣贤不能",而"义"之事,则关系每个人之利害,亦即"护法"(包括立法与司法)高于"卫道"(所谓"圣哲"行"仁")。我们不能不惊叹:他的这些"不入时流"之见,是多么超前!

五　《叔本华像赞》与《西洋伦理学史要》

　　王国维任教通州师范的前后,正是他自述:"自癸卯(1903年)之夏,以至甲辰(1904年)之冬,皆与叔本华之书为伴侣之时代也。"①"如此之讲室"、"如此之寄宿舍"的通师校园,地方偏僻,环境幽静。朱东润教授曾于20世纪20年代来此任教,回忆说,从学校外望,前窗是十里外的狼山,青翠欲滴;后窗是十亩荷池,摇曳多姿;中有湖心亭,可供避暑纳凉,恰如王国维《游通州湖心亭》诗所写,"方愁亭午热,清风飒然至。新荷翻两翻,葭芀去无际。"

---

① 《静庵文集·自序》,《遗书》第五册。

置身于这样一个很少尘扰的环境里，王国维俨然隐居"凯尼之堡"里的哲人康德。教学之馀，外出散步，是他每天的常规。距通州师范不远处有一座天宁寺，是始建于唐咸通年代的千年古刹。每当落日黄昏，从寺里传来清悠的钟声。王国维一边散步，一边数着钟声吟诗：

萧然饭罢步鱼矶，东寺疏钟度夕霏。
一百八声亲数彻，不知清露湿人衣。
——《秋夜即事》

王国维当然也不忘郊游，曾数上十里外的狼山访佛寺，登古塔。他诗兴甚浓，写了《重游狼山寺》：

不过招提半载馀，秋高重访素师居。揭来桑下还三宿，便拟山中构一庐。此地果容成小隐，百年那厌读奇书。君看岭外嚣尘上，讵有吾侪息影区！

又写了《登狼山支云塔》：

数峰明媚互招寻，孤塔崚嶒试一临。槛底江流仍日夜，岩间海草未销沉。蓬莱自合今时浅，哀乐偏于我辈深。局促百年何足道？沧桑回首亦駸駸。

我们从他如此醉心"奇书"，感受到了他此时"与叔本华之书为伴侣"的真切况味；又由他感慨不已的"哀乐"，闻到了后来被他在《红楼梦评论》里概括为"厌世解脱"的叔本华哲学的浓厚气息。

这个期间，王国维还以"必结体于四言"的古雅的颂赞体，写了《叔本华像赞》与《汗德像赞》[①]，落款均为"光绪二十九年（1903年）八月"，

---

① 《叔本华像赞》《汗德像赞》，依次刊载于《教育世界》第77号、81号，甲辰五月上旬、七月上旬（1904年6月、8月）。

是他登狼山"秋高重访素师居"时的作品,亦可证他攻读康、叔两家之书所曾下的苦功。按照他自述,始读汗德(康德)《纯理批评》(《纯粹理性批判》),至《先天分析论》几全不可解,更辍不读,而读叔本华之《意志及表象之世界》(《作为意志和表象的世界》)一书。那么,他又是怎样将两者贯通起来的呢?仍用他的话来说,这时,他"所尤惬心者,则在叔本华之《知识论》,汗德之说因得以上窥"。①应该说,以上二《赞》,就是凝结了他攻读"上窥"的感悟。

当然,无论康德还是叔本华,王国维对他们的认识都是在攻读中逐步深化的,至此才算有了点儿"治西洋哲学人"的色彩,尤其是他在论述教育之宗旨中已述及的康德知、意、情哲学体系,他在此后数年中曾下了很大的功夫去研究和探讨。谨将反映了他此时对"思精而笔锐"的叔本华哲学"大好之"的《叔本华像赞》,迻录如下:

> 人知如轮,大道如轨。东海西海,此心此理。在昔身毒,群圣所都。吠陁之教,施于佛屠。亦越柏氏,雅典之哲。悼兹众愚,观影于穴。汗德晚出,独辟扃途。铸彼现象,出我洪炉。觥觥先生,集其大成。载厚其址,以筑百城。刻桷飞甍,俯视星斗。懦夫骇焉,流汗却走。天眼所观,万物一身。搜源去欲,倾海量仁(但指其学说言)。嗟予冥行,百无一可。欲生之戚,公既诏我。公虽云亡,公书则存。愿言千复,奉以终身。

王国维的这篇《像赞》,汲取了西方学术思想资源,包括前述"浪漫主义之企羡"的"柏拉图之理想";其丰富的学术信息含量,绝非掇拾西

---

① 《静庵文集·自序》,《遗书》第五册。按,迄今所见研究王氏生平学术的论著中,虽有引录,但均"不求甚解"。实则,这里所说"叔本华之《知识论》",当指叔本华《作为意志和表象的世界》第二篇《世界作为意志初论——意志的客体化》。而所谓"意志的客体化"即康德的"自在之物",是叔本华"保留康德这一术语作为一个固定的公式";"我们跟着伟大的康德学习"的主要篇章。

洋皮毛而奢谈"普世价值"、妄言"西哲义谛"的论者所能写出的。他在《像赞》内扼要概括了叔本华自诩其"唯意志论"哲学的"三个来源"①。除了"晚出"而又"独辟肩途"的康德哲学之外，首先是所谓"吠陁（陀）之教，施于佛屠"，即古代印度哲学（按，赞中之"身毒"即印度之古称，"吠陁"乃印度最古老的宗教与文学典籍之总称）。其次，便是"雅典之哲"的"柏氏"即柏拉图。何谓"悼兹众愚，观影于穴"呢？盖指柏拉图《国家篇》所作的"洞穴"比喻，亦称"洞穴理论"，其言曰：

> 你指给我看到了一幅奇异的影像，他们都是些奇形怪状的囚犯。
> 我回答说，这就像我们自己一样，他们只看见了自己的影子或别人的影子，那些都是火投射在洞穴对面的墙上的。②

叔本华据以演绎柏拉图的"洞穴"说，人们既看不到道地的原本的（阳）光，也看不到真实的事物，而只看到洞里面黯淡的火光和真实事物的阴影，并且引伸出"这一真理"：对官能显现着的这个世界并无任何真正的存在，而只有一个不息的变易，它存在，也不存在，对于它的了解与其说是一种认识，毋宁说是一种幻象。所以，他的《作为意志和表象的世界》开卷第一句是："'世界是我的表象'，这是一个真理！"

阿图尔·叔本华（Arthur Schopenhauer, 1788—1860），出生于波兰但泽（祖籍荷兰）。父亲是大银行家，因"脑病"自杀；母亲亦出身富商，美丽多才，是位小说家，经常出入于歌德所居的魏玛"文艺沙龙"之中，并因此使叔本华交结了歌德、席勒等文学名流。套用现在的话来说，他是与黑格尔同时的德国哲学中的"另类"。从一些西方哲学史提供的叔本华其人其行看，他在气质上偏于"忧郁"而带神经质，在"德性"上则带有商人的自私刻嗇。

---

① 参见叔本华《康德哲学批判》，《作为意志和表象的世界》，商务印书馆1982年版，第567页；又本书《第一版序》第5—6页。
② 转引自罗素《西方哲学史》上卷，商务印书馆1981年版，第169页。

所以，王国维在《像赞》中特别指明"但就其学说言"，而并不首肯其为人；所谓"觥觥先生，集其大成"，则是指叔本华以其"意志"取代康德的"自在之物"，将古代印度吠陀哲学、古希腊柏拉图"洞穴理论"与近代康德"先验"哲学三者合一，而"铸"成了他自己的"唯意志论"。

关于《像赞》中的其他赞词，我们都可以从王国维"惬心"的叔本华之书中"搜"其源，证其说。例如，何谓"刻桷飞甍，俯视星斗"？"甍"本为屋脊，"桷"则指檐下椽子，借以颂赞叔本华所夸之"巨人""天才"与"庸人"之别。叔氏原话为：

> 这是因为这些卓越人物的思想不能忍受庸俗头脑又加以筛滤。这些思想出生在（巨人）高阔、饱满的天庭后面，那下面放着光芒耀人的眼睛；可是一经误移入（庸人们）狭窄的、压紧了的、厚厚的脑骨内的斗室之中，矮檐之下，从那儿投射出迟钝的，意在个人目的的鼠目寸光，这些思想就丧失了一切力量和生命，和它们的未来面目也不相像了。①

所谓"星斗"即真理。叔氏原话为"北斗星"：

> 完全严肃地说，只有真理是我的北斗星。向着北斗星，开始我只能希求自己的赞许，而完全不理会这个从一切高尚的精神努力的观点看来都是深自沉沦的时代，不理会那些个别例外也随同腐化了的民族文学；而在这种文学里把高雅的辞令和卑鄙的心术结合起来的艺术倒是登峰造极了……②

《像赞》不是说"懦夫骏焉，流汗却走"吗？"天才"与"庸人"，"巨

---

① 叔本华《作为意志和表象的世界》，商务印书馆1982年版，第18页。
② 叔本华《作为意志和表象的世界》，商务印书馆1982年版，第14页。

人"（或"卓越人物"）与"懦夫"，形成了如此强烈的反差：一个两眼"光芒耀人"，一个"鼠目寸光"；一个惟真理是从，一个以哲学（或文学）"餬口"；一个像追随"北斗星"那样从事着"高尚的精神努力"，一个徒然以"高雅的辞令和卑鄙的心术"去"随同腐化了的民族文学"，迎合"沉沦的时代"！

应当指出，王国维发"愿""公书则存"，"奉以终身"，那纯然是一种情绪化了的赞词；但他随之撰《文学小言》，斥责"铺餟的文学"、"文绣的文学"而力主"超功利"的"纯粹美术"与"纯粹哲学"①，则是与他以上赞言一脉相承。同时，我们剖析他的这篇《像赞》，探究他"博采西洋"、"兼通世界"的学术途径，还可以看到，他探究西方哲学，绝非仅限于叔本华一人一家，而是上自柏拉图、亚里士多德，下及于英国"进化论"（达尔文、斯宾塞）、"实证论"（培根、洛克、休谟等），以及法国"自然主义"（伏尔泰、卢梭等）、德国古典哲学（康德、黑格尔等）；并且要用"西海"的学理，阐发"东海"即中国古代的先秦诸子、宋代理学，直至清代"戴（震）阮（元）二家"哲学中之"人知"与"大道"。所以，我们论赞当今学人学理，当然也不能"数典忘宗"。例如，现被学界竞相热捧和称引的钱钟书所谓"学术之道，非悟不进"，"东海西海，心理攸同"之谈，几成最时新的"学术八股"，殊不知：这不就是王国维在一百多年前所赞"东海西海，此心此理"的"复制品"吗？

还可注意的是，王国维在撰写以上《像赞》之际，还亲译了《西洋伦理学史要》②。著者西额惟克，亦译西季微克、西哲维克（Sidgwiek，1938—1900），19世纪中后期英国伦理学家，兼擅政治经济学。其伦理观承边沁"功利说"，主张"合理的功利"，主要著作有《伦理学的方法》《伦理学史要》等。王国维是结合着讲授伦理学而据其英文《史要》原著节译的，分

---

① 参见《文学小言》十七则之一、十七，《静庵文集续编》，《遗书》第五册。
② 《西洋伦理学史要》，署"（英）西额惟克著，王国维译"，1903年《教育世界》社刊行。连载于《教育世界》第59—61号，癸卯八月上旬至九月上旬（1903年9—10月）。

上下两卷。上卷《绪论》以下凡三篇：第一篇《伦理学之概观》，第二篇《希腊及希腊、罗马之伦理学》，第三篇《基督教及中世之伦理学》（略而未译）。下卷即第四篇《近世之伦理学（殊如英国之伦理学）》。可能为了便于讲授，他对每段译文加写了提要式的眉批。例如，何谓"伦理学"？译文说："伦理学之语源，出于希腊语之'哀西歌斯'。其意本谓此学论人类之德与不德之性质，而无关于知力。雅里大德勒（按，今译亚里士多德）之《伦理学》实研究此问题者也。"眉批曰："伦理学即人类之至善之研究。"

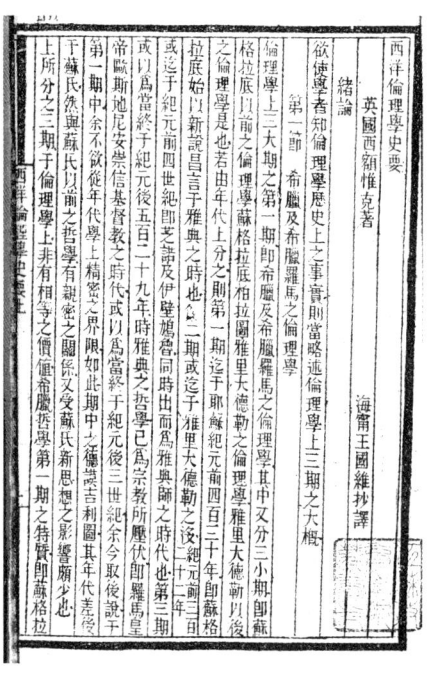

编入《教育丛书》之
《西洋伦理学史要》（1903年）

王国维所译这部《史要》中论及的西方古近伦理学家，实则多为哲学家（有的兼为科学家、社会学家、经济学家）。古代以苏格拉底为坐标，译介了苏氏以后之柏拉图、亚里士多德等；近代则以霍布斯为坐标，论及了霍氏以前之培根，及以后之洛克、亚当·斯密、边沁、约尔·穆勒、爱尔维修等，兼述德国的康德、黑格尔，而以《德意志之厌世论叔本华》殿后，说，叔本华源于"汗德之说"而"异于汗德者"，在于以"意志"取代"本体之说"（即康德"物自体"，亦译"自在之物"），认为"意志者，乃一切生物、无生物之极内部之精髓"；而"意志"即"欲生之心"，支配着包括人类在内的"一切动物"的"悲欢苦乐"，而其中最为重要的，则是《像赞》所称"倾海量仁"的叔本华"意志灭绝"（涅槃）：

　　但此欲生之心，必不能满足于今日之世界，而不满足之生活，即苦痛之生活，虽或得一时之满足，然不过暂离苦痛之状态，而非正面的快乐也。又此苦痛之生活，至人类而达其极，此由人类之意志发达最著故。而苦痛又由知力之进步而益增，此自然之势也。故哲学之义务，在使人灭绝其意志。一切道德，皆可于此中计算之。其灭绝之阶级有二：其最低者，为通常之德性，即视人若己之仁爱及同情是也，但此等通常之德性，尚不离乎欲生之念。意志之完全之绝灭，存于涅槃之境界，即脱离人生幻妄之快乐，虽传种之冲动，亦抑制之是也。

这里的"苦痛又由知力之进步而益增"，曾被王国维写进了当年初秋自通州返海宁度假时的一首诗里：

> 新秋一夜蚊如市，唤起劳人使自思。
> 试问何乡堪著我？欲求大道况多歧。
> 人生过处惟存悔，知识增时只益疑。
> 欲语此怀谁与共？鼯声四起斗离离。
> ——《六月二十七日宿硖石》

王国维翻译《西洋伦理学史要》只是他探究"西海"学理留下的一个"陈迹"，但他带着"人生之问题"所作的这些哲学的思考，在一定程度上成为他撰《红楼梦评论》，及其他"见识、文彩亦诚有过人者"的"哲学上及文学上之撰述"的理论准备。

六 "独学"中的辉煌：《红楼梦评论》

1904年发表的《红楼梦评论》，显示了王国维在"独学"中的辉煌，并给他带来了"名震中外"的巨大声誉。这是王国维早期攻究文哲的传世经典之一。

说来很有意思。被王国维标为"小说评论"的《红楼梦评论》，是与

发表于《教育世界》的《红楼梦评论》

他为之加写编者话称"文人词客，争相宝贵"的"家庭教育小说"《姐妹花》，同时在《教育世界》小说专栏内推出的。①

《红楼梦评论》凡五章，约一万五千言。从1904年夏迄于秋，连载了两个半月；未尝不在无意间隐合了《红楼梦》黛玉眼中泪珠儿，"秋流到冬，春流到夏"（《枉凝眉》）呢！

王国维显然是由"潇湘馆"里"焚稿断痴情"的黛玉之"泪"，而悟"悼红轩"中"披阅十载，增删五次"的曹雪芹之"痴"：

> 昨夜书中得故纸，今朝随意写新诗。
> 长捐箧底终无恙，比入怀中便足奇。
> 黯淡谁能知汝恨，沾涂亦自笑余痴。
> 书成付与炉中火，了却人间是与非。

这首七律题《书古书中故纸》，1903年在通州时作。看来，在王国维任教通师随身携带的书箱里，康德、叔本华等人的洋"奇书"之外，也没少了《红楼梦》这样的古"奇书"。

这时，正值王国维"与叔本华之书为伴侣之时代"。他在通州所作诸多颇含哲理的诗，皆可为他撰《红楼梦评论》的佐证。例如，其《偶成》云：

---

① 《红楼梦评论》，原刊《教育世界》第76、77、78、80、81号，甲辰四月下旬至七月上旬（1904年6—8月）；同时刊载的《姐妹花》，详见第五章第六节注。

> 大患固在我,他求宁非谩。
> 所以古达人,独求心所安。

这位"古达人",即老子。诗又云:

> 悠然七尺外,独得我所观。
> 至人更卓绝,古井浩无澜。

这位"至人",便是庄子。以其诗,证其论。《红楼梦评论》开卷第一句是,"老子曰:人之大患,在我有身";第二句是,"庄子曰:大块载我以形,劳我以生"。而他在通州所写的那首七律《平生》,还被他引入了《红楼梦评论》,诗云:

> 平生苦忆挈卢敖,东过蓬莱浴海涛。
> 何处云中闻犬吠,至今湖畔尚乌号。
> 人间地狱真无间,死后泥洹枉自豪。
> 终古众生无度日,世尊只合老尘嚣。

"泥洹"即"涅槃"(梵文 Niyvana)之异译;"世尊"则是对瞿昙(梵文 Gautma,亦译乔答摩)即释迦牟尼之尊称。鲁迅曾说,释迦夜半醒来,目睹宫女睡态之丑,乃"慨然出家";王国维说,"世间咸尊"的释迦纵然出家了,还是免不掉老死尘世。然而,"解脱"出世之念,又是那样苦苦地萦绕于心间,他不由苦吟:

> 滴残春雨住无期,开尽园花卧不知。
> 因病废书增寂寞,强颜入世苦支离。
> 拟随桑户游方外,未免杨朱泣路歧。

闻道南山薇蕨美，膏车径去莫迟疑。

这首题为《病中即事》的七律，作于1904年初春，反映了王国维写作《红楼梦评论》时的情状，确有那么点儿"苦魂"的意味。诗中之"桑户"当即"桑门"，梵文Sramana之异译（音译"沙门那"，略称"沙门"），专指佛教僧侣，泛称出家者。杨朱痛哭歧路亡羊，表现了一种面临异说纷呈的世变而无所适从的心态，典出《列子·杨朱篇》。在无奈中，王国维想起了"隐于首阳山，采薇而食之"的孤竹君之二子：伯夷、叔齐；更向往那饮酒不忘夷、叔"穷节"，以"采菊东篱下，悠然见南山"为乐的陶渊明之隐居生活。

在没完没了的江南春雨中，王国维在海宁家中感染了风寒之疾，竟苦想着"拟随桑户游方外"了。孔子不是"空桑三宿"，才等来了老子吗？已经得道成佛的"世尊"即释迦，则教"沙门者断欲去爱"。然而，出家游方，果能断了"欲生之戚"？看来，惟有从《红楼梦》这部"奇书"里，王国维才算找到了"照见五蕴皆空"、求得"厌世""解脱"的"心经"……

对于《红楼梦评论》，兹分章述其梗概如下：

第一章《人生及美术之概观》，概述生活之本质即"欲"，人生如钟表之摆，往复于苦痛与倦厌之间，欲、生活、苦痛，"三者一而已矣"；而艺术之真谛，在于"欲者不观，观者不欲"，艺术美之所以优于自然美，全在于"使人易忘物我之关系"。这是王国维评"红"的理论支点。

第二章《红楼梦之精神》，论述"宇宙一生活之欲而已"，而此生活之欲之罪过，即以生活之苦痛罚之，这是"宇宙之永远的正义"；并以《红楼梦》与歌德的《浮士德》比较，指出，《红楼梦》之所以超越了"近世之文学中"推为"第一"的《浮士德》，在于浮士德之苦痛，天才之苦痛；宝玉之苦痛，人人所有之苦痛；所以它是一部"描写人生之苦痛与其解脱之道"的"宇宙之大著述"。这是王国维借评"红"揭示"自犯罪，自加罚，自忏悔，自解脱"，即"厌世解脱"之义谛所在。

第三章《红楼梦之美学上之价值》，阐释《红楼梦》一书在美学上的价值，在于它与一切喜剧相反，是"彻头彻尾之悲剧"；而代表了国人"世间的也，乐天的也"之精神的传统戏曲、小说，莫不"著此乐天的色彩"：始于悲者终于欢，始于离者终于合，始于困者终于亨。并以《红楼梦》与《桃花扇》比较，指出，二者虽皆具"厌世解脱之精神"，但《桃花扇》之解脱非真解脱，作者借侯（朝宗）李（香君）之事以写故国之戚，而非以描写人生为事。所以，"《桃花扇》政治的也，国民的也，历史的也；《红楼梦》哲学的也，宇宙的也，文学的也。"这是王国维论述《红楼梦》之所以"大背于吾国人之精神"，《红楼梦》之所以为"悲剧中之悲剧"，《红楼梦》之至高无上的美学价值"即存乎此"悲剧精神的最精彩的华章。

第四章《红楼梦之伦理学上之价值》，以叔本华"拒绝意志"（即"欲念寂灭"）的"涅槃"说，参证《红楼梦》之"厌世解脱"精神。然而，"解脱者，果是为伦理学上最高之理想否乎？"指出，"叔氏之说，徒引经据典，非有理论的根据也。"从释迦圆寂以后，基督钉十字架以来，人类及万物欲生之念"灭"了吗？其苦痛减少了吗？更何况，释迦、基督是否"解脱"尚在不可知之数！可以说，这是王国维以《红楼梦》第一回之"神话"（女娲补天遗石青峰埂而成"宝玉"），参比西方《创世纪》"人类犯罪之历史"（夏娃与亚当伊甸园之恋"造人类"），对"绝父子、弃人伦、不忠不孝"，由"情"而"僧"的贾宝玉，最后以"一子出家，七祖升天"作出的伦理反思。

第五章《馀论》，指出"自我朝考证之学盛行，而读小说者亦以考证之眼读之"；于是评《红楼梦》者"纷然索此书之主人公之为谁"。实则，《红楼梦》作为我国文学史上之"惟一大著述"，其"作者之姓名与其著书之年月"，这才应该是"惟一考证之题目"。这是王国维为后起的"新红学"提出了研究"发题"。

王国维是一位治学严谨，忠实不欺的学者。一年之后（1905年），他自编平生第一部文集《静庵文集》，就坦然承认，"去夏作《红楼梦评论》，其立论虽全在叔氏之立脚地，然于第四章内已提出绝大之疑问。"并指出，

"叔氏之说,半出于其主观的气质,而无关于客观的知识。"(《静庵文集自序》)如果我们对照前述《叔本华像赞》中,他是那样称道"欲生之戚,公既召我",而在《红楼梦评论》的第四章却对叔氏"拒绝意志",或"欲念寂灭"等等,提出了"绝大之疑问",认为这些论说都缺乏客观的理论依据。这表明,王国维正是通过评《红楼梦》,使他对叔本华由信而疑,并在继之而撰的《叔本华与尼采》《书叔本华遗传说后》等论述中,对这位标榜"世界是一个表象"的"唯意志"哲学家之"立论"及"气质",作了更为深刻的剖析和批评;尤其是与赞美"言与行并足重"的康德不同,他对叔本华的"主观的气质"及其"嫉愤"女性等"偏戾之质"与"品行颇不修",至为鄙薄。这是我们今天解读《红楼梦评论》应有的第一点认识。

应当注意的第二点是,王国维自述他"决从事于哲学",是由于"体素羸弱,性复忧郁。人生之问题,日往复于吾前"。他评《红楼梦》,虽可称"跨文化的哲学研究",但决非"骛广志荒"的哲学空谈,而是紧扣着"人生之问题",并且是鉴于"今之混混然输入于我中国者,非泰西物质的文明乎?"[①]的切身感受;因为,他生活在那个"深自沉沦的时代":弱肉强食的世界;日趋腐化的社会;拜金主义、享乐至上、物欲横流,致使他在评论中借和尚的"还玉之言",为贾宝玉之"玉"追根究底:

所谓"玉"者,不过生活之欲之代表而已。

确实,这个"欲"字成了他"立论"于"叔氏之立脚地"的核心。有的学者,如李长之先生,在20世纪30年代"批判"王国维对《红楼梦》的这种阐释,完全是从叔本华之书里"读"出来的,这就流于"酷评"苛责了。实则,他不过是借"西海"的叔本华之"理",述我"东海"学者之"心"。贾宝玉在"白茫茫一片大地真干净"中"出离",而王国维则在"天末同云黯四垂"的重压中思索"欲念寂灭"的"解脱",而感悟宝玉的"妄念",

---

[①] 《教育偶感四则》之四,《静庵文集》,《遗书》第五册。

即"生活之欲"(包括"男女之欲"),确是万恶之源。所以,从美学上来说,他此时撰《孔子之美育主义》,强调希尔列尔(今译席勒)的美之"最高之理想",在于使人"高尚纯洁"的"美丽之心"(Beautiful Soul,今译"美的灵魂");他是立脚于日趋腐化的社会现实,而于《红楼梦评论》中力主"优美"与"壮美",严斥使人"复归于生活之欲"的"眩惑",痛诋那些"玉体横陈"、"恶口离乱"的作品,"欲以眩惑之快乐,医人世之苦痛",那是"如甘之于辛,火之于水"一样"不相并立者也"!

第三,我们应该怎样给《红楼梦评论》作学术定位?作为运用近代的观点,渗透着近代的精神,且被王国维自己标为"小说评论"的《红楼梦评论》,其内容与体式,都是前所未有的,因而被公认为近代第一篇结构严谨、自成体系的文学大批评;但是,仅就《红楼梦》研究而言,从王国维到胡适的,我们可以开列这样一个简表:

王国维的《红楼梦评论》,1904年;

蔡元培的《石头记索隐》,1917年;

胡适的《红楼梦考证》,1921年。

现在流行的"新红学",多以胡适的《红楼梦考证》问世作为标志。我们认为,这是狭义的"新红学";广义的"新红学",应该包括评论、索隐、考证,而王国维的《红楼梦评论》,则是在近现代文学观念的转型中揭开了"新红学"的序幕。所以,他在评论中开出"作者之姓名与其著书之年月"为"惟一考证之题目",这是鉴于"《红楼梦》自足为我国美术上之惟一大著述",但遍考各书,未见曹雪芹何名;尤其是以歌德之《浮士德》"参证"《红楼梦》,更使他感慨不已,说:

> 吾人于作者之姓名尚未有确实之知识,岂徒吾侪寡学之羞,亦足以见二百馀年来,吾人之祖先对此宇宙之大著述,如何冷淡遇之也!

王国维的《红楼梦评论》问世,终于使"冷遇"了二百馀年的曹雪芹开始找到知音,并感知了暖意……

第五章 遨游"教育世界"

> 先期汗漫九垓上,愿接卢敖游太空。
>
> ——李白《庐山遥寄卢侍御虚舟》

一 以世界的眼光,主编《教育世界》

《红楼梦评论》问世于王国维主编《教育世界》之初。我们回观王国维的早期学业,还应该说,为他提供了施展才华与学问的阵地,使他绽放了思想与学术光彩的舞台,是《教育世界》。

王国维著译益丰、影响日大,也是在他接手主编《教育世界》之后。

《教育世界》是近代中国第一份教育专门杂志,罗振玉于1901年夏初创办。其时,罗氏正在武昌,协助张之洞"厘定新政",筹划"兴学"措施。为什么取名《教育世界》?罗氏亲撰发刊《序例》,说:"人才组合而成世界,是世界者,人才之所构成;而人才者,又教育之化导者也。无人才不成世界,无教育不得人才。"[①] 所以,他自费筹办该杂志,其宗旨就是要用"优胜劣绌"的"进化论",来推进学制改革,倡导"人才兴邦"、"教育强国"。

《教育世界》创办头三年(1901—1903),罗振玉自任"笔削"。所刊著译,大致有三大板块构成。一是,王国维、樊炳清、沈纮、罗振常、

---

① 罗振玉《〈教育世界〉序例》,《教育世界》第1号,辛丑四月上旬(1901年5月)。

周维新等东文学社肄业生，以及罗氏友人（如时任驻日外交官钱恂夫人单士厘，后为商务印书馆编译所长的高凤谦等）所译日本教科书及学校管理、学制规程等，王国维所译算术、教育学等教科书及《西洋伦理学史要》，均初刊于此。

二是在武昌农学校任教的日本教员，以及罗氏所聘其他日籍"译手"所译的美、英、德、法诸国的教育论说，其中署名"中岛端重译"的"教育小说"《爱美耳钞》，前有美国维廉彼因《序》，并附录《卢骚略传及〈爱美耳〉评论》[①]，实可视为对卢梭及其教育论说的最早译介。

三是清政府及地方当局有关教育方面的奏议、章程等，如《江楚会奏变法第一折》（刊于辛丑八月下旬，即刘坤一、张之洞会奏变法疏）、《管学大臣奏拟京师大学堂章程》（刊于壬寅十月下旬，史称"壬寅学制"），《外务部议复游学折稿》等。还有罗氏本人所撰《拟订高等小学校课程表》《拟订寻常中学校课程表》《学制私议》《论中国亟宜兴实业教育》等，实为对当局的教育献言。

罗振玉委任王国维译编《教育世界》，始于甲辰正月，1904年春。这时，王国维已辞去了通州师范学校的教职，成为近代第一个教育专门杂志的第一位专职主编。

《教育世界》虽创办于罗氏任职武昌期间，但一直在上海出版。其社址在上海新马路昌寿里，是租界热闹地段。王国维于当年正月十三日（1904年2月28日），带着来沪赶考震旦学校的幼弟国华，从海宁抵达上海，并意兴盎然地写了首《踏莎行·元夕》：

> 绰约衣裳，凄迷香麝，华灯素面光交射，天空倍放月婵娟，人间解与春游冶。
>
> 乌鹊无声，鱼龙不夜，九衢忙煞闲车马。归来落月挂西窗，邻鸡

---

① 《爱美耳钞》（今译《爱弥儿》），连载于《教育世界》第53—57号，癸卯闰五上旬至七月上旬（1903年7—8月）。

四起兰缸炧。

在日趋繁华的上海这个大都市里度元宵,那华灯辉映、车水马龙、香风醉人的景象,岂是旧日长安灯火、东京银花、秦淮桨影、扬州画舫所能比拟!

王国维在通州师范,是"新派教员";现在,他置身东西方文化交会的上海,接手译编《教育世界》,当然得办"新派杂志"。他首先将杂志由原来的"石印线装",改为"铅印洋装",并且刊出《本报改章广告》①,宣布刊物从栏目到内容,实行全面改革。

《广告》回述,本报自辛丑四月创办,迄于癸卯年底,已发至六十八册(期),月出二册,分开是旬报(实为半月刊),合之则为"丛书"。

《广告》指出,由于国内教育尚处于"幼年时代",故创刊之初,以译载东西方教育专书为主,按期"接载",以供国人办学采择;"改章"以后,除选译教育专书之外,将增加"本社所自编撰"的文稿。

《广告》阐述"改章"以后,"本报宗旨,略为三纲:一引诸家精理微言,以供研究;二载各国良法,以资则效;三录名人嘉言懿行,以示激励。"其"分类"(即栏目)为:一、插画(包括肖像),二、论说(包括"代论"),三、学理,四、教授训练,五、学制(包括教育史),六、传记,七、小说,八、丛谈,九、本国学事,十、外国学事,十一、杂录,十二、来稿,十三、文牍。

《广告》强调,文稿内容必须"取其有益而饶有兴味者,务令丰富,务令精审"。为开拓稿源,《广告》特向"海

王国维主编之《教育世界》杂志

---

① 《本报改章广告》,原刊《教育世界》第69号,甲辰正月上旬(1904年2月)。

内同志"征文："如有崇论宏议，陈述教育之意见，与本报宗旨相合者"，均所欢迎。

尤其使我们感到"饶有兴味"的是，王国维虽"新派"，但没有像梁启超标榜"新史学"那样，张扬自己要搞"新教育"；他通过《广告》申述"改章"的"理由"，既未讲哲学大道理，也不言教育新宗旨，而是说了一番"读书者"的感受：

> 继念西儒之言：人若久注意于一事物，则眼力易疲，疲则难入而易忘。故读书者必于读甲类后改读乙类，然后再读甲类，乃可以慰眼力之劳。本报有鉴于此，特自甲辰正月首期，即第六十九号始，改体例为分类……

那时，尚无"读者心理学"、"接受心理学"一类新名词。但是，王国维懂得心理学，非常重视读书心理。他晚年在清华研究院讲学，曾对人说，"日之暮也，人之心力已耗，行将就床，此时不适于学，非与人闲话，则但可读杂记小说耳。人之老也，精力已耗，行将就木，此时亦不适于学，非枯坐终日，亦但可读杂记小说耳。"[①]他回顾这几年的"独学"体会，曾说每天读书，"多不逾四时，少不过二时。过此以往，则精神涣散，非与朋友谈论，则涉猎杂书。"[②]所以，他主编《教育世界》，能设身处地为读者着想，改变刊物体例，力求栏目多样化；所谓"以慰眼力之劳"，就是要把刊物办得内容丰富、有味。足证这篇以"研究、则效、激励"为宗旨的《本报改章广告》，虽未署名，但从内容到文字，非王国维莫属，是一篇出诸他手笔的充满革新精神的"改刊宣言"。显示了他以世界的眼光，主编《教育世界》，可谓名至实归，由狭义的"教育"改为广义的教育，办成了以"教"为主，文、史、哲兼具的综合性人文科学杂志。

---

① 《论王静安先生之自沉》，《浦江清文史杂文集》，清华大学出版社1993年版。
② 《三十自序》一，《静庵文集续编》，《遗书》第五册。

王国维有诗云:"平生苦忆挈卢敖,东过蓬莱浴海涛。"(《平生》)这是借用了李白的"愿接卢敖游太空"。事实上,王国维虽留学到了"东瀛",却始终未能如愿赴西洋。现在可不同了。他在自己营造的充满"西洋色彩"的"教育世界"里,尽情遨游了起来。从甲辰(1904年)正月起,《教育世界》每期译介中西文化名人传记、学说,并在卷首刊有相关人物的"肖像",而所刊王国维本人"肖像"(照片),标示是:哲学专攻者[1]。显然,他是以热衷西方哲学的青年学人,在介绍"至圣先师"孔子,"亚圣"孟子,及其他先秦诸子的同时,通过刊物彰其"嘉言懿行"的"西哲",有他亲撰《象赞》的康德、叔本华,

《教育世界》所刊"哲学专攻者"
王国维像

有载其传记,或述其"精理"的苏格拉底、柏拉图、亚里士多德、培根、洛克、霍布士、休谟、尼采、黑格尔、莱布尼兹、约翰·穆勒、斯宾诺莎、卢梭、伏尔泰、孔德、裴斯塔洛尔、冯特,以及文学上的歌德、席勒、托尔斯泰,等等。我们该会记得,对于古今中外,鲁迅的主张是,"拿来";而王国维提出的是,"博采"(《哲学辨惑》)!他就是"挈"着这样一大批"东海西海,此心此理"相通的人物,并博采了他们的"精言""懿行",恣意遨游于无涯的学海之中。

当然,王国维也为之付出了艰巨的劳动,耗费了大量的精力。据那时在上海操持编务的罗振常回顾,《教育世界》从1901年创刊,迄于1908年初停刊,先后七年,始终保持每月两期,合为"丛书",每年一集,并"略

---

[1] 《教育世界》第129号,丙午六月上旬(1906年7月)。

揭"其要说：

> 此书共七集，一至三集，罗辑；四至七集，王辑，有文三十馀首，为《观堂遗书》中所无；其哲学各书，均观堂译述，初集木刻，二三集石印，四集以下铅印洋装①。

查证《教育世界》，所谓"有文三十馀首"，就是编入《静庵文集》及其《续编》的那些署名文章；而"哲学各书"，则应包括了诸多未署名文稿。梁启超讲他主笔《时务报》，"十日一册，每册三万字，启超自撰及删改者几万字，其馀亦字字经心。"这些话，正可作王国维主编《教育世界》的"自状"。据我们统计，《教育世界》每期正文一百面，约当三点五万字，月出两期就有七万字。王国维包揽了撰、译、编，即使是未署名的著译，皆可视为"实出王氏之手"，是他"字字经心"的"译述"。他曾自述，"顾此五六年间，亦非能终日治学问。其为生活故而治他人之事，日少则二三时，多或三四时。"（《三十自序》一）在此期间所治"他人之事"，当然包括了译编《教育世界》②。

二 礼赞孔子，推尊托翁

如上所述，王国维主编《教育世界》，先后译介了诸多东西方学人，而在备受他推尊的人物中，最可注意的是古代"人格之完全"的孔子，与近代"自由之民"的托尔斯泰。

---

① 《蟫隐庐新版书目》第7期，乙亥（1935年）春季石印本。
② 《教育世界》旬刊（实为半月刊），辛丑四月（1901年5月）创刊，丁未十二月（1908年2月）终刊；癸卯（1903年）闰五月，丙午（1906年）闰四月各增出两期，先后七年共出一百六十六期，其中前期罗编六十八期（1901年5月—1904年1月），后期王编九十八期（1904年2月—1908年2月）。

关于孔子，在王国维接编《教育世界》的当年（1904年），曾相继刊载了罗振玉所撰《孔子传略》，以及曾对孔子研究很有影响的日本学者蟹江义丸的专论《孔子之学说》。三年之后，《教育世界》将要终刊时，又推出了另一篇以《孔子之学说》为题的传论，全文长达三万馀言，分四期连载①，分编论述了孔子之"形而上学"及"伦理说"；而开头的《叙论》，则以"文华极一时之盛"的春秋战国之交，"纵横如云，灿然如星"的"诸子九流"为背景，概述儒道两家之形成及其不同的特点，指出：气局雄大，意志强健，不偏于理论而注重于实行的北方学派，以孔子为代表；气象幽玄，理想高超，不涉于实践而专为思辨的南方学派，以老子为代表。故称：孔子者，北方雄健之意志家也；老子者，南方幽玄之理想家也。而儒家学说的"根本原理"，在于自天道演绎而得"仁"，以"天人合一"观立人间行为之规矩准绳，并参比柏拉图直至康德、叔本华诸家学说，盛赞孔子"感化力之伟大，人格之完全"，"古今东西，未见其比"；综述自汉代以来，儒学之兴衰嬗变，说：

> 儒教因汉武帝之奖励，出董仲舒，而继先秦之思潮，回复秦火之厄。至西汉之末有扬雄者，合儒与道，立一家言。六朝之际，儒为佛老所抑。至隋有王通，用之作策论。有唐一代，惟韩愈一人维持。经五代至宋，复勃然而兴，几有凌先秦儒家而上之势。即北宋时二程子唱"性命穷理"说，南宋时经朱子手而大成，作"理气"论。同时有陆象山之"心即理"说。入明，而为王阳明之"知行合一"说。其后国朝，考证学大行。故中国亘古今而有最大势力者，实为儒教。国家亦历代采用之。何则？儒教贵实践躬行，而以养成完全之道德政治家为目的，而有为之人才亦皆笼罩于此中故也。

---

① 《孔子之学说》，原刊《教育世界》第162—165号，丁未十月上旬至十二月上旬（1907年11月至1908年1月）。

我们今天读其论述，儒家之所以"亘古今而有最大势力"；儒学之所以被国家"历代采用"而成"教"，非但不觉陈旧，相反仍有温故而知新的感受。我们还记得，王国维论述近代教育的根本宗旨，在于以"完全之教育"造就德、智、体、美"完全之人物"，虽"博采西洋"，但绝不是要"全盘西化"，而是与"以养成完全之道德政治家为目的"之儒家教育宗旨相合。所以，他主编《教育世界》的"甲辰正月首期"，就刊载了署名王国维的"社论"（即"论说"）《孔子之美育主义》！

应当指出，王国维主编《教育世界》期间，还相继刊载了墨子、老子、孟子、荀子、子思，以及列子等先秦诸子传论，多未署名；惟一署名王国维的，仅有《周秦诸子之名学》[①]。这是他"化合"中西、探讨中国"名学"（逻辑学）的重要尝试，比胡适用英文写作的博士论文《先秦名学史》（1917年）早了十二年。上述《孔子之学说》，则是他编发的"先秦诸子系列"中问世最迟、篇幅最长，并带有总结性的论文。但是，由于未署名，故对该文的作者归属，就提出了疑问，其中某些提法，如称儒家之学为"儒教"；某些论说，如有关周末南北方两派学说等等，可能采纳或参酌了日本学者的论著[②]。尽管如此，文章阐述历代学术变迁是"其后国朝，考证学大行"。如果照录日本学者著作，何能称清朝为"国朝"？其行文分明是王国维自己的。所以，我们认为，这篇《孔子之学说》及其他未署名的诸子传论，皆系"本刊所自编撰"，其编译权应归于王国维，隶属于他"译述"的"哲学各书"之内。

王国维开阔的学术视野，当然更表现在通过译编《教育世界》，"博采西洋"的大批哲学、美学、教育、伦理、心理，以至文学、戏剧等论说，以及译介与之相关的诸多人物的生平业绩，实可视为"西洋诸子传论"。

[①] 《周秦诸子之名学》，《教育世界》第98、100号，乙巳三月下旬、四月下旬（1905年4月、5月）。

[②] 据笔者查考，此篇关于周末南北两大学派之论述，可与日本冈仓天心《孔子的时代与老子的时代》相参证；又据日本同志大学教授钱鸥博士查考，其开头的叙说，出诸松村正一的《东洋哲学》（明治三十四年）。

其中除了哲学上的康德、叔本华、尼采之外，最可注意的是文学上的托尔斯泰：先之以言论，继之以作品，再予以生平业绩的全面介绍，真可谓情有独钟。试看：

1904年，译载了"立论新奇，足令小儒咋舌"的《托尔斯泰伯爵之近世科学评》。篇首有一篇编者的话，毫无疑问应出诸王国维之手，其中介绍"先生之学之道"，尊托翁是"俄国之大文学家，又今世之思想家"；指出托翁撰这篇《科学评》的宗旨，是为着唤起"世人知意于道德，而勿醉心于物质的文明也"。①

1905年，译载了托尔斯泰"假一军人之口吻，述俄营情状"的"军事小说"《枕戈记》②。篇首的编者话称托翁是"俄国现代文豪"。这篇由日本小说家二叶亭四迷译为日文的小说，被当时的江苏师范学堂"取作习和文（日文）课文"，"本社据译稿润色之"。实即由正在该校任教的王国维自己转译。这应该是最早译成中文的托尔斯泰作品，通行至今的"军事（或军旅）小说"这个文学术语，亦初见于此。

1907年，即《教育世界》终刊前夕，连载了《托尔斯泰传》。传记于《绪论》以下，分家世、修学、军人时代、文学时代、宗教时代、农事意见、教育意见，以及上书、家庭、丰采、交游、论人、佚事等，凡十三章，近二万言，其《绪论》曰：

> 俄罗斯，一专制之国家也。法令繁如牛毛……警察密于蛛网……然如此极端专制之国，乃有一绝对自由之民。彼公然詈政府，诋国教，

---

① 《托尔斯泰伯爵之近世科学评》，《教育世界》第89号，甲辰十一月上旬（1904年12月）。按，经我们查阅高尔基《俄国文学史》，所谓"近世科学评"，指1898年托尔斯泰为英国卡盆特（Carpenter，1813—1885）论文《现代科学》所作序言；托翁在序中猛烈抨击现代科学"其实是个骗局"，近代西方"物质的文明"导致了社会腐败，及强权、暴力，等等。

② 《枕戈记》，《教育世界》第100—102号，乙巳四月下旬至五月下旬（1905年5月—6月）。按，据我们查证，此篇原作副题《士官生的日记》，曾数易其稿，初题《高加索军官日记》，又题《炮兵军士札记》。小说中人物惠连邱克，今译维连楚克；安朵六，今译安东诺夫。日译者二叶亭四迷，早年攻读俄语，日本近代小说家、翻译家。

议法律政令之苛严，嘲备兵拓土之愚昧……翳何人斯？则脱尔斯泰也。

脱尔斯泰者，非俄国之人物，而世界之人物也；非一时之豪杰，而千古不朽之豪杰也。以之为文学家，则惟琐斯披亚（莎士比亚）、唐旦（但丁）、格代（歌德）可与颉颃；以之为宗教家，则惟路得可与肩伍①。

人所共知，列夫·托尔斯泰（1817—1910）是19世纪俄国文学史上的最后一座高峰。列宁称赞托尔斯泰的作品，是"俄国革命的一面镜子"。罗曼·罗兰在其著名的《托尔斯泰传》中，特别关注托翁"对于中国人民所感到的爱恋与钦佩"。早在19世纪末叶，他的声名就遍及了欧洲，人们追述那时的诺贝尔文学奖获奖名单里独缺托尔斯泰，至今犹有遗珠之恨。就现有史料来看，托尔斯泰之在中国的最初的介绍者，有的学者（如阿英）认为，当推清末外交家钱玄同之兄钱恂夫人单士厘。她于1903年初随辞离驻日参赞的钱恂，经"西伯利亚大铁道"赴俄国，并撰写了《癸卯旅行记》，讲到了托尔斯泰，说他是"俄国大名小说家，名震欧美"；盛赞其小说"最足开启民智"。笔者曾于20世纪80年代校点了她的遗著《受兹室诗稿》，其中有的篇章记述了她在"俄都"的见闻。不过，她对于托尔斯泰及其作品并无真切的了解。当《教育世界》译介其作品及传记的时候，托尔斯泰尚健在。1906年托翁写给"一个中国人"，即致辜鸿铭的信，此信被译成中文，亦在本年②。中国之有完整的托尔斯泰传记，这是第一部；而在20世纪初，在帝制岌岌可危的情势下，推尊"极端专制之国"的"绝对自由之民"托尔斯泰，将其生平、思想、学说、著作加以全方位译介，《教育世界》是第一家；这部传记与以上托翁之"科学评"及"军事小说"一样，属于"本社所自编撰"，特别是评述托翁"三杰作"《和平与战争》（即《战

---

① 托尔斯泰（1828—1910），《教育世界》均译为"脱尔斯泰"；此传原刊《教育世界》第143、144号，丁未正月上、下旬（1907年2月—3月）。

② 托尔斯泰《与辜鸿铭书》（1906年），由刘师培译载于《天议报》1907年第16—19期合刊。

争与和平》)、《俺纳小传》(即《安娜·卡列尼娜》)、《再生记》(即《复活》),与歌德之《浮士德》、莎士比亚之戏剧、但丁之《神曲》"价值相等",王国维应是第一人。

三 译介"教育小说",益以编者所闻见

王国维接编《教育世界》,适值梁启超创办《新小说》(1902年),提出"小说界革命"之时。创办小说杂志,刊布小说作品,几成20世纪头几年的一种时尚。移用梁氏的话来说,"虽谓吾国今日之文明,为小说之文明可也。"所以,在这样的风云际会中,《教育世界》亦以小说为教育"感化"之"具",开辟了小说专栏,按期译介"接载"不同类型的西方小说。除前述托尔斯泰的"军事小说"之外,尚有与《红楼梦评论》同时刊载的"家庭教育小说"《姊妹花》①,"心理伦理小说"《爱与心》等长篇小说。特别是连载了将近一年之久的《醉人妻》②,则是驰名欧洲的"教育小说"。直译原书名为《林哈德与格特鲁德》,著者署"贝斯达禄",今译裴斯泰洛齐(Pstalozzi,1746—1827),瑞士著名教育家。他的这部小说,被誉为与卢梭的《爱弥儿》齐名的"千古不朽之作",都是18世纪欧洲启蒙运动的产物。

接着,以"教育寓言"为名连载"奥国博士萨尔曼"的《造屋秘诀》③,是另一部盛行欧洲的长篇教育小说。据卷首"编者识"介绍,此书原名《恶德养成法》,又名《蟹之横行》。原著者萨尔曼,就是王国维在《格代之

---

① 《姊妹花》,连载于《教育世界》第69—89号,甲辰正月上旬至十一月上旬(1904年2月至12月)。按,著者葛德斯密,今通译歌尔德斯密(Goldsmith,1728—1774),英国18世纪感伤主义作家;《姊妹花》是其代表作,今通译《威克菲尔牧师传》。
② 《醉人妻》,连载于《教育世界》第97—116号,乙巳三月上旬至十二月下旬(1905年4月—1906年1月)。
③ 《造屋秘诀》,连载于《教育世界》第128—137号,丙午五月下旬至十月上旬(1906年7月—11月)。

家庭》(下)中提到的"奇格代(歌德)之才",将青年歌德"延誉于大众",引荐给黑格尔等名人的教育家。他交游甚广,经常出入于贫富不同的家庭。他的这部作品,就是基于对世态人情的了解,并取西方寓言中老蟹不能直行,"小蟹遂至横行一世"命名其书,意在晓喻世人,"人子之恶,皆造于父母";"家庭教育之不良,过由父母"。书中就作者"平昔所见闻,参以理想","凡何种恶习,由何术养成,无不备举"。鉴于中西民情风俗不同,所以编者就"取其意义,易其面貌",删去原著中"凡与我风俗相戾"的内容,而"益以编者所闻见,务欲其尽态极妍",从而使读者掩卷深思,"此真吾国之家庭也"!

以上"教育小说"与"教育寓言",虽皆未署译编者姓名,但"译者识"与"编者识"前后相贯,毫无疑问应出诸王国维的手笔,属于他自己的"译述"。《造屋秘诀》全书十六节,演绎了十六种"恶习";每"习"之后,写有一段"编者曰",实在都是王国维自己的话。例如,第二节"见善不为之习"的"编者曰":

> 豫章之木千寻,其始生也,不过盈寸。使于此加以灌溉,助其兹(滋)长,则欣欣向荣,异日为栋梁,为亲楠可也;使于此不为藩护,肆其践踏,则千寻之材,可仆之以数寸之足矣。……

这番话,实可以王国维《戊戌杂诗》第三章"豫章生七年,荏染不成株"参证。所谓"见善不为之习",不正应合着我们熟知的古训"勿以善小而不为,勿以恶小而为之"吗?从育人的角度上,原书名"恶德养成"或"蟹之横行",是从反面说的;而"造屋秘诀",则是从正面意义上提出了造就"豫章"之材,应从"其始生也"之时加以"灌溉",加以"藩护"。

再如,第六节"懒惰之习"的"编者曰":

> 人莫不好生而恶死。然以怠惰者遇事畏缩,毫无活泼之趣,则与其生,无宁死耳!怠惰为吾国民第一弱点,以数千年政教所被,驯致

柔弱之性。由是而怯懦，而昏睡，而麻痺，充其量不至化为腐草不止，而犹欲与鹰瞵鹗视者流较其短长，亦何不自量之甚邪？呜呼！往者已矣，后此有望之青年，其慎教育之。鼓其精神，作其勇气，而毋令其常沦于昏睡麻痺之域也。

当年，鲁迅提倡文艺，第一要著是改造国民精神；王国维则以"怠惰为吾国民第一弱点"。怯懦、昏睡、麻痺，皆"数千年政教"所驯致；这与鲁迅笔下"愚弱的国民"只能充当神情麻木的"看客"，不是颇为相近么？看来，两位先后期留学日本的大师，对"吾国民弱点"，感同身受。故这则"编者曰"有着深刻的思想内涵，至今读来仍很耐人寻味。其一，是强弱观。当时的中国，整体上就是个"弱势群体"。何谓"鹰瞵鹗视者流"？概而言之，就是强权。民不强，则国必弱，当然谈不到去与仗着坚船利炮实施其"蟹之横行"的列强理论什么"公理"与"普世价值"。其二，是生死观。"人莫不好生而恶死"，但不可等同于"贪生怕死"。王国维论"宋末诸家词"，曾说，"世之幸人，不独曹蜍、李志也"[①]。这是借用了《世说新语·品藻》："廉颇、蔺相如，虽千载上死人，懔懔恒如有生气；曹蜍、李志虽见在，厌厌如九泉下人。"陈寅恪在他去世后撰碑文，以"不自由，毋宁死"概括其一生品格，这其实早见于"编曰"所述人而不自强，"则与其生，无宁死耳"。当然，王国维是立足于青少年教育，故其批评"怠惰者"的种种习性，与乃誉公在他幼时庭训切戒"游衍随意"、"懒惰害人"，如出一口；而主张少年应有"活泼之趣"，又具见于前已引录的他的《端居》诗及《孔子之美育主义》；他更希望通过教育"鼓其精神，作其勇气"，使后来的青年不再昏睡麻痺。用心何其良苦！

值得注意的是，为了揭出"亡族弱种"的"大原因"，"编者曰"还针对不同的"恶习"，探析其"中国特色"的病源，触及了广泛的社会问题，包括家族制度的痼弊，青年道德的儇薄，社会公德的沦丧，等等。例

[①] 王国维《人间词话》手稿之二九，通行本"删稿"之六。

如，第十四节由"兄弟相恶"而论述在"维新"思潮影响下开始萌发的"家庭革命"，曰：

> 吾国家庭革命之术多端，而"阋墙"其最甚者也。……夫我国之家庭"九世"同其居，"百忍"名其堂，名义上可谓美矣，而究款洽之情，不如陌路。所谓"堂前凝善气，堂后积厉氛"者，良不诬也。然则，补救之道奈何？曰：是莫如用西人家庭组织之式，与其貌合心睽，毋宁神交而形隔耳。

这里概述"九世"同居、"百忍"名堂及堂前堂后截然相反的"我国之家庭"，不正是尽现于后来的巴金名作《家》吗？而其"补救之道"，即移用"西人家庭"的"改良"药方，虽仅是无奈中的"大胆假设"，但其所"曰"较之林语堂在《吾国与吾民》中抨击中国家庭制度的弊端，要超前将近三十年！

又如，第十五节论述"轻薄之习"，曰：

> 今吾国之青年，于所谓厚重、博爱、勇敢、实行、献身诸德，皆付之阙如。所有者，儇薄而已。乡间之子，麦菽不分，而不惜本其管窥之见，指天划地，雌黄人物；虽数尺之童，其发语可利于刃，夫亦有受而然也。使不为药之，则吾之民族更历数世，将耳目手足之俱无，而惟存其口矣。药之之术维何？曰：举溺器以邀之。曰：请浮一大白。

应当注意：自由、平等、博爱虽为18世纪欧洲启蒙运动的标志性口号而被尊为具有"普世价值"，实则"博爱"原产于中国，其原创者乃墨家；而"献身"的最高表现是"杀身以成仁"，当然更是儒家之"仁义"的集中体现。这里，将厚重、博爱、勇敢、实行、献身并列为中国传统的五大美德；五德中又将"厚重"置诸第一位，故此则"编者曰"中的"药之之术"虽带有"嬉笑怒骂"的意味，但王国维一生不轻易臧否人物，说明他极端鄙弃"指天划地，雌黄人物"这一恶德。当然，这仅是"儇薄"的一种表现。据以论学，用我们今天熟悉的话来比喻，"儇薄"就是浮浅不实的"墙上芦苇"，就是嘴尖腹空的"山间竹笋"；据以论人，则如《人间词话》所说："读《会真记》者，恶张生之薄倖，而恕其姦非；读《水浒传》者，恕宋江之横暴，而责其深险。此人人之所同也，故艳词可作，惟万不可作儇薄语。"(《人间词话》删稿之四十三）王国维如此痛疾"儇薄语"，不正是由于他深恶"薄倖"、"深险"，以及"发语可利于刃"等等的"儇薄行"吗？

再如，末节（第十六）论"无情之人物"，由西及中，针砭时弊，尤见沉痛：

> 罗马之既衰也，公德沦亡。萨福那罗拉氏谓：其时只儿童之心，尚有正义。呜呼！今惨观吾国之状况，何以异哉！何以异哉！伯仲之痛痒不关，安问邻里？一邑之流亡弗恤，遑论国家！以仁爱为疾愚，目热忱为好事。东邻失慎，坐而视之，而不知火之可以及其庐也。岂不哀哉！今吾人"冷血"之名，噪于世界，然岂生而若是哉！……

这里所述"萨福那罗拉氏"，疑指19世纪德国法学家萨维尼[①]。王国维曾译《法学通论》，在攻究哲学、伦理学的同时，也涉猎西方法学。由此"编者曰"可知：讲"法治"，何能轻忽"德治"？曾经辉煌一时的罗马，何以走向没落？盖在于其"公德沦亡"。我们应当说，社会的公正基于社会的正义，所谓"冷血"乃是对正义的背叛。再从关爱下一代来说，鲁迅不也诗咏"无情未必真豪杰，怜子如何不丈夫"吗？王国维则"惨观"国情，痛诋"无情之人物"；看来，他是欲以"仁爱"来拯救"方其幼也"的孩子心灵，就差"救救孩子"的呐喊了……

这里，还应补述一下，所谓"编者曰"，即其后通行于各种报章杂志的"编

---

① 萨维尼（Friedrich karl von Savigny, 1779—1861），以提倡历史法学著称，认为法律乃世代相传的民族精神之体现。著有《中世纪罗马法历史》《当代罗马法制度》等。

者按"。这是报刊编辑的重要发言方式。而被王国维"益以编者所闻见"的这些"编者曰",可以说莫不隽言妙语,字字经心,借用他为第九节"训诫不时"所加"编者曰"来说,就是:

> 夫言不贵多,贵得其时。蝉鸣终日,不足倾人之耳,失其时也。雄鸡天晓一鸣而万户俱起,得其时也。

所谓"贵得其时",殆即切合时宜。这也可见于他为《教育世界》译介其他作品所写的"编者曰"(或"编者识")。例如,当"心理伦理小说"《爱与心》起载时,附有作者身世及作品内容简介,就是一篇要言不烦、颇可玩味的"编者按":

> 要之,以爱为最高之道德,为最上之性情,为结合社会之最大势力,是耶稣之所谓"博爱",亦即佛之所谓"慈悲",儒之所谓"仁"也。故神怪小说,亦即心理小说也,伦理小说也。近人不知文学为何物,小说为何物,徒以设局变幻、叙事新奇,取餍一时之快意。侦探小说之类,充牣于坊肆。举世嗜好方若彼,而译者乃著笔及此,其不为时人诋以迷信,目以枯寂乏味者,盖鲜矣。虽然,此书在欧洲,声价之隆重垂垂近二千年,又岂俗子辈所得而雌黄者哉!具慧眼者,必不辞欢迎之矣。①

显然,这是"惨观"吾国文学之情状而发的痛切之言。敢于直指"近人不知文学为何物,小说为何物",亦惟撰《红楼梦评论》、著《人间词话》

---

① 《爱与心》,连载于《教育世界》第117—123号,丙午二月上旬至四月上旬(1906年2月—4月)。按,此书著者阿褒利武斯(Apuleius,亦译阿卜利士,约125—?),古罗马作家,著有《辩护辞》《英华集》《金驴记》等;尤以《金驴记》(The Golden Ass)最著名,被认为是拉丁文学的最后一部重要作品,也是世界上最古老的长篇小说之一。曾对欧洲文艺复兴产生过重要影响。《爱与心》,殆即《金驴记》之意译。

的王国维有此资格了!

四 本"独立、自由"之精神,批驳张之洞"废哲读经"

王国维主编《教育世界》,撰写和编发教育论文及教育批评,这是题中应有之义。但是,他在执掌笔政的第三年,1906年新年到来之际,却发了这样一番感叹:

> 以余之不知教育且不好之也,乃不得不作教育上之论文及教育上之批评,其可悲为如何矣!使教育上之事,余辈可以无言,即欲有言而有人代为言之也,则岂独我中国教育之幸哉,亦余个人之私幸也。①

这究竟是怎么回事?原来,在此之前,1905年夏秋间,出现了两件朝野关注的大事:一是废科举,一是立学部。由袁世凯会同赵尔巽、张之洞等大员上折请求清廷明令"立停科举"与"设立学部"的奏文,均载于当年出版的《教育世界》杂志②。而王国维大叹其"可悲"的这个新年,恰值清廷颁诏自丙午年(1906年)起,停止乡会试,生童岁科考亦停止。这两个"停止",比"戊戌变法"提出"请罢弃八股"、"复用策论"的"改良"走得更远,终于把隋唐以来延续了一千二三百年,通过科举考试选拔官吏的制度,完全废止了。

毫无疑问,这是清廷推行"辛丑变法"以来的最大"新政"之一,也是中国有史以来影响最为深远的一大变革。

---

① 《教育小言十二则》,《静庵文集续编》,《遗书》第五册;原刊《教育世界》第117号,丙午正月上旬(1906年1月)。

② 袁世凯、赵尔巽、张之洞、周馥、岑春煊、端方联名《奏请立停科举推广学校并妥筹办法折》及《奏请设立学部并择举切要办法折》,依次刊于《教育世界》第107、109号,乙巳八月上旬、九月上旬(1905年9月、10月)。

如前所述，王国维并未"金榜题名"，没有从科举分得"一杯羹"，不是"科举做官"的既得利益者。那么，他"悲"什么呢？首先是悲"不知教育"者"兴教育"。为此，他以《教育世界》为阵地，撰写了一系论教育论文，涉及了大中小学校的学制、课程、教材等诸多方面，莫不针对着"废科举"之初出现的新问题，尤其是对那些"不知教育"却奢谈"兴学"的论者，正其淆乱，匡其谬误。其中最能体现他"独立、自由之学术精神"的，则是撰《奏定经学科大学文学科大学章程书后》[①]，批驳张之洞办学章程中"削除哲学"，设经学科倡导读经的谬误，我们简称之为"废哲读经"。

张之洞（1837—1909），号香涛，直隶南皮（今河北）人。王国维称之为"张香帅"、"南皮尚书"。他位高权重，以所撰《劝学篇》《书目答问》称誉学界，俨然"兴学"的理论权威。自1901年"会奏变法"（即"辛丑变法"）以后，举凡奏办京师大学堂、厘订大中小学堂章程等，均由他领衔。王国维则在当年的《杂感》诗中，即对其欲行"小贞观"的新政举措有所嘲讽；1903年撰《哲学辨惑》，针对"去岁（1902年）南皮尚书之《陈学务折》虞哲学之有流弊"，攻击"自由、平等、民权之说皆由哲学出"，故欲"废哲学"以熄"邪说"等谬见妄谈，从学理上辨其"惑"、斥其谬。

1904年，王国维又撰《教育偶感》，揭出这位尚书大人继陈学务折之后，"手定"《奏定学堂章程》，"独于文科大学中削除哲学一科，而以理学科代之"[②]。这个章程，是张氏奉旨于癸卯（1903年）闰五月"厘定"，经清廷准奏颁行，史称"癸卯学制"，实为近代第一部完整的"教育法典"[③]。然而，在王国维看来，"今当兴学之始而独削此科"，亦即由于惧怕"自由"、"民权"等"诐词邪说之横溢而亟绝之"，硬要将"各国大学无不设此科"

---

① 《奏定经学科大学文学科大学章程书后》，《静庵文集续编》，《遗书》第五册。按，此文原刊《教育世界》第118、119号，丙午正月下旬、二月上旬（1906年2月）。
② 《教育偶感》四则之三，《静庵文集》，《遗书》第五册。按，原刊《教育世界》第81号，甲辰七月上旬（1904年8月）。
③ 所谓"癸卯学制"，包括《学务纲要》及大中小学堂章程。章程规定小学九年，中学五年，高等学堂及大学六至七年。自1903年颁行，至辛亥革命（1911年）废止。

的哲学削绝。尤其是文科大学削除哲学而以"理学"代之，按照王国维的说法，中国之理学，犹西方之哲学；理学之于哲学，如二五之于一十；如果要讲"养成教育家"，不通哲学，又何能知教育？"哲学与教育之关系，凡稍读《教育学》之一二页者即能言之"！

看来，所谓启蒙，在王国维撰文著论之际，首先要启的是"兴学"而不知教育之蒙啊！

继之，王国维就《奏定学堂章程》中"张尚书最得意之作"的分科大学章程，撰《奏定经学科大学文学科大学章程书后》，再次指出张氏章程的"根本之误"，"在缺哲学一科"。他说：

> 尚书不独以经术文章名海内，又公忠体国以扶翼世道为己任者也。故惧邪说之横流，国粹之丧失之意，在在溢于言表，此二章程中尤情见乎辞矣。

这时（1906年），王国维即将随罗振玉北上入学部。一年之后，张氏荣登相位，官拜体仁阁大学士、军机大臣，兼管学部。所以，王国维写这篇《书后》，就其"俟当局者采择"而言，不啻为"万言书"；就其直指张氏"情见乎辞"的"废哲学"之"大谬"而言，则可称为三驳张之洞了。

那么，王国维为何要对张氏手定办学章程"削除哲学"，驳之再三，称其"废哲学"为"根本之谬"呢？他严正指出，"今日之时代，已入研究自由之时代"，必须本着"学问之自由独立"精神探讨真理。陈寅恪在他的墓碑上所题"独立之精神，自由之思想"，正是出于这篇《书后》；也正是在这篇《书后》中，他借"人类一日存，此学（哲学）即不能一日亡"这个哲学话题，不仅比《哲学辨惑》更透彻地批驳了"诟病"哲学"有害""无益"等谬论，而且更深入地论述了思想之存亡，不是凭权势所能左右；学问之兴废，不可以"有用""无用"之"功用"为标准；大学教育，绝不应"限于物质的应用的科学"，国家最高之学府的大学，绝不能等同于"工场阛阓"！

不惟如此。《书后》还以"振兴学术"为至高目标，直斥以"扶翼世道人心"自命的张之洞，因西洋哲学"及于政治上之自由革命"而"有戒心"，乃是"忧天堕而压己"的"杞人"，断言"异日发明光大我国之学术者，必在兼通世界学术之人"。尤其令人惊叹的是，王国维在当时就以"兼通"的眼光，尖锐地指出，"尊孔复古"与"崇洋媚时"，貌异而实同。他通过剖析张氏于文科大学中削除哲学及在文科大学外另立"经学科大学"之谬，指出：张氏倡设"经学科大学"，"貌为尊孔以自附于圣人之徒"，实则与"貌为崇拜外国以取媚于时势"一样，都是不可取的。并且从学理上批驳了那种认为"西洋大学之神学科皆为独立之分科"，因而经学也应为"一独立之分科"，亦即将"经学"神圣化的谬见。他说：

> 宗教者，信仰之事非研究之理，研究宗教是宗教之信仰也。若为信仰之故而研究，则又失研究之本义。西洋之神学，所谓为信仰之故而研究者也，故与为研究之故而研究之哲学不能并立于一科中。

在王国维看来，孔孟之说不是宗教而是一种学说，所以"与一切他学"无异，"均以研究而益明"，何必"独立一科"呢？他的结论是，经学科大学与文学科大学"不可分而为二"；经学科大学应合于文学科大学中，而以"经学"为文学科大学之一科；"经学"亦不限于孔孟之说，应包括"诸子之书"在内的中国古代哲学。他《书后》中提出的这些见解，至今犹未过时。

五 痛诋"平凡主义"，抨击"以官奖励学问"

王国维在废科举之初，尤感可悲的是，"兴学"中的腐败。清廷下诏"立停科举考试"，"催各省兴办小学堂"。那些"教育当道"者片面强调，"今日当务之急，在多立小学，而中学、大学图之小学尽立之后未为晚也"。

王国维称之为"流行之平凡教育主义",还就此写了《论平凡之教育主义》①,对时任日本《教育时报》主笔辻武雄在《敬告清国教育当道诸君》一文②中大肆鼓吹这类"平凡主义",提出了尖锐的批评,一针见血地指出其"不立小学不能立中学,不立中学,不能立大学",是"近理而乱真"的谬误,既不符中国当时"兴教育"之实情,亦有悖世界教育发展之历史,何能盲目信从?并依据他稍后亲译的《欧洲大学小史》③,阐述为学次第,固宜循小中大学之序;然看欧洲学校发展之历史,大学之立远在中世纪之顷,而普及小学乃近百年之事。故大学之立应先于中小学,专门教育应先于普通教育,这是"学校发达史上不可拒之事实"。

当然,王国维之所以要在"兴学"伊始之时专论"平凡之教育主义",是鉴于科举既废,"一切士子皆由学堂出身",学校成了做官的唯一"正途"。后来的"唯学历""唯文凭",实滥觞于此。与那些浮躁而"不知教育"的"兴学"者相反,王国维论学着眼于国家育才之大局,立足于本国教育之现状。当时,无论小学还是中学,师资严重欠缺,所以"今日之要务",一面须兴普通教育(包括中小学),一面更应"召集年长才秀"之士,经过必要的专门培训以充兴办中小学的教职员。然而,所谓"尽立小学",却是要"聚成童以上未学之人"都去受"六七龄儿童之教育",竟然将南京陆师学堂改为"陆军小学"!应该说,这是"兴学"中最突出的腐败现象之一。他痛心疾首地指出,这样"以二十(岁)以上之人而使降受小学之教育",包括那些"年长才秀"之士"一律"去"降受"小学教育,不仅误国害才,又岂合教育理法?这完全是由于"上下一般所赞成的平凡主义"所误。为此,他又就学部所颁《劝学所章程》督责各省实施"教育普及",写了"条陈",痛诋这种只知"生徒入学之次序",违背"国家兴学之次序"的"平凡主义",

---

① 《论平凡之教育主义》,《静庵文集》,《遗书》第五册。按,此文原刊《教育世界》第97号,乙巳三月上旬(1905年4月)。
② 辻武雄《敬告清国教育当道诸君》,《教育世界》第95号,乙巳二月上旬(1905年3月)。
③ 《欧洲大学小史》,王国维译自英国百科全书,刊于1907年《学部官报》。

乃是"颠倒主义"！①

在此期间，王国维还以《教育小言》②为题，撰写了一批杂感式的"教育上之批评"。据我们统计，"小言"凡四组四十五则，其锋芒所向，主要是抨击学制官制的腐败。例如，他在"小言"中直言不讳地指斥当时刚成立的总管全国教育的最高机构——清学部居重位而"无所为"，说：

> 学部之职，各国所谓"伴食大臣"也。今朝廷立学部而以亲贤之枢臣领之，上视学部如是其重也，学部之足以有为如是其易也；学部立二月矣，而不闻发一号、施一令，部臣之于学事如是其慎也。处甚重之地、乘易为之势，而又临之以谨慎，其有所为也，则世之所以颂祷学部者当如何？其无所为也，则世之责备之者又当如何矣！（《教育小言十二则》之一）

这里论述"学部立二月"，是指1905年12月7日，清廷正式传谕设学部，荣庆补尚书，熙英补左侍郎，严修以三品京堂侯补署学部右侍郎。自隋唐以来，历代相沿吏、户、礼、兵、刑、工"六部"；设立专管全国教育之"学部"（实兼统文化，应为"文化教育部"），并以"尚书级"一品大员长之，这在中国官制上是一大突破性创举。然而，为实施"教育兴国"而推出的这一"新政"，实际上却处于"不发号"、"不施令"的"失

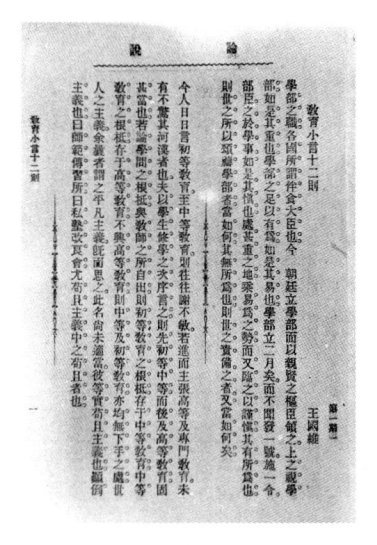

发表于《教育世界》之《教育小言》

---

① 《教育普及之根本办法（条陈学部）》，《静庵文集续编》，《遗书》第五册。按，此篇原刊《教育世界》第136号，丙午九月下旬（1906年11月）。

② 这四组《教育小言》，具见《静庵文集续编》，原刊于《教育世界》第117、137（1906年，丙午正月上旬、十月上旬）、143、150号（1907年，丁未正月上旬、四月下旬）。

语"状态。与此同时,清廷又要求各省"未有学校之设备"而先遍设"劝学所",实施"教育普及"。这不是形同"籽种未下"而请人等着享用"秋之实"一样可笑吗?"小言"对此作了辛辣的嘲讽:

> 名与实之相背驰也久矣!"地方自治"也,"教育普及"也,皆天下至美之名,而其实固非一朝一夕之所能几也。今日之时代,乃预备之时代,而非实行之时代。若以"预备"为实行,是犹伐一年之木而刈五月之禾,必无效也。今之言政治,言教育者,殆此类也。(《教育小言十则》之一)

当时,清廷为苟延其统治,派载泽、戴鸿慈、端方、尚其亨、李盛铎"五大臣"出洋"考察政治",宣布"预备立宪"。然而,所有这些,在王国维看来都不过是徒具"天下至美之名"的"预备",而非"实行"。那么,仅就"教育普及"而言,在"劝学所"里"实行"其"兴学"的,又是些什么人呢?他说:

> 异哉!我国绅士之势力竟如此其大乎?吾非谓绅士之不可有势力也,以绅士之不知教育之无异于官也,则不能不惊其势力之大矣!……苟一为绅士而即可以任教育之事,吾不能知绅之有以异于官否也?……(《教育小言十二则》之八)

原先反对废科举的官绅摇身一变都来"兴学"了,于是,官绅一体,"小人"办学,"群盲"跋扈,深明教育者反而无所施其能,展其才;其结果是,把"兴学"作为猎取名与利的手段,出现了大中小学有其名而无其实的腐败:

> 今日教育行政上之官,非不备也;大中小学校之名目,非不具也。苟但以教育为名,则吾不知如欲养成"国民之资格",增进国民之知识以与列国角逐,则天下之学校不在当闭之列者盖寡;而关系于教育

人员之不在当淘汰之列者，盖无几矣！（《教育小言十则》之二）

所谓"与列国角逐"，换成现在大家熟悉的话来讲，就是与"国际接轨"。王国维认为，若以此"接轨"的标准衡量，当时的大中小学校，极少"不在当闭之列"；而教育人员"不在当淘汰之列"的，也找不出几人！

然而，尤令王国维痛切的，更在于"今日上所恃以为奔走天下之具者，高官耳，厚禄耳"，舍官禄之外，不能用"人之有一长者"。一言以蔽之，"官本位"的用人机制，这是一切腐败赖以孳生的本源。当然，王国维毕竟是本色的学者。他回顾历史说，自孔子以来，无论是哲学家，是诗人，莫不怀"政治上之大志"："自谓颇腾达，立登要路津"，这是杜甫的抱负；"胡不上书自荐达，坐立四海如虞唐"，这是韩愈的忠告；"寂寞已甘千古笑，驰驱犹望两河平"，这是陆游的悲愤；如此这般，致使"哲学家、美术家（按，即文学艺术家）自忘其神圣之位置与独立之价值"[①]。所以，他力主"学术神圣"，尤其是哲学与文学不能"蒿然听命"于政治。同时，强调技能教育，指出，"今之世界，分业之世界也。一切学问，一切职业，无往而不需特别之技能，特别之教育。"

这样，他提出"教育神圣"，就不是一个空洞无物的学术口号，而是给读书人指一条新路：择学从业。切莫以为科举废了，就"读书无用"；或者说，舍"官"之外，就无路可走了。问题是，科举虽废，"今之以官爵奖励人才"的机制非仅丝毫未变，且有增强之势。且看他的"小言"：

夫天下之事至繁赜也，所需之人才至纷沓也，而上所以驭之者至简：始则以"洋服"二字括之，继则以"新学"或"新政"二字括之；其所以奔走之者尤简，则以"官"之一字括之。（《教育小言十三则》之三）

---

① 王国维《论哲学家与美术家之天职》，《静庵文集》，《遗书》第五册。

于是，他不能不发如是愤慨之言：

> 非职业的学问何？科学、哲学、文学、美术四者是已！治职业者苟心乎职业外之某物（官），则已不能平心于其职，况乎对非职业的学问而与以某种之职业（官）乎！故以官奖励职业，是旷废职业也；以官奖励学问，是剿灭学问也。今以官与服务期满之师范生，非所谓以官奖励职业者乎！以官之媒介之举人、进士予卒业生，非所谓以官奖励学问乎！上之所以奖励之者如此，无怪举天下不知有职业、学问，而惟"官"之是知也。（《教育小言十三则》之十）

所谓"以官之媒介之举人、进士予卒业生"，是指1902年清廷准奏颁行的《京师大学堂章程》规定："预科三年，与各省高等学堂功课相同，卒业授举人；正科三年，卒业授进士。"[①]

当然，这个被称为"壬寅学制"的规定，颁行于废科举之前。但恰如王国维所说，日本明治之初，大学被称为"官吏制造所"。而今废科举了，"我国之制造官吏者"，岂独大学，且"以大学为未足，而又制造之于优级初级师范学校矣；以国内为未足，而又制造之于国外矣"；所谓"制造之于国外"，即选派留学生，且"留学生之数之多如我中国之今日，实古今中外之所未闻也"。这一切，又不能不令他忧心如焚：

> 今之人士之大半，殆舍官以外无他好焉。其表面之嗜好集于官之一途，而其里面之意义，则今日道德、学问、实业皆无价值之证据也。夫至道德、学问、实业等皆无价值而惟官有价值，则国势之危险何如矣！社会之趋势既已如此，就令政府以全力补救之犹恐不及，况复益其薪而推其波乎！（《教育小言十三则》之十二）

---

① 《管学大臣奏议京师大学堂章程》，《教育世界》第38号，壬寅十月下旬（1902年11月）。

所谓"舍官以外无他好",这是王国维对"官本位"的简明概括。一个国家,一个社会,到了"道德、学问、实业等皆无价值而惟官有价值",这样的"中国制造"愈多,只能是"复益其薪而推其波"。若问:"国势之危险何如"?他借孔子之口,提出了这个严峻的危亡问题,说:

> 学术之绝久矣。昔孔子以老者不教,少者不学,为国之不祥。闵之马以原伯鲁之不悦学,而卜原氏之亡。今举天下之人而不悦学,几何不胥人人为不祥之人,而胥天下而亡也。(《教育小言十则》之一)

其实,就算有几个书生在那里埋头"悦学",又何能挽救病入膏肓的"惟官是从"的腐败政制?王国维作此"小言"(1907年)后不足五年,清朝果然覆亡。这就是铁证。

第六章 从《人间词》到《人间词话》

> 三年奔走空皮骨，信有人间行路难。
>
> ——杜甫《简寄》五首之四

一 沧浪亭畔寻诗去

王国维接编《教育世界》不久，就偕同罗振玉，从上海来到了苏州。

那时，苏州是江苏巡抚衙门所在地。经新任江苏巡抚端方奏荐，罗振玉担任了江苏师范学堂监督（校长）。该校创建于1904年，其校址在苏城三元坊紫阳书院对面之抚标中军操场，是国内最早的官办师范，也是江苏的最高学府。为着适应"兴办学堂之急需"，清廷准其"先招讲习科生四十人，速成科生一百二十人"，并规定"讲习科"修业半年，"速成科"修业一年半，故又称"两级师范"。开学典礼十分隆重，端方等要员均到场与师生合影。师范刚创办，包括"总教习"藤田剑峰，日籍教员占七八名，而中国教员仅有二三名。这就无怪王国维要批评"平凡之教育主义"，大声疾呼欲"普及初等教育"，必先兴高等教育，把培养中等学校（包括初中级师范）师资放在"兴学"的首位。

奏办江苏师范学堂之
江苏巡抚端方

王国维是在当年八九月间，江苏师范学堂开

学时抵达苏州的。这可以他自注"甲辰"（1904年）写的《九日游留园》诗为证：

> 朝朝吴市踏红尘，日日萧斋兀欠伸。
> 到眼名园初属我，出城山色便迎人。
> 奇峰颇欲作人立，乔木居然阅世新。
> 忍放良辰等闲过，不辞归路雨沾巾。

"吴市"即苏州，亦称"吴门"。诗题"九日"实即九月初九。江南重阳，细雨霏霏。他虽未去登高，但却来游园赏景了。

江苏师范学堂开学合影（1905年2月），左起第二排第四人为罗振玉，第三排第六人王国维。

关于王国维在江苏师范学堂所任教职，由于他此时仍在"专攻哲学"，又曾译编《哲学丛书》，所以过去比较流行的说法是，"主讲心理、伦理、社会学诸课"[①]。这是误解。当时，大学及高等师范仿日本学制开设心理、

---

① 赵万里《王静安先生年谱》，《国学论丛》第1卷第3号，1928年。

哲学等课程,而初中级师范仅有伦理(亦称"修身")课。故无论在通州,在苏州,他讲授的都是颇带"西洋色彩"的伦理学,课时并不多。罗振玉将他请到身边,挂个教职领薪,主要还是让他集中精力译编《教育世界》杂志,兼做若干英日文翻译工作。看来,他从"千门万户是耶非"的上海闹市初临古色古香的苏州古城,心情相当愉悦,时间也比较宽松。所谓"比年以来,君颇以词自娱"。他的填词生涯,就是从苏州开始的。例如,他有一首《青玉案》:

江南秋色垂垂暮。算幽事,浑无数。日日沧浪亭畔路,西风林下,夕阳水际,独自寻诗去。　　可怜愁与闲俱赴,待把尘劳截愁住。灯影幢幢天欲曙。闲中心事,忙中情味,并入西楼雨。

这首词里的"日日沧浪亭畔路",与前引游留园诗里的"朝朝吴市踏红尘",颇有异曲同工之妙,尽含了他在"忙""闲"之中,以词"自娱"的况味。他忙的当然是读书做学问,而闲中则越来越热衷于填词了,如《浣溪沙》所云:

月底栖鸦当窗看,推窗跕跕堕枝间。霜高风定独凭栏。　　为制新词髭尽断,偶听悲剧泪无端。可怜衣带为谁宽!

词意高古,苦心孤诣。吟成一词而"髭尽断",填词简直成了他的"第二学术生命"。他不唯"独自寻诗",有一次与友人结伴出行,还写成了首《少年游》:

垂杨门外,疏灯影里,上马帽檐斜。紫陌霜浓,青松月冷,炬火散林鸦。
归来惊看西窗上,翠竹影交加。跌宕歌声,纵横书卷,不与遣年华。

据查证，词里的"炬火散林鸦"出于杜甫《林位宅守岁》，原句为"列炬散林鸦"。王国维怎会把老杜陈句写入他的"新词"呢？原来，《教育世界》杂志是个"流动编辑部"，随主编王国维由上海而苏州（最后到了北京）；但其校印出版则固定在上海，由他的同窗好友罗振常、樊炳清具体操持，故罗、樊二位亦常来苏城，向罗振玉请示书刊出版事宜。在一个深秋之夜，王国维陪同他们上街小酌，归途中路过沧浪亭边，恰巧有人骑着马，擎着火炬，迎面驰来。火光摇曳，马蹄杂踏，把亭边树林里的宿鸟惊得乱飞。樊君雅好诗词，脱口吟出了杜诗"炬火散林鸦"，振常先生连声称妙，这更触发了王国维的诗兴，连夜填成了这首《少年游》，抒其"纵横书卷"的情怀，也为他在姑苏的诗词"业余创作"添了一段佳话。

二　在学术反思中返读康德，为梁启超指"谬"

当然，对于王国维而言，填词只是一种"自误"。他的"心事"是什么呢？首先还是学问之事。他曾写了首题为《偶成》的五言古诗：

文章千古事，亦与时荣枯。
并世盛作者，人握灵蛇珠。
朝菌媚初日，容色非不腴。
飘风夕以至，零落委泥涂。
且复舍之去，周流观石渠。
蔽亏东观籍，繁会南郭竽。
譬如贰负尸，桎梏南山隅。
恒干块犹存，精气荡无馀。
小子瞢无状，亦复事操觚。
自忘宿瘤质，揽镜学施朱。
东家与西舍，假得紫罗襦。

> 主者虽不索，跬步终赸趄。
> 且当养羽毛，勿作南溟图。

这首诗，集中反映了王国维在苏州期间的学术心态，显示了他超越时流的学术见解。诗中"朝菌媚初日"与"人握灵蛇珠"，具出《列子》记述"愚公移山"寓言的《汤问》："朽壤之上有菌芝者，生于朝，死于晦。"而这位"操蛇之神"，就是报告天帝命"夸娥氏三子"帮助愚公移山的手握"灵蛇"的山神。王国维清醒地看到，"变法""维新"，多少志士仁人俨然感天动地的"山神"，欲以"新学"成就其经国之伟业；然而，曾几何时，他们的那些文章，犹如朝生晦死的菌芝，虽取媚于一时，却不能像挖山不止的愚公那样坚韧不拔，真正在"新学"上有所成就。所以，他在此时写《论近年之学术界》，以中西"不相化合"为鉴，对"变法""维新"之理论基础的康、梁诸人之学作了反思。特别举了康有为之代表作《孔子改制考》《春秋董氏学》为例，指出其所以失败的思想理论根源，说：

> （康）氏"以元统天"之说，大有泛神论之臭味。其崇拜孔子也，颇模仿基督教；其以预言者自居，又居然抱穆罕默德之野心也。其震人耳目之处，在脱数千年思想之束缚，而易之以西洋已失势力之迷信。此其学问上之事业不得不与其政治上之企图同归于失败者也。然（康）氏之于学术，非有固有之兴味，不过以之为政治上之手段。①

这也可以说时势使然。但是，在新旧交替中既要摆脱"数千年思想之束缚"，又回头"崇拜孔子"；在中西交会中既以超前的"预言者自居"，又落入了对"西洋已失势力之迷信"。这难道不值得后人警觉和深思吗？

当然，王国维在姑苏作的学术反思还是初步的。其目的是为着策励自

---

① 《论近年之学术界》，《静庵文集》，《遗书》第五册；原刊《教育世界》第93号，乙巳正月上旬（1905年2月）。

己。"小子瞢无状,亦复事操觚"。他掉转笔头,剖析自己,以"繁会南郭竽"喻指他跻入了当时的"学术界";更以"宿瘤质"自比学术上尚未成熟。盖"宿瘤"者,古代丑女之代称,典出刘向《列女传》。所谓"加脂粉则宿瘤进,蒙不洁则西施屏"。(梁·萧绎《金楼子·立言》)在他看来,他主编《教育世界》以来发表的那些充满"西洋色彩"的著译,就像东邻西舍借来的"紫罗襦";虽然色彩斑斓,实乃涂脂抹粉,"东施效颦"耳。所以,他此时自编《静庵文集》(1905年),仅从中选取了《红楼梦评论》等十二篇文章,其目的则是为着"存此二三年间思想上之陈迹"。他自感在学问方面尚处于"跬步终趦趄"的学步阶段。他十分向往汉代石渠阁的皇家藏书,深感讲"西学"而无"中学"根柢;欠缺"东观籍"(东汉皇家藏书)的丰厚学养而奢谈什么"新学",有如失了灵魂(精气)的躯体(恒干)。"且当养羽毛,勿作南溟图"。这是他作诗述怀的点睛之句。罗振玉曾说,王国维"少负才气,有不可一世之概"。实则,他负才而不自满,发愿要在无涯学海中奋力搏击。

还应指出,王国维的上述学术反思是基于他"兼通世界之学术"的理念,而绝非意味着他"独学"哲学、美学、心理学、伦理学是一种"浪费"。这时,他的主要精力依然是"专攻哲学",尤其攻读康德著作。为此,我们有必要将他在通州师范任教时(1903年)写的《汗德像赞》,补录如下:

> 人之最灵,厥维天官,外以接物,内用反观。
> 小知间间,敝帚是享,群言淆乱,孰正其枉?
> 大疑潭潭,是粪是除,中道而反,丧其故居。
> 笃生哲人,凯尼之堡,息彼众喙,示我大道。
> 观外于空,观内于时,诸果灿然,厥因之随。
> 凡此数者,知物之式,存于能知,不存于物。
> 匪言之艰,证之维艰,云霾解驳,秋山巉巉。
> 赤日中天,烛彼穷阴,丹凤在霄,百鸟皆喑。
> 谷可为陵,山可为薮,万岁千秋,公名不朽!

毫无疑问,这是我们前已剖析的《叔本华像赞》的"姊妹篇",但更为古奥艰深。全赞四句一组,皆有其独立的哲学内蕴,而非可作一般的"哲理诗"解读;其中有古典,也有"洋典",必须参酌王国维主编的这一时期《教育世界》所译载的相关论著及学人传记,方可知其真意。最明显的古典如"天官",出《荀子·正名》:"然则,何缘而以同异?曰:缘天官。"王国维释曰:"所谓'天官'者,即耳、目、口、鼻、体与心也。"①"小知间间",出《庄子·齐物论》,所谓"群言淆乱","大疑潭潭",实皆借用《齐物论》"大知闲闲,小知间间;大言炎炎,小言詹詹",意思是说,隐居于"凯尼之堡"里的康德哲学问世之前,思想理论犹如庄子所述,众说纷纭,一片淆乱。那么,何谓"中道而反,丧其故居"呢?这是全赞的转折,用的则是"洋典",说的是18世纪英国哲学家休谟的一段轶事。

原来,休谟(Hume,王译休蒙,1711—1776)的主要哲学著作《人性论》(1739年)是他青年时代寓居法国时写的,因"力非宗教",初版匿名,但仍遭"訾毁",被视为"异端";直至他中年游历欧洲,考察德国,返回英国故里以后将此书署名出版,他才名声大振。《教育世界》曾刊休谟传记,其中写到了他"中道而反":

> (休谟)至德意志……中途闻母丧,奔归南威尔斯故居,时一千七百四十九年也。其归也,国人多思瞻其新著,爰取前日匿名之作(按,《人性论》),易署己名。②

康德由于读了"中道而反"的休谟这部"易署己名"并将原《人性论》改为《人类理智研究》的著作,终于从早年接受德国沃尔夫学派传授的莱布尼兹之"独断哲学"的"睡梦"中"惊醒"。休谟去世不久,康德的《纯

---

① 王国维《周秦诸子之名学》,原刊《教育世界》第98、100号,乙巳三月下旬,四月下旬(1905年4月、5月)。按,此为观堂佚文,参见拙著《王国维年谱》附录,齐鲁书社1991年版。
② 《英国哲学大家休蒙传》,《教育世界》第118号,丙午正月下旬(1906年2月)。

粹理性批判》出版。于是，"息彼众喙，示我大道"。意谓：休谟以"怀疑论"（即"大疑"）否定了莱布尼兹的"实体"；康德则以"不可知论"平息"怀疑"，而以"物自体"（王译"物之自身"）取代"实体"。"大道"就是康德的"批判哲学"，而"时"与"空"、"因"与"果"，则皆为康德哲学的基本范畴。

什么叫"存于能知，不存于物"呢？这也有出典，而不可望文生义，理解为"能够知道"。必须严格按照中国哲学之"能知"与"所知"这对范畴予以解读。王夫之释曰："所谓'能'者即己也，所谓'所'者即物也。"（《尚书引义》）亦即被王国维作为"知物之式"而大加称赞的"存于能和，不存于物"，就是彻底摆脱了素朴的"所知"，进入了思辨的"能知"；而在康德哲学里，人的认识不是来自客观，而是自己（主观）头脑里固有的，这不就是"先验论"（王译"先天"）吗？这是"古典"与"洋典"合而用之。《像赞》中的其他赞词，亦须从哲学上析解。诸如"丹凤"，意谓"超绝"，故"丹凤在霄"，亦非任意赞美，而是专指康德自诩的"超绝哲学"；与之相对的"百鸟皆喑"，当然不可像有的研究者解为"罢斥百家"！须知，那是"皇权专制"的产物。盖"百鸟"者，就是王国维在《叔本华及其教育学说》中所述"自柏拉图以降至于近世拉衣白尼志（按，莱布尼兹）"等前于康德的哲学家；"皆喑"，则谓康德"超绝"的"批判哲学"出世，统治欧洲千百年的"素朴实在论"，亦即"小知间间"的"经验论"，真正一去不复返了。

康德，王国维译其名曰伊默尼哀尔·汗德（Immanuel Kant，1724—1804），德国凯尼斯堡人（属东普鲁士），是德国古典哲学的奠基者。在王国维早期译介过的西方自然科学（数理、天文学等）、哲学、伦理学、美学、逻辑学、心理学、教育学、法学等各种学科，人文科学的诸多领域内，康德均居于近代意义上的开创者的地位；所以，自1904年初王国维主编《教育世界》以后，康德便成为该刊出现频率最高的西方学人，关于他的生平、思想、学说，曾被反复译介。而尤为王国维推重的，更在康德之"德"：

> 论曰：古今学者，其行为不检，往往而有。柏庚（按，今译培根）以得赂见罪。卢骚（梭）幼窃物，中年有"浪人"之名。论者重其言，未尝不必非其人也。若夫言与人并足重，为百世之下所敬慕称道者，于汪德见之矣。……①

这是他为康德小传中加写的论赞。所说"重其言，未尝不必非其人"的"古今学者"，"行为不检"的培根、卢梭之外，无疑还有"品行颇不修"的叔本华。而在随后译载康德详传的"译者识"里，他进而写道：

> 汪德之性行，所少歉者，感情之方面，不甚发达耳。至其尊规律、重义务、淡于营利而深于爱人，但就其性行言之，已足为一世之大人物，矧其哲学之又独有千古哉！

这篇详传还引录了18世纪英国诗人"哀迭孙之诗"（Addison, 今译爱蒂逊，1672—1719），借以颂赞康德及其在哲学、科学上的贡献。兹将其英文原诗意译如下：

> 大自然已不再分昼夜，
> 日出而作，日入而息的时代
> 一去不复返了！
> 我永远感恩的心儿哟
> （跳得更激烈），
> 您的仁慈将被感戴
> 万岁千秋的您啊！
> 我要放声高歌
> 哦，万岁千秋太短暂，

---

① 《德国哲学大家汪德传》，《教育世界》第120号，丙午二月下旬（1906年4月）。

说不尽我对您的赞美！①

王国维《汗德像赞》结尾"万岁千秋，公名不朽"，不正是出典于此吗？所以，就像礼赞孔子"人物之伟大，道德之完全"一样，他"敬慕称道"康德，端在其"言与人并足重"。一为"东海"之"圣人"，一为"西海"之"哲人"，前者是他的古"先师"，后者堪称他的"洋"老师。他自述"决从事于哲学"的数年间，曾四次攻读康德。如果说，他在任教通州师范时"始读汗德之《纯理批判》至《先天分析论》几全不可解"；那么，来到江苏师范学堂"返读康德"，就如同《像赞》所说，他要对"证之维艰"的康德哲学"烛彼穷阴"，探个明白了，他说：

（叔本华）《意志及表象之世界》中《汗德哲学之批评》一篇，为通汗德哲学关键。至二十九岁，更返而读汗德之书，则非复前日之窒碍矣。嗣是于汗德之《纯理批评》外，兼及其伦理学及美学。至今年从事第四次之研究，则窒碍更少，而觉其窒碍之处，大抵其说之不可持处而已。此则当日志学之初所不及料，而在今日亦得以自慰藉者也。（《三十自序》一）

应当指出，在上世纪初，与王国维同时代的学人如梁启超、严复、章太炎等，都曾在他们各自所写的论著中称引过康德，但一般说来，都对康德哲学并无深入的了解。王国维则不同。被他尊为"伟大之形而上学，高严之伦理学，与纯粹之美学"的康德"三大批判"——《纯粹理性批判》《实践理性批判》与《判断力批判》，这三部中外学者公认"天书"般艰深难读的经典名著，大致是在他到了苏州（1904—1905年），及其后数年间，被他一本一本地啃下来了。

---

① 《汗德详传》，《教育世界》第126号，丙午四月下旬（1906年5月），按，传中引录之英文原诗，从略。

在此期间，王国维还相继撰写了《论性》《释理》（以上1904年）《原命》（1906年）等三篇论文。这是他试图运用康德学说，探讨自先秦直至明清以来争论不休的性、理、命三大哲学（包括伦理）命题，具有十分重要的思想理论意义。所以，我们说王国维虽非近代中国译介康德及其哲学的第一人，但像他这样投入，这样苦攻康德哲学，并能比较系统深入地阐述其学理，在近代中国学者中实在还找不到第二人。他在《论近年之学术界》中反思康、梁诸人的理论得失，并以他在"返读康德"中的体认，特别指出梁启超1903年发表于《新民丛报》的那篇尊康德为"西方第一哲人"的大论文，"纰缪十且八九也"。也就是说，就其内容的准确性而言，梁氏论述康德之文，尚够不上"倒三七开"，是应该基本上否定的。这是因为其著论乃出于"政治上之目的"，并未进入康德哲学之堂奥。所以，王国维进而援引康德伦理学中"当视人人为一目的，不可视为手段"，强调"故欲学术之发达，必视学术为目的，而不可视为手段，而后可"。晚年（1920年）梁启超则在他最成熟的著作《清代学术概论》里，坦然承认，当时"一切所谓'新学家'者，其所以失败，更有一种根源，曰不以学术为目的而以为手段"。这表明他对王国维当年的指"谬"，是那样心悦诚服！

三 做了"相国门生"

由于"兴学"中的人事纷争，罗振玉于1905年底，在所谓"江苏教育会逐客"事件中愤而辞去了江苏师范学堂监督之职。王国维亦离开了苏州，转而去紫禁城边"寻诗"了。时在1906年春夏间，业已就任了学部参事厅行走（后为"参事官"）的罗振玉"电召"他赴京。

这是王国维初次进北京。

京城旧称"日下"，亦即俗语"天子脚下"；又称"京师"，所谓"京者，大也；师者，众也"。（《公羊·桓十二年》）我们不妨说，众者，官多也。当然，王国维只是平头百姓，寻常书生，但是到了高官云集的京师重地，耳濡目染，他的感受是很深的。

让我们先来读一读他的《浣溪沙》：

> 七月秋风动地吹，黄埃和叶满城飞。征人一日换缁衣。　　金马岂真堪避世？海沤应是未忘机。故人今有问归期。

王国维进京第一秋，遭遇了"动地吹"的狂风。"黄埃和叶满城飞"，现在看来，不正是"沙尘暴"的写照吗？这是他这个"江南人"从未见过的。由景生情，强烈的北国风沙，兴发了他的"避世"之想。这也就是他说的"一切景语皆情语也"。词中的关键句是"金马岂真堪避世"。金马亦叫"金马门"，古代官府衙门之代称。《史记·滑稽列传》记东方朔进汉武帝内廷做了官，是"陆沉于俗，避世金马门"。然而，"大隐隐于朝"，那是古代的事情。当此之时，"废科举"也罢，"预备立宪"也罢，名目翻新，衙门越设越多，新贵旧僚，真个是望"官"兴叹。就算挤进了"金马门"，能有什么作为呢！

这首词很重要。是王国维进京之初所填第一词，并被他自己编为赴京后的词集《人间词乙稿》的开卷之作。后来的注家重视这首词，着眼点亦多在词中"避世"之"世"，亦即除了北京"气候环境"之外的"政治环境"。有的直指词中"黄埃和叶满城飞"，"是政治气候的写照"；"征人一日换缁衣"，则要借以表示"他拒绝政治污染而我行我素"[①]。有的更将此词挂上了清廷1906年宣布"预备立宪"，"玩弄巧计欺骗国人"，所以他不屑与之为伍，萌生了不如归去之念，而词中"海沤（鸥）应是未忘机"，正是"含有由于近距离观察腐败官场而对之产生的鄙薄和嘲讽之意"[②]。应该说，这些剖析紧扣时事，是有道理的。

不过，以上所说，都是"金马岂真堪避世"的"金马门"外之政治"大气候"；我们赏其词，还须知其"门"内"小气候"。这就是应"废科举，

---

① 祖保泉《王国维词解说》，安徽教育出版社2006年版，第220—221页。
② 叶嘉莹主编《王国维词新释辑评》，中国书店2006年版，第272—273页。

兴学校"而设学部，固然是创举；用今天的话来说，是在机构设置上与"国际接轨"。但其实情如何？罗振玉作为亲历这段历史的当事者，说，"学部初立，尚无衙署，先赁民屋为办事处，奏调人员到部尚寡。"又说，"相国（按，学部尚书荣庆）令予入居之时，部章未定，司局未分，每日下午令部员上堂议事。"那么，"上堂"所议何事？例如，既然推行"新教育"，却还在为"历代皆有"的"太学"——国子监该不该废除，争议不休；议学部官制，除设"国子丞"之外，还要在"各郡县学留教官一人奉祀孔庙"；尤其是各省"提学使一人"，原在"藩司之后、臬司之前"（按，相当于"副省级"），当然应选"资望相当"且"明教育者"简任。但是什么样的人才算有"资望"、"明教育"？也莫衷一是。由此，我们回头来看王国维在《教育小言》中评述学部"居重位"而"无所为"；"立二月"而"不闻发一号，施一令"，乃是深知真情的"大实话"。再看他词中的"金马岂真堪避世"：堂皇的"学部"，竟设在临时租借的"民屋"里；罗氏被委派"参事厅行走"，"月致饩七十元"；更何况并无正式"调令"的王国维！"避世"如果可以理解为避开外界争逐名利的困扰，而能在"金马门"里专心致志发挥其为国效劳的才智，岂不是件积极"用世"的事情吗？然而，王国维看到的是：那"尚无衙署"的"门"内，是如此颟顸腐败；一旦跨入，还要听命于他在通州师范教过的那些"贡举生员"出身、仅具小学教员"资望"的"部员"摆布；他满腹的哲学理念、教育主张，也只能是"对牛弹琴"。这才应该是他之所以要在"避世"这个关键词前再加"岂真堪"之真意。

也许是"天人感应"吧！就在王国维填词发"避世"之慨的当年七月，他父亲乃誉公在家病故。他赶回海宁料理丧事，自秋至冬，都在家"服丧"。当地乡绅上门请他出任海宁"学务总董"，主持全县学务。这可是个类似于后来的"教育局长"暨"招生办主任"的"实权"职位。然而，自"兴学"之初他就对此等争权逐利之事嗤之以鼻；再上观"全国教育大势"，下察"吾邑教育情形"，一无名实相副之学校，二无国家明定的办学经费，三无称职的教员，即使是自己的子弟，也宁入私塾而不愿去这样的"公校"读书，还能"总董"什么"学务"？所以，他不无遗憾地告知前来"劝学"的乡绅，自己"尚欲研究学问，又将有四方之役"，故不能"以身委一邑之公益"①，婉言谢辞了。

1907年春二三月，他在安葬了父亲灵柩之后，返回北京，再填一首《浣溪沙》：

> 城郭秋生一夜凉，独骑瘦马绕宫墙②。参差霜阙带朝阳。　旋解冻痕生绿雾，倒涵高树作金光。人间夜色尚苍苍。

这是王国维进京的第二秋。依然即景生情，但感受却大不一样了。他论词甚赏"气象"。词里的"金光"、"朝阳"，一派帝王气象；"参差霜阙"迎来了早朝的文武百官，多么森严、肃穆！在这样的气象中，推出了他笔底的特写镜头："独骑瘦马绕宫墙"。这是此词的关键句。如同我们不能以"常人之眼"去解读"霜阙"为"霜冻"一样，"宫墙"也不是一般的"围墙"；那是众目仰望的紫禁城啊！何谓"独骑瘦马"？注家多难悟其真意。实则，这是有出典的。史载，东汉光武帝刘秀登基，重新起用被王莽篡位时杀害的忠臣鲍宣之子永；而以"奉法守正"著称的鲍永病亡后，他的儿子鲍昱袭"父风"，三世皆官至"司隶校尉"，入宫却皆"乘一骢马"。于是，京城内盛传这样一首民谣：

> 鲍氏骢，三人司隶再入宫；
> 马虽瘦，行步工。

以马代步，犹后世以车代步，这可是"官"的象征。后世官越大，车越豪华；当其时也，类似于后世"部省"的"司隶级"大官却"独骑瘦马"。

---

① 《纪言》，《静庵文集续编》，《遗书》第五册；原刊《教育世界》第135号，丙辰九月上旬（1906年10月）。
② "独骑瘦马绕宫墙"句，后选入《苕华词》，改为"倚宫墙"，此据《人间词乙稿》原作。

这不正是王国维心目中"廉贞"的"纯臣"形象么？然而，这个"骑马情结"，却也坑苦了他后半生。使他不但跟着罗振玉等人去做"遗老"，甚至还要在清亡十数年之后去充当溥仪小朝廷的"紫禁城骑马"。这是后话。

且说当年，王国维在他本欲"研究学问"而"二进京"的1907年春夏间，终于跨进"金马门"，被委派在"学部总务司行走"了。而入"门"的关键一步，则又在于罗振玉"引荐"他拜识了时为"学部尚书"的荣庆。这位蒙古族的相国大人，是西太后慈禧的宠臣，他既"奏调"罗氏入学部做官，又颇为赏识貌不惊人却才学出众的王国维，并收为"门生"。我们已经说过，王国维一生的学问，都是在"独学"中成就的。他曾相继交结了柯凤荪、缪荃孙、沈曾植等官位、辈分均在他之上的饱学之士，但从未向他们中的任何一人"北面"称"师"。这正是他在学问上一空依傍、卓然兀立之处。以他这样力主学问之"独立、自由"的一代大师，却会例外地去向那位与学问全不相干的"荣相国"递了"门生帖子"，不亦悲夫！

四　在"官书坐会"中译刊名著，向辜鸿铭叫板

但是，王国维初至学部虽有过投帖拜师这样的小插曲，那实在也是入了"宫墙"，身不由己。他虽有"总务司行走"的"行政任命"，但也并未真做什么"官"。从1907年，迄于1911年辛亥革命，王国维在学部的"实职"是"编译图书局编译"。[①] 他曾再填一首《浣溪沙》，写其编书译书，终年忙逼情状：

　　漫作年时别泪看，西窗蜡炬尚汍澜。不堪重梦十年间。　　斗柄又垂天直北，客愁坐逼岁将阑。更无人解忆长安。

[①] 据《学部编译图书局备览》载：光绪三十二年四月（1906年5月）奏定名称为"学部编译图书局"。（《学部官报》第68期）

他写这首词的时候，他的爱妻莫氏已去世（详后），故其上片有"别泪"、"重梦"诸语。词云"斗柄又垂"，取古谚"河直角，做夜作"之意。北斗"直北"，冬天到了，别人冬闲他却"冬忙"。"客愁"、"岁阑"，是说他直到1907年底仍寄住罗家。杜甫有诗云："遥怜小儿女，未解忆长安。"（《月夜》）远在海宁家中几个幼小的孩子，又何能"解"得自己在京城里对他们的想念呢？后来，他自编《观堂长短句》（1921年），将词中"客愁坐逼岁将阑"，改定为"官书坐会岁将阑"，盖取意于欧阳修名文《泷冈阡表》："汝父为吏，常夜烛治官书。"

王国维译《心理学概论》初版封面（商务印书馆1907年）

有的注家以为"官书"就是"官府文书"。误矣。如前所述，他是"编译"，所"治"当然不是寻常"文书"。这个"官书"，其实就是当年学部创办的《官报》！

据我们所见，学部《官报》主要译印国外文化教育方面的专著，介绍欧美日本各国地理、国情等等，类似于后来的官办"内参"，主要供教育当局及相关官员参阅。王国维就任编译的当年，译刊了《欧洲大学小史》（译自英国百科全书，1907年）；接着，又译《论幼稚园之原理》《法国小学校制度》（以上译自日本文部省教育报告，1909年），以及《世界图书馆小史》（译自英国百科全书，1910年）等。

特别是，王国维的几部经典性译著，都是在他"官书坐会"的数年间问世的。其中，享有很高声誉的名著《心理学概论》，著者丹麦海甫定（H.Hoffding），王国维据英国龙特（Loundes）英译本转译，1907年出版①，曾再版约十次。他的这部译著被誉为"第一部汉译心理学书"；他

---

① 《心理学概论》，编入上海商务印书馆《哲学丛书》，1907年6月出版。

本人也因而被尊为"中国现代心理学之父"[1]。

另一部名著《辨学》，原名《逻辑的基础教程：演绎和归纳》（Elementary Lessons Logic：Deductive and Inductive），著者英国耶方斯（Jevons，1835—1882）。原书1870年出版。逻辑，英文Logic，王国维音译"逻奇克"，意译"辨学"，故他将耶氏的这本逻辑"基础教程"译为《辨学》，1907年由学部编译图书局排印出版，次年北京益森书局再版印行[2]。1959年，三联书店将王译《辨学》，与严复据耶方斯"逻辑入门"改译的《名学浅说》（1909年），同列为《逻辑丛书》，重加标点出版。在《出版说明》中指出，王译此书特点，一是"比较忠实地照原文直译"；二是"书中所用术语的译名，和现在通用的大致相同"，所以"过去常被用为教材"。笔者所藏王译《辨学》原版（1908年），与今大三十二开本相埒，四宋竖排二百七十四页，售价四角，亦大致与今定价相等，而其纸质之佳，则非今本可比矣。

《辨学》，耶氏原著三十三节，王译分为九篇三十二节，其篇目为：一、绪论；二、名辞；三、命题；四、推理式；五、虚妄论；六、辨学上最近之见解；七、方法论；八、归纳法；九、归纳法之附件。其第一章《辨学之定义及其范围》，首论辨学为"推理之科学"、"论思想之法则"；旋提出辨学究为"学"，抑或"术"？书中如是回答：

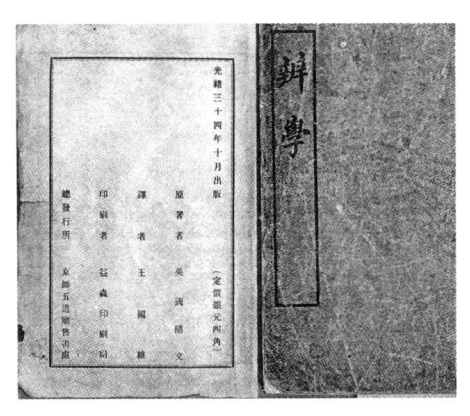

王国维译《辨学》封面及版权页

吾人得谓辨学之性质，近于学者多，而近于术者少，以一切

---

[1] 参见高觉敷《中国心理学史》，人民教育出版社1985年版，第350页。
[2] 笔者所藏《辨学》，版权页署：清光绪三十四年（1908年）十月出版，原著者英国随文（按，随文，即耶方斯，又译作"器文"、"及文"，皆同名异译），译者王国维，益森印刷局印刷，京师五道庙售书处发行。

吾人，其得推理之能力及习惯，实远在闻辨学之名以前故也。此能力习惯，吾人自精神之自然练习，或自模仿他人得之，故遇简易之事物，吾人之推论，自暗合辨学之法则；然遇艰困复杂之事物，其推论自不能无误。此辨学之所以有技术之价值，而其研究非无益也。

这是论辨学之为"术"（即"技术之价值"）的缘由。那么，又该怎样认识其更是一门科学（即"学"）呢？书中接着说道：

吾人证明辨学之为术矣。然则，亦得证明其有学之价值乎？曰：有。凡科学、艺术、文学中之伟大事业，皆知力之所为也。人于身体之方面，实无异于动物，又就此方面言之，彼不过物质而已。惟其有知力故，且能以概念推理故，遂卓然出于万物之上。而此知力之性质及动作，岂非最高及最有兴味之研究物乎？辨学之研究，正在乎是。

或许是一种历史的巧合。就在王国维翻译《辨学》之时，西方有位哲学家胡塞尔（Edmund Husserl，1856—1938）推出了他的《逻辑研究》，在开卷关于逻辑之定义的论述中，提出了"逻辑学是一门理论性学科还是一门实践性学科"（一门"工艺论"["Kunstlehre"]）的论题[1]；而王国维在稍后（1911年）撰《国学丛刊序》论述"学无新旧中西有用无用"，则以"一切艺术，悉由一切学问出"，概括了"学"与"术"的逻辑关系。

王译《辨学》书名虽为意译，但全书以直译著称。这是此书与严译《名学浅说》"在思想方面承用原书，而引喻设譬，则多按自己的想法更易"[2]，最大的不同之处。我们通检全书，唯第十二章《物质上之虚妄》，有一处改变了原著的"引喻设譬"。这就是论证"结论之虚妄"引述雅里大德勒

---

[1] 参见《逻辑研究》（修订本）第1卷《纯粹逻辑学导引》，[德]埃德蒙德·胡塞尔著，上海译文出版社2006年版，第6—7页。

[2] 参见熊月之《西学东渐与晚清社会》，上海人民出版社1994年版，第697页。

（今译亚里士多德）"曾举之例"，注明：原书系引穆尔干氏[①]所举"英国教会之事，我国人不易知其虚妄，故以雅氏书中之例易之"。除此之外，译文忠于原著，对某些难解之处，则加以必要的夹注。例如，第十九章《辨学上之虚妄》，原书以"狭斯丕尔《亨利第四》戏曲"（按，今译莎士比亚《亨利四世》）中对话论述"句法混淆之虚妄"，译者夹注举《史记》魏其侯武安侯列传中话语加以比较。又如，第二章《辨学上之三部分》（即名辞、命题及推论），列举"铁，金类也"这个断语，王国维加以夹注，云：

> 从西文之例，则"铁，金类也"一语，必云"铁是金类"。此"是"字即动词所万不可缺者也。我国语中虽略去"是"字，然"也"字之中仍含"是"字之意，故"也"字虽助字，亦得视为动词焉。

在译文中加注进行中西比较，这与我们在前面介绍的《教育世界》译介"教育小说"，通过"编者曰"而"益以编者所闻见"，采用的是同一方法，即引述中国自己的例证，以帮助读者领悟"西海"之"理"。尤其是《辨学》第四章，剖析名辞之三种淆乱（即字音、字形、字音及字形之淆乱），皆通过夹注作中西比较。其发音不能分别者，诸如西文 Air（空气）、Hair（头发）、Hare（野兔）、Heir（承继者），而中文如"同、铜、桐、童、僮、瞳等皆是"；字形淆乱者，诸如西文 Tear（泪）之于 Tear（裂缝），Lead（铅）之于 Lead（指导），而中文则如"'骑射'之射之于'仆射'之射，'闲居'之居之于'谁居'之居是也"。

王国维非常重视"新学语"之输入，认为"言语代表国民之思想"，而"思想之精粗广狭视言语之精粗广狭以为准"，十分推崇西方学者"思辨的也，科学的也，长于抽象而精于分类，对世界一切有形无形之事物无往而不用综括（Generalization）及分析（Specification）之二法"。同时指出，

[①] 所谓"穆尔干氏"，拟即 Morgon，今译摩根（1852—1936），英国哲学家、心理学家和生物学家。王译《辨学》书中曾多处称引，故特予补注。

"新思想之输入"意味着"新言语之输入",故强调译语必须精确。《辨学》卷首就有他自己编制的《辨学学语中西对照表》,总计达一百二十八个译名,除某些术语如"双管齐下法"(Dilemma),今通译"二难推理"(亦称"二刀论法");其他译名,即使是逻辑学上之专用术语如"假言"、"选言",皆通行至今,故学界称赞王译此书,许多译名与"现在通用的大致相同"。举凡前提、结论、命题、推论、概念、定义、综合、分析、演绎、归纳、先天、后天,以及倾向、剖析、反对、矛盾、联想、从属、纯粹、分化、积极、消极、抽象、普遍、观察、经验,等等,用王国维自己的话来说,上述"译语"迄今无不"行之于通俗之文,腾之于众人之口"。所以,我们说:百年回眸,译名犹新,殆非过誉。

值得注意的是,王国维还在此期间译出了《教育心理学》。此书据日译本转译,学部编译图书局1910年刊行。原著者禄尔克,是美国心理学教授,此书即禄氏积"多年之经验"写成的教学用书。如果说,教育心理学被公认为20世纪初首创于美国的"当代新兴学科";那么,王国维的这部译著,无疑填补了该学科在国内的空白,而他本人理应作为这门新学科的第一个译介者,载入我国的心理学史册。

还可注意的另一件事情是,王国维在"坐会官书"的忙逼中写了篇题为《书辜氏汤生英译〈中庸〉后》的长篇文章[①]。"辜氏汤生"即辜鸿铭,曾将《中庸》《论语》等儒家经典译成英文,在西方汉学界享有重名,对"中学西渐"是有贡献的。王国维却在用"书后"的形式批驳"海内硕学"张之洞之后,再写"书后"径直向这位"读洋毛子书"出身又颇好卖弄"中学"的"张公门下"幕僚辜氏叫板,将他"西文"翻译的《中庸》逐条举例批驳,指出其在学理方面,是中学"固陋";在译文方面,是西学"欺罔"!事隔二十年后的1926年,吴宓主编《学衡》要将这篇"批辜"的《书后》重载,王国维补写《附记》称赞"辜君雄文卓识",又以"自悔少作"的口吻检

---

① 《书辜氏汤生英译〈中庸〉后》,《静庵文集续编》,《遗书》第五册;原刊《教育世界》第160、162、163号,丁未九月下旬、十月下旬、十一月上旬(1907年10—12月)。

讨当年"对辜君批评颇酷,少年习气殊堪自哂",云云。这又是为什么?这篇《书后》重刊的次年(1927年),王国维"自沉"颐和园;又次年(1928年),辜氏病逝北京;而罗振玉则在为"金石之交垂三十年"的亲家争得溥仪谥"忠悫"、撰传哀挽之后,复为同样与他"交垂三十年",且被溥仪赐以"含谟吐忠"四字匾的"醇儒"辜氏撰传致哀[1],提到了曾被王国维《书后》批过的辜氏"西译"《中庸》等书,说:

> (辜氏)尝言:近人欲以欧美政学变中国,是乱中国也。至欧美以强权为治……微中国礼教不能弭此祸。顾时人尚未见及此,乃译四子书(按,即包括《中庸》在内的《四书》),及我国典制诸书为欧文。每一脱稿,列国争传译……

其实,就像我们将在后面详述的,王国维面对汹涌的新文化大潮,向溥仪进呈"论政学疏",痛心疾首的不正是"欲以欧美政学变中国"吗?看来,到了晚年,这两位脑后拖着辫子的"归同返一"的"遗老"不惟"惺惺相惜",而且是如此"心心相印"!

五 你的词就叫"人间"吧!

不过,王国维自哂"少年习气",实在倒颇可以用来比拟他此时在填词方面的"自负"之状。

在苏州,他吟哦沧浪亭畔,寻诗西风林下,追求着词的"言近而指远,

---

[1] 罗振玉《外务部左丞辜君传》,《辽居乙稿》。按,辜鸿铭(1856—1928),福建同安人。早年留学英国,获爱丁堡大学博士学位;旋遍历欧洲,毕业于德国工科大学、法国巴黎大学。归国后,在上海"从师受业",读五经诸子书;后入张之洞幕府。罗氏1901年任南昌农校监督,并在张之洞幕中参与筹划"新政"而结识辜氏,故称"交垂二十年";而所谓"外务部左丞",乃1917年张勋"复辟"时所授耳。

意决而辞婉",曾写了首吊古伤今,"动摇人心"的《青玉案》:

　　姑苏台上乌啼曙,剩霸业,今如许。醉后不堪仍吊古。月中杨柳,水边楼阁,犹自教歌舞。野花开遍真娘墓,绝代红颜委朝露。算是人生赢得处。千秋诗料,一抔黄土,十里寒螀语。

然而,"灯前肠断为谁书?"(《浣溪沙·本事新词》)到了北京,他既感受从学界到官场的世态,更经历了父亡妻丧的变故,人生忧患,感悟愈深。这使他的填词,由"髭断"而"肠断"。他曾写了首"往复幽咽"、沉郁苍凉的《蝶恋花》:

　　满地霜华浓似雪。人语西风,瘦马嘶残月。一曲《阳关》浑未彻,车声渐共歌声咽。　　换尽天涯芳草色。陌上深深,依旧年时辙。自是浮生无可说,人生第一耽离别。

从苏州到北京,王国维相继编定了两本词集,一曰《人间词甲稿》,一曰《人间词乙稿》;卷首均有序,就是王国维自撰而托名"山阴樊志厚"的《人间词甲稿序》与《人间词乙稿序》。

《人间词》甲乙稿依次刊载于《教育世界》杂志①,共收词一百零四首。其中甲稿六十一首,大致起始于他由上海至苏州的1904年初,迄于《序》末所署"光绪丙午三月",即1906年春

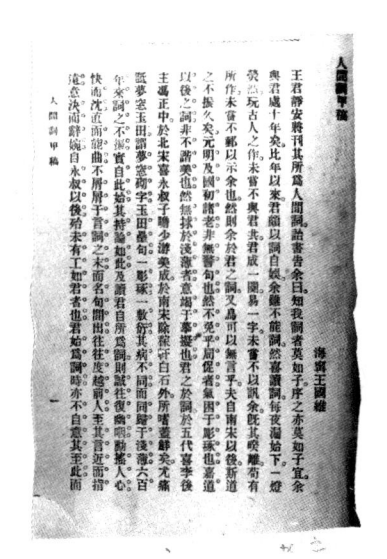

刊于《教育世界》之《人间词甲稿》

---

① 《人间词》甲乙稿,依次刊载于《教育世界》第123号,丙午四月上旬(1906年4月);第161号,丁未十月上旬(1907年11月)。

三月,他初抵北京时;乙稿四十三首,大致起始于1906年春夏之交,迄于《序》末所署"光绪三十三年十月",即1907年冬十月,他入学部编译图书局任职以后。

根据我们查考,王国维一生填词凡一百一十五首。除《人间词》甲乙稿之外,尚有十一首词,其中八首作于他词稿编定之后的1908年至1910年,我们称之为"《人间词》之馀响",另三首则是他与那些在辛亥革命后做了"海上寓公"的"遗老"的"肆应"之作(1918—1920)。

由此可见,王国维热衷于填词的时间,前后不过三四年。但是,他对于自己在如此短暂的"词人生涯"中取得的"填词之成功",那是毫不掩饰,且大有独步古今之概,还在编集《人间词乙稿》前,他就宣称:

> 余之于词,虽所作尚不及百阕,然自南宋以后,除一二人外,尚未有能及余者,则平日之所自信也。虽比之五代、北宋之大词人,余愧有所不如;然此等词人,亦未始无不及余之处。(三十《自序》二)

是的,王国维不是"谦谦君子"。他曾译引英人所谓"功绩(Merit)与谦逊(Modest),除二字之第一字母外,别无公共之点",当然也很欣赏格代(歌德)之格言:"惟一无所长者,乃谦逊耳。"所以,到了所作逾百阕、编定《人间词乙稿》,他在《序》中就直言不讳自己填词之成功:

> 静安之为词,真能以意境胜。夫古今人词之以意胜者,莫若欧阳公;以境胜者,莫若秦少游。至意境两浑,则惟太白、后主、正中数人,足以当之。静安之词,大抵意深于欧,而境次于秦。至其合作,如甲稿《浣溪沙》之"天末同云",《蝶恋花》之"昨夜梦中";乙稿《蝶恋花》之"百尺朱楼"等,皆意境两忘,物我一体,高蹈乎八荒之表,而抗心于千秋之间。骎骎乎两汉之疆域,广于三代;贞观之政治,隆

于武德矣。方之侍卫，岂徒百伸？此固君所得于天者独深，抑岂非致力于意境之效也。

在他看来，《人间词》甲乙稿中的那些"意境两忘，物我一体"的"合作"之词，皆足以与李白以下，"五代、北宋之大词人"如李煜（后主）、冯延巳（正中）、欧阳修、秦观诸位决一短长；即使是南宋以后的"一二人"中之纳兰容若，也未必能与之比美哩！

当然，以上评述，借用罗振常批注《人间词》的说法，不免是一种"豪俊"语①。词学家唐圭璋生前甚为钦仰观堂学问、文章，包括词学方面的成就，但并不讳言其所短，曾对笔者言：王先生论词重唐、五代、北宋，而轻南宋以后，是其局限；填词多小令，少长调，是其偏好。王国维自己也说，"余填词不喜作长调，尤不喜用人韵"；"余之所长殊不在是，世之君子宁以他词称我"②。这是他的自知之明。"他词"即小令。据我们统计，《人间词》甲乙稿一百零四首，长调仅六首；在小令内，最多的是《浣溪沙》《蝶恋花》。

所以，我们读其词，赏其意，实事求是地肯定其填词的成就，亦应看到其不足。这里应当说明的是，他自评其词，都是通过托名"山阴樊志厚"的《人间词》序，用了樊君的口吻，如《人间词甲稿序》所述：

> 王君静安将刊其所为《人间词》，诒书告余曰：知我词者莫如子，序之亦莫如子宜。余与君处十年矣，比年以来，君颇以词自娱。余虽不能词，然喜读词。每夜漏始下，一灯荧然，玩古人之作，未尝不与君共；君成一阕，易一字，未尝不以讯余。既而暌隔，苟有所作，未尝不邮以示余也。然则，余于君之词，又乌可以无言乎！

---

① 罗振常批注《人间词乙稿·菩萨蛮（玉盘寸断）》，据稿本手迹。
② 《人间词话》手稿之二十四。

这位樊君，绝非虚拟，而是实有其人，就是王国维在东文学社时的同学樊炳清；"余与君处十年矣"，亦非虚言，而是"纪实"：他们两人在东文学社相识相知，又在肄业后一起为罗振玉译编农学及教育书报。所以，作为王、樊的同学与同事的罗氏胞弟罗振常，曾为这篇《人间词甲稿序》写了《附记》，追叙"托名"之由来，谨转录如下：

> 樊少泉茂才（炳清）与人间同肄业东文学校，交甚契。顾体羸弱多病，急于进取，尝自憾志行薄弱，遂更名志厚，字抗甫，故序后所署如此。（其后仍用原名。）时，人间在吴门师范（学）校，授文学。先期来书，谓词稿将写定，丐樊作序。樊应之，延不属稿。一日，词稿邮至，余与樊君开缄共读，而前已有序。来书云：序未署名，试猜度为何人作？宜署何人名则署之。樊读竟大笑，遂援笔书己名。盖知樊性懒，此序未可以岁月期，遂代为之也。前尘历历如昨，而樊君墓草亦已宿。忆此为之怅然。①

罗振常的这篇《附记》，是亲历者的见证。那么，王国维为何要将自己所填的那些"高蹈乎八荒之表，而抗心于千秋之间"的词，统名之曰"人间"呢？对此，振常先生在上述《附记》后补写了《又记》：

> 时，人间方究哲学，静观人生哀乐，感慨系之，而甲稿词中"人间"字凡十馀见，故以名其词云。

我们专就"人间"一语作了统计：甲稿六十一首，"人间"凡十八见；乙稿四十三首，"人间"凡十二见；亦即每三四首必可见一"人间"。当然，王国维在《人间词》甲乙稿里反复吟咏"人间滋味"、"人间纷浊"、"人间孤愤"，盖出于他自己的"人间思量"；他哪能"高蹈"乎现实之上，又"抗心"

---

① 罗振常编《观堂诗词汇编》，上海蝉隐庐书店刊本。

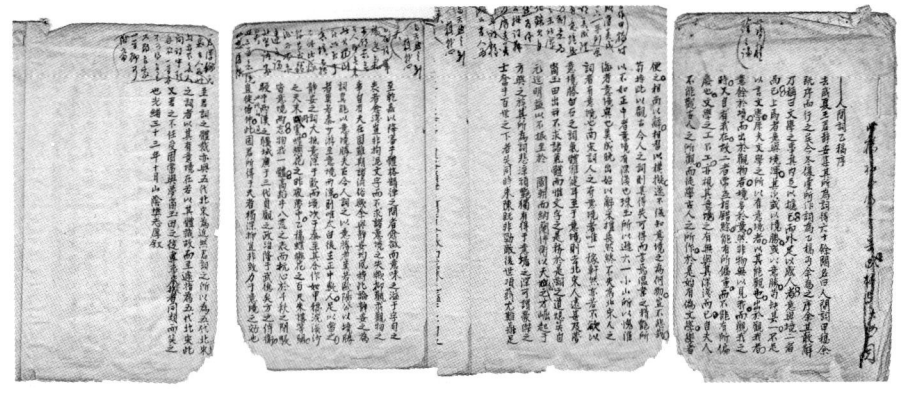

罗振常手批王国维《人间词乙稿序》

于时代之外呢？"人间"确是他"静观人生哀乐，感慨系之"的集中表现。

但是，也应当说明，王国维尽管"词中惯用'人间'"，却亦非预想了"人间"再来填词，如后来的所谓"主题先行"。他自称填词之成功，是"不自意其至此"；我们则要说，他词中之"人间"，更是"不自意"中的"自然流露"。所以，当王国维着手编集《人间词甲稿》时，曾与他"夜漏始下，一灯荧然"，共赏诗词的樊君，以及罗氏兄弟等友人，就向他建议说，你的词就叫"人间"吧！王国维欣然采纳。罗振玉还为他刻了"人间"的印章。[①]自此，他不仅以"人间"命名其词及词话，而且还自号"人间"。直至辛亥革命以后，他以攻究金甲文字和商周古史名闻学界，而罗氏与他通信中，"人间"之号犹与"礼堂"、"观堂"并用[②]。

六 《人间词》的哲学意蕴

以上，我们对《人间词》的概貌作了介绍。为着了解其词中的哲学意蕴，

---

① 罗继祖致笔者函，1981年9月23日。笔者并亲见王氏为罗振常书写的扇面上钤有"人间"印章。

② 例如，罗振玉1917年七八月间致王国维书信，仍称"人间先生"。

仅将王国维所自赏的《人间词》甲、乙稿中三首"意"与"境""合作"之词，略作析解。

先看第一首，即甲稿《浣溪沙》之"天末同云"：

> 天末同云黯四垂，失行孤雁逆风飞。江湖寥落尔安归？陌上挟丸公子笑，座中调醢丽人嬉。今宵欢宴胜平时。

应当说明，厥后王国维自编《苕华词》，所选"合作"之词惟此《浣溪沙》，并将下片改为："陌上金丸看落羽，闺中素手试调醢。今朝欢宴胜平时。"词更雅而意更醇了。但我们要读懂这首词，却不可不知王国维在《教育世界》所刊《列子之学说》中所引"齐田氏祖于庭"的著名寓言：

> 齐田氏祖于庭，食客千人。中座有献鱼雁者。田氏视之，乃叹曰："天之于民厚矣！殖五谷，生鱼鸟，以为之用。"众客和之如响。鲍氏之子，年十二，预于次，进曰："不如君言。天地万物与我并生，类也。类无贵贱，徒以小大智力而相制，迭相食，非相为而生之。人取可食者而食之，岂天本为人生之？且蚊蚋噆肤，虎狼食肉，非天本为蚊蚋生人，虎狼生肉者哉！"（《列子·说符篇》）

近代学者如梁启超、蔡元培、胡适等，都曾在他们的论著里提到或阐释过这则列子寓言。孟子道："万物皆备于我。"列子说，五谷、鱼鸟，天地万物，皆为我而生。王国维则将"齐田氏祖于庭"作为列子又一"超卓之见"而大加赏赞，说：

> 此与近世所谓弱肉强食，生存竞争，优胜劣败，即生物进化论之思想，隐隐相通。在当时观之，不可谓非一卓见也。此种思想，比较儒教之以人为中心，而观天地万物者；又基督教之一派或西洋哲学之一派之目的观、意匠观，即谓为人类之要求而造天地万物者，固不失

为别开生面之见地矣。①

这些"别开生面之见地",当然不是王国维的任意附会。嗣后,胡适撰《先秦诸子进化论》,分论老子、孔子、列子之"进化论",特别引录了"齐田氏祖于庭"这"一段有趣的故事",认为"《列子》这一段话,方可算是真正物竞天择的学说呢"!② 晚近,钱钟书《管锥编》亦曾两引《列子·说符》"齐田氏祖于庭",在"物竞天择"学理之外,其关注点有二:一、引以斥培根"目的论"之"无理取闹";二、匡正后人借此印证佛家"戒杀生"之"牵强附会"③。实则,王国维之所以赞赏这则列子寓言,正是由于其中贯穿了对两汉"天人感应"的神学"目的论"之批判精神。而在对"进化论"的阐释方面,则又有不同的侧重。例如,蔡元培偏重于此寓言中体现了"人物同祖"、无分贵贱之"平等"说,较近于卢梭④;王国维显然更注意(但不等于赞同)"弱肉强食"、"优胜劣败",而趋于主"不平等"的尼采,并且通过这首"天末同云"的《浣溪沙》词之结句"今宵(朝)欢宴胜平时",得到了更集中、更强烈的体现,如近人周策纵所述:

> 惟《浣溪沙》则确能写出一幅天地孤零,江湖寥落之境,字字着力,显现世间一切险恶危机与生存挣扎之苦痛……

周氏更由词中"落羽"与"调醢"、"欢宴"对比,体会叔本华"生命哲学"及"佛家之义谛",并引叔本华"虎狼食鹿之乐,不若鹿被残食之苦之甚",剖析"末句所云欢宴,益能衬出此生存竞争中之险巇与

---

① 《列子之学说》,《教育世界》第131—132号,丙午七月上、下旬(1906年8—9月)。
② 《先秦诸子进化论》,原刊《科学》第三卷第一期,1917年1月,参见《胡适学术文集·中国哲学》上册,中华书局1991年版,第581页。
③ 参见《管锥编》第二册,中华书局1986年版,第533、418页。
④ 参见蔡尚思《蔡元培学术思想传记》棠棣出版社1950年版,第290页。

苦痛"①。

不过，我们也应当指出，所谓叔本华"生命哲学"（即"生存意志"或"生活之欲"）与"佛家之义谛"，按照上述钱钟书引录王弢的更简括的说法，就是"佛氏戒杀生，西儒尤斥绝"。故叔氏所言"虎狼食鹿之乐"，至尼采"超人哲学"就有了好权、尚势，性近于猛禽毒兽的"自然人"（Der Naturmensch，自然状态之人类）；更有了赞美强权的超人（Übermensch）之"君主道德"，以贬斥被名为"兽人"（Herdenmensch）的众庶之"奴隶道德"②。而王国维词末之"今宵欢宴胜平时"，那"强食"者的"欢宴"，不正是建立在"弱肉"者的苦痛之上么？再看他将此词下片起句"陌上挟丸公子笑"，改为"陌上金丸看落羽"，盖"丸"者，弹也。延伸到王国维称之为"世界竞争"的近百年来列强称霸之现实，这"金丸"，岂非"坚舰利炮"欤？从伦理学上来说，就是"善恶二性之争斗"，他纵观古今，曾如是感慨：

> 呜呼！善恶之相对立，吾人经验上之事实也。自生民以来至于今，世界之事变，孰非此善恶二性之争斗乎？政治与道德、宗教与哲学，孰非由此而起乎？……历史之所纪述，诗人之所悲歌，又孰非此善恶二性之争斗，但前者主纪外界之争，后者主述内界之争。过此以往，则吾不知其区别也。③

这样来看他的意与境"合作"，实即"内境之争"与"外界之争"归于一。故上片"失行孤雁"象征弱者，并对其"逆风飞"的挣扎倾注了无限同情；而那"尔安归"的发问，犹如戊戌《杂诗》"乌乌覆其巢，响晦归何处？"表述了在"历史之所纪述"的"坚舰利炮"的"外界之争"中感受的惨痛。

---

① 周策纵《论王国维人间词》，台北时报文化企业有限公司1986年版，第42—43页。
② 参见《尼采氏之教育观》，《教育世界》第71号，甲辰二月上旬（1904年3月）。
③ 《论性》，《静庵文集》，《遗书》第五册。

下片则以"陌上金丸"象征强者。如果再参以"诗人之所悲歌",昔杜甫由"欢宴"而感叹"朱门酒肉臭,路有冻死骨";今王国维则由"欢宴"而感悟了"弱者肉,强者食"。用今天更通行的话来诠释其词,叫做"落后就要挨打",弱者只能如砧上羊豕,任人宰割。所以,我们认为,在王国维所赏三首"合作"之词中,思想意蕴最为深邃的当推这首"天末同云"的《浣溪沙》;所谓益衬出"生存竞争"之"险巇与苦痛",也不是空泛的哲理推绎,而是当时中国处于列强"瓜分之局已见榜样"的真实写照。

现在,让我们来看其第二首"合作"之词,即甲稿《蝶恋花》之"昨夜梦中":

> 昨夜梦中多少恨。细马香车,两两行相近。对面似怜人瘦损,众中不惜搴帷问。　陌上轻雷听渐隐。梦里难从,觉后那堪讯?蜡泪窗前堆一寸,人间只有相思分!

此词编入《观堂集林·长短句》,下片起句"陌上轻雷听渐隐",改为"听隐辚"。虽一字之改,亦可见其新词制作中"髭尽断"之工。若问:此词之意与境,"合作"于何处?如果将"昨夜梦中"之"搴帷问"的骑"细马"者设想为贫困的"落魄书生",如《西厢记》之张生;那么,近面而来,令人爱怜的"香车"里那位"人瘦损"的小姐,当然是崔莺莺般的富家千金了。于是,"境"在梦中而"意"在觉后。这是一个矛盾,一种怪异,《庄子·齐物论》所谓"梦饮酒者,旦而哭泣;梦哭泣者,旦而田猎","大觉而后知其大梦"的"吊诡"(英译 Paradox)。王国维论述叔本华与尼采的"天才之苦痛",曾引录了由庄子"梦饮酒者"改制而成的《列子·周穆王篇》所记"役夫之梦":

> 周之尹氏大治产,其下趣役者侵晨昏而弗息。有老役夫筋力竭矣,而使之弥勤。昼则呻吟而即事,夜则昏惫而熟寐。(按,引文脱"精神荒散")昔昔梦为国君,居人民之上,总一国之事,游燕宫观,恣

意所欲（按，引文脱"其乐无比"）。觉则复役。

在上述《列子之学说》中，王国维称赏列子"进化论"思想之"卓见"的同时，亦引录了这则寓言，赞叹其对"梦"之现象有一种"超卓之见解"，指出："世人常别梦与觉，而以一为妄，以一为实，然二者之间，实无所谓差别也。"并补录了"觉""梦"与役夫截然相反的"大治产"的尹氏"心营世事，虑钟家业，心形俱疲，夜亦昏惫而梦"：

> （尹氏）昔昔梦为仆人，趋走仆役，无不为也；数骂杖挞，无不止也。眠中啴吤呻呼，彻旦息焉。尹氏病之，以访其友。友曰："若位足荣身，资财有馀，胜人远矣。夜梦为仆，苦逸之复，数之常也。若欲觉梦兼之，岂可得邪？"尹氏闻其友言，宽其役夫之程，减己思虑之事，疾并少间。

由此，我们看到了两种不同之梦：贫者是梦中"国王"而觉后仆役；富者则是梦中仆役而觉后富豪。王国维并援引"法国哲学家巴什迦尔（Pascal，今译帕斯卡尔，1623—1662）之言"，说，有乞儿夜夜梦为王侯，又有王侯夜夜梦为乞儿，他们两位究竟谁算幸福呢？这与列子所述之梦，不是如出一辙吗？所以，他进而发问道：

> 吾人于梦之意识，常轻视之。然如每夜同梦，则梦于吾人之意识生活上所占位置，固甚重大矣。如列子与巴什迦尔所言，其人之孰苦孰乐、孰幸孰否？固未易判定也。

值得一提的是，当王国维在上世纪初怀着浓烈的兴趣，从哲学思想上探究"梦之意识"的时候，远在异国他乡的弗洛伊德，正以心理医生的资格为"每夜同梦"或患有他种"梦疾"者解梦！按照弗氏的析解，那劳苦终日的"役夫之梦"，当属于"愿望的达成"；而"位足荣身"的富豪之梦，该就是"梦的改装"了①。

王国维据以阐述叔本华与尼采学说之异同，认为叔本华"天才之苦痛"，是"役夫之昼"，而其美学上之"贵族主义"与哲学上之"唯意志论"，乃是"役夫之夜"；尼采有叔本华之天才而无其哲学上之信仰，以"超人"取代"天才"，故"昼亦一役夫，夜亦一役夫；醒亦一役夫，梦亦一役夫"，从而"图一切价值之倾覆"，欲"破坏旧文化以创造新文化"②。

当然，王国维填词并不是要作叔、尼哲学的说教，但亦非俗常"梦中情人"之想入非非。上片"昨夜梦中多少恨"，有如役夫梦中做了"国王"。"恨"什么？王国维在词话中谴责了与莺莺偷欢的张生之"薄倖"；而在这首词里，则穷书生相会富千金，美则美矣，无奈镜花水月，纵然情真，只在梦中，何况还是"梦里难从"呢！下片"陌上轻雷听隐辚"，我们赏其改词之"工"。工在何处？盖"辚"之一字，隐括了"车辚辚，马萧萧"；"隐"者，觉后思梦，"香车"渐行渐远，怅然消失，惟"辚辚"车声，犹轻雷般萦绕耳际。套用《西厢》成句，那果真是"好不愁煞人也么哥！"

然而，"昨夜梦中"如果仅此为止，岂非成了寻常"艳词""情语"，还有什么"合作"之意与境可言？实则，下片词中"蜡泪"、"相思"，虽皆唐宋以来诗词常见语，而"梦里难从，觉后那堪讯"，却是词人独有之创意。"讯"就是问。"那堪讯"者，不可问，不足信也。什么"昨夜梦中"？昼夜殊异，而觉梦等类，这原是一个"吊诡"。王国维还写过一首题为《来日》的五律，结尾是：

人生一大梦，未审觉何时。
相逢梦中人，谁为析余疑？

在王国维看来，香车、细马，两两相近，以至"行"到一处，"梦想成真"

---

① 参见弗洛伊德《梦的解析》，中国民间文艺出版社1980年版，第55、68页。
② 《叔本华与尼采》，《静庵文集》，《遗书》第五册。

了，果然就"幸"么？同样，就算你"大治产"成就了"位足荣身，资财有馀"的大富豪，就一定"乐"么？如果说，以强弱构建的《浣溪沙》之"天末同云"，展现了"生有竞争"之惨烈；那么，由贫富构建的《蝶恋花》之"昨夜梦中"，则揭示了争荣竞富之虚妄。那些时髦的"贵族主义"，新潮的物欲、享乐，不知餍足的金钱、美色，莫非窗前"蜡泪"。对此，王国维实在是"疑"而不疑啊！

于是，进入第三首——乙稿《蝶恋花》之"百尺朱楼"：

> 百尺朱楼临大道。楼外轻雷，不间昏和晓。独倚阑干人窈窕，闲中数尽行人小。　　一霎车尘生树梢。陌上楼头，都向尘中老。薄晚西风吹雨到，明朝又是伤流潦。

这首词，王国维不惟自赏其意与境"合作"，且编入《观堂集林》之《长短句》，一字不易；罗振常批曰：此词"通首字字珠玉"，但又谓"惟'小'字未妥"。实则，将"白话"化了的"行小人"写入其"合作"之词，尤足显示作者于"新词"填制中"不屑屑于言词之末"的大胆创新。若自欣赏与创作两方面观之，此词确是实践了王国维反对雕琢与摹拟，而崇尚"天然"与"创作"的美学主张，不愧为《人间词》代表作。词家龙沐勋曾将此《蝶恋花（百尺朱楼）》选入《近三百年名家词选》，很有眼光。晚近学者对这三首"合作"之词进行比较研究，认为惟此《蝶恋花》，"全用很自然而朴实的语句，毫无雕琢的痕迹"[①]也说得很对。

但是，也须指出，此词取尊卑悬殊的"陌上""楼头"，构建其"百尺朱楼"的全新气象，意在写出非常人能道的高远的诗人之境与哲人之意。且看词里那位高居"楼头"，倚栏而眺，"数尽"了"陌上"行人之"小"的"窈窕"之人，仿佛就是尼采笔下的查拉斯图拉：他向人群走来，"达到了森林最近的市镇"，并且向拥挤着观看"跳绳者"的人们发问："你

---

① 王宗乐《苕华词与人间词话述评》，台北东大图书股份有限公司1976年版，第40页。

们将怎样超人？"①

  这是上片。百尺朱楼，何其高严！但王国维并非要"教你们超人"。他只是个"京华尘里客"。于是，转入下片，从云端落到地上。"一霎车尘生树梢"，那应该是夜雨之前，风乍起，飞尘满天的北京街景。其意与境，就"合作"在"陌上楼头，都向尘中老"。若将他的这三首"合作"之词贯串起来，先后三见"陌上"。盖"陌"之本意为乡间小道、市镇小街。古诗《陌上桑》、宋词《陌上花》，与前二词中"陌上金丸"、"陌上轻雷"之"陌上"相近，皆寓世俗人间之意；而此词之"陌上楼头"，则以"陌上"喻贫贱，"楼头"比尊贵，犹列子"役夫之梦"中的役夫与国王；词中二见"尘"字，又颇可以使人联想到鲁迅《野草》里的"灰土"：

  微风起来，四面都是灰土。另外有几个人各自走路。
  灰土，灰土，……
  ……
  灰土……

——《野草·乞求者》

  "灰土"与"车尘"，"几个人"与"行人小"，鲁迅之文与王国维之词，不是颇有异曲同工之妙吗？诚然，透过鲁迅笔下的"灰土"，我们同样可以窥见尼采"超人"的面影；然而，鲁迅赞赏的"乞求者"，不惟"居布施者之上"，且"用无为和沉默"来向"布施者"抗争。王国维在"一霎车尘"中展现"陌上"与"楼头"，虽亦有类似"乞求者"与"布施者"的对比，却并无抗争之意。他在《红楼梦评论》里自引《平生》诗，早就道破"世尊只合老尘嚣"。基督、释迦尚且只能老死尘世，何况芸芸众生？词云"薄晚西风吹雨到，明朝又是伤流潦"。"伤"什么？高居"百尺朱楼"的"窈窕"之人，实在还不如被"小"看了的陌上行人！须知，朱颜消褪，

---

① 高寒（楚图南）译《查拉斯图拉如是说》，文通书局1947年版，第5页。

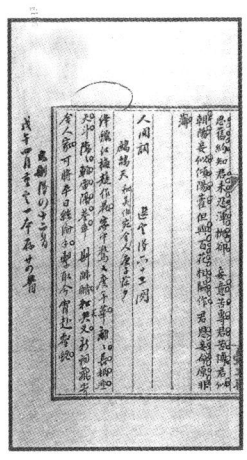 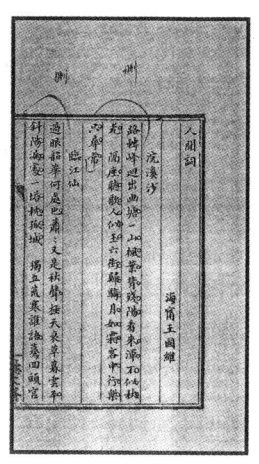

王国维选定并手书的《人间词》

雨到尘净,皆非人力可违;尼采之"超人"与叔本华之"解脱",最终既"超"不了尘世,也"脱"不了一个"老"字。何必徒然伤悲呢!

如果也有画家能像写《屈子行吟图》那样来为王国维以上三首"合作"之词"写真",最后映现于人们眼前的陌上行人,有如薄晚西风中飘忽的雨丝;这比黑云压城、逆风而飞的孤雁固然要洒落,但与梦中细马、香车,是否同属于"吊诡"?王国维虽有着类同于鲁迅"对于这死亡有大欢喜"的无畏,却欠缺了"将烧尽一切野草"的奔突的"地火";所以,他的《人间词》虽有朱楼"高蹈"、逆风"抗心"的高远之旨,却不能有鲁迅的"我将大笑,我将歌唱"的襟怀;他给"人间"的"第一义"也就惟有"觉后那堪讯"的"梦"了……

七 《人间词话》的写作与问世

我们回望王国维的"词人生涯",还应当说,他的真正的成功,乃是在"不自意"中写成了一部《人间词话》。

如果说,《红楼梦评论》是王国维"决从事于哲学",主要是攻读西方哲学（尤其是叔本华哲学）的产物，并标志着他前期学业的第一次辉煌；那么，《人间词话》就标志着他前期学业的第二次辉煌。这是他由哲学而"渐移于文学"，主要是从事词之写作与研究的产物，并表明了他决意摆脱"西洋色彩"，卸去他所说的"东家与西舍"的"紫罗襦"，而换上具有古雅之美的中装。故有的学者说他从《人间词话》开始，"跑到中国园地来了"，"特别是有中国传统的文艺气息"[①]。其实，岂止是"气息"？我们从《人间词话》手稿读到的第一则是：

> 《诗·蒹葭》一篇，最得风人深致。晏同叔之"昨夜西风凋碧树。独上高楼，望尽天涯路。"意颇近之。但一洒落，一悲壮耳。[②]

落笔第一句就是《诗经》国风《秦风》里的《蒹葭》。什么叫"风人"？按照现今流行的说法，就是"原生态"的民间歌手。请听：

> 蒹葭苍苍，白露为霜。
> 所谓伊人，在水一方。

这"洒落"的韵味，不正是荡漾于数千年前关中旷野的"秦腔"吗？王国维显然是被这"风人"的歌吟折服了，并且将诗人的感悟与学者的深思融为一体，于是，我们从其手稿读到的第二则是：

> 古今之成大事业、大学问者，罔不经过三种之境界："昨夜西风凋碧树。独上高楼，望尽天涯路。"（晏同叔）此第一境界也。"衣带渐宽终不悔，为伊消得人憔悴。"（欧阳永叔）此第二境界也。"众里寻他千百度，回头蓦见，那人正在灯火阑珊处。"（辛幼安）此第

[①] 李长之《王国维文艺批评著作批判》，《文学季刊》创刊号，1934年1月1日出版。
[②] 《人间词话》手定稿之二十四，手稿之一。

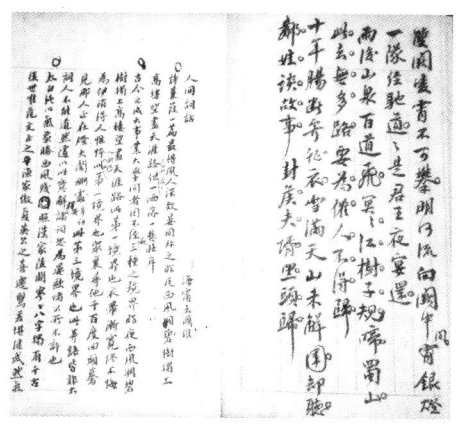

《人间词话》手稿及书于《人间词话》稿本前的《戏效刘季英口号诗》六首之四、五、六

三境界也。此等语皆非大词人不能道。然遽以此意解释诸词，恐为晏、欧诸公所不许也。①

这是参悟了古今的睿智。其文行云流水，其论晶莹剔透，真正达到了他自评《人间词》所说"天也，非人力之所能为也"。他的"三境界"说，几成一切"大学问"、"大事业"追求者的座右铭！

《人间词话》有两个文本："手稿本"与"手定本"。

所谓"手稿本"，即《人间词话》原稿。王国维用毛笔写在页边标有"光绪年月日养正书塾劄记簿"的本子上。据20世纪20年代任北洋政府教育部次长的马叙伦回忆说，"其弟哲安为余同学于养正书塾者也。"②这个劄记本就是王国华（哲安）就读该书塾时带回的。从王国维的手稿墨迹可以看出，这些词话有改、有删，字迹亦不尽一致，说明非写于一时，且经多次修改；而由作者自己在稿本眉端加了圈的词话，则大多选刊于《国粹学报》③。

所谓"手定本"，即自1908年底至1909年初，在邓实（枚秋）主编的上海《国粹学报》连载的《人间词话》，凡六十四则。④这是经王国维

---

① 《人间词话》手定稿之二十六，手稿之二。按，此据手稿原文引录。"罔不经过"，手定稿改为"必经过"；其他文字亦有酌改。

② 马叙伦《石屋馀沈》第59页，上海书店1984年影印本。

③ 笔者所见《人间词话》原稿影印本有二：一、《〈人间词〉〈人间词话〉手稿》，浙江古籍出版社2005年8月版；二、《人间词话手迹》（吴德健、虞坤林校订），中国档案出版社2005年7月版。

④ 《人间词话》六十四则，依次刊于《国粹学报》第47期（1908年11月13日）、49期（1909年1月11日）、50期（1909年2月20日）。

自己精心改定、选剔、编排的。例如，"手稿本"次于第三十一的"词以境界为最上"，"手定本"编为第一则，所谓"论词标举境界"，由此而揭出了端绪。这是《人间词话》问世的开头。此后刊行的各种不同版本的《人间词话》，其"祖本"悉据于此；探索其词论及其美学思想，这是最基础的文本。

王国维论词强调"探本"。我们要探《人间词话》之本，首先应提出的一个问题是，这部词话究竟写成于何时？由于王国维的词话手稿未署写作时间，他在《三十自序》中虽自述"填词之成功"，但亦未提及词话的写作，这就给后人留下了猜测空间。例如，有的认为当写于1908年春夏，理由是他的《唐五代二十一家词辑》大部分选辑于光绪戊申（1908年）之夏；还有的据《国粹学报》初刊这部词话的时间，而推断其写作当在1908年以前，等等。这些推测虽事出有因，但皆未能落到实处。经查证，《唐五代二十一家词辑》，乃是王国维1908年夏撰《词录》的产品，与《人间词话》的写作可谓风马牛全不相干；而《国粹学报》连载的词话第六十三则论元人马东篱（致远）《天净沙》小令，则是手稿所无而于发表前补写的。准此，我们认为，《人间词话》的写作，当以1906年12月发表于《教育世界》之《文学小言》为起始[①]，而其写作的时间下限，应在1908年底《国粹学报》发表之前。从内容上看，整部词话一百二十六则，居于"手定本"六十四则之首的"词以境界为最上"，乃次于"手稿本"之三十一，亦即手稿前三十则当写于1907年春夏之间，大致与《人间词乙稿序》及《三十自序》同期，而论"境界"乃起自手稿三十一则，表明了《人间词话》的主体论说，占整部词话四分之三以上（九十则）写于1907年秋冬至1908年夏秋。

除此之外，尚有所谓"自编《人间词话》选"，这是王国维1915年寓居日本期间，应约为《盛京时报》写《两牖轩随录》而选摘，其引

[①] 《文学小言》，《静庵文集续编》，《遗书》第五册；原刊《教育世界》第139号，丙午十一月上旬（1906年12月）。

言称：

> 余于七八年前，偶书词话数十则，颇有可采者，摘录如下。①

所以，确切地说，应为"《人间词话》摘稿"；而所谓"七八年前"，盖作者记忆时间，可证《人间词话》写作当在1907—1908年之间。摘入《随录》的词话凡三十则，其中二十六则摘自《国粹学报》发表的"手定本"，另四则由未刊"手稿本"中选摘，且文字有改、有添、有合，尤其是增入了王国维在词话写成之后，从事词曲搜集与批校中的所见、所获，实可视为《人间词话》的"另类稿本"。

所以，我们应当循着王国维《人间词话》之写作、修改、发表的时序，判定《人间词话》几种不同稿本之衍生关系：

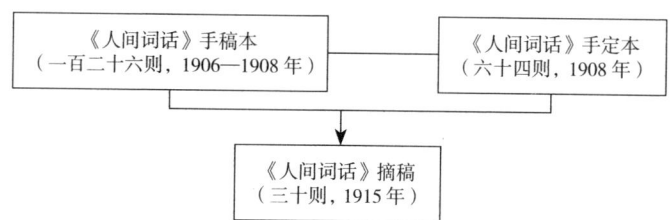

这就是《人间词话》从写作到问世的大致过程。

八 文论的明珠，不朽的经典

我们要探《人间词话》之本，再一个问题是，王国维自称"偶书"的这些词话，从何时开始被重新关注，并成为传颂学界的经典？

---

① 《人间词话》摘稿三十则，连载于《盛京时报》1915年1月13日、15日、16日、17日、19日、20日、21日。按，陈杏珍、刘烜重订《人间词话》附录二《自编〈人间词话〉选》仅有二十三则，脱七则，刊于《河南师范大学学报》（社会科学版）1982年第5期。

1926年2月,《人间词话》由北京朴社①出版。这是据《国粹学报》发表的六十四则词话排印,并经王国维亲自审定的第一个单行本。这时,王国维已经就任了大名鼎鼎的清华研究院导师。当词话出版前向他征求意见时,他虽然同意"翻印",却连"底稿"(即手稿)都已无存,并"忘却"了当年是怎样交学报发表的,故将写作时间误记成了"十五六年前"②。时光老人多么无情。

　　然而,道是无情却有情。被淹没在"国粹"中的这部词话,在"五四"新文化大潮过后兴起的"国学热"中一经面世,又是如此耀眼地展现了夺目的光辉!卷首有俞平伯写的《序》,推崇这部词话"虽只薄薄的三十页,而此中所蓄,几全是深辨甘苦惬心贵当之言,固非胸罗万卷者不能道";赞扬"书中暗示的端绪,如引而申之,正可成一庞然巨帙,特其耐人寻味之力或顿减耳。明珠翠羽,俯拾即是,莫非瑰宝;装成七宝楼台,反成蛇足矣"。特别指出词话之精华所在:

> 作者论词,标举"境界",更辨词境有"隔""不隔"之别,而谓南宋逊于北宋,可与颉颃者惟辛幼安一人耳。……凡此等评衡论断之处,俱持平入妙、铢两悉称,良无间然。……

　　这是认识王国维这部词话之真价值,并揭示其论词要旨,在于标举"境界"的第一篇文章,实在也是发了《人间词话》研究之嚆矢。

　　自此之后,各家的"笺注"、"讲疏"、"校注"纷起,而《人间词话》的版本亦愈来愈多;其中,由徐调孚校注、王国维次子王仲闻(化名"王幼安")校订的《人间词话》,分《人间词话》(即手定六十四则)、《人间词话删稿》(即部分未刊的手稿)、《人间词话附录》(包括《人

---

① 朴社,取意于清代"朴学"的同人出版社,由郑振铎领衔创设于20世纪20年代初,主要成员有顾颉刚、俞平伯、范文澜、唐兰等。
② 王国维《致陈乃乾》,《书信》第420页。

间词》甲乙稿序及王国维有关诗、词、戏曲的眉批、评语等）三大部分，于20世纪60年代初列入《中国古典文学理论批评选辑》刊行①。这是收录最为完备，校注最为精审，也是得到学界认同的《人间词话》校注本，世称《人间词话》"通行本"。

进入20世纪80年代，尘封七十多年的《人间词话》手稿整理出版，开拓了《人间词话》及其"境界"说研究的新视野，形成了新的研究热点。尤其是在新世纪以来的"国学热"中，《人间词话》成为"国学"基本读物之一，由学者的书斋走入了大中学校的课堂，以至寻常百姓之家；其流行之广，影响之大，是前此任何一种词（诗）话文论所不能比拟的。

不过，我们在新的历史条件下，按照王国维的"探本"要求重新解读《人间词话》，有必要指出这样几点：

首先是何谓"境界"？王国维的原话是：

> 词以境界为最上。有境界则自成高格，自有名句。五代、北宋之词所以独绝者在此。②

我们认为，这则包含了丰厚的美学意蕴的词话，就其对诗词文学而言，有着三个层次的内涵。第一层，"有境界"之词必须自成高格。王国维称颂屈原、陶潜、杜甫、苏轼等大诗人"苟无文学之天才，其人格亦自足千古"；又赞扬文天祥词"风骨甚高，亦有境界"。"风骨"即由"文格"所表现的"人格"，惟"人格"与"文格"统一，才称得上"有境界"。第二层，有境界之词，必须有名句。王国维虽未为"名句"下定义，但在多则词话中论说了"有句""无句"，"有句"即"名句"。他认为，"惟李后主降宋后之作，及永叔（欧阳修）、子瞻（苏轼）、少游（秦观）、美成（周邦彦）、

---

① 徐调孚校注《人间词话》，开明书店1939年初版；经王幼安校订之《人间词话》，与况周颐《蕙风词话》合为一册，人民文学出版社1962年版。
② 《人间词话》手定稿之一，手稿之三一，"摘稿"与此文字悉同。

稼轩（辛弃疾）数人"之词达到了"有篇有句"，可见他对境界的"名句"要求之高；而他自评《人间词》"名句间出"，说明他追求境界，端惟于"名句"下功夫。当然，王国维以"境界"涵盖整部中国词史，也有其不可避免的偏颇。这就是第三层，所谓有境界之词必须"独绝"于一时代而重北宋，轻南宋及其后之词。事实上，南宋李清照、陆游，与北宋欧、苏诸家，应该是各有千秋；"有篇有句"的有境界之词，并不"绝"于五代、北宋。

第二，所谓"隔"与"不隔"之论。《人间词话》的理论核心是"境界"，而以"真"为审美标准。王国维是以设问的方式提出"'隔'与'不隔'之别"①。据我们稽核，这则词话的手稿上，最初所写开宗明义的第一句是，"问真与隔之别。"尔后将"真"改为"不隔"。故他以"隔"与"不隔"对举，其实就是真与不真，形成了一个"二律背反"的美学命题。为帮助读者领略他的"不隔"就是"真"的本意，兹将这则词话原文迻录如下：

> 问"隔"与"不隔"之别，曰：陶、谢之诗不隔，延年则稍隔矣。东坡之诗不隔，山谷则稍隔矣。"池塘生春草"、"空梁落燕泥"等二句，妙处惟在不隔。词亦如是。即以一人一词论，如欧阳公《少年游》"咏春草"上半阕云："阑干十二独凭春，晴碧远连云。千里万里，二月三月，行色苦愁人。"语语都在目前，便是不隔；至云"谢家池上，江淹浦畔"，则隔矣。白石《翠楼吟》"此地。宜有词仙，拥素云黄鹤，与君游戏。玉梯凝望久，叹芳草、萋萋千里"，便是不隔；至"酒祓清愁，花销英气"，则隔矣。然南宋词虽不隔处，比之前人自有深浅厚薄之别。②

要之，"不隔"，就是"语语都在目前"；而"如隔雾看花"或"雾里看花"，就是"隔"。为了论证这一命题，王国维除取北宋东坡（苏轼），

---

① 《人间词话》手定稿之四〇、手稿之七六、摘稿之二一。
② 《人间词话》手定稿之四〇、手稿之七六、摘稿之二一。

山谷（黄庭坚）对举之外，又上溯魏晋南北朝，以陶渊明、谢灵运的诗，作为"不隔"的代表；而以"铺锦列绣"、"雕缋满眼"的颜延年（《南史·颜延之传》）作为"隔"的代表。作品则除举谢灵运"池塘生春草"（《登池上楼》）、薛道衡"空梁落燕泥"（《昔昔盐》）为"不隔"之名句外，他还特从《古诗十九首》里举了"生年不满百，常怀千岁忧。昼短苦夜长，何不秉烛游"、"服食求神仙，多为药所误。不如饮美酒，被服纨与素"，以为"写情如此，方为不隔"。又举陶潜"采菊东篱下，悠然见南山。山气日夕佳，飞鸟相与还"（《饮酒》之五）、"天似穹庐，笼盖四野。天苍苍，野茫茫，风吹草低见牛羊"（《敕勒歌》），以为"写景如此，方为不隔"①。可以这样说，整部词话，论述古近诗人作家及相关诗词作品，其举证之精到，鉴赏之精审；还有，以"一人一词"论"隔"与"不隔"，如欧词《少年游》"咏春草"，姜词《翠楼吟》，皆名篇佳构，而既赏其所以"不隔"，又辨其"隔"于何处；凡此，俞平伯所谓"评衡论断之处，俱持平入妙，铢两悉称，良无间然"，洵非虚言耳。俞氏还说，他原想"得暇引申其义，却恐'佛头着粪'，遂终不为"。令人发噱的是，在当今商潮中涌入书市的各色新印《人间词话》，为求快速市场效应，有的干脆让词话"退居二线"，而将各家注本中补录的诗词变成正文跃上"第一线"，蜕变成了《人间词录》；更有甚者，还加以花花绿绿的"诗画配"，致整部《人间词话》成了庸劣的仕女画展出"平台"，其本末倒置，可谓"佛头泼粪"了！

让我们回到本题。应当看到，自《人间词话》问世以来，"隔"与"不隔"之论，不仅是一个重大的美学命题，也是近现代文论上的著名论题。王国维自己评文论诗，惟"真"是从。所谓"词人者，不失其赤子之心"；尼采谓"一切文学，余爱以血书者"，甚至认为"后主（李煜）则俨有释迦、基督担荷人类罪恶之意"等等，都是立足于"真"。不过，也应当如实指出，从文艺鉴赏上来看，王国维以"不隔"为"有境界"之标准去"硬

---

① 《人间词话》手定稿之四一、手稿之七九。

扣"诗人、作家,有时也会落入"酷评""苛责"。由于他认为"南宋词虽不隔处",比之"前人"即唐五代、北宋词仍有"深浅厚薄之别",所以,在他看来南宋史达祖、吴文英、张炎诸家"写景之病,皆在一'隔'字";即使是对词的写作有较高成就的姜夔,称"白石写景之作","如雾里看花,终隔一层"等等,不免偏颇。

第三,是《人间词话》与西方文艺美学之关系。王国维的这部词话,词论、词品、词人、词史,四者交错,从形式到内容,纯然是中国化的。同时,他又是站在20世纪初的学术前沿,感受了世界文化思潮,当写作《人间词话》之际,他通过主编《教育世界》,倾注了很大的热情译介西方的诗人、小说家、戏剧家之生平及作品。除了他很早就热衷的歌德、席勒,以及托尔斯泰之外,仅1907年,就有"第二之自然"的"客观诗人"莎士比亚(《莎士比传》);"强于情者"的"主观诗人"拜伦(《白衣龙传》);"罗曼派之骁将"的史蒂文森(《英国小说家斯提逢孙传》);以及"描出人间心理之个性"的德国先锋派戏剧家海倍尔(《戏曲大家海别尔》)等等。所以,当词话写作之初,他虽无意于树立"里程碑",却在"兴到而作"中开启了"一代之文学"的新理论。他围绕着"境界"说而论述"造境"与"写境"、"观我"与"观物"、"有我"与"无我"、"理想家"与"写实家"、"主观之诗人"与"客观之诗人"等等,无不观照中西、"博采"西洋、力图"化合"的结果;其见解之超前,则为"五四"新文学之"人生"与"创造"所证实。他勇于引入新思潮,汲取新观念,无论是词话写作之初,还是问世之后,他断然斥责"崇洋媚外",当然也不存在"西方化"问题,而是以中西"化合"针砭时弊,诸如论述"优美"与"壮美",力斥"玉体横陈"的"眩惑";论述"情语""艳词",痛诋"奶奶兰心蕙性"之类"儇薄";论述"忧生"与"忧世",强调"自然及人生",反对"游戏人生"等等,至今未失其思想光芒。所以,他的《人间词话》在品词论人方面尽管有某些偏颇,但他的论述无不立脚于"弘大处"而着力于"精微处",诸如"轻视外物"与"重视外物"、"入乎其内"与"出乎其外"、"诗人之眼"与"政治家之眼",以及借屈原《离骚》述"修能"尤重"内美"等等,莫不充满了现代的科学辩证精神,真可谓见时人所未见,发前人所未发。

　　经历了一个世纪的岁月推移而愈显其光彩;在时代变幻、岁月更迭中葆其鲜活的生命力;王国维在"三十而立"之年写的这部词话,堪称文论的明珠,不朽的经典。

第七章　在"学学山海居"里耕耘

使已死未死之鬼，作不死之鬼，得以传远。
　　　　　　　　——钟嗣成《录鬼簿·序》

一　北京安家

继《人间词话》之后，王国维开始了戏曲史的研究。这个期间，他的家庭生活也发生了很大的变化，这对他后来的学业不无相当关系，所以我们有必要先作扼要的记述。

就像他在词里写的，"故乡罕乐况他乡，人间何地着疏狂。"（《浣溪沙·曾识卢家》）他初到北京时，单身寄寓罗家，犹不失少年疏狂。在与罗氏家人的相处中，不乏传闻佳话。尤其是罗氏长婿刘季英，曾留学日本，通英、日文，既是王国维在上海东文学社的少年窗友，此时又同在学部图书编译局任编译，且雅好文哲诗词，随身带到北京的书籍，就有曾为王国维"伴侣"的英译本《叔本华文集》，尼采《查拉斯图拉如是说》，及康德《纯粹理性批判》等。在诗词方面，刘季英虽无乃父刘鹗那般的文采风流，但也甚喜好。笔者曾见他早年写赠小姨"巽妹"（罗氏侄女罗守巽）的诗作，潇洒脱俗，颇有铁云遗风。被王国维写于《人间词话》手稿卷首的《戏效季英作口号诗》六首，就"效"出了刘氏诗风，如其第一首：

舟过瞿塘东复东，竹枝声里杜鹃红。

白云低渡沧江去,巫峡冥冥十二峰。

还有一首《蝶恋花》:

窈窕燕姬年十五。惯曳长裾,不作纤纤步。众里嫣然通一顾,人间颜色如尘土。　　一树亭亭花乍吐。　　除却天然,欲赠浑无语。当面吴娘夸善舞,可怜总被腰肢误。

这首词,反映了王国维求"真"重"天然"的美学趣味,历来受词家赞赏。刘蕙孙先生曾在给笔者的一封信里说,那时,罗家对面有个"老虎灶",店主是旗人,女儿才十五六岁,穿紫色长裙,露了双天足,长得颇有几分姿色,还与常去"老虎灶"打水的罗家男仆好上了。他父亲刘季英见状,即兴口吟两句:"窈窕燕姬年十五,惯曳长裾,不作纤纤步。"笑着请王国维续成一词。王国维欣然命笔,写成了这首《蝶恋花》[1],并补入了他正在编辑的《人间词甲稿》。

尤见兴致的是,晚上从学部下班归来,王国维常与罗氏长子君美(罗福成)及刘季英结伴,去宣外街上喝"大酒缸"。一碟花生,一碗酒,旧时京城里的车夫苦力,每以此解乏。据刘蕙孙听他父亲刘季英说,大酒缸没有南酒,只有白酒,三人又不能饮,往往一杯半杯就红鼻子、红眼眼而归;所以这样,王国维自称为着寻觅"高阳酒徒"的风味。[2]顺便补一笔,王国维嗜烟,颇与鲁迅相近,且从青年留学日本时就开始了,后来销行市面的"红锡包"、"哈德门"之类中档烟,一天不下一两盒;但他不善饮却硬要充"高阳酒徒"。他的率真,情趣,哪有什么"不食人间烟火"的"超人"状呢!

---

[1] 刘蕙孙1981年4月19日致笔者书札。
[2] 刘蕙孙《我所了解的王静安先生》,《王国维学术研究文集》第三辑,华东师范大学出版社1990年版,第460—461页。

但是，王国维单身在他乡的这种"疏狂"岁月，很快被接踵而来的家庭变故冲失了。就在他父亲去世不久，从海宁家中传来凶讯：他的夫人莫氏病危！

时为1907年夏六月。

王国维迅即从北京动身。那时，津浦铁路尚未兴建，他只能乘船走水路。盛暑炎夏，颠簸了半个来月，踏进家门，俯身病榻，莫夫人已处于弥留之际。他的另一首《蝶恋花》，应为纪实之作：

> 冉冉蘅皋春又暮。千里生还，一诀成终古。自是精魂先魄去，凄凉病榻无多语。　　往事悠悠容细数。见说来生，只恐来生误。纵使兹盟终不负，那时能记今生否？

罗振常批曰："此首悼亡。"[①]至确。词云"春又暮"，乃是他为父服丧，至本年暮春三月才离家北上，与已怀身孕的莫夫人依依惜别；孰料，仅隔数月，就成永诀！他只能对着"精魂先魄去"的弥留中的爱妻相约来世，再结同心[②]。可谓字字断肠。

莫氏出身于距盐官仅三里的春富庵一个乡镇商人之家。1896年冬与王国维结婚，婚后琴瑟和谐，感情甚笃，先后生育过五胎六子女。头胎一女，生下即夭折；中生三子：潜明、高明、贞明；临终前生下双胞女婴，是第五胎，婴儿未成活，她却染了"产褥热"[③]。王国维抵家急着为她延医用药，但已不及救治而亡，年仅三十四岁。

莫氏病故，距乃誉公去世不足一年，王国维愈感悲怆。但他忙于生计，料理完丧事，秋七月间匆匆赶回北京。他仰望星空，悲从中来，又填了首《菩

---

① 罗振常批《人间词乙稿》，据手迹。
② 嗣后，王国维自编《苕华词》，此首上片"冉冉蘅皋"等两句，改为"落日千山啼杜宇。送得归人，不遣居人住"。下片"见说来生，只恐来生误"，改为"见说他生，又恐他生误"。词愈委婉沉郁，惟难理会初作时悲痛，故仍录初作。
③ 据王东明《读父亲年谱有感》，打印稿。

萨蛮》：

> 高楼直挽银河住，当时曾笑牵牛处。今夕渡河津，牵牛应笑人。
> 桐梢垂露脚，梢上惊乌掠。灯焰不成青，绿窗纱半明。

罗振常批曰："当是悼亡。"[①] 词云"当时曾笑牵牛处"，盖取典于李商隐吊杨贵妃的《马嵬》诗："当时七夕笑牵牛。"王国维追忆与莫氏婚后十年间，赴上海，去日本，任教南通、苏州，又来北京谋生，无年不在外奔波，当时青春年少"笑牵牛"，而今遥望银河，只能对天而泣了！

自秋至冬，王国维思念着亡妻。莫夫人的倩影，时现于面前。孤灯下，他情不自禁地填了首《谒金门》：

> 孤檠侧，诉尽十年踪迹。残夜银釭无气力，绿窗寒恻恻。　　落叶瑶阶狼藉，高树露华凝碧。露点声疏人语密，旧欢无处觅。

此首"诉尽十年踪迹"对应着上首"牵牛应笑人"；"绿窗寒恻恻"，则与上首"绿窗纱半明"相蝉联，盖取意于马致远《汉宫秋》第三折《梅花酒》："泣寒蛩，绿纱窗。"他在这恻恻悲思中眼看春节将到了，更惦念着家中几个失去了母亲的孩子。恰值此时，从海宁家中又传来讣告：他的继母叶太夫人病故。

王国维夫人潘丽正遗照

叶太夫人逝世于腊月二十日（1908 年 1 月 23 日）。除夕之夜，王国维还在归途中。他归家办完丧事，一筹莫展。这时，莫夫人留下的三个孩子：长子潜明稍懂人事了，也才九岁（1899 年生）；次子高明六岁（1902 年生），三子贞明仅三岁（1905

---

① 罗振常批《人间词乙稿》，据手迹。

年生）。他自己刚过"而立"之年。该怎么办？亲友们莫不劝他选一门合适的亲事续娶。他的岳母莫老太太，关心尤甚。据王东明追忆说，莫外祖母早年丧夫守寡，原本把"全副精神寄托于女儿身上"，不想惟一可寄托的爱女忽然病故。老人出于对几个年幼的小外孙的爱怜，当然比谁都操心女婿的续娶之事，并"自为大媒"。婚期定在正月二十九日（1908年3月1日）。新娘潘丽正，时年二十二岁，与莫夫人同为海宁春富庵人，且为莫氏表甥女；其父潘祖彝（鹿鸣）是位秀才，故"幼承庭训，知书达礼，为莫外祖母所激赏"。莫老太太既亲自选定潘夫人，潘夫人对莫老太太则事之如生母，养老送终，"竭尽做孝女的本分"。①

又是暮春三月了，王国维在岳母莫老太太亲自陪伴下，带着新婚的潘夫人和三个年幼的儿子，还有莫夫人生前女佣钱妈，举家迁往北京。抵京后，王国维在离罗家不远的宣武门内新帘子胡同租了个四合院安家。从此，结束了他长期在外的独身生活。潘夫人是位贤妻良母型的年轻主妇，对莫夫人所生的几个孩子如同亲生的一样。王高明在结婚成家后诫其妻曰："吾辈弟兄，赖继母抚育成长，费尽心思。汝须尽子妇之责，毋得相慢。"② 这是从操持家政说。而在成就王国维的学业上，恰如王东明所说，"先父这一生，如无两位母亲先后为他处理家务，无内顾忧，恐怕不会有那么辉煌的成就。"③

二 "学术转向"中的第一著：《戏曲考原》

王国维开始从事戏曲史研究的时候，正值他的学术取向由西转中，学

---

① 以上均据王东明回忆。潘夫人于1965年病逝于台北医院。关于王国维原配莫氏与续配潘氏之关系，过去颇多不实的传闻之词。据王东明说，潘、莫两家外祖母系姑侄，均出春富庵董家。莫夫人为姑母所出，是莫家独生女；潘夫人则为侄女所生，故潘氏应为莫氏表甥女。谨一并附记于此。
② 罗守巽《回忆王观堂及其一家》，1988年守巽老人临终前写赠笔者的手稿。
③ 王东明《为母亲说几句话》，《追忆王国维》。中国广播电视出版社1997年版，第468页。这是很中肯的。

术志趣由哲学转为文学,并且一度在做诗人,还是做哲学家之间游移。按照他自述,"余疲于哲学有日矣。哲学上之说,大都可爱者不可信,可信者不可爱。余知真理而余又爱其谬误。"为什么会有这样的矛盾呢？他说：

> 伟大之形而上学,高严之伦理学,与纯粹之美学,此吾人所酷嗜也。然求其可信者,则宁在知识论上之实证论,伦理学上之快乐论,与美学上之经验论。知其可信而不能爱,觉其可爱而不能信。此近二三年中最大之烦闷,而近日之嗜好所以由哲学而移于文学,而欲于其中求直接之慰藉者也。(《三十自序》二)

这时,他还写了首《蝶恋花》：

> 黯淡灯花开又落。此夜云踪,究向谁边着？频弄玉钗思旧约,知君未忍浑抛却。　　妾意苦专君苦博。君似朝阳,妾似倾阳藿。但与百花相斗作,君恩妾命元非薄。

王国维的前半生,他三十岁以前的诗文作品,都表明了他是一位思想深邃的学者,又是多情的诗人。他的这首词,表面上看,似写少妇闺怨的情诗,有的注家因而将其视为"专作情语而绝妙者",且在"情语"上有"开拓之功"的佳作之一。实则,此乃误读。词中所谓"今夜云踪,究向谁边着",不过是词家惯技,借"情"述"志",抒发了王国维自己在"可爱"与"可信"、"真理"与"谬误"间无所适从的"烦闷",以及他由哲学而移"情"于文学：

> 要之,余之性质,欲为哲学家则感情苦多而知力苦寡；欲为诗人,则又苦感情寡而理性多。诗歌乎？哲学乎？他日以何者终吾身,所不敢知,抑在二者之间乎？(《三十自序》二)

读过西方文学与美学史的读者，大概都能记得席勒，记得被恩格斯称为"时代号筒"的"狂飚突进"时期的这位代表诗人在致歌德的信中，表述他在"诗人"与"哲学家"之间徘徊，"在哲学思考与诗的领域里都显得有些勉强"的矛盾心态①。但是，一般的读者，包括评述王国维文艺美学的研究者，却很少甚至完全不知他与席勒是如此之相近相似，因而被称为在古代与近代文学的转型中，与席勒一样"提高近代文学之位置"的"吾国之席勒"②！事实上，王国维不但在自己的美学、教育论文中多次引述席勒，而且在论述以屈原为代表的"南方学派"之诗歌（即楚辞）时，提出"诗歌者，描写人生者也"，特别注明："用德国大诗人希尔列尔（按，即席勒）之定义。"③而《人间词话》关于"造境"与"写境"，及与之相应的"理想与写实二派之所由分"；强调"大诗人所造之境，必合乎自然，所写之境，亦必邻于理想"，故"虽写实家，亦理想家也"，"虽理想家，亦写实家也"等著名论述④，就其所汲取的西方美学思想资源而言，与席勒显然也是密切不可分的。不惟如此。王国维还曾通过《教育世界》译介了"世称'哲学诗人'"的席勒生平及其作品，尤其是戏剧（详后）。他自述，"近年嗜好之移于文学，亦有由焉，则填词之成功也。"又说，"因词之成功而有志于戏曲，此亦近日之奢愿也。"（《三十自序》二）可见他之所以"移"志，乃是由于直接感受了与席勒相近甚至是相同的"感情"与"理性"的矛盾。

灯花黯淡，探索，追求，王国维终于摆脱学术"烦闷"，在中西交汇中跨进了一个"但与百花相斗作"的新园地。作为实施他的"移"文"志"曲之"奢愿"的最初尝试，他写出了与《人间词话》同时问世的《戏曲考原》。

---

① 朱光潜《西方美学史》下卷，《朱光潜全集》第七卷，安徽教育出版社1991年版，第92页。
② 《王静安先生之文学批评》，《浦江清文史杂文集》，清华大学出版社1993年版，第7页。
③ 《屈子文学之精神》，《静庵文集续编》，《遗书》第五册。
④ 以上关于"理想"与"写实"之论，参见《人间词话》手定六十四则之二、五。

但是，长期以来，由于《人间词话》的巨大成功，掩盖了与之同步连载于《国粹学报》的《戏曲考原》①。实际上，这是王国维"志于戏曲"的第一部专著。而且，就其写作的起点来看，《考原》乃是脱胎于《词话》。试看其开头：

> 《楚辞》之作，《沧浪》《凤兮》二歌先之；诗馀之兴，齐梁小乐府先之。独戏曲一体，崛起于金元之间，于是有疑其出自辽金而与前此之文学无关者，此又不然。尝考其变迁之迹，皆在有宋一代。但由金元人音乐上之嗜好而发达耳。

这段开头话，实为《戏曲考原》的小序。我们再看《人间词话》手稿，就有"《沧浪》《凤兮》二歌，已开《楚辞》体格"的论述②，可证王国维论俗的"曲"，本于雅的"辞"；考戏曲之源，连贯着话诗词文学。他从一开始就站正了"志于戏曲"的立脚地。

再看其结尾：

> 此文本词话中之一节，故但录乐语；其各词本，因文太长，且已见各家所录本中，故不重录。君子观此舞之变而为剧，与词变而为曲之原委，或得稍明于世乎！

在这段跋文式的结语中，所谓"此文"，即指《戏曲考原》；"本词话中之一节"，则指《人间词话》；盖因《戏曲考原》与《人间词话》同刊于《国粹学报》，故略称之耳。

那么，所称"词话中之一节"又是指哪一节呢？就是被王国维写入《人

---

① 《戏曲考原》（后改"原"为"源"），《遗书》第十五册；初刊于《国粹学报》第48期（1908年11月）、50期（1909年1月）；经改定，重刊于宣统元年（1909年）罗氏辑印之《晨风阁丛书》。
② 《人间词话》手稿之一一〇，通行本《人间词话》删稿之三十九。

间词话》的《挥麈录》载曾布作《冯燕歌》，及与此相关的论述；还有《啸馀录》列之于词曲之间的宋代"致语"，及与此相关的论述。[①] 被后来的校注者称为"删稿"的这两则词话，在《人间词话》的手稿上是接连着写的，故王氏谓之"一节"，并已被他自己在手定词话时圈去。当然，这并不表明此"一节"不重要，而是由于作者已据此改写成了《戏曲考原》之故。换言之，"本"为"一节"的这两则词话，实乃《戏曲考原》之"母本"；更进而言之，《人间词话》是以"手定本"第一则"词以境界为最上"，作为论词之核心；《戏曲考原》则是以小序后第一句"戏曲者，谓以歌舞演故事也"，作为全考之发语，他后来关于"真戏剧"的论说，实在也滥觞于此。

但是，如前所述，王国维是在由哲而文、由西转中的学术转向中"志于戏曲"，故他对中国戏曲也有一个逐步认识的过程。例如，他在这一时期（1906—1907）的《教育世界》载文译介了"客观之诗人"莎士比亚的三十多部戏剧，引举了曾被林纾以古奥的文笔译出的"通例称为四大悲剧"的《哈姆莱特》（Hemlet，林译《鬼诏》，1602年）、《奥赛罗》（Othello，林译《黑瞀》，1604年）、《李尔王》（King lear，林译《女变》，1605年）、《麦克白》（Macbeth，林译《蛊征》，1606年）。尤其推崇被他称为"世界的文豪"席勒之戏剧论说及其以英雄传说为题材的戏剧作品，说他"二十五岁时著一论，谓剧场教育之势力不亚于学校"；称赞其《强盗》《阴谋与爱情》《威廉·退尔》等名剧中之"爱人道、爱正义、爱自由、爱国家"的"四爱"精神，因而成为学校教科书[②]。就这样，他一面赞美"西洋之名剧"，强调戏剧"深远广博之感化作用"；一面又有了中国的戏剧"尚在幼稚之时代"的感叹，说：

---

① 以上两则词话，现编为《人间词话》手稿之八十八、八十九，参见陈鸿祥编著《〈人间词话〉〈人间词〉注评》。江苏古籍出版社2002年版，第294—297、298—299页。
② 《教育家之希尔列尔》，《教育世界》第118号，丙午正月（1906年2月）。按，所谓"二十五岁时著一论"，即席勒早年所撰《论剧院作为一种道德机关》（1784年）。

余所以有志于戏曲者，又自有故。吾中国文学之最不振者，莫戏曲若。元之杂剧，明之传奇，存于今者尚以百数，其中之文字虽有佳者，然其理想及结构，虽欲不谓至幼稚，至拙劣，不可得也。国朝之作者，虽略有进步，然比诸西洋之名剧，相去尚不能以道里计。此余所以自忘其不敏而独有志乎是也。（《三十自序》二）

王国维的这种"中不如西"的"幼稚论"诚然是片面的，或者说其本身就是中西比较中的"幼稚病"，反映了他对欧洲"文艺复兴"以来，近代西方戏剧艺术的欣羡。他所谓的"感化作用"，实即席勒主张的诗歌、戏剧都必须具备"教化力"（bildende kraft）的基本美育主张[①]。这表明，王国维目睹晚清国势衰颓，社会腐败，故特别赞赏席勒以戏剧作品"鼓舞人民爱国之心"。他又是本着"振兴中国文学"的意愿"志于戏曲"的，只是由于"词之于戏曲，一抒情，一叙事"，两者性质有异，难易不同，故他虽取得了"填词之成功"却又自感未必因而能做成功的戏剧家，终于放弃了自己动手创作戏曲的初衷，而以"兼通世界之学术"的眼光从事戏曲史的研究。

三 "学学山海居"里的奠基作：《曲录》

从纯粹学术的角度上看，摒斥于正史之外的戏曲，竟然把王国维带入了又一个"大学问"的新境界！

何谓"大学问"？不炫博，不卖弄；不逞智巧，不媚时俗；"大学问"之所以大，完全在于"小"处下功夫，"实"处见真知。王国维的戏曲史研究就是如此。他信奉"知识论上之实证论"，并且以"实证"的方法，"实证"的功夫，写就了他的戏曲史研究的奠基之作《曲录》。他自述写作缘

---

① 参见冯至、范大灿译《审美教育书简》，北京大学出版社1985年版，第25页。

起，说：

> 余作《词录》竟，因思古人所作戏曲，何虑万本？而传世者寥寥。正史艺文志及《四库全书提要》于戏曲一门既未著录，海内藏书家亦罕有搜罗者。其传世总集，除臧懋循之《元曲选》、毛晋之《六十种曲》外，若《古名家杂剧》《盛明杂剧》等，今日皆绝不可睹；馀亦仅寄之伶人之手，且颇遭改窜以就其唇吻。今昆曲且废，则此区区之寄于伶人之手者，恐亦不可闻矣。……①

可以这样说，王国维由词及曲，"词话"与"考原"并蒂，"录词"与"录曲"蝉联；当他感叹"中国文学之最不振者"莫若戏曲时，他只提到"存于今日"的元之杂剧、明之传奇尚有"百数"；由于撰《词录》，他数典追宗，推测元明以来创作的戏曲作品何止"万本"，却一直不被重视，遭到冷落，以至成千上万的曲名剧目湮没无闻。他终于悟到：中国文学之"最不振"者，并非戏曲，而是对戏曲史的研究，实在还是个空白！

还应指出，王国维撰《曲录》乃是他从事戏曲史研究的一项基础工程。为此，他先后交结了一批在京的学者闻人，亦多雅好词曲、热衷收藏的饱学之士。其中有触发他"搜录考订"《词录》的《宋金元现存词目》辑录者吴昌绶②；有同在学部供职、后为北洋政府教育部长的藏书家傅增湘（沅叔）；有时任京师图书馆馆长、以"艺风堂"名其书室的缪荃孙；还有时任刑部主事、以起草《大清刑律》著称却热衷收辑戏曲的董康（授经），以及以"暖红室"之名辑印词曲的藏书家刘世珩（聚卿），等等。我们也不妨说，王国维凭借着他所在的学部编译图书局这个学术平台，与他们互

---

① 《曲录自序》，《观堂别集》卷四，《遗书》第四册。
② 吴昌绶（1868—1924），字伯宛，甘遯，号松邻，出身于杭州（仁和）藏书之家，清光绪举人，曾任内阁中书，以"仁和吴氏双照楼"刊印宋、金、元、明词享誉学界，亦精金石之学，曾为《铁云藏龟》作《序》；辛亥革命以后，吴氏参与编纂《清史稿》，其中《后妃传》即据其所撰《清帝系后妃皇子皇女四考》撰写，并经他审定。

商学问，交流藏书，实际上主要是围绕着他辑撰《曲录》，借以不断充实与完善这个戏曲史研究的基础工程。例如，王国维一度认为"绝不可睹"的《盛明杂剧》，不久就被他从北京的书坊购得了《初集》，后由董康将其所得《二集》合为《诵芬室丛刊》影印；而久已绝迹的《曲品·传奇品》抄本，则是王国维从刘世珩藏书中借得的，并由他亲自手抄、作跋，补入了《曲录》书中（卷六）。

当然，与上述诸公相比，才过"而立"之年的王国维不惟年龄上属"晚辈后学"，况且刚在北京安家，有限的"俸给"要养活妻儿老少，他哪来多少闲钱去访古觅宝、购买珍稀的所谓"宋椠元刊"名家典藏？然而，"不胜古人，不足以与古人并"，岂止填词如此？在词曲收集与研究方面，他同样执著，同样发愤要胜出前人，说：

> 钱遵王、黄荛圃，学问、胸襟、嗜好，约略相似，同为吴人，又同喜搜罗词曲。遵王也是园所藏杂剧至三百馀种，多人间稀见之本；复翁所居，自拟李中麓"词山曲海"，有"学山海居"之目，然其藏曲之见于题跋者，仅元本《阳春白雪》，明·杨仪部《南峰乐府》数种，尚不敌其藏词之精且富也。①

以上三位，确非等闲：钱遵王即清初藏书家钱曾，字遵王，号"也是翁"，是风靡于今的陈寅恪《柳如是别传》中大名士钱谦益族孙，以《也是园书目》驰名学界；黄荛（尧）圃，名丕烈，号尧圃，又号复翁，是继钱氏之后的另一位藏书家，有《士礼居藏书题跋》等书传世；钱、黄二位，均喜好收藏词曲，尤其是元明杂剧，而那位号称"词山曲海"的李中麓，即李开先，明嘉靖进士，官至太常寺少卿而"工戏曲"，收藏词曲之外，且为明代剧作家，著有《中麓乐府》及杂剧《宝剑记》等。

王国维追思前贤，为他在新帘子胡同的居处取名"学学山海居"，并

---

① 《录曲馀谈》，《遗书》第十六册。

刻有"学学山海居藏书"章。这是借意于"百川学海而至于海,丘陵学山而不至于山"。他要取法前人而不为前人所囿。于是,他在"长夏苦热"中作"《词录》竟",接着辑撰《曲录》,决意在戏曲史研究领域里"凿空而道"。他有一首《蝶恋花》:

> 月到东南秋正半。双阙中间,浩荡流银汉。谁起水精帘下看?风前隐隐闻箫管。　　凉露湿衣风拂面。坐爱清光,分照恩和怨。苑柳宫槐浑一片,长门西去昭阳殿。

此词作于1908年仲秋①。从字面上看,似写"宫怨"。有的注家因而揣测词中"影射"光绪与珍妃"情事",那就纯属好事者的臆断了。实则,上片"谁起水精帘下看?风前隐隐闻箫管",殆指唐明皇梦忆"按霓裳舞六幺,红牙箸击成腔调",在长生殿欢会杨贵妃。此即白朴的代表作《唐明皇秋夜梧桐雨》(简称《梧桐雨》);下片"苑柳宫槐浑一片,长门西去昭阳殿",盖"长门""昭阳",原为汉代皇后所居宫殿,意寓汉元帝在秋夜的深宫中追怀被迫出塞和番的王昭君。此即马致远的代表作《破幽梦孤雁汉宫秋》(简称《汉宫秋》)。这都是备受王国维激赏而写入《曲录》卷首的元代杂剧名著,其中的《秋夜梧桐雨》剧,更被他推为"沉雄悲壮,为元剧冠冕"。②

"回廊小立秋将半,婆娑树影当阶乱。"这是王国维在辑撰《曲录》之际,趁兴而作的另一首词(《菩萨蛮·回廊小立》),取景"回廊",实出《梧桐雨》之长生殿"转回廊"、《汉宫秋》之"绕回廊,近椒房";而此词之"秋将半"即指七月,与上述词中"秋正半",时序相续。他经入秋以来近两个月手不停披地辑录,到1908年八月中秋之际,撰成了《曲

---

① 罗振常为此词及后引二词作《跋》,云:此三首戊申(1908年)作,观堂曾以此三词"为余书箑也"。据《观堂诗词汇编》,上海蟫隐庐书店刊本。
② 《人间词话》手定稿六十四则之六十四。

录》前二卷,并在"坐觉清秋归荡荡,眼看白日去昭昭"的秋光里作《序》,综述自号称"词山曲海"的明代李中麓以来,戏曲聚散情状,历数他本人查考清代辑录戏曲的几部主要著作,如录入《扬州画舫录》的黄文旸之《曲海》、焦循之《曲考》及无名氏之《传奇汇考》等。据他统计,黄氏《曲海》"通杂剧、《传奇汇考》共一千零十三种",焦氏《曲考》仅增出六十八种;而经他辑录其他诸家曲目及藏书家目录,"粗为排比,成书二卷",竟得二千二百二十本,较黄氏之书"增逾一倍"。其惊喜之状,溢于言表。

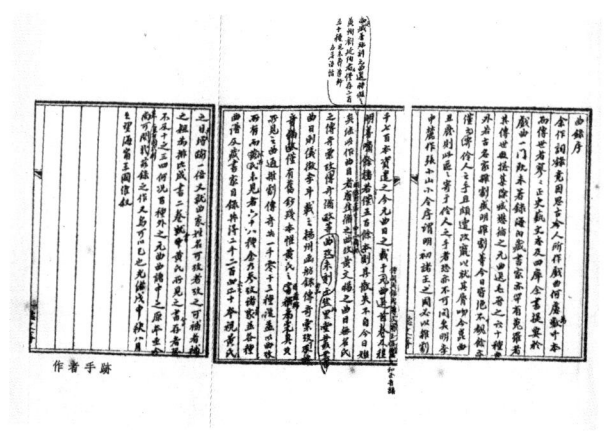

王国维《曲录自序》手稿

然而,王国维研究学问强调做"第一流之作者",故特注重"第一手之材料"。他当然不会停留在"粗为排比"的二卷之书上。他继续查访戏曲史料,进一步增补、丰富曲目。例如,他从北京旧书坊购得无名氏《传奇汇考》、明代郭勋编《雍熙乐府》;向刘世珩借抄《曲品·新传奇品》,等等。又经近十个月的功夫,终于撰定了《曲录》全书,并在"宣统改元夏五月"(即1909年6月),再作一《序》,追溯宋元以来"戏曲之兴"的历史,概述"泗水潜夫纪武林之杂剧"(南宋·周密《武林旧事》),"南村野叟录金元之院本"(元·陶宗仪《南村辍耕录》),以及"丑斋点鬼"(元·钟嗣成《录鬼簿》)、"丹丘正音"(明·宁献王《太和正音谱》),开著录戏曲之风;备举"上自洪武诸王就国之装,下迄天(启)、崇(祯)

私家插架之轴"，从官府到私家搜藏戏曲之盛；尽管传世的戏曲作品仅见藏懋循之《元曲选》、毛晋之《六十种曲》，就连清初黄文旸进献朝廷的戏曲亦仅存总目（即《曲海》），这就愈显现有戏曲之可贵。他继而在《序》中"追原戏曲之作，实亦古诗之流"，指出"考古者征其事，论世者观其心，游艺者玩其辞，知音者辨其律"，这正是在历史变迁中戏曲存文献、系人文的价值所在；而他自己则由于"雅好声诗，粗谙流别，痛往籍之日丧，惧来者之无征"，所以要广搜博考，撰辑《曲录》，并宣称：

> 为书六卷，为目三千有奇。非徒为考镜之资，亦欲作搜讨之助。补三朝之志所不敢言，成一家之书，请俟异日。①

毋庸讳言，《曲录》既为王国维在他的"学学山海居"里从事戏曲史研究的奠基之作，当然还有待完备。全书六卷，前五卷为宋金杂剧院本、杂剧、传奇；第六卷则录载自明至清杂剧传奇总集（一人所著总集不录）、曲谱、曲目，凡一百零一种。就前五卷所录"三千有奇"的曲目而言，虽"纲举目张，有条不紊"，然有重出，有失考、失收、误载；故王国维后来回顾《曲录》之作，也认为"遗漏孔多"，"作者姓名、事实可考者尚多"，热切期待后人"补遗正误"。其最显著者，如钱曾《也是园书目》中有宋人话本《错斩崔宁》《冯玉梅团圆》等十二种，当王国维撰《曲录》时"犹不知其非戏曲"，故误录进了卷一《宋金杂剧院本部》。②

然而，《曲录》作为近代公认的第一部规模浩瀚、搜罗宏富、体制严谨的剧目汇编性著作，不仅为王国维考戏论曲、"成一家之书"的《宋元戏曲考》奠下了始基；其更重大的影响，还在于为深入发掘中国戏曲之丰富宝藏、研究独具光辉的中国戏剧历史，揭开了序幕。后来的研究者尽管

---

① 《曲录序》，《遗书》第六册。
② 参见胡适《读王国维先生的〈曲录〉》，《胡适学术文集·中国文学史》上卷，中华书局1998年版，第428—429页。

不断有新的发现,收辑的戏曲之数也远远超过了《曲录》①,但这并不能掩其为开了先河的创举。

四 学术遗迹:"词山""曲海"间的几项耕耘成果

准上所述,王国维名其居处"学学山海居",就有着"词山"与"曲海"之双重意蕴;而其《戏曲考原》既脱胎于《人间词话》,《曲录》则继《词录》而作,故就其隶属关系而言,前者属"子母篇",后者当然是"并蒂花"了。

所以,我们追踪王国维为"成一家之书"而致力于《曲录》及其他基础性的戏曲史专题研究业绩,对介于"词山""曲海"间的《词录》等几项耕耘成果,虽早已成了学术遗迹,但也应予以关注。

1. 独具文献价值的《词录》

无论是探究王国维在词学上的贡献,还是一般的词史研究,《词录》无疑是一部独具文献价值的专著。但非常遗憾,王国维生前仅在《曲录》自序开头"余作《词录》竟"之一语道及。赵万里在他身后撰年谱,曾详举其考曲录词诸作,包括《宋元戏曲考》提及而"今日不可得见"的佚失之作《曲调源流表》;惟对有稿本存世的《词录》,不置一词,致其书名亦湮没无闻。

20世纪80年代初,笔者为搜集观堂生平学术史料,走访前辈学人,拜谒了长期寓居沪上、时已八十多岁高龄的罗氏后人仲安老人(罗振常次女罗静),聆听老人娓娓而

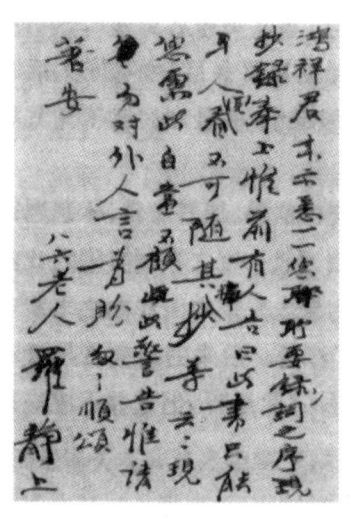

罗仲安老人致笔者函

---

① 嗣后,郑振铎撰《元明以来杂剧》总目,有所突破;王国维的海宁同乡庄一拂作《古典戏曲存目汇考》,汇辑戏文、杂剧、传奇计四千七百五十余种,较《曲录》又逾一半以上。

谈罗、王交谊，并慨然出示观堂写赠其父遯园公（罗振常）的手迹墨宝，真可谓大饱眼福；其中就有一部写在普通练习本上的完整手稿，即王国维未刊遗著《曲录》。别后不久，老人为勖勉后学，乃亲自抄录《词录序例》寄下，并附信殷嘱妥为保存。原信如下：

> 鸿祥君：来示悉一一。您盼要《词录》之序，现抄录奉上。惟前有人告曰：此书只能与人阅看，不可随其摘抄等，云云。现您需此，自当不顾此警告。惟请勿对外人言为盼。匆匆顺颂著安
> 　　　　　八六老人罗静上

本着对赵撰年谱"因其所是，正其所误，补其所阙"之精神，笔者撰观堂年谱，补入了《词录》；又遵仲安老人所嘱，仅提及《〈词录〉序例》及序中"聊用消夏"一语，以使读者略窥王氏遗著风貌①。现《词录》已公开刊行。② 谨将仲安老人当时手录《词录序例》参校原稿手迹，全文迻录如下：

> 长夏苦热，不耐深沉之思。偶得仁和吴昌绶伯宛所作《宋金元现存词目》，叹其蒐罗之勤，因思仿朱竹垞《经义考》之例，存佚并录，勒为一书。蒐录考订，月余而成，聊用消夏，不足云著述也。
> 　一、明人及国朝人词多散在别集，既鲜总汇之编，亦罕单行之本，一人见闻既惭狭隘，诸家著录亦一毫芒，故以元人为断。
> 　一、诸家词集有刻本者著刻本，无刻本者著钞本。刻本有以词单行者著单行本，无者著全集本。亦有刻本罕见而著某氏钞本者，单行本不足而著全集本者，求其当也。
> 　一、海内藏书家收藏词曲者昔不多觏，近惟钱唐丁氏、归安陆氏

---

① 参见陈鸿祥《王国维年谱》，齐鲁书社1991年版，第111页。
② 王国维《词录》，徐德明整理，学苑出版社2003年版。

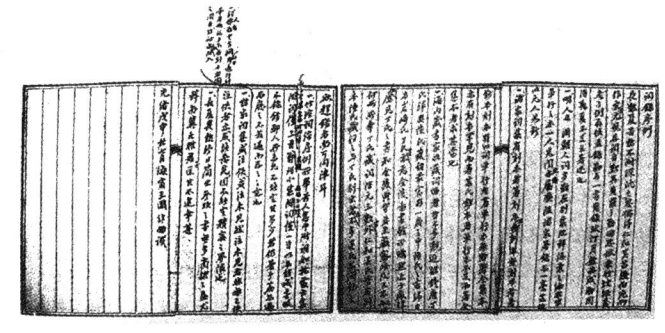

王国维《词录序例》手迹

藏词最富。乃一岁之中，陆氏之书归日本岩崎氏，丁氏书亦为金陵图书馆所购。然近于厂肆又屡见丁氏之书，知金陵典守并未严密，此后又不知流落何所。所幸丁氏藏词除元三数家外，仁和吴氏皆有副本，陆氏藏词之与丁氏别出者亦不多，吴氏亦间录之。欲赵录者，尚可问津耳。

一、竹垞《词综序例》所举前人集中附词，如《林处士集》附词、刘子翚《屏山集》附词，皆仅三首；罗愿《鄂州小集》、顾瑛《玉山璞稿》附词仅一首，以不能成书，故不录。馀鄙人所未见，不能定其多少者，仍著于篇，亦遇而废之，不若遇而存之之意也。

一、词人字里、官阀，其词无通行刻（按，刊本夺"刻"字）本者略注于下；有刻本者阙之，间有考证亦辄附入。

一、诸家词集或注佚，或注未见；然注未见者非无已佚，注佚者亦或能发见，固不能定精密之界限也。

一、长夏畏热，终日简出，参考之书无多，商榷之益尤鲜，尚冀大雅君子匡其不逮，幸甚。

光绪戊申秋七月，海宁王国维识。

《序例》不同于一般序文，是务实的。所列条例凡七款，虽专对《词录》而言；但其中所述，如第五款所述"遇而废之，不若遇而存之"，应视为史料蒐辑者所当遵循的一条普适性原则。又如，第六款所述"然注未见者非无已佚，注已佚者亦或能发见，固不能定精密之界限也"，于无意中道出了观堂一生学术之所重在于"精密"；盖"精密"者，科学也，最注重于严谨；而"未见者非无已佚"，"已佚者亦或能发见"两语，不正是现被学界奉为治学圭臬之"说有易，说无难"吗？借用俞平伯序《人间词话》语，凡此，"固非胸罗万卷者不能道"；而其《人间词话》，正是在遍览唐五代、宋金元诸家词的基础上写成的。

2. 不应遗忘的《人间校词札记》

继《词录》之后，王国维续有所获，蒐辑批校了一批宋以后的词集，但其校本，仅有《乐章集》①一种，经罗振常长女罗庄整理，刊于1936年《北平图书馆馆刊》；其他校本遗稿，则由罗庄抄录整理，辑为《人间校词札记十三种》，编入罗氏蟫隐庐书店所刊《观堂诗词汇编》，惟流传不广，即使词学研究者亦多不知。为使读者了解其梗概，兹撮举其篇目如下：

一、《东堂词》，宋毛滂著，以影宋本及其他选本，校毛晋汲古阁刻本（以下简称毛刻本），并补词一首；

二、《姑溪词》，宋李之仪著，以旧抄《姑溪居士集》，校毛刻本，并补词八首；

三、《寿域词》，宋杜安世著，以诸家词及《全芳备祖》，校毛刻本，并补词一首；

四、《聊复集》，宋赵德麟著，此词集久佚，系观堂辑录，凡三十六首（罗振常据其手稿录一副本）；后编入赵万里辑校《宋金元人词》；

五、《信斋词》，宋葛郯著，以南词本校江（建霞）刻宋元名家词（罗振常补校）；

六、《片玉词》，宋周邦彦著，以振绮堂旧抄十卷本、四印斋刻元巾箱本，校毛刻本；

七、《石林词》，宋叶梦得著，以《乐府雅词》《全芳备祖》，校毛刻本，

---

① 《乐章集》三卷，宋·柳永著。王国维以劳抄宋本，校于吴氏双照楼抄本上，于宣统元年（1909年）端午日校毕，并作《跋》。

并补词三首;

八、《漱玉词》，宋李清照著，补四印斋本词一首（《孤雁儿》并序）；

九、《酒边词》，宋向子䛥著，以影宋本及《全芳备祖》，校毛刻本；

十、《后村别调》，宋刘克庄著，以叶申芗《闽词钞》，校毛刻本①；

十一、《放翁词》，宋陆游著，以《花庵词选》《草堂诗馀》，校毛刻本，并补词五首；

十二、《松雪斋词》，元赵孟頫著，补江刻本词六首（罗振常补校）；

十三、《梅苑》，宋黄天舆辑，以旧抄本校曹楝亭刻本。

以上十三种《校词札记》，多批校于宣统己酉、庚戌年间（1909—1910年）②，有校记，有跋文，校记详尽而精审，或加按语考辩词中典章、官制，及词人行状、词作真伪等，读之实在令人神往；且每校读一过，辄书一跋，如《酒边词》初校于宣统庚戌（1910年），再校于辛亥正月（1911年2月），皆有跋。又如《片玉词》有跋文四则。其第四则历述美成（周邦彦）词集流变及《片玉词》集名之所由来，王国维后来自编《庚辛之间读书记》③，《片玉词》一则当据此跋改定；而

罗庄抄录之王国维校《梅苑》跋

---

① 蝉隐庐刊《人间校词札记十三种》，实有十二种；脱漏一种，即此《后村别调》，特据罗庄手抄残稿补入。又，此集罗抄稿编次"第九种"，与抄稿第九种《酒边词》重，故改次为十，以下三种亦顺次改动。

② 惟《松雪斋词》补词后所记"宣统六年"（1915年），显系王氏寓居日本京都期间书，借逊帝"宣统"年号以抒其"遗老"情怀耳。

③ 《庚辛之间读书记》，《遗书》第五册。按，此书收录了王国维庚戌（1910年）至辛亥（1911年）年间的读书札记。

其考述周邦彦生平作品的专著《清真先生遗事》①，也正是在批校《片玉词》基础上写成的。

尤可注意的是《梅苑》跋文，凡四则，其初跋书于楝亭本后，云：

> 宣统改元（按，1909年）闰二月，唐风楼主人（按，罗振玉）赠余以淮南宣氏所刻《梅苑》。不旬日，又得此本（按，曹楝亭本）。数年之所求者，一月而两得之，欢喜无量。人间词隐，记于宣武城南之学学山海居。

王国维以"欢喜无量"之类佛家用语来状其校词时的欣喜之状，益见他对词的"酷嗜"，并于"人间"后加署"词隐"，尤寓深意焉。盖"词隐"者，我们查阅文学史，可知系明代"吴江派"首领、词曲家沈璟之别号②。这位词隐先生精音律，善南曲，与临川汤显祖是同时代人，且有交谊。王国维《曲录》曾录入其所作传奇二十一种，并附录《曲品》赞词，略谓：（汤、沈）二公譬如狂狷天壤间，应有两项人物：倘能守词隐先生矩矱（按，音律）而运以清达道人（按，汤显祖）之才情，岂非合之两美者乎！在我们看来，王国维自署"人间词隐"，正示意词隐于曲；且表明他自己"狂狷"于"词山"、"曲海"间而能合二者之美耳。

3. 佚散于《遗书》外的另本《录鬼簿》校注

这里，我们还要补述王国维的另一项学术遗迹，这就是佚散于《遗书》外的另本《录鬼簿》校注。

大家知道，《录鬼簿》是以元代杂剧作家为主体的中国第一部戏剧家传记。著者钟嗣成在《序》中自述此书成因，是由于"缅怀古人，门第卑微，

---

① 《清真先生遗事》，《遗书》第十一册。按，此书撰于1910年，原刊《国学丛刊》1911年创刊号。
② 沈璟（1533—1610），江苏吴江人，字伯英，号宁庵，世称"词隐先生"，明万历间进士，官至光禄寺丞，所编《南九宫谱》二十二卷为作曲者南圭，著有散曲集及传奇多种。

职位不振,高才博识,俱有可录";故"叙其姓名,述其所作,冀乎初学之士,刻意词章,使冰寒于水,青胜于蓝";尤感慨其书名《录鬼簿》,说:

> 嗟乎!余亦鬼也,使已死未死之鬼,作不死之鬼,得以传远,余又何幸焉。……①

我们从后来发现的戏曲史料中可以看到,自元代至明清,虽早已有人将《录鬼簿》尊为"奇书异典",或传抄刻印,或为之序跋,或填词度曲予以褒扬,但一般说来,多出于猎奇;真正认识其价值,并予以认真校注,王国维堪称第一人。从光绪戊申(1908年)冬十月手录明抄《录鬼簿》,据以校勘"楝亭本",即被曹雪芹祖父曹楝亭刻入《楝亭十二种》之《录鬼簿》,并作跋文;迄于宣统二年八月(1910年10月),借得时任京师图书馆馆长缪荃孙(艺风)所藏清初尤贞起手抄《录鬼簿》,与明抄本对勘补校"楝亭本",并于是年冬十一月(1911年初)再作跋文;王国维在此三个年头里,先后觅得数种不同版本,比勘正误,为我们留下了两个校本。罗庄在将明抄本辑为《人间校词札记》附录时,曾写按语概述其校勘经过及两本分离之由,迻录如下:

> 庄谨按:《王忠悫公遗书》中有校注《录鬼簿》二卷(按,今传《王国维遗书》第十六册),乃以曹楝亭刻为底本,而以明抄本及《元曲选》《太和正音谱》等书校之;此本则以明抄为底本,而以楝亭刻及尤贞起本与他书校之。家大人(按,罗振常)尝过录校楝亭本上,《遗书》目录初编订见有此书校本,以为即此本也,及印出互校,校语、考证互有详略,方知为两本;编《遗书》时仅就所存本付刊,而未与此本

---

① 《新编录鬼簿校注·钟嗣成序》,《遗书》第十六册。按,钟嗣成,字继先,号丑斋,自称"古汴(河南开封)人",长期寓居杭州。他本人也是一位剧作家,生卒年已无从确考。笔者据其作于元至顺元年(1330年)之《录鬼簿序》,推知他此时已届七十岁上下之耄年。

合而为一。推原其故，盖公（按，王氏）既据明抄本手录一本取各书校之，同时又以楝亭刻校一本（观两本跋语日月相同，可知为同时所校）。以后有所得，则或记手录本之上，或记楝亭本之上，不复分别。辛亥后，公及伯父（按，罗振玉）、家大人避地东瀛，尝为伯父编大云书库藏书目，见经部经说、小学之书重本甚多，而集部中词曲竟无一种，以为偏枯。时，公欲研究经学、小学，乃悉取其重本去，而以所藏之词曲补其缺。《录鬼簿》既有两本，乃以手录者归大云书库，而自留楝亭刻本，此两本分离之所由也。《遗书》校注既未能合两本为一，今更录此本校语附《校词杂（札）记》之后。明抄及尤本均非恒见，通行者为楝亭本，故仍以曹刻为底本，俾读者得就曹本改正其误；其与《遗书》校注本同者，悉汰之不录焉。①

由罗庄录出的佚散于《遗书》外的"另本"，凡二卷，主要内容如下：

一、王国维为上、下两卷所写校记；

二、王国维写于卷末的跋文三则；

三、《录鬼簿人名考》（计九人）。

我们认为，如果重印王国维遗书或其戏曲史著作，补入辛亥东渡以后分离的这个"另本"即明抄本《录鬼簿》校注，是很有必要的。

五 《宋元戏曲考》的写成及其开创性贡献

当然，王国维在"学学山海居"里辛勤耕耘，在"词山"与"曲海"间撷采，其学术主攻方向是戏曲史。迄于1911年10月辛亥革命之前，短短两三年时间内，他将《戏曲考原》考及之"大曲"，《录曲馀谈》谈及之"角色"，以及搜辑戏曲史料旁及之"优人俳语"等等，按专题逐一著

---

① 《人间校词札记十三种》附录《录鬼簿》，据罗庄手稿。

写作《宋元戏曲考》时之王国维

录成文,相继撰写了《唐宋大曲考》《优语录》《古剧脚色考》①等专著。而他校注《录鬼簿》,则是为着对元代剧作家进行研究考察。在以上著作的基础上,王国维终于实现了他的"成一家之书"的愿望,写定了集其戏曲史研究之大成的《宋元戏曲考》。

除此之外,我们还不可不知:王国维的父亲乃誉公,攻书画,赏金石之外,且喜好戏曲,能吹箫、唱曲,昆曲《游园》、《惊梦》,是他所激赏的经典折子;还有前述王乃誉日记中屡记之"欣叔",亦即王国维的族祖父王欣甫,寿逾八旬(1845—1926),不但书画造诣至深,"善画墨梅,寸缣尺楮人争宝之";尤精通音律,"雅擅昆曲,引吭高歌,声出金石";他曾"奉檄沪宁间",先后就任江宁、上海等县知县,于王国维留日归国的庚(子)辛(丑)之交的世乱中辞官返里,隐居海宁,交集同好创立"永言曲社",传唱昆曲,被誉为"曲王"。②看来,王国维本人虽不唱曲,甚至不看戏,但却以其戏曲史研究著作,促使一向为"儒硕不复道"的戏曲成了"显学",王国维也因而成了"曲学"的"不祧之祖"(梁启超语),殆非偶然,实乃"其来有自"啊!

那么,《宋元戏曲考》又是何时写成的呢?王国维在《自序》中曾记述其成书经过,迻录如下:

凡一代有一代之文学:楚之骚,汉之赋,六代之骈语,唐之诗,

---

① 《录曲馀谈》《唐宋大曲考》(初名《宋大曲考》)《优语录》,分别连载于上海《国粹学报》1910年第67—68、63—68、63—66期;《古剧脚色考》初刊于《国粹学报》1911年第1期。
② 参见王宽基等撰《先考王欣甫府君行状》,及虞坤林主编《海宁历史人物名录》,浙江人民出版社2010年版,第11页。

宋之词，元之曲，皆所谓一代之文学，而后世莫之能继焉者也。独元人之曲，为时既近，托体稍卑，故两朝史志与《四库》集部均不著于录，后世儒硕皆鄙弃不复道，而为此学者大率不学之徒，即有一二学子以馀力及此，亦未有能观其会通，窥其奥窔者，遂使一代文献，郁堙沉晦者且数百年，愚甚惑焉。往者读元人杂剧而善之，以为能道人情，状物态，词采俊拔，而出乎自然，盖古所未有而后人所不能仿佛也。辄思究其渊源，明其变化之迹，以为非求诸唐宋辽金之文学，弗能得也，乃成《曲录》六卷、《戏曲考原》一卷、《宋大曲考》一卷、《优语录》二卷、《古剧脚色考》一卷、《曲调源流表》一卷。从事既久，续有所得，颇觉昔人之说，与自己之书，罅漏日多，而手所疏记，与心所领会者，亦日有所增。壬子岁莫，旅居多暇，乃以三月之力，写为此书。凡诸材料，皆余所搜集；其所说明，亦大抵余之所创获也。世之为此学者自余始，其所贡献于此学者，亦以此书为多。非吾辈才力过于古人，实以古人未尝为此学故也。①

初刊于《东方杂志》之《宋元戏曲史》

序中所谓"壬子岁莫，旅居多暇"，就是他辛亥东渡，寓居日本京都的次年底；而所谓"以三月之力，写为此书"。当为壬子十月至十二月，亦即《宋元戏曲考》的写作，起自 1912 年 11 月至 12 月，迄于 1913 年 1 月至 2 月，脱稿匝月，即由上海《东方杂志》开始连载；随后，由商务印

---

① 《宋元戏曲考·序》，《遗书》第十五册。

书馆列入《东方文库》单行出版。①

中国戏曲之有史，确是从王国维的这部专著开始的，故发表时命名为《宋元戏曲史》，乃是名至而实归。但他自己却很不满意，认为这仅是应发表之需的权宜之计，并在写作当时致友人的书信中说，他为商务印书馆作《宋元戏曲史》，"润笔每千字三元，共五万馀字，不过得二百元"；"将来仍拟改易书名，编定卷数，另行自刻也。"②但直到他去世后刊行《遗书》，才改名为《宋元戏曲考》，算是圆了他"改易书名"、"另行自刻"的遗愿。

我们回观《宋元戏曲考》，可以看到这部开创性的"一家之书"，有完整的体系，严密的结构，除开头的《序》和附录《元戏曲家小传》外，全书十六章，大略可分四个单元，皆围绕着"考"展开：

第一单元，即第一章考溯戏剧起于歌舞，而舞始于远古之"巫"，巫之后有"优"，后世戏剧当自巫、优出；并考自汉之"角牴戏"，至唐、五代之歌舞戏、滑稽戏的演进轨迹。

第二单元，自第二至第七章。综考自唐至元以前的戏剧及其特点，略谓：唐代仅有歌舞剧及滑稽剧，至宋金二代始有"纯粹演故事之剧"，故真正之戏剧始于宋代；然宋金剧本无存，宋之杂剧、金之院本，皆非纯正之戏剧，其结构迥异于后世戏剧，且兼有竞技游戏在其中，故谓之"古剧"；而论真正之戏曲，不能不从元杂剧始。

第三单元，自第八至十三章，这是全书的主干，揭示元杂剧的兴起，标志着中国戏曲之划时代的进步。尤其是通过剖析元剧较前代戏剧在乐曲与文体（"叙事体"变而为"代言体"）二方面之进步，考定元杂剧之成为"真正之戏剧"，在于其"合动作、言语、歌唱三者而成"；通过查考元剧产生之时间、地域及作家分布，划分元代杂剧之三时期，而以第一期即"蒙古时代"为鼎盛期，元剧"四大家"关（汉卿）、白（朴）、马（致

---

① 《宋元戏曲史》，起载于《东方杂志》九卷十期（1913年4月1日），续载于该杂志九卷十一期，十卷三、四、五、六、八、九期；1915年列为商务印书馆《东方文库》单行出版。
② 王国维《致缪荃孙》，《书信》第33—34页。

远)、郑(光祖)中之关、白、马三家及其杰作,皆产生于此一时期;又由传世之元代杂剧作品,考其结构,论其文章,阐述元杂剧之所以足当"一代之文学",在于其为"中国最自然之文学"。

第四单元,即第十四、十五章,考"南戏"与元杂剧之关系。追踪南戏渊源于宋,而现存南戏之最古者,大抵作于元明之际;又以盛行于江南的"荆"(《荆钗记》)、"刘"(《白兔记》)、"拜"(《拜月亭》)、"杀"(《杀狗记》)"四记"及元末明初高则诚之《琵琶记》,与以大都(即北京)为中心的北方之杂剧相比,论其各自的特点是,北剧悲壮沉雄,南戏清柔曲折;而"南北二戏"共同的佳处,则在有"意境",及其文章之"自然"。

第十六章《馀论》,实为综合前十五章之所考而纵论我国戏剧自汉魏"与百戏合",至唐分而为"歌舞戏"与"滑稽戏",其论一;北剧南戏,至元代而大成,其发达亦至于元代而止,其论二;杂剧、院本、传奇之名,自古迄今,含义颇不一,其论三;中原乐曲与西域及辽金之关系甚密切,然唐宋之杂剧,尤其是元剧,创之者实为汉人,其论四。

以上所述,仅是《宋元戏剧考》全书概略。被王国维称为"最高之文学"的戏剧,其在中国与东西方各国一样源远而流长,但从未被写成书,立为学;王国维也从未发过"重写中国文学史"之类狂言,但自从《宋元戏曲考》问世,中国的戏剧才真正进入了文学的殿堂,并带动了小说史及其他被称为"俚辞"的通俗文学的研究,而近代意义上的中国文学史,才得以与世界文学史接轨,并且揭示了"一空倚傍,自铸伟词"的关汉卿之《窦娥冤》及其他"足以当一代之文学"的元剧杰作,比之"西洋之名剧",不是"不可以道里计",而是即使列于莎士比亚等"世界之大悲剧"中,亦绝无愧色!

这是《宋元戏曲考》之首要的,基本的贡献。后来的学者推尊王国维的《宋元戏曲考》与鲁迅的《中国小说史略》,是"中国文艺史研究的双璧"[①],

---

① 郭沫若《鲁迅与王国维》,《历史人物》,人民文学出版社1979年版,第212页。

这是符合实情的。再从戏剧专史的角度上来看，王国维此书的另一大贡献是，以精微的考证功夫，考察古代戏剧与其他技艺之分合演变，将从"百戏"分化出来的"纯正之戏剧"加以科学的定义：

> 然后代之戏剧，必合言语、动作、歌唱，以演一故事，而后戏剧之意义始全。故真戏剧必与戏曲相表里。（第四章《宋之乐曲》）

所谓言语、动作、歌唱，这是表演形式，而其核心则在"演故事"，此即内容。以完整的形式演某一特定的故事，这才称得上"纯正"或"纯粹"之戏剧，亦即与"戏曲相表里"的"真戏剧"。应当说明的是，王国维论述"真戏剧"，并不是要否定元代以前，他谓之"古剧"的宋歌舞剧、滑稽剧，以及他逐一考及的唐、五代的《代面》《踏摇娘》《参军戏》《樊哙排君难》等。"歌舞戏"以至秦汉间之俳优角牴戏，在他看来，这都是戏剧史发展中的重要环节。

《宋元戏曲考》的第三大贡献是，王国维以兼通中西的眼光，从文艺美学理论上揭示元杂剧之所以为"一代之绝作"，在于"元剧实于新文体中自由使用新语言"，是"中国最自然之文学"。他说：

> 若元之文学，则固未有尚于其曲者也。元曲之佳处何在？一言以蔽之，曰：自然而已矣。古今之大文学，无不以自然胜，而莫著于元曲。盖元剧之作者，其人均非有名位学问也；其作剧也，非有藏之名山传之其人之意也。彼以意兴之所至为之，以自娱娱人。关目之拙劣，所不问也；思想之卑陋，所不讳也；人物之矛盾，所不顾也。彼但摹写其胸中之感想与时代之情状，而真挚之理与秀杰之气，时流露于其间。故谓元曲为中国最自然之文学，无不可也。若其文字之自然，则又为其必然之结果，抑其次也。

这应该是从文体解放的角度，对"一代之文学"的元剧所作的最高礼赞了。他进而按照《人间词话》标举的"境界"及"隔"、"不隔"之论，对元剧之文章作了如是评述：

> 然元剧最佳之处，不在其思想结构，而在其文章。其文章之妙，亦一言以蔽之，曰：有意境而已。何以谓有意境？曰：写情则沁人心脾，写景则在人耳目，述事则如其口出也。古诗词之佳者，无不如是，元曲亦然。（以上引文，具出第十二章《元剧之文章》）

综上所述，王国维通过考论，把中国的戏曲从理论上由古典推向近代，从传统的"曲学"转为近代的戏剧文学；而他的《元剧之文章》，与他手定的六十四则《人间词话》及《红楼梦评论》，鼎足而三，实为近代中国文论的三篇足以彪炳千古的大文章。这样，《宋元戏曲考》的问世，不仅是王国维前期学业的最高辉煌，实在也成了嗣后胡适提倡"活"的新文学，反对"死"的旧文学的"文学革命"之先导。

当然，我们肯定《宋元戏曲考》的开创性贡献，也不必讳言其局限与不足。例如，王国维论"真戏剧"，限于"耳目所及"的、有剧本可稽的元剧，嗣后从《永乐大典》发现了南宋《张协状元》等剧本，足以弥补他当时感叹金元以前（包括南宋）无剧本的缺憾。特别是他论"北剧南戏"的发达"至元代而止"，对于开启了明代隆（庆）万（历）南戏之盛的戏曲大家汤显祖，虽赞其"广思"，却又认为与元人相比，"有人工与自然之别"，这与他论词重唐五代、北宋而贬南宋以后，可谓如出一辙，亦即他褒元剧而贬明清戏曲，甚至认为元剧是"活文学"、明清戏曲是"死文学"，不惟落入了"过为苛评"的偏颇，也说明了他的"一代有一代之文学"的"进化论"，如果只观前代之"进化"而无视后代之发展，必然会陷入历史的"宿命论"。这是值得我们深思的。

第八章　辛亥东渡

> 龙战于野，其血玄黄。
>
> ——《易经·坤卦·上六筮辞》

一　定计东渡，寓居京都

1911年"辛亥革命"，以推翻帝制，创建共和载入史册。王国维的后半生，也在这个大"世变"中再次发生了大转折。

辛亥八月十九日（1911年10月10日），中秋佳节刚过，传来了武昌新军起义的枪声。清廷惶恐不已，罗振玉惊呼"国变"。王国维在"学学山海居"里当然再难保持往岁"清秋归荡荡"的平静了。

眼看京城岌岌可危，罗氏声言"挂冠神武"。这句话，其实就是从数年前王国维词吟"独骑瘦马"，在王莽篡位时被杀的鲍宣传里来的。罗、王两人还商定，两家各备盐米，一旦京城有变，闭门不出，"效死清室"。

不过，话得说回来。罗氏有此"效死"念想，尚可理解。因为，他毕竟身居学部参事，官至五品（相当于"市厅级"）嘛！王国维可不同。从1907年入学部，迄于1911年"国变"，他的"实职"始终是"编译图书局编译"。其间，1909年9月学部奏设"编定名词馆"，委严复"总纂"，王国维"协修"，应属"兼职"了；同年，京师大学堂筹设分科大学，罗振玉以学部参事官"充农科监督"（即农科大学校长），荐王国维为文科大学教授，可能因为他就文科大学课程设置批驳过张之洞，故遭总监刘廷琛反对而作罢。所以，有人说他在前清"出仕学部""并不是官员"，很对；但又说他"只是一个胥吏"①，则不妥。所谓"胥吏"，乃指衙门中操文案的小吏，类似于后来的"文书"。王国维则既不是"官"，亦非为"吏"。如果要给他的"编译"定位，就是"教授级"的"专业技术职务"。古今历史，就这么严正又不失"幽默"："世受国恩"的高官显贵，背主求荣；而前朝忠节，当然不会是"贪官污吏"，恰恰是非官非吏的布衣白丁！

终于，王国维与罗氏商定了东渡之计，落脚地是日本京都。罗氏并且请先期回国的藤田剑峰预作安排。一起东渡的，有罗、王加上罗氏长婿刘季英，三家老少共二十馀口，乘坐日本"温州丸"商船，从天津大沽口启程，于十月初七日（1911年11月27日）抵达神户，然后转道前往京都吉田山下之田中村安家。

寓居田中村之初，王国维曾以《定居京都》为题②，写诗酬答迎接他与罗氏的铃木虎雄（豹轩）、狩野直喜（君山）、内藤虎次郎（湖南）、富冈谦藏（君扨）等日本学者，诗凡四首，对于我们了解所谓辛亥"国变"之初，王国维何以要偕同罗氏东渡日本，并寓居京都，至为紧要。兹分述如下：

第一首，记友谊：

> 海外雄都领百城，周家洛邑宋西京。
> 龙门伊阙争奇秀，昭德春明有典型。
> 闾里尚存唐旧俗，桥门仍习汉遗经。
> 故人不乏朝衡在，四海相看竟弟兄。

诗云："桥门"，本为西周朝廷所立大学，即"辟雍"之门，这里借

---

① 狩野直喜《回忆王静安君》，《追忆王国维》，中国广播电视出版社1997年版，第345页。
② 此诗全题为《定居京都奉答铃木豹轩枉赠之作并柬君山、湖南、君扨诸君子（辛亥）》，《观堂别集》卷四，《遗书》第四册。

指学府;"故人"犹杜甫所称"旧雨",盖指铃木、狩野诸友人。王国维初抵京都,所见乡间犹存我国唐代风俗,而大学里仍在传习"汉遗经";所遇日本朋友热情迎接,狩野夫人还亲自"为备客中饔飧"①,这使他颇添了"四海之内皆兄弟"的温馨之感。

第二首,述事变:

莽莽神州入战图,中原文献问何如?
苦思十载窥三馆,且喜扁舟尚五车。
烈火幸逃将尽劫,神山况有未焚书。
他年第一难忘事,秘阁西头是敝庐。

辛亥武昌起义,各省纷起响应,神州大地激起了"独立""光复"的巨浪。就连王国维家乡海宁硖石、袁化等镇的商团,也向革命党人输借起义的弹药。果然,11月3日夜,上海光复;5日拂晓,杭州全城为起义士兵占领。②在南京,尽管张勋率"江防营"入城抵抗,但也很快被起义军击退……

这就是王国维诗中之"入战图"。所谓"扁舟尚五车",乃指罗振玉东渡日本时携带的大批古书、古器物拓本;"秘阁"者,罗氏借以寄存其书籍文物的京都大学图书馆,而王国维的居处恰好旁靠该馆西边,故曰"秘阁西头是敝庐"。

第三首,明志趣:

平生丘壑意相关,此日尘劳暂得闲。
近市一廛仍远俗,登楼四面许看山。
书声只在淙潺里,病骨全苏紫翠间。
赁庑佣书吾辈事,北窗聊为一开颜。

---

① 罗继祖《罗振玉年谱》,台北文史出版社1986年版,第47页。
② 参见徐和雍等编著《浙江近代史》,浙江人民出版社1982年版,第259—261页。

诗云"平生丘壑",是说他胸中惟有学问,别无他念。此番因辛亥之变而到了"近市"而"远俗"的京都乡郊,正好专心从事学术研究。"赁庑佣书",是说罗氏借用京都大学书库存放其藏书、文物,请王国维偕同他一起整理。所谓"北窗聊为一开颜",则是指他自己的居处在田中村之"百万遍",而罗氏居"飞鸟井町",中隔"知恩寺";其后窗正对着居北南向的罗宅。

第四首,抒情怀:

> 三山西去阵云稠,虎㨿①龙争讫未休。
> 邂逅喜来君子国,登临还望帝王州。
> 市朝言论鸡三足,今古兴亡貉一丘。
> 犹有故园松菊在,可能无赋仲宣楼。

诗云"鸡三足",原系提出"白马非马"之公孙龙哲学中的一个著名论题,这当然属于诡辩②。王国维论述先秦名学,则谓之"谬妄";而他之所以要在诗中引入"鸡三足"之典,盖取意于前人为公孙龙此论作注称"左右移位以明君臣易职而变乱生"③。所谓"市朝言论",就是指当时清廷授权袁世凯与宣告独立的各省代表进行"南北议和";然则,"三足"者,喻指来自四面八方,且各有利益诉求之议和代表;而别怀心机之袁氏,正是借"议和"胁迫清帝退位,以逞其"移位""易职"之野心!

---

① 㨿,即"据"字之繁体俗写,亦作"㩀",意为争、搏;故不可将此句擅改为"虎踞龙争"。
② 胡适《中国哲学史大纲》卷上论述公孙龙及其他辩者,对"鸡三足"有所析解,参阅《胡适学术文集·中国哲学史》上册,中华书局1991年版,第163、168页。
③ 《公孙龙子》第四《通变》,宋·谢希深注。

二 咏史痛诋"狐媚"术,辛亥风云蕴笔底

这时,国内政局急剧动荡。试看以下日程:

1911年11月30日,各省代表集会武昌,议定组建中华民国临时政府,定都南京;

12月6日,宣统溥仪生父、摄政王载沣宣告退位;

1912年1月1日,孙中山在南京就任中华民国临时大总统;

2月12日,清帝宣统正式宣布退位;

2月13日,孙中山辞临时大总统职;

2月15日,参议院"选举"袁世凯为临时大总统(袁就任前,孙暂不解职);

3月10日,袁世凯在北京就任临时大总统职……

面对瞬息万变的时局,王国维当然不会"书声只在淙潺里"而充耳不闻国事。"犹有故园松菊在,可能无赋仲室楼。"他身在异国他乡的吉田山下,关注着国运民命。仰望神州故国,历史上的世代更替、王朝兴衰;云诡波谲的政局变幻中群丑跳梁、权力角逐,一齐涌上他的笔底。于是,改朝换代成了他辛亥东渡以后赋诗述怀的总主题。首先是咏史痛诋权奸窃国的"狐媚"术:

楚汉龙争元自可,师昭狐媚竟如何?
阮生广武原头泪,应比回车痛哭多!

当涂典午长儿孙,新室成家且自尊;
只怪常山赵延寿,赭袍龙凤向中原!

——《读史二绝句》

参证武昌起义后之政局，此诗当作于壬子（1912年）正月之初，孙中山就任中华民国临时大总统之后。根据各省代表在上海会议决定，以十一月十三日孙中山在南京就任临时大总统之日，为中华民国元年元旦。这一天，适为1912年1月1日。从本日起，明令全国改行公历，宣统年号随之废除。史家编年无不懂得，年号代表着一个皇朝。王国维正是有感于旧年号之废除，故在壬子新岁到来之际咏史抒怀。

何谓"楚汉龙争"？殆即汉高祖刘邦与楚霸王项羽争夺帝位。"狐媚"语出西晋末年以勇武做了后赵皇帝的石勒（《晋书》卷一百五《石勒载记》）斥责司马昭当年耍弄权术、骗取信任、最后篡魏，所谓"狐媚"，说到底就是阴谋。

那么，王国维为何既赞"楚汉龙争"，又咏"阮生广武原头泪"？盖"原头"即楚汉争战之地。阮籍生逢司马氏父子执政篡魏的变乱之世，辞官纵酒佯狂，驱车登广武，观楚汉相争旧址而长叹："时无英雄，使竖子成名！"并且"率意独驾，不由径路，车迹所穷，辄恸哭而返"。（《三国志》卷二十一，《魏书》卷二十一，《阮籍传》裴注引《魏氏春秋》）以诗证古，项羽曾与汉高祖刘邦"龙争"，石勒自诩敢与光武帝刘秀"并驱"，虽皆草莽，但都不愧为英雄；以诗鉴今，武昌起义新军强拉出清军中的"混成协统"（相当于旅长）黎元洪充当统帅（都督），而清廷那么多文臣武将，竟指望业已罢官回乡的袁世凯复出挽回大局，这不是与虎谋皮吗？如果阮籍再世，回车顾望，能不涕泪交加！

由此可见，王国维《读史》第一绝"竟如何"与"痛哭多"相对应，咏史而"时事"尽在其中。袁世凯趁武昌之变做了"总理大臣"，可谓大权独揽，他就像司马氏父子那样"欺他孤儿寡母"，以"狐媚"（即权术）取天下，而他的这个"狐媚"新术，便是与革命党人"议和"。此即第二绝所咏史事。

诗中以"当涂"代称魏，"典午"代称晋。曹操以汉相封魏王，有谶云："代汉者，当涂高。"当时有人解释说，"当涂高者，魏也。"（《三国志》卷四十二，《蜀书·周群传》）果然，曹操死后不久，接替相位的曹丕"代汉"做了魏文帝,追封其父曹操为魏武帝;到了司马昭为魏相封晋王,有人为之"书版示立"曰:"典午忽兮,月酉没兮。"在十二生肖中,"午"为马,故"典午"即司马,"月酉"则指八月。(《三国志》卷四十二,《蜀书·谯周传》)果然,司马昭死于八月,继承相位的司马炎"立"而做了晋武帝,追封其父司马昭为晋文帝。所谓"长儿孙",亦非泛称。盖"儿孙"二字,各有所指,即鲁迅所说,"孝文帝曹丕,以长子立而承业,篡汉而即帝位。"① 此为第一字:长儿。第二字"孙"指司马炎;原来,他是司马昭之父司马懿的长孙啊!

在王国维看来,曹操及司马父子纵有篡位野心,但死前并未称帝;袁世凯篡权夺位,未免太迫不及待了!诗云"新室成家且自尊",说的是王莽在西汉末年以"禅位"方式"即真天子位",自立"新朝";公孙述在东汉初拒不归顺光武帝刘秀而自立为天子,号"成家";从人格上来说,他们都还不失自尊。而袁世凯却是借与革命党人"议和"以逞其一石二鸟之计:即胁迫宣统退位,又要挟民国交权,这不等于出卖了皇帝以换取"大总统"②吗?于是,"只怪常山赵延寿,赭袍龙凤向中原。"赵延寿是五代史上臭名昭著的卖国贼。在王国维笔底,袁世凯就是这么个人格卑劣、反复善变、卖主求荣的当世赵延寿!

王国维紧接着又作《咏史》五首,辛亥风云尽蕴笔底,而锋芒所向仍在袁氏。分述如下:

第一首,皇位禅让,生灵涂炭。诗云:

六龙时御天,肇迹元黄战。
牧野始开周,垓下遂造汉。

---

① 鲁迅《魏晋风度及文章与药及酒之关系》,《鲁迅全集》第三卷,人民文学出版社1958年版,第382页。
② 袁世凯于1911年11月1日出任清内阁总理大臣,即与英国驻华公使朱尔典(Jordan)密商议和条件:一、立即停战;二、清帝退位;三、袁世凯为大总统。参见张玉法《中华民国史稿》,台北联经出版事业公司1998年版,第28页。

洛阳缚二竖，鹿鼎初云奠。
赵宋号屠王，神武耀淮甸。
稜威既旁薄，大号乃涣汗。
六合始抟心，群丑亦革面。
令行政自举，病去利乃见。
游士复庠序，征夫归陇畔。
百年开太平，一日资涂炭。
自非舜禹功，漫侈唐虞禅。

此首统摄全诗，集中反映了王国维的王朝兴替观。何谓"六龙时御天，肇迹元黄战"？前句出《易经》乾卦《象传》："时乘六龙以御天"；后句化自《易经》坤卦《上元》筮辞："龙战于野，其血玄黄。"以《易》证史，讲了"黄帝战于阪泉"（《左传·僖公二十五年》）的远古史事，是最早有文字记载的帝位之争。王国维纵观自黄帝以来的五千年中华文明史，认为历代皆以义制邪，以仁除暴，秦汉以来的开国天子，则可概而为三：一是，推翻暴政，另立新朝，如周武王经牧野之战灭殷纣王而开周朝；二是，削平叛乱，奠定新朝，如汉高祖刘邦垓下灭西楚霸王项羽，而平定天下，唐太宗李世民"洛阳缚二竖"，诛太子建成、齐王元吉而奠定大唐盛世基业；三是，以文治武功取统一。如赵宋开国之初，匡胤、光义兄弟与汉武、唐宗相比只可谓"屠王"，但犹以"神武"威振江淮，吴越、南唐归顺而统一了南北。什么是"禅位"？用今天的话来说，就是"和平交权"，让仁主贤君另创新局面，开启新朝代。然而，诚如太史公言，"自黄帝至舜、禹，皆同姓而异其国号。"（《史记·五帝本纪》）亦即征诸上古，惟有尧交权于舜、舜杀鲧而"荐"禹即"天子位"（《史记·夏本纪》）。除此而外，诸如王莽及曹氏、司马氏父子，都不是什么"禅位"，乃是权奸国贼之篡夺。如今，清廷迫于"国内沸腾，生灵涂炭"而下诏授权袁世凯去"协商"逊位，只能说是"百年开太平，一日资涂炭"。何谓"漫侈唐虞禅"？"漫侈"者，奢谈也。这是针对清廷向袁世凯"授权"诏书中所谓"外观大势，内审舆情，将皇帝统治权公之于众"①，实乃袁氏乱中篡权的"狐媚"伎俩而已！

第二首，非仁非贤，必不能久。诗云：

> 先王号圣贤，后王称英雄。
> 英雄与圣贤，心异术则同。
> 非仁民弗亲，非义士莫从。
> 智勇纵自天，饥溺思在躬。
> 要令天下肥，始觉一身崇。
> 百世十世量，早在缔构中。
> 黄屋何足娱？所以娱其功。
> 成家与仲家，庵勿随飘风。
> 所以曹孟德，犹以汉相终。

"成家"即东汉初自立为帝的公孙述。"仲家"则指三国时假托符命称帝之袁术（《后汉书》卷七十五《袁术传》）。顺便说一下，王国维后来在与罗氏通信中，每取前后《汉书》、《三国志》等史书中同姓者代称今人，如以晋史上之段匹磾指称段祺瑞，曰"匹磾"之类②。这里，"成家"系取公孙述之孙，暗指孙中山；他这个民国首任大总统只做了四十三天，堪称创历史之"最"——任期最短的大总统！"仲家"则取袁术之袁而实指袁世凯。然而，袁氏非仁非义，何能成事？王国维在袁氏称帝失败毙命后曾说，"成家、仲家，先后奄勿。"③盖"奄勿"即稍纵即逝。这是对诗中"庵勿随飘风"的最好自注。但是，必须明确指出，孙中山是伟大的革命先行者。在当时特定的历史条件下，力排众议，"让总统"于袁氏，那正是他的大仁大贤；而他领导推翻帝制，倡建共和的不朽业绩，岂是以历史上"英雄与圣贤"所能比拟？即使时至今日，所谓"袁氏当国"，孙

---

① 转引自陈怀孟《中国近百年史要》，中华书局1920年版。
②③ 王国维《致罗振玉》，《书信》第73、68页。

中山大权旁落，仍是学界热议的话题。当时，王国维既以"遗老"自命，故诗中将孙、袁类比，显然出诸政治偏见，是错误的；但其所讥斥者，非孙而袁。故笔锋最终落到"击曹骂袁"：曹操挟天子以令诸侯，落下"权奸"的千古骂名，但他"犹以汉相终"，生前并未称帝。无论是文韬，是武略，袁世凯何能与曹操相比？袁氏在迫宣统逊位的同时，取代孙中山自任"大总统"，岂止"奄忽"如飘风，且将遗臭于千古！

第三首，权奸窃国，灾难深重。诗云：

> 典午师曹公，世亦师典午。
> 赫赫荀贾辈，所计在门户。
> 师尹既多辟，庶政乃无度。
> 季伦名家子，文采照区宇。
> 堂堂南州牧，乃劫西域贾。
> 祖狄出东塘，戴渊踞淮浦。
> 虎狼在堂室，百年委榛莽。
> 寄语桓元子，莫罪王夷甫。

诗云"典午师曹公"，就是前述司马昭父子效法曹操父子篡汉的伎俩，篡魏而立晋。然而，从司马炎称帝（晋武帝）那天起，就把国家推向了更加灾难深重、战乱频仍的沉渊。士族豪门，弹冠相庆；宗室封王，肆无忌惮。司马炎刚死，就爆发了争夺权位的"八王之乱"，此即"世亦师典午"。诗中所举石崇（季伦）、祖狄、戴若思（渊）诸人，皆晋史上有名的人物。这是有深意的。在西晋初表面繁华，实为糜烂的腐风中，权贵豪门，比财富、比奢华，石崇就曾在晋武帝亲自主持的"比富大赛"中"夺魁"，却还要依财仗势、附庸风雅，挥笔述其"志在不朽"的"凌云之操"哩（《思归引序》，《文选》卷四十五）！此公既做官，又经商，他那富可敌国的家财，就是在他任荆州刺史（"南州牧"）时劫夺"远来商客"（"西域贾"）而得的不义之财（《晋书》卷三十四《石崇传》）。建立在这样一个贫富悬殊、强取豪夺基础上的王朝，焉得"腐而不败"？纵然有祖狄这等"闻鸡起舞"的杰出人物，也无济于事啊！再看《晋史》。列入《叛逆传》者仅两人，诗中都写到了，不过一指名，一不指名。不指名者，即"虎狼在堂室"、祖狄"怏怏以终"后在武昌起兵反晋、图谋自行称帝的王敦；指名者"桓元子"，亦即王国维《咏史二十首》所咏之"暮年终作贼"的桓温①。不过，处于东晋末年天下大乱中的桓温，纵有"不臣之心"，但他北伐有功；当他自江陵出师时，曾登平乘楼遥望中原而叹曰："遂使神州陆沉，百年丘墟，王夷甫诸人不得不任其责！"（《资治通鉴》卷二十二）王夷甫就是西晋末年一度辅政、向石勒投降后被杀的王衍。实则，王衍等屈膝降敌的文臣固然人格卑污，但不掌兵权，何能负"神州陆沉"之责？故此首以"莫罪王夷甫"为结句，实针对着辛亥革命以后，随同袁世凯一起叛清的冯（国璋）、徐（世昌）、段（祺瑞）等"北洋"将领。

第四首，各族归心，当以唐太宗为楷模。诗云：

塞北引弓士，塞南冠带民。
耕牧既殊俗，言语亦异伦。
三王大一统，乃以禹迹言。
大幕空度汉，长城已筑秦。
古来制漠北，独有唐与元。
元氏储祥地，唐家累叶婚。
神尧出独孤，官氏北地尊。
英英文皇帝，母后黑獭孙。
用兹代北武，纬以汉左文。
婉娈服弓马，潇洒出经纶。
蕃将在阃外，公主过河源。
所以天可汗，古今惟一人！

---

① 参见王国维《咏史二十首》之十四。

此首咏什么？近人为此诗作注，以意揣测，说是写（清）"当局之外交失当"，错了。诗以"塞北""塞南"起兴，所言非"外交"，而应是"内治"，就是善处四方各族，尤其是北方诸族关系。政通人和，各族归心，乃此诗核心。这也是王国维东渡日本以后所涉及的重要学术研究课题之一。他作《胡服考》，撰《鬼方昆夷玁狁考》等驰誉中外的名文，均在表明：自夏、商、周，经秦、汉，迄于唐、元，胡、汉本属一家，都是炎黄子孙；"引弓士"与"冠带民"，都是中华大家庭中成员。何谓"天可汗"？北方诸族君长多称"可汗"，故"天可汗"就是四方各族君长之最高领袖。史载：唐太宗与群臣纵论"贞观之治"，摒斥了"震耀威武，征讨四夷"的建议，而采纳魏徵"偃武修文，中国既安，四夷自服"为国策。贞观四年（630年），平定突厥之乱，擒获其首领颉利，四方各族皆来归附，"诣阙请上为天可汗"。唐太宗说，我是大唐天子，哪能屈尊行可汗之事呢？但在群臣及各族首领一片"万岁"声中，他不但接受了，且在此后即以"天可汗"名义号令各族。在王国维看来，古往今来，能协和万邦、各族同心，被尊为"天可汗"者，惟唐太宗一人耳。而他之所以诗赞"天可汗"，显然是鉴于宣统退位诏书所称"合满汉蒙回藏"、"成一大中华民国"，故欲以唐太宗为楷模，晓喻革命党人："驱除挞虏"、反清排满，反而给了袁世凯篡国以可乘之机。其仁人之怀，无论新党旧派，咸当省悟。

第五首，文人失节，请以扬雄为戒。诗云：

少读陶杜诗，往往说饥寒。
自来夸毗子，焉知生事艰？
子云美笔札，遨游五侯间。
孔璋檄豫州，矢在袁氏弦。
魏台一朝建，书记又翩翩。
文章诚无用，用亦未为贤。
青春弄鹦鹉，素秋纵鹰鹯。
咄咄扬子云，今为人所怜！

此首实咏二人：一为王莽篡位作《剧秦美新》的扬雄（子云）；一为袁绍、曹操相争，代袁撰讨曹檄文的陈琳（孔璋）。论其文，两者皆传世名篇；观其人，则皆属失节文人。

却说三国相争，在戈矛中难有文人安身之所。陈琳避难冀州，不得已代袁绍撰檄文，责"曹操失德，不堪依附，宜归本初（袁绍）"。不久，袁绍战败，陈琳归附了曹操。曹公惜其文才，不咎既往，且加重用，有这样一席对话：

> 曹公曰："卿昔为本初移书，但可罪状孤而已。恶恶止其身，何乃上及父祖耶？"琳谢罪曰："矢在弦上，不可不发。"

王国维诗中"矢在袁氏弦"，盖取典于此。陈琳自比弦上之"矢"，用后世变乱中流行语表之，叫做"违心"；而归附曹操，当然是"反戈一击"、"重新做人"了。

扬雄以辞赋名重朝野，王莽篡汉"定有天下之号曰'新'"，他立即"紧跟"撰文，"论秦之剧，称新之美"，可就难以"违心"二字一推了之了！王国维早年即有诗刺之，曰："投阁沉渊争一间，子云何事反《离骚》？"① 意谓：屈原风骨铮铮，作《离骚》，投汨罗江自沉，名扬千古；扬雄作《反离骚》，究竟要"反"什么？你既撰文赞美"新"朝，又惧怕王莽捕杀异己、株连本人，乃从为"旧"朝——汉皇家校书的"天禄阁"跳楼，何苦又何必呢？虽自尽未遂，苟活了下来，但被传为丑闻，落得个"投阁良可叹，但为此辈嗤！"（李白《古风》五十九首之八）需要说明：王国维并未因此而对扬雄的学问、文章，概予否定，故不"嗤"而发"咄咄"之叹："怜"他附逆丧名，还差点儿送命！文人在乱世中失节不自爱，自当以扬雄为戒。

---

① 《静庵文集》附《静庵诗稿·尘劳》，《遗书》第五册。

三 《颐和园词》:封建王朝的最后挽歌

当然,王国维是处在"共和"取代帝制的历史转折点上。这就决定了他"对注定要灭亡的那个阶级寄予了全部的同情"①。故在写诗斥袁氏、咏辛亥风云的同时,他更倾注了"全部的同情"哀清廷覆亡。其代表作,就是他运用"长庆体"七言排律写就的《颐和园词》②。

《颐和园词》作成于何时?宣统逊位,袁氏窃国。尤甚者,袁氏拒赴南京,而将他的"总统"宝座(后为"洪宪"龙椅)搬进了北京"三海"(即中南海)。王国维就是在1912年3月中旬闻知袁世凯在北京就任民国"大总统"的愤慨中挥笔赋诗,自称:"此词于觉罗氏一姓末路之事略具。至于全国民之运命,与其所以致病之由,及其所得之果,尚有更悲于此者,拟为《东征赋》以发之。"③饶有意味的事实是,以白居易《长恨歌》起始的标志着朝代兴衰的"长庆体"排律,到了清代确是以吴梅村哀明亡的《圆圆曲》开其端,而以王国维这首展示"觉罗氏一姓末路"的《颐和园词》殿其后。诗成,罗振玉"见而激赏之,因为手写,付诸石印"。④近在京都的铃木虎雄等日本学者,远在上海的沈曾植、缪荃孙等"遗老"、"寓公",莫不纷纷索要传颂,一时成洛阳纸贵的名作!

《颐和园词》全诗九十一韵,是从清文宗咸丰帝丧钟中揭幕的。为便于今天的读者解读,我们谨按诗意,将原诗分节逐录,并酌加说明如下:

第一节,序诗:外患内忧,咸丰(爱新觉罗·奕詝)忧惊而亡。诗云:

---

① 恩格斯《致玛·哈克奈斯》,《马克思恩格斯选集》第4卷,人民出版社1995年版,第684页。
② 《颐和园词》,《观堂集林》卷二十四,《遗书》第四册。
③ 王国维《致铃木虎雄》,《书信》第27页。
④ 王国维《〈壬子三诗〉自序》,据手迹。

汉家七叶钟阳九，顽洞风埃昏九有。南国潢池正弄兵，北沽门户仍飞牡。仓皇万乘向金微，一去宫车不复归。提挈嗣皇绥旧服，万几从此出宫闱。东朝渊塞曾无匹，西宫才略称第一。恩泽何曾逮外家，咨谋往往闻温室。亲王辅政最称贤，诸将专征捷奏先。迅扫欃枪回日月，八荒重睹中兴年。

"汉家七叶"，典出左思《咏史》"七叶珥汉貂"，原指西汉武帝迄于平帝的七朝皇帝。清自太宗入关至宣统逊位，历二百六十八年（1626—1912），凡十三朝、十二帝（清太宗为天宗、崇德二朝）。诗云"七叶"，盖指清太宗以后之顺治、康熙、雍正、乾隆、嘉庆、道光，至咸丰为第七朝。"钟阳九"，道家术语，灾祸、厄运；"昏九有"，外患内祸，全国大乱。太平军攻占江、浙、沪，这是南国"弄兵"；北沽"飞牡"，英法联军进犯天津，入侵北京，在外寇制造了遗恨至今的"火烧圆明园"事件的"风埃"中，咸丰帝携后妃逃奔热河行宫，忧惊而亡。"扫欃枪"，就是平定了太平天国的战乱。"西宫才略称第一"云云，则是转入对西太后慈禧的颂扬了。

第二节，入题：歌舞升平，营建颐和园。诗云：

联翩方召升朝右，北门独付西平手。因治楼船凿汉池，别营台沼追文囿。西直门西柳色青，玉泉山下水流清。新锡山名呼万寿，旧疏湖水号昆明。昆明万寿佳山水，中间宫殿排云起。拂水回廊千步深，冠山杰阁三层峙。登道盘行凌紫烟，上方宝殿放祈年。更栽火树千花发，不数明珠彻夜悬。

王国维认为，明亡于崇祯，而导致亡国的，却在万历；清亡于宣统，而"觉罗氏一姓末路"，实始于咸丰之死，故所谓"同治中兴"，实乃"回光返照"。诗云"联翩方召升朝右，北门独付西平手"，慈禧先后召问枢臣，力排众议，毅然命左宗棠出征新疆。左宗棠既以辅佐曾国藩"扫欃枪"而受慈禧信用，至此便成了平定"回乱"有功、并进而向沙俄交涉索还伊犁的"西平手"。

时为光绪四年（1878年），王国维刚出生不久。这是慈禧独擅朝政的鼎盛期。于是，在一片歌舞升平的颂赞中，"昆明万寿佳山水，中间宫殿排云起"，趁着朝廷决定建立海军衙门（1885年），竟然动用国帑，包括海军军费，以数千万银两，大兴其"万寿工程"，营建了以万寿山为中心的颐和园。

第三节，颂寿："万寿无疆"上"尊号"。诗云：

> 是时朝野多丰豫，年年三月迎鸾驾。长乐深严苦敝神，甘泉爽垲宜清暑。高秋风日过重阳，佳节坤成启未映。丹陛大陈三部伎，玉卮亲举万年觞。嗣皇上寿称臣子，本朝家法严无比。向膳曾无赐坐时，从游罕讲家人礼。东平小女最承恩，远嫁归来奉紫宸。卧起每偕荣寿主，丹青差喜缪夫人。尊号珠联十六字，太官加豆依前制。别启琼林贮羡馀，更营玉府蒐珍异。月殿云阶敞上方，宫中习静夜焚香。但祝时平边塞静，千秋万岁未渠央。

所谓"朝野多丰豫"、"时平边塞静"云云，当然都是假象。但"本朝家法严无比"，这位"圣母皇太后"之作威作福，确属"史无前例"：举凡三月祭扫、重阳敬老，前呼后拥；进膳、出游，皇帝对她恪守臣礼；而其尊高于"皇上"，尤在"坤成"一事。盖命相家以女子出生年月时辰为"坤造"（男子为"乾造"），故以"坤成"代称慈禧寿辰。每当十月初十慈禧生日，"嗣皇上寿称臣子"，从同治到光绪，都要以这一天为"国庆"，由皇帝率文武百官，行隆重的寿礼；逢她的三十、四十、五十……大寿，那更是举国上下"普天同庆"，并在一片"万寿无疆"的山呼中上"尊号"。据《慈禧外记》，"每上尊号二字，例应年增二十四万两，太后尊号已有十六字矣"，此即诗中"尊号珠联十六字"。西太后那拉氏临终前全称为："慈禧端佑康颐昭豫庄诚寿恭钦献崇熙"皇太后，一切吉庆祥瑞之赞词，可谓集于一身。然而，其所作所为，无不祸国殃民。原定按照康熙八十寿庆规格，在"更栽火树千花发，不数明珠彻夜悬"的颐和园内操办她的六十"万寿"（1894年）庆典。终于因边塞不"静"、时不"平"，中日甲午战火骤起，日本打上国门，北洋海军全军覆灭，她"老佛爷"的寿庆也不得不取消。这是后话。

第四节，哀殇："同道堂"里殇同治（爱新觉罗·载淳）。诗云：

> 五十年间天下母，后来无继前无偶。却因清暇话生平，万事何堪重回首？忆昔先皇幸朔方，属车恩幸故难量。内批教写清舒馆，小印新镌"同道堂"。一朝铸鼎降龙驭，后宫髻绝不能去。北渚何堪帝子愁，南衙复遘丞卿怒。手夷端肃反京师，永念冲人未有知。为简儒臣严谕教，别求各族正宫闱。可怜白日西南驶，一纪恩勤付流水。

说来意味深长，"长庆体"排律自其创始起，就是由女性，且是美人儿唱主角：《长恨歌》之杨贵妃、《圆圆曲》之陈圆圆，不都是以"回眸一笑百媚生"的倾国倾城之貌，"媚"倒了皇上么？然而，如果仅以美色来看咱们的这位主儿，那就错了。清咸丰六年（1856年）产下"龙种"同治载淳而晋封"懿贵妃"的叶赫那拉氏，随同治登基而母以子贵，中外咸称"圣母皇太后"[①]了，她可是"五十年间天下母，后来无继前无偶"！慈禧终年七十四岁。自同治即位（1861年）开始"垂帘"，直至其本人去世（1908年），临制凡四十七年。诗云"五十年间天下母"，盖出其临终遗诰："回念五十年来，忧患迭经，兢业之心，无时或释。"什么"兢业之心"？锦衣玉食，养尊处优，年届七十而犹"四十许之美妇"。实则，所谓"清暇话平生"，就是难免寻常老妪之絮叨：当年随侍咸丰批阅文书、受"同道堂"金印与东太后（即"母后皇太后"慈安）共同"垂帘听政"，还有诛顾命大臣肃顺、扶同治帝载淳登基等等，都是她的"光荣史"；然而，往事何堪回首？同治六岁登基、十八岁"亲政"，第二年（1874年）就患天花丧命"西南驶"了；为小皇帝请名师"严教谕"、"正宫闱"，费尽辛苦，悉付之"流水"。

[①] 金梁《光宣小记》，上海书店1998年版，第158页。

第五节，宫怨：庚子蒙难，挟光绪（爱新觉罗·载湉）西逃。诗云：

甲观曾无世嫡孙，后宫并乏才人子。提携犹子付黄图，劬苦还如同治初。又见法宫冯玉几，更劳武帐坐珠襦。国事中间几翻覆，近年最忆怀来辱。草地间关短毂车，邮亭仓卒芜蒌粥。上相留都树大牙，东南诸将奉王家。坐令佳气腾金阙，复道都人望翠华。自古忠良能活国，于今母子仍玉食。九庙重闻钟鼓声，离宫不改池台色。一自官家静摄频，含饴无冀弄诸孙。但看腰脚今犹健，莫道伤心迹已陈。

诗云：无"谪孙"，同治无子，乃立醇亲王奕譞（咸丰奕詝之弟）之子载湉为光绪帝，即位时才四岁，仍由慈禧"垂帘听政"，故曰"劬苦还如同治初"。何谓"国事中间几翻覆"？"翻覆"就是变乱：甲午战败（1894年），清廷被迫签订丧权辱国之《马关条约》，一也；光绪下诏实行"戊戌变法"（1898年），慈禧策动"八月政变"扑灭之，二也；"己亥谋废立"（1899年），慈禧另立"大阿哥"，以图废光绪，三也；紧接着爆发了第四大"翻覆"："义和团"轰轰烈烈的"灭洋"运动，与"洋人要灭我中国"的大举入侵，八国联军攻陷北京，在中外震惊、朝野嗟叹的"庚子之变"（1900年）中，慈禧挟被幽禁的光绪帝载湉仓皇西逃长安，途经怀来如乞食老妪，讨得碗麦粥充饥。这个"怀来辱"，能不令她老泪纵横、刻骨铭心？然而，"自古忠良能活国"，在国都沦陷的险恶情势中尚能转危为安、化险为夷，是由于当时朝廷尚有"留都"的李鸿章，以及"东南互保"的张之洞、刘坤一等一批老臣，这与后来趁"辛亥之变"而篡权的袁世凯等辈，当然不可同日而语了。

第六节，悲亡：两宫尸骨未寒，宣统（爱新觉罗·溥仪）即告退位。诗云：

两宫一旦同锦缀，天柱偏先地维折。高武子孙复几人？哀平国统仍三绝。是时长乐正弥留，茹痛还为社稷谋。已遣伯禽仍大统，更扳公旦觐诸侯。别有重臣升御榻，紫枢元老开黄阁。安世忠勤自始终，本初才气尤腾踏。复数同时奉话言，诸王刘泽号亲贤。独总百官居冢宰，共扶孺子济艰难。社稷有灵邦有主，今朝地下告文祖。坐见弥天戬玉棺，独留末命书盟府。原庙丹青俨若神，镜奁遗物尚如新。那知此日新朝主，便是当年顾命臣！

《易·说卦》："乾，天也，故称乎父；坤，地也，故称乎母。"诗中"天柱"指光绪，"地维"当然是慈禧了。名为"皇上"实乃傀儡的光绪在他登位的三十四年冬十月二十一日（1908年11月14日）驾崩；翌日（11月15日），慈禧也死了。悲就悲在这个"偏先"！如果慈禧先死，光绪健在，那中国也许会是另一种局面了。这就是诗中微意。

当然，历史没有"如果"，而只承认事实。光绪无子，遗诏：摄政王载沣之子入承大统，为嗣皇帝，此即宣统溥仪，而以溥仪之父载沣监国，为摄政王。这一切又皆遵后死一日的慈禧"懿旨"：盖德宗光绪系慈禧胞妹之子，而载沣则为光绪载湉同母弟，慈禧临终都不忘把自己的血脉至亲推上皇位，且有两宫"同锦缀"后被尊为"隆裕太后"的侄女（光绪皇后）代她"垂帘"，这才闭上老眼。

然而，宣统三岁登基，又比当年光绪即位小了一岁，可谓一代不如一代；而奉"皇太后（隆裕）懿旨"下诏逊位，才六岁。何谓"别有重臣升御榻，紫枢元老开黄阁"？这是追述慈禧弥留之际，钦点庆亲王奕劻及张之洞、袁世凯为"顾命大臣"，故诗中以"安世忠勤"即汉宣帝时尚书令张安世比张之洞，而以"本初才气"即东汉末拥兵自重的权奸袁绍（本初）称袁世凯；"诸王刘泽号亲贤"，则是以西汉初与陈平、周勃共同定计"安刘除吕"的琅琊王刘泽比庆亲王奕劻，意为宣统即位，奕劻统摄朝政，辅佐隆裕太后扶持"孺子"宣统，并秉承光绪临终前遗旨，罢了袁氏官职，摒斥了其在朝弄权欺主。然而，"那知此日新朝主，便是当年顾命臣"，武昌之变，袁氏复出，反成了"新朝"之主！

第七节，尾声：抚今追昔，无可奈何哭清亡。诗云：

离宫一闭经三载，绿水青山不曾改。雨洗苍苔石兽间，风摇朱户铜蠡在。云韶散乐久无声，甲帐朱帘取次倾。岂谓先朝营楚殿，翻教今日恨尧城？宣室遗言犹在耳，山河盟誓期终始。寡妇孤儿要易欺，讴歌狱讼终何是。深宫母子独凄然，却似滦阳游幸年。昔去会逢天下养，今来劣受厉人怜。虎鼠龙鱼无定态，唐侯已在虞宾位。且语王孙慎勿疎，相期黄发终无艾。定陵松柏郁青青，应为兴亡一拊膺。却忆年年寒食节，朱侯亲上十三陵。

然而，无论怎样痛诋袁氏"寡妇孤儿要易欺"，"觉罗氏一姓末路"乃是无可逆转的历史"定数"。于是，回到本题颐和园："离宫一闭经三载，绿水青山不曾改。"宣统在位之年与慈禧死去之期，距"辛亥国变"都是三年。追想光绪遗诏宣统永葆大清江山，岂料言犹在耳，国已变色；而今山河易主，宣统已成了亡国之君。何谓"劣受厉人怜"？唐·陆德明《经典释文》曰：厉，恶也。用现在的话来讲，"厉人"就是"蛇一样的恶人"，此人殆即袁世凯。"怜"者，"优待"也。史载，袁氏奉诏与民国议和代表伍廷芳议定优待皇室八条、待遇皇族四条、待遇满蒙回藏七条，凡十九条。旋经袁氏入奏，隆裕皇太后召集皇室会议被迫接受，下诏退位[①]。诗云："岂期先朝营楚宫，翻教今日恨尧城"，这是取意于杜甫"最是楚宫俱泯灭"（《咏怀古迹》之二）。那"泯灭"的"楚宫"，不正同于被英法联军焚毁的圆明园吗？在"虎鼠龙蛇无定态"的变乱中，原为"唐侯"的袁世凯既做了"新朝"之主，又将"总统府"迁入了"三海"（中南海）；昔日耗资千万建成的颐和园，而今恰成了民国指定逊帝日后迁居的"尧城"。正可谓磬千顷之竹书恨无穷。万寿山、昆明湖虽依然绿水青山，却已是人去园闭。尚须一提的是，迫于民众的呼声，就在王国维写《颐和园词》的当年，颐和园"对外开放"了。不过，王国维却说，他自己从未入园一游。咏园，意不在湖光山色。

---

① 参见陈怀孟《中国近百年史要》，中华书局1920年版。

《颐和园词》是王国维一生所写诗词中最重要的作品。如果说，辛亥革命把中国历史上最后一个皇帝拉下了马，结束了亘延二千馀年的帝制统治；那么，《颐和园词》就是封建王朝的最后挽歌。但是，"定陵松柏郁青青，应为兴亡一拊膺。"《颐和园词》虽为亡清"拊膺"之挽歌，实乃慈禧倒行逆施、祸国殃民一生之诉状。西后慈禧自二十四五岁守寡而"母以子贵"当了"圣母皇太后"，迄于死前一日召宣统登位而被尊为"太皇太后"，清十二帝中之最后四朝：咸丰、同治、光绪、宣统，皆由其一人链接；而同治、光绪二朝，皆由其一手操持国政。所谓"晚清七十年"虽起自1840年鸦片战争，而自1860年英法联军火烧圆明园以后的五十年内，两次最大的"亡国灭种"之祸：导致了签订丧权辱国的《马关条约》（1895年）的"甲午之战"，与以签订《辛丑条约》（1901年）告终的"庚子之变"，其和战机决，皆出其一口，确是罪不可逭！

初版《壬癸集》（1913年）封面及目录

必须指出，王国维作《颐和园词》，仅是他哀清亡的"系列作品"之一。如前所述，在他的计划中尚有"更悲于此"的揭示"全国民之命运"的《东征赋》。此赋虽未见成篇，但他却为在"保路"风潮中被戮首的川汉铁路大臣端方写了《蜀道难》，并将此诗与《颐和园词》及《送日本狩野博士游欧洲》等三篇七言排律合为《壬子三首》；翌年，又为"此朝去先帝，相将诉昊天"的隆裕皇太后去世而作五言排律《隆裕皇太后挽歌辞》。诗云："山河虽已异，名节固难刊"，确是一派"愚忠"的"遗老"口吻。他自称，癸丑（1913年）开岁后共作诗十余首，而以此挽歌辞"颇为满意"；当他与壬子（1912年）所作共二十首古今体诗合印为《壬癸集》①时，又称：惟《颐和园词》《蜀道难》及《隆裕皇太后挽歌辞》"差可自喜"。而《挽歌辞》末韵"千秋彤管在，试与诵斯篇"，正可作他"自喜"的三诗之总结。通过这三首长诗，一代大师、千秋彤管，不啻描绘了"西垣落月圆"的清王朝之"夕照图"。

四　攻究文史，发兴"温经"

王国维壬癸赋诗咏怀，对于我们考察他在辛亥以后的思想学术态势，都很重要，但与他东渡以后学术业绩相比，毕竟是"插曲"；他与罗振玉共商学术，攻究文史，这才是主导。

京都安家以后，为了有一个安静的研究环境，罗振玉在藤田剑峰的帮助下另外觅地筑屋，在京都郊外的净土寺地段建造了单家独院的私宅"永慕园"，并附建藏书室，题其名曰："大云书库"。

壬子除夕（1913年2月5日），王国维东渡日本以后的第二个春节到了，他在罗氏"永慕园"内度岁。这时，罗振常也带着家眷到了京都。王国维就与罗氏兄弟饮酒唱和，各赋《壬子岁除诗》七律一首，王诗为：

又向殊方阅岁阑，早梅舒蕊柳笼烟。

---

① 《壬癸集》，1913年夏四月编印，初为日本江州旧木大活字印本，后有日本京都圣华房聚珍本。

岁时荆楚浑难记，风雪山城特地寒。
可但先人知汉腊，定闻老鹤话尧年。
屠苏后饮吾何憾，追往伤来自寡欢。①

罗振玉的诗为：

修蛇赴壑惜年光，憔悴孤臣鬓有霜。
浮海苦存汉家腊，偷生但举中兴觞。
乍传延渭罘罳杯，似说龙沙保障亡。
遥把屠苏瞻北阙，除凶解恶祝吾皇。

席间，罗振玉还出示了他收藏的明代末年"忠节之士"的书信原件，借以发其"孤臣"情怀。实则，罗氏此时四十六岁，说"鬓有霜"，充"遗老"，还算相称；王国维年方三十五六岁，哪里说得上"老"？何况，他也不是什么"孤臣"！

值得注意的是，罗、王酬唱中均有"汉腊"之说。腊，本为古人在每年岁终祭祖宗神位的专称，故至今犹以阴历十二月为"腊月"。但"汉腊"却有特定所指，那就是西汉末年王莽篡位，尚书陈咸带着他的三个儿子一道辞官返回沛郡故乡。王莽召他回"新朝"做官，他闭门不应，逢年则仍用汉家祖腊。乡人问他何故如此？他回答，"我先人岂知王氏腊乎！"这样，"腊"也便成"列祖列宗"的代名词，而坚守"汉腊"，则是对前朝旧主之忠贞不二的操守。不过，罗诗"浮海苦存汉家腊，偷生待举中兴觞"，实际上是巴望着已经逊位的宣统"复辟"，再图"中兴"，这岂非梦呓？王诗"可但先人知汉腊，定闻老鹤话尧年"，意谓鹤寿千年，唐尧太平，

---

① 此据罗守巽老人手录原稿，后经作者改订，"早梅"句改为"梦华旧事记应难"；"岁时"句改为"缁尘京洛浑如昨"；"定闻"句改为"定谁军府向南冠"。参见《观堂集林》卷二十四，《遗书》第四册。

眼见袁氏篡位，国无宁日，故他要借岁终祭祖习俗，祈求唐尧之世、太平年代尽快到来。有的日本学者因而称王国维"高才达识"，是一位不愿"屈节保身"的"乱世学者"。其实，他在壬子除夕赋诗抒怀，更在结句"屠苏后饮吾何憾，追往伤来自寡欢"。这表示他不会因世乱而自暴自弃，虚度岁月。这时，他以三十五岁的壮年，已经写出了诸多"并为艺林所推重"的论著，尤其是"壬子岁暮"写成《宋元戏曲考》为他赢得了蜚声海内外的巨大声誉。他还有什么可"憾"的呢？惟有"尧年"难期，神州大地竟难有一张供他静心研究学问的书桌可放，这才是他"寡欢"的原因所在。

"壬子岁除"之后，1913年3月，王国维与罗氏胞弟罗振常、长婿刘季英三家，亦从田中村迁居到了离罗氏"永慕园"较近的神乐冈。他颇为高兴地致信国内友人说，居处"背吉田山，面如意岳，而与罗、董二公新居极近，地亦幽胜，惟去市略远耳"。①"董公"即董康，因不满袁氏亦避居到了京都，后任东吴大学法学院院长，并被日本国赠以"名誉法学博士"（1925年）。此时在京都从事古籍（尤其是戏曲）辑印，故与罗、王均有交往。

日本有东西二京。西京即京都。对这个"地亦幽胜"的神乐冈居处，罗振常长女罗庄，曾撰文记道：

西京四面皆山，旧称山城国。初居田中村，再移神乐冈。其地风景幽胜，气候适中。小楼一楹，仅堪容膝，而纤尘不染。席地凭几，犹然古风。窗外山光岚气，朝晖夕阴，奇瑰不可名状。绕

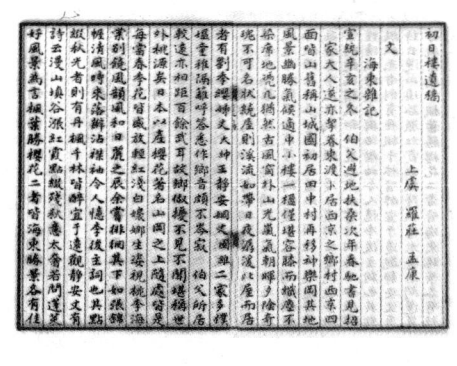

罗庄《海东杂记》之一页

---

① 王国维《致缪荃孙》，《书信》第36页。按，据书信，罗氏"永慕园"在京都上京区净土寺町字马场八番地；王氏居处在吉田町神乐冈八番地。

屋则溪流如带，日夜潺湲。比屋而居者，有刘季缨姊丈（大绅）、王静安姻丈（国维）。二家多仆媪，隔篱呼答，悉作乡音，颇不岑寂。伯父（按，罗振玉）所居较远，亦相距百馀武耳。故乡俶扰，不见不闻，堪称世外桃源矣。①

那时，罗庄还是位十五六岁少女。由于王国维长子潜明与罗氏三女孝纯（曼华）已订婚，故尊为"姻丈"。而王国维《壬子岁除诗》中"风雪山城特地寒"之"山城"，即指"四面皆山"的京都。初居田中村"百万遍"的一年多时间内，王国维主要是为罗氏寄存京都大学图书馆内的藏书整理编目；罗氏则像发薪一样，"月致饩百元"，补贴王国维家用。移居"去市略远"的神乐冈以后，王国维就像上班一样，每天步行前往"永慕园"。曾随同长姐罗庄与王家结邻的罗振常季女守巽老人，向笔者如是讲述当时情状：

> 斯时，永慕园已建成，则相距颇远，但面临稻田空旷，登楼可见。专往一条大路，中过百川相，至马厂桥，由田坡往即达；设沿路须绕一竹林，则远多矣。观堂每晨必由近路至永慕园，像上班一样。穿上白下淡青两折围长衫，头带辫发，至伯父家，与共研文史。仆辈则称为"王老爷"。②

在这样一个仅有几户中国家庭的幽静小环境里，王国维除了与罗氏"共研文史"之外，几乎摒绝了外界的一切干扰。看来，他确是借了异国他乡的"桃花源"，潜心耕我中华文化的"学术田"。首先是在帮助罗氏整理"大

---

① 罗庄《海东杂记》，《初日楼遗稿》，上海蟫隐庐书店壬午（1942年）孟冬刊本。按，罗庄（1895—1941），字孟康，罗氏长侄女，华东师范大学教授周子美夫人。"生有夙慧，擅长诗词"。1914年回国，朱祖谋（彊村）、况周颐（蕙风）"结词坛于海上，颇欲引为女弟子"。著有《初日楼遗稿》，校订王国维《人间校词札记十三种》等。

② 罗守巽《我所知的王观堂及其一家》。据守巽老人临终前写赠笔者手稿。

云书库"藏书的过程中,尽情展读其中大量有待研究、考释的古器物、古文字。按照罗振玉在王国维传中所说,这时,"予又尽出大云书库藏书三十万卷,古器物铭识拓本数千通,古彝器及其他古器物千馀品,恣公搜讨。"在这"数千通",或"千馀品"里,就有着埋埋了数千年的记载商周古史之奥秘的青铜、甲骨。而王国维对"地下之学问"的探究,就是从整理罗氏大云书库藏书,"尽阅所藏拓本"开始的。

王国维与罗振玉摄于永慕园

王国维移居神乐冈以后,还发兴"温经",攻读经籍。他说:

> 今年发温经之兴,将《三礼注疏》圈点一过。阮校尚称详密,而误处尚属不少。有显然谬误而不赞一辞者,有引极平常之书而不一参校者……①

"阮校"即今仍流传的清代学者阮元校注的《十三经注疏》。王国维曾说,儿时读私塾最"不喜"的就是这部书。现在回头重读,也算"温故而知新"吧!后来,赵万里从王国维遗留的藏书中,发现了他癸丑(1913年)批阅的原书,其中下功夫最多的是"圈点《三礼》":春二、三月间,读毕《周礼注疏》,并作《跋》;夏四至六月,读《仪礼注疏》,"日尽一卷",从无间断;秋八月、九月至十月上旬,读毕《礼记注疏》,并作《跋》,尖锐地批评了唐代经学家孔颖达(冲远)所作《礼记疏》"可取殊少",疏解"经旨""乃类高头讲章,令人生厌";指出,"若去其芜秽,

---

① 王国维《致缪荃孙》,《书信》第37页。

存其精英，亦经义得失之林也"①。与此同时，他还将清代学者段玉裁《说文解字注》，从头至尾圈读了一遍。

五 以新眼光论述国学，协同罗氏考释攻关

就在王国维"温经"期间，罗振玉决定在京都重新刊行辛亥之冬停办于北京的《国学丛刊》，并请王国维负责编辑。这是他俩共研文史的重要活动之一。王国维乃于"甲寅五月"（1914年6月）代罗氏写了《学术丛刊》复刊《序》，开头说：

> 自顷孟陬失纪，海水横流。大道多疑，《小雅》尽废。

何谓"孟陬失纪"？孟，开始，陬，正月。屈原《离骚》："摄提贞于孟陬兮，惟庚寅吾以降。"屈赋原意，是说他出生于太岁在寅之年的正月；而王国维则借以喻辛亥推翻帝制，民国废除宣统年号，且改阴历为公元，故曰"失纪"，以抒他与罗氏共同的"遗老"情怀；所谓"大道多疑"，语出《列子·杨朱篇》，意谓，中西交汇，新旧交替，学者何所适从。这在他十年前任教姑苏攻读被罗氏称为"欲刱新文化以代旧文化"的康（德）叔（本华）尼采诸家书时写的诗中，已有此感叹了②；"《小雅》尽废"，就是他为罗氏在京都"校刊群书"作《序》所称"无妄之世"或"衰乱之世"，意谓"辛亥革命"打破了原有的典章制度。

---

① 这里，还应说明，对于王国维辛亥东渡以后的"学术转向"，即转攻经史小学，罗振玉说是"予乃劝公专研国学，而先于小学训诂植其根基"，这在学理上并不错；但又说，王国维听从其劝而"愧然自悉"，"尽弃所学"，将《静庵文集》"悉摧烧之"。这就全盘否定了他攻研文哲、会通中西的前期学业，显然过了。况且，辛亥以后，《静庵文集》仍由中华书局在上海代售，在日本京都也可以买到，并未"摧烧"。

② 参见《静庵诗稿》甲辰（1904年）所作《病中即事》《天寒》诸诗。

尽管发了这样一通"颂古非今"的感慨，但这并不表明他要在学术上"反经信古"。恰恰相反，若以新的眼光来看他《序》中所称"劣免儒硎"的"番番良士"，"土苴百王、粃糠三古"的"莘莘胄子"，这其实表示了他对20世纪的神州学子，盖有厚望焉。故他在序文中"观往昔之隆汙，抚今兹之际会"，从"海水横流"的"古来难比之大变局"中，向我们展示了"昔儒所未见"的学术新天地：那是《史记》所载，"洹水南，殷虚上"发现的大批龟甲文字；是宋代以来早有著录的一器一铭等于一篇《尚书》的"三代重器"；是发自西北"塞上"的汉晋简牍、敦煌文书；还有来自洛阳故地的汉魏石经、出自齐鲁的秦汉印玺封泥，以及其他古代陵墓、旧城故地出土的随葬器物；也就是他概括的"古来新学问起，大都由于新发现"。

据此，再来反观他在1911年春所撰《国学丛刊》创刊《序》，论述学无中西、无古今、无有用无用，强调中西二学"互相推助"，并提出以近代博物学，验证《诗经》《尔雅》《离骚》等古籍中"草木之名状"；以"西人之推算日食"的方法，"证梁虞𠛬、唐一行之说，以明《竹书纪年》之非伪"。所"证"两人，都是我国历史上著名的天文历算家。虞𠛬，南朝梁太史令，于大同十年（544年）"用九尺表格江左之景"，定"岁分"、"月法"；一行，唐高僧，于开元九年（721年）奉诏"作新历，推大衍数"，十五年（727年）草成《大衍历》，《唐书·历律志》尊为"不刊之典"。事实上，王国维在《序》中提出的以"推算日食之法"验证古史年代，至今仍是新颖的学术攻关课题。由此可见，《国学丛刊》创刊《序》主张"居今之日，讲今日之学"，与复刊《序》"问诸故府，方策如新"，基本宗旨是一

罗振玉创办之《国学丛刊》（1911年）

致的,皆着眼于"新";如果要讲有所变化的话,那就是创刊《序》主要在理论上"推陈",而复刊《序》则偏重于实践上"出新"。在王国维看来,讲"国学"绝非因循"国故",墨守"国粹"。这不是很值得我们鉴戒么?

作为共研文史的更重要的活动是,罗振玉"发愤键户四十馀日",于1914年冬撰成《殷虚书契考释》。这是罗氏积十馀年收集、整理、研究甲骨文字的成果,也是他为甲骨文字考释"导夫先路"的力作。王国维为之作《序》称:"商遗先生《殷虚书契考释》成,余读而叹曰:自三代以后言古文字者,未尝有是书也。"继而又作《后序》,赞罗氏此书为"三百年来小学之一结束也",并记述他与罗氏共研学问,自承"写官",说:

> 余从先生游久,时时得闻绪论。比草此书,又承写官之乏,颇得窥知大体,扬榷细目……

他因之由罗振玉想到了清学开山顾炎武:

> 窃谓:我朝三百年之小学,开之者顾先生,而成之者先生也。昔顾先生音学书成,山阳张力臣为之校写;余今者亦得写先生之书,作书拙劣,何敢方力臣,而先生之书足以弥缝旧阙,津逮来学者,固不在顾书下也。①

王国维手写石印之罗氏《殷虚书契考释》

由以上二《序》,我们可以知道,罗氏撰《殷虚书契考释》,

---

① 王国维《殷虚书契考释序》《后序》,《观堂集林》卷二十三,《遗书》第四册。

每天去"永慕园""上班"的王国维是"第一读者";而列为罗氏《永慕园丛书》初刊的《殷虚书契考释》(1914年),则是由王国维手写石印的。当时,罗氏请王国维编校《国学丛刊》,"月致二百元",亦属确实。由此而引发了所谓罗氏花"五百元"(或"三百元")向王国维"买"书稿,自己"坐享盛名"之类谣传不实之词①,这样"抑罗褒王",是错误的。不过,也不可反过来,说王国维其时"尚未进行甲骨文字研究",甚至"才读"《说文解字》,将他当成对古文字学一窍不通的"文抄公"。果真如此,他能写出那样高屋建瓴、纵论"三百年来学术"的二《序》吗?这样"贬王扬罗",就走向了另一极端,也是不可取的。

其实,王国维在《序》中将罗氏《考释》比为顾炎武"音学书",而以张力臣自况,这本身就表明他并不仅限于抄写。据记载,清康熙六年(1667年),顾氏"南归山阳(按,今江苏淮安),开雕《音学五书》于淮上,张力臣(弨)父子任校写之役"②。张力臣是一位笃学好义之士,精通文字音韵之学。他在校写中查考《说文》《玉篇》等书,为顾氏《音学五书》改正约一二百处,被传为学界美谈。而王国维则除了"手书"《考释》书稿、补正条目之外,还曾与罗氏商讨《考释》全书的体例,以至议定纲目等等,这便是他在《后序》中所说"窥知大体,扬榷细目"。再就甲骨文字的研究而言,应该是罗闻道在先,王则后来居上。罗、王二位,各自都下了苦功,各有所长,相互借重。这也反映在彼此的称呼上。王国维颇赞赏罗氏在殷虚书契文字考释方面的造诣,故《序》称罗为"隐括有条例,剖析穷根源"的"商遗先生";而罗氏则甚推重王国维对殷周礼制的考释,故尊王为"善说殷礼"的"礼堂先生"③。所以,我们辨明罗氏《考释》的"著作权"归属的同时,指出王国维协同罗氏考释攻关,这是回归历史之本真。

---

① 以上"买稿"或"窃书"之讥,分别出诸傅斯年、郭沫若及王氏弟子吴其昌等,不复具体注明。
② 张穆《顾亭林年谱》卷二,按,张力臣,名弨,号亟斋,山阳诸生,擅书画,尤精文字之学(即古文字学)。
③ 罗振玉《商句兵跋》墨迹,《遗书》第一册卷首。

六 新著迭出，硕果累累

王国维本人在辛亥东渡以后的学术研究，那可以说是无分秋夏冬春，研究课题不断出新，并写出了一系列名重学界的著述。

寓居京都的次年，壬子开岁（1912年春），王国维就草成了考证中国书册制度的《简牍检署考》。此书脱稿，由铃木虎雄译为日文，连同他在壬子夏间增补的若干条文字，一并译载于日本《艺文》杂志①。这是他东渡以后的第一篇考证之作，实际上是与他"官书坐会"，曾在清学部编译图书局从事书刊编译分不开的。

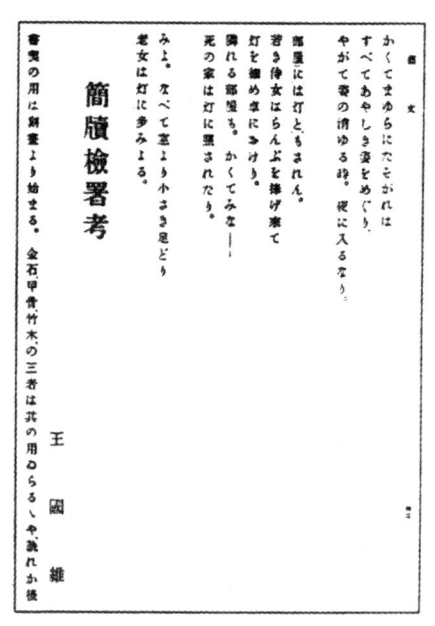

刊于日本《艺文》杂志之《简牍检署考》

按照现代传播理论，人类文明经历了口头传播、文字传播而进入电子传播；书册则是文字传播的产物。如同王国维在此考开头所说，"书契之用，自刻画始。"在纸发明以前，所谓"惟殷先人，有册有典"，文字的载体有金石、甲骨、竹木，而以竹木之用为最广，这就是竹简木牍；纸发明之后，则有了书籍、文献的编印、流传、保存。在此考之前，国内外学者对纸发明前后，自周代、汉唐以至于清末的书册制度，虽不乏著论，但皆未能明其源流，且多有疏误；王国维此考问世，"而

---

① 《简牍检署考》，《遗书》第六册，曾连载于日本《艺文》杂志第三卷第四、五、六期（1912年）。

后简册之制大明"①。尤其是，他将近代逻辑学之归纳、演绎等整套方法运用于考证，通过对策简的绵密稽考，推演出了古策长短皆为二尺四寸之分数，牍之长短皆为五之倍数的规律，此即被中外考察简牍制度的学者奉为圭臬"分数、倍数"说②；他的这部《简牍检署考》，从而也成了现代简牍学的奠基之作。

继此之后，王国维或数月一作，或数作联翩，新著迭出，硕果累累。举其荦荦大端者，例如：

1913年夏，草成《明堂庙寝通考》③。这是王国维发"温经之兴"，圈读《三礼》及段注《说文》之际写就的。他说，"近年治礼，旁及古文字，拟着手三代制度之研究"；又说，"此书全根据金文、龟卜文，而以经证之，无乎不合"。所谓"三代制度"，包括了殷周宫殿建筑之制，足证他此时已开始将金甲文字的考释与古代礼制的研究贯通起来；故说他直至1914年底为罗氏《殷虚文字考释》作《序》时"尚未进行甲骨文字研究"，乃是由于对观堂之学缺乏了解所致。而他的《明堂庙寝通考》，其实就是一部中国古代宫殿建筑史。

王国维继续构思着新著。当年秋，撰成《释币》二卷④。这是又一部专史：古代服装及历代绵帛市价史。如果再将他稍后（1915年）所撰考"袴褶之服"传入中原，成为通行汉装之历史的《胡服考》⑤连贯起来，无异于向我们展示了中国古代服装变迁的长卷。

与此同时，即1913年秋冬间，他又通过为罗氏整理"大云书库"所藏古代封泥拓本，编撰《齐鲁封泥集成》的基础上，参证《史记》及《汉志》（《汉书·地理志》），撰成考证秦汉地理的专著《秦郡考》《汉郡考》（上

---

① 余嘉锡《书册制度考》，《余嘉锡论学杂著》下，中华书局1963年版。
② 参见胡平生、马月华《简牍检署考校注》导言，上海古籍出版社2004年版。
③ 《明堂庙寝通考》，《观堂集林》卷三，《遗书》第一册。
④⑤ 《释币》，初名《布帛通考》；《胡服考》，初名《绔褶服考》，分别编入《观堂集林》卷二十一、二十二，《遗书》第三册。

下 ）①。

　　上述简牍、宫殿、服装诸考，相对于王国维后来的学术成就，还仅是他转攻经史小学的成果初展，但已备受学界推重。例如，那时寓居上海的沈曾植，就当着自日本归国过沪来访的罗振玉，手指案头的《简牍检署考》，说："即此戋戋小册，亦岂今世学者所能为！"又评其《释币》及考秦汉地理诸作，"并可信今传后，毫无遗憾"②。王国维自己当然更可以"屠苏后饮吾何憾"了，但他并不因这些初步成果而自限，不断拓展着新的学术领域。其中最辉煌的成果，是1914年，他与罗振玉合作对"敦煌塞上及西域各地之简牍"，即所谓"流沙坠简"考订研究。

　　王国维曾将我国西北边陲沙漠中发现之汉晋简牍，与河南安阳出土之殷虚甲骨文字，并称为19世纪末叶"中国新发见之学问"；并追述此项发现之历史，以及罗、王合力考订成书之经过，说：

　　　　汉人木简，宋徽宗时已于陕右发现之。靖康之祸，为金人索之而去。当光绪中叶，英印度政府所派遣之匈牙利人斯坦因博士（M. Aurel Stein）访古于我和阗（Khotan），于尼雅河下流废址得魏晋间人所书木简数十枚。嗣于光绪季年，先后于罗布淖尔东北故城，得晋初人书木简百馀枚，于敦煌汉长城故址得两汉人所书木简数百枚。皆经法人沙畹教授（Ed. Chavannes）考释其第一次所得，印于斯氏《和阗古迹》（Sand-buried Ruins of khotan）中；第二次所得，别为专书，于癸丑（1913）、甲寅（1914）间出版。此项木简中有古书历日方书，而其大半皆屯戍簿录，于史地二学关系极大。癸丑冬日，沙畹教授寄其校订未印成之本于罗叔言参事。罗氏与余重加考订，并斯氏在和阗所得者影印行世，所谓《流沙坠简》是也。③

---

① 以上二《考》，载《观堂集林》卷十二，《遗书》第二册。
② 罗振玉《五十日梦痕录》，乙卯二月二十九日（1915年4月13日）"访沈子培（曾植）方伯"所记。
③ 《最近二三十年中中国新发见之学问》，《静庵文集续编》，《遗书》第五册。

大批古代文物被盗窃国外，这是我国近代学术史上的创痛，遗恨至今！当时，窜至我西北地区的斯坦因（英籍匈牙利学者）、伯希和（法国巴黎大学教授）等人以"探险"、"访古"为名窃掠的"宝物十二箱"以至"百馀箱"文物内，还包括了敦煌千佛洞内大批卷轴[①]。1913年，罗氏得知法国学者沙畹正将斯坦因窃去之千馀汉晋木简整理成书，乃致函沙氏"欲得其影片"。这便是沙畹"寄其校订未印成之本"的来历。

罗、王非常不满意沙畹的"校订"。在王国维看来，这批与殷虚甲骨同为国之瑰宝的简牍流散国外，已够痛心的了，其整理、研究之责，自当在中国学者。他说，"此事关系汉代史事极大，并现存之汉碑数通亦不足比之"；并指出，"东人不知，乃惜其中少古书"。这就是说，不惟"西人"如沙畹等欧洲学者，就连"东人"即日本汉学家，皆不知其学术价值。于是，他与罗氏商定，发愤将沙氏寄来的"未印成之本"重加整理、考释。自1913年底至1914年春夏间，"尽三四月之力"考释写定为《流沙坠简》凡七卷，其中，由罗氏编撰者，为：

《小学术数方技书》一卷、《考释》一卷；
《简牍遗文》一卷、《考释》一卷。

由王国维编撰者，为：

《屯戍丛残》一卷、《考释》一卷；
《补遗》一卷。

《流沙坠简》全书由王国维手写石印，初名《屯戍丛残考释》。"屯戍"即古代边防。王国维精熟秦汉三国史地，故承担了《屯戍丛残》卷的校订、

[①] 参见《中亚西亚探险谈》，《观堂译稿》上，《遗书》第十四册。按，此篇译稿，罗刊《遗书》本《观堂外集》题《流沙访古记》。

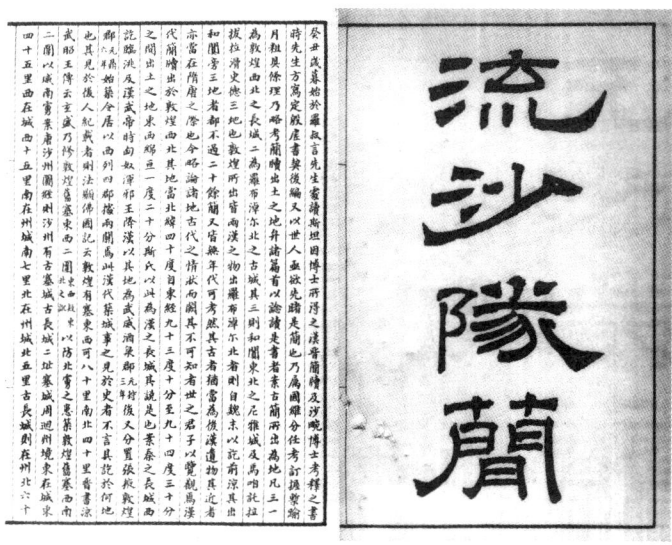

王国维手写石印之《流沙坠简》

考释。这是"关系汉代史事极大"的核心部分。而他所撰的《流沙坠简序》及《后序》①，则通过周密地勘定简牍出土之地，从而使"沙漠中之废址骤得而呼其名，断简上之空名亦得而指其地"，详尽地考明了被流沙埋没千百年的"废址"，诸如汉代敦煌郡所辖的都尉、侯官之治所；宜禾都尉所辖之烽燧；汉长城及玉门关之位置；海头之地望及其得名之由来；"精绝国"与后汉之关系，等等。集中了他的研究与考证成果的这两篇《序》，因而被誉为古代西北边疆地理的"大论文"。鲁迅赞叹说，"中国有一部《流沙坠简》，印了将有十年了。要谈国学，那才可以算一种研究国学的书。开首有一篇长序，是王国维先生做的，要谈国学，他才可以算一个研究国学的人物。"②

诚哉，斯言！

这个期间，王国维还将欧阳修等各家书中收录的钟鼎古器铭文，罗氏

---

① 《流沙坠简》由罗氏在日本自资石印，未收入王氏《遗书》；这两篇序言，编入《观堂集林》卷十七，《遗书》第三册。

② 《不懂的音译》，《鲁迅全集》第1卷，人民文学出版社1981年版，第398页。

所藏数以千计的"三代古器"拓本，排比复勘，鉴别真伪，分别撰成《宋代金文著录表》（一卷）、《国朝金文著录表》（六卷），自宋迄于清，金文之有目录专著，殆于此二表始。他又"以器类列"，通过考辨商周钟鼎彝器，撰写了系统论述古代祭祀、宴席与日常生活用器的《古礼器略说》；通过考释金甲文字，撰写了论述商周古地名的《三代地理小记》，等等。特别是撰于1915年春与同年冬的《鬼方昆夷猃狁考》《生霸死霸考》①。这是他即将归国前的压卷之作。前者据《诗经》"猃狁"，《易经》"鬼方"之记载，参证大、小盂鼎等古器铭文，考明古书中之鬼方、昆夷、猃狁，其实就是匈奴。如果说，司马迁是为匈奴立传的第一人（《史记·匈奴列传》）；那么，王国维就是近代探觅匈奴族源的第一位学者。后者通过考释西周金文，研究先秦古籍中记载的月相，提出了"初吉、既生霸、既望、既死霸"，即"一月四分"的著名论说。这其实正是王国维运用近代天文学验证古籍记载的一个成功尝试。日本学者新城新藏称赞王氏此考以"透彻的思维"，"揭示了事实的真相"，并成为其名著《周初年代考》的理论基础②。

七　应约撰札记，艰难度岁月

我们追述王国维辛亥东渡以后的学术活动，当然不能忘却他为挣稿费补贴家用，应约给报纸写学术札记。

这是由日本人创办，在沈阳出版的中文日报《盛京时报》③，邀请王国维为之写"札记"的，是该报"发行人"（即主笔）一宫房次郎，议定

---

① 此二《考》分别编入《观堂集林》卷十三、卷一，《遗书》第二、第一册。
② 参见新城新藏《生霸死霸考——悼念王国维先生》，原刊日本《艺文》杂志第18卷第8号，1927年8月；转引自《追忆王国维》，中国广播电视出版社1997年版，第351—352页。
③ 《盛京时报》，1906年10月18日（清光绪三十二年九月初一日）创刊，1944年9月终刊，历时三十八年，创办者中岛岭雄。

报酬为"月致束脩三十元"。从 1913 年至 1915 年，王国维先后撰写了如下三组札记：

《东山杂记》，署名礼堂，起自 1913 年 7 月 11 日，迄于 1914 年 5 月 5 日；

《二牖轩随录》，先署礼堂，继署词山，起自 1914 年 9 月 9 日，迄于 1915 年 5 月 6 日；

《阅古漫录》，署名词山，起自 1915 年 9 月 8 日，迄于同年 11 月 28 日。

顺便说一下，王国维自署"词山"，仅见于此时所撰札记，盖取自他在北京"学学山海居"里推举的李中麓（开先）之"词山曲海"；即此一端，亦足证他并未因转攻经史小学而忘情词曲，"尽弃前学"。

王国维的这些札记，写得颇有思致且引人入胜。例如，札记起载之日，1913 年 7 月 11 日《盛京时报》出版"发刊一千号纪念增刊"，刊出了"民国当路诸员"袁世凯、黎元洪、段祺瑞等人的题词，梁启超亦以"进步党领袖"题写了"他山之石"；增刊并"佐以其他有趣之文墨"，实即王国维的《东山杂记》，当天所刊第一则是：

> 今北方人家，门前必有升车之石，或累砖为之，而覆之以石。此古天子之制，诸侯以下所不得僭也，其名则古谓之"乘石"。

《东山杂记》以《乘石》发端，博考"古天子诸侯"之宫室建筑制度，兼及民情风俗，以及敬事鬼神（如灶神、城隍）之由来；而其要旨，则是借考古制以斥"僭越"。这与他在《颐和园词》里痛诋"今日新朝主"便是"当年顾命臣"，是一脉相承的。所以，"乘石"发表十天之后，7 月 22 日刊出的《东山杂记》就转而考关汉卿《拜月亭》杂剧称"父为阿马"，追溯秦始皇"自称皇帝"以来，在改朝换代中对帝王称呼之变，写来娓娓而谈，涉笔成趣，并且由"微"而著、由"隐"而显，笔锋直戳当世之"总统"：

> 西洋共和国之执政者，我国昔译之曰：总统。元时有总统天下佛教道教，总统某地佛教道教等名目，然人罕以是称之。其得此称而最著者，则杨琏真伽之称"杨总统"，是也。

我们翻阅《元史·释老传》，有《杨琏真伽》，记其戕杀无辜、抢占民田、奸淫美女、掠劫金银财宝，无恶不作，道路侧目；而江浙方言中，杨、袁音近难辨，古之"杨总统"，适可叶今之"袁总统"；再证以当时流行甚广、嘲讽袁世凯倒行逆施的"总而言之，统而言之，不是东西"的"顺口溜"，读者由此不是很可以会心发噱么？

王国维的这些札记，写得很投入，有很高的学术含金量。其中有的是文史杂记，有的是诗文随笔，也有的是学术专论，每篇短者数十、百馀言，长者数百、千馀言（个别的达数千言）；举凡甲骨钟鼎、秦权汉简、唐宋古尺、敦煌遗书、齐鲁封泥、历代碑帖，以及诗词戏曲，无数不包；还有考述古代炼钢之始、化石之发现、古气候物产之变迁、陕西石油之富，等等。特别推崇宋代沈括《梦溪笔谈》"一空倚傍，自创新体"，其中"格物之学，不独冠绝宋代，求之古今中外，发明之多，盖未能有此者"。王国维在以文史为主的札记中，对于作出了"四大发明"的中国古代科学技术，如此探赜发微，倾情赞美，这是民族豪情。

连载于《盛京时报》的以上三组学术札记，时断时续，历时两年半之久，总计十数万言。就其文体而言，现在通行的所谓"学者散文"，实乃由王国维的这批具有很高学术价值和文化品位的札记，着了先鞭。

值得注意的是，王国维在上述札记间穿插发表于《盛京时报》的，尚有：

《礼堂题跋》，连载于1914年1月1日至2月1日[①]；

"壬子三记"，即《此君轩记》《墨妙亭记》《二田顾记》，署名礼堂，连载于1914年2月10日、13日、14日；

《清真先生遗事》，连载于1914年3月11日至4月22日；

---

① 《礼堂题跋》凡十六篇，后编定为《庚辛之间读书记》，《遗书》第五册。

《优语录》，署名词山，连载于 1914 年 6 月 13 日至 7 月 24 日。

以上四组文稿，除《清真先生遗事》系旧作重刊外，其他均属首次发表。尤其是《优语录》上、下卷，上卷《剧语》五十三则，下卷《优人之语》三十一则，总计八十四则；编入《遗书》的通行本《优语录》不分卷，仅四十七则，故我们将刊于《盛京时报》的分卷《优语录》称为"补刊本"，兹将其序言，全文迻录如下：

> 元钱唐王晔，辑古代优人讽谏语若干条，曰《优谏录》，杨维桢为之序，今其书不传。余览唐宋史、小说，复辑优伶戏语为一编。顾编辑之意，稍与晔殊。盖优人俳语，大都出于演剧之际，凡戏剧之渊源与结构，及其变迁之迹，可以考焉，非徒其辞之足以裨治道，而供谐笑而已。吕本中《童蒙训》曰：作杂剧者打猛诨入，却打猛诨出。吴自牧《梦粱录》谓：杂剧全用故事，务在滑稽。则知古代杂剧，全以诙谐为主。孟元老《东京梦华录》谓：内殿杂剧，为使人预宴，不敢深作谐谑，则无使人可知矣。兹《录》之作，所以存最古之戏剧，上卷专录剧语，下卷则优人之语，不关戏剧者亦附焉。若其囿于闻见，不遍不赅，则俟异日补之。宣统改元冬十二月写成记。

通行本《优语录》初刊于上海《国粹学报》，其序言的落款日期为"宣统改元冬十月"。表明作者在"冬十月"抄寄学报后，又有补充，增写了三十七则。故此二卷本才是《优语录》全帙。

王国维回顾在京都数年的著述生活，曾说，"自辛亥十月寓居京都，至是（按，1916 年 2 月初）已五度岁，实计在京都四岁馀。此四年中，生活在一生中最为简单，惟学问则变化滋甚。"[①] 如果我们再来为他的"居东四载"作个简要补充，那可以说，他在学术上岁岁有新创获，而生活则一年比

---

① 王国维《丙辰日记》，正月初二日（1916 年 2 月 4 日），据手稿。

一年捉襟见肘。王国维初来京都时曾算了笔账,按照当时的物价,在北京,全家"月用约需百金";到了京都郊外,月用七十元已足,惟衣服不在内。据那时与王家为邻的罗守巽老人(罗氏侄女)在写给笔者的《回忆王观堂及其一家》中说,观堂只知看书写作,于诸子教育及家务,悉委诸夫人,自己一概不问。为了解决一家老小的穿着,潘氏夫人及女佣钱妈,日以继夜缝纫,仍供应不暇。有一次,潘夫人以家中柴米之计相商,而观堂手不释卷,耳若无闻,至夫人恼怒之下欲将其书付火,幸有罗氏来访才解了围。

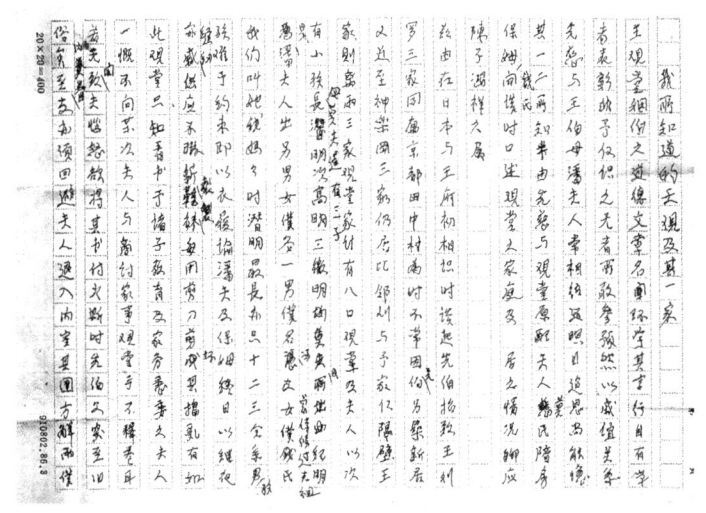

罗守巽《我所知道的王观堂及其一家》手稿

巧妇难为无米炊。王国维虽不问家务,又何能不愁生计!初来京都,他自计"扣尽囊底,足支一年";后来,虽有上海商务印书馆支付的《宋元戏曲史》发表费及其他著作的稿酬,但为数有限;而为《盛京时报》写札记,"束脩"并不能按约支付。一家九口①,日常生活主要凭罗氏按月"致饩",终非久计,况且孩子在长大,还要上学读书。在他的这种"生活"与"学问"的剧烈反差里,包含着一位清寒学者的多少艰辛……

---

① 到1916年,王国维夫妇有莫夫人生三子:潜明、高明、贞明;潘夫人生四子纪明、次女东明;另有女佣钱妈、男仆冯友。

第九章　丙辰归国

> 心之忧矣，维其伤矣。
>
> ——《诗经·小雅·苕之华》

一　新春佳节返上海

1916年2月初，王国维自日本京都返回上海。时值丙辰春节。所以，我们称之为"丙辰归国"。

临行前，他与罗振玉相约，分别后每天各自"同记所历，异日相见可互阅之"，故从丙辰正月初一日（1916年2月3日）与"韫公（罗氏）贺岁"道别起，直至抵沪后近两个月内的活动，他逐日作了记述，留下了一册《丙辰日记》。① 这也是他"五十之年"的一生中留下的仅有的日记，弥足珍贵。

王国维在正月初一的日记中，还特别提到，"自去岁送眷回国，即寓韫公家，至是已八阅月。"据罗守巽老人追忆说，1915年春，在京都神乐冈相邻而居的罗振常、刘季英两家都相继回国，潘夫人更加思乡心切。王国维也不能不作归国之计，并在当年三月清明归国扫墓之际，送潘夫人带

---

① 《丙辰日记》，今收录于《王国维全集》第十五卷（书信日记）。按，罗振玉亦撰有《丙辰日记》，陈梦家《殷虚卜辞综述》曾录出其中三条。据罗继祖回忆，罗氏《丙辰日记》全稿，为罗福葆收存，于"文革"中毁失。

着儿女先回了海宁，只有长子潜明伴着他再返京都，迁住罗家。这有王国维本人日记为证。当然，也有另外的传闻。例如，刘蕙孙先生晚年回忆中说，观堂在京都生活实难维持，送走家眷后自己仍回日本，就住在了"京都南禅寺的永观堂"[①]。

果有其事吗？就此，笔者曾面询了留学京都，并长期在那里从事教学和研究的钱鸥教授。她不仅实地查访过王、罗当年在京都的居住地，还对笔者说，自己在京都大学留学时曾住南禅寺数月读书呢！

不过，我们回顾历史，也不可不设身处地为故人着想：王国维不善料理生活，如果入住禅寺，光父子俩每天开伙吃饭，就是件不小的事情。而他在重返京都后，依然手不释卷，埋头研究与写作。谨将此"八阅月"内，王国维在京都的主要日程按阴历月份开列如下：

四月，撰《不嬰敦盖铭考释》《三代地理小记》；

五、六月，批校唐·陆德明《经典释文》；

七月，撰《胡服考》；

九月，撰《元刊杂剧三十种序录》《古礼器略说》；

十月，撰《与林浩卿博士论洛诰书》；

十一月，撰《生霸死霸考》。

十二月，参加日本学者举办的"乙卯寿苏（轼）"活动，同时着手做书籍装箱等归国准备。

这表明，王国维虽然生计维艰，但并非潦倒得要躲进禅寺，上海话所谓去"孵豆芽"。他在这个时段内的学术活动至为紧张。在日本学者为苏轼（1036—1101）诞辰八百周年，于乙卯十二月十九日（1916年1月23日）在京都圆山春云楼举行"寿苏宴"的联谊活动中，他曾"集录古人成句"，书赠雨山（长尾甲）、君拐（富冈谦藏）二位"寿苏"发起者：

[①] 刘蕙孙《我所了解的王静安先生》，《王国维学术研究论文集》第三辑，华东师范大学出版社1990年版。

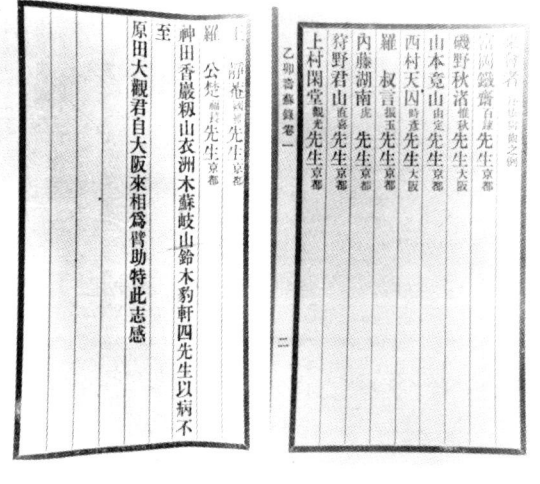

《乙卯寿苏录》名录

堂堂复堂堂，子瞻出峨眉；
少读《范滂传》，晚和渊明诗。①

当然，王国维的绝大部分时间在写作，几乎每月有一两种著作，且篇篇都是"重量级"作品。他又哪有精力顾及日常生活？况且，如他在正月初二日日记中所述，"客中书籍无多，而大云书库之书，殆与取诸宫中无异，若至沪后则借书綦难。"写作与研究，须臾不能离开书。他最担心的是回沪后"借书綦难"。这时，他本人的书籍全部存放在罗家；而他所谓"大云书库之书"，不光指经史古籍，主要还是罗氏收藏的大批金甲文字拓本。王国维的写作习惯是，每撰一种著作，必将相关的书籍、资料收聚案头，随手取阅；如果住进南禅寺，这会给他的写作带来多大的不便！

再从罗振玉这方面来看，揆情度理，罗氏也不会让王国维父子去住南禅寺。一是论友情。在北京，王国维青年单身就寄寓罗家，而今人到中年，又送走了家眷，罗氏怎会让他入住异国他乡的禅寺？二是论亲情。这时，王潜明已是十六七岁小伙子，与罗女订了亲。所以返沪不久，王国维

---

① 《王忠悫公遗墨》，日本昭和三年（1928年）刊本。

就致信罗氏说,有位"本党人",又"与政界接近"的张东荪,因不知罗、王已攀亲,曾托人上门为潜明提亲,"欲以其妻妹字之",被他婉言谢辞了①。而罗氏则是儿女心极重,长婿刘季英从十四五岁订亲后就被他带在身边,现在他的宝贝小女儿曼华既已许配潜明,他断不会允许未来的姑爷随同亲家像出家人般住进南禅寺。

当然,还有第三层:学谊。从上海东文学社罗、王交结以来,两人聚在一起著书论学,已成习惯。尤其是东渡以来,王国维原是每天像上班一样到"永慕园",送走家眷后岂能单身外住!

我们再看王国维正月初一日记:"正旦客中无事,亦无客至。与韫公清谈,韫公出郭河阳《寒山行旅》、黄子久《江山幽兴》与王叔明《柳桥渔唱》三卷";又记:"忆去岁秋后所见名迹最夥,如王右丞《江山雪霁》卷,杨昇《云山》图幅,北苑《溪山行旅》《万壑松风》《松峰高士》,又《松泉》四大立幅及《群峰雪霁》卷,巨然《烟浮远岫》立幅,又《万壑》图卷……"这里提到的郭河阳(忠恕)、黄子久(公望)、王叔明(王蒙)、右丞(王维)、北苑(董源)、杨昇、巨然,都是历史上著名的书画家。罗、王相偕,在国外甚少亲友往来,亦无娱乐活动,他们除了共研文史之外,鉴赏这些名家书画,应是共同的乐趣。

这样看来,纵然确有南禅寺,但无论生活、学业、情趣,皆足证王国维"送眷回国,即寓韫公家";且罗氏"永慕园"足容王国维父子寄寓,故亦无外住的必要。

那么,王国维为何要在"爆竹一声除旧岁",家家户户过大年的新春佳节,话别与他摩挲青铜甲骨、共研文史学术近五载的挚友罗振玉,行色匆匆启程返上海?对此,他在丙辰正月初一的日记中记道:

---

① 王国维《致罗振玉》,《罗振玉王国维往来书信》(以下简称《罗王书信》),东方出版社2000年版,第212页。

去冬十二月，同乡邹景叔①大令移书，谓：英人哈同君之夫人罗氏，拟创一学问杂志，属余任其事。其杂志体例分字学、礼学、文学、觉学、宗教诸门，并俟余到沪商酌。

这位同乡，名邹安，是光绪十七年辛卯岁（1891年）优贡，王乃誉称其"经学、说文、八股均佳，于诂经试，颇为曲园（按，即俞樾）赏，当为名下无虚士也"；又谓："读其硃卷并优贡卷，文尚考据、说文，学有根据，将来此公功名、著述，必有一番事业，不似碌碌者流，吾十年前见之，直乡里小儿耳，令人刮目相看。"（参见《王乃誉日记》辛卯九月初八日、十月廿七日）这表明，邹安为俞樾所识拔，而乃誉公则很早就识其人，赏其才学；然则，其在"哈园"力荐王国维，岂出偶然欤！王国维在接邹安信后，"已于去岁函允"，且年前就"摒挡行李书籍"，提前将特别"重大"的"书籍十箱"送往神户码头。正月初二日，他与罗氏及前来送行的狩野直喜握别，携潜明自京都乘车至神户候船，于初三日上午登"筑前丸"，经过数天海上风浪颠簸，至初七日（1916年2月9日）午后抵达上海。

二 "包办"杂志，拒迁"哈园"

王国维抵沪第二天，就不顾旅途劳顿，走访上海的友人，其中包括他上年归国扫墓时访晤过的"海上寓公"沈曾植②，从外围了解哈同其人其事，尤其是有关"哈夫人罗氏"及园内"总管"姬佛陀的传闻轶事，令他"殊出意外"。

---

① 邹景叔：邹安（1864—1940），字景叔，一字寿祺，号适庐，浙江海宁人，清末曾任江都知县，故尊之为"大令"；金石学家，著有《周金文存》等。
② 沈曾植（1850—1922），字子培，号乙盦（庵）、寐叟，浙江嘉兴人，清光绪庚辰（1880年）进士，官刑部主事，充总理衙门章京、代理安徽巡抚，博通经史、音韵、西北地理诸学，尤以诗、书名世，著有《海日楼文集》等。

其实，王国维何尝不知，上海素称"冒险家的乐园"。其中一大"冒险家"，就是祖籍巴格达，漂洋过海来到上海"十里夷场"之后，以经营地产而致暴富的英籍犹太人哈同。他全名欧司·爱·哈同（Silas Auron Hardoon，1847—1931），人称"地皮大王"，公共租界工部局董事；其夫人罗诗氏，自称有法国血统（母闽人），姓罗诗，名俪穗（亦作俪蕤），号迦陵（1864—1941）；哈同动用巨资营建的私家花园取名"爱俪园"，盖即以其夫妇姓名中各取一字拼合而成，但上海及周边百姓都管它叫"哈同花园"，在王国维笔底则简称之曰"哈园"。

爱俪园

"哈园"建成之时（1909年），恰值清末民初变乱之际。于是"爱俪名园"在某种程度上成了政治风云变幻的"聚光镜"：行将就木的慈禧老太后所赐御笔"福"字，高悬于厅堂，辛亥武昌起义的枪炮声中落荒而逃的湖广总督瑞澂亦隐匿于此；尤令"哈园"风光无限、蓬莱增辉的，则是盛情迎接归国就任中华民国开国大总统孙中山下榻于园内；而由蔡元培证婚，时任东三省"筹边使"的"国学大师"章太炎与汤国梨之"文明婚礼"在"爱俪园"之"天演界"举行，参加者数以千计，几成孙中山及其左右黄兴、廖仲恺等革命党人的一次盛大集会……

不过，以上种种，都发生在王国维归国之前。"哈园"既以豪富炫耀，当然也少不了"文化唱戏"，颇招徕了诸多文人

"海上大儒"沈曾植

学者出入园内。举其最著者,有被鲁迅称为"公车上书的头儿"、"戊戌变法"的风云人物康有为;有曾"行走"于总理各国事务衙门、当恩铭被刺后以布政使"署理"安徽巡抚的"大儒"沈曾植;有被王国维《人间词话》誉为"学人之词,斯为极则"的词学大家朱祖谋(彊村)和同样以词著称的况周颐(蕙风);还有为"哈园"画出了中国独一无二、长有四只眼的"仓圣标准像"(仓颉)的大师徐悲鸿,以及同样是书画名家的黄宾虹、胡小石,等等;至于辛亥以后做了"海上寓公"而来"渊渊作金石声"的哈同"戬寿堂"玩赏青铜甲骨、兜售文物古籍的失意政客、落魄文人,以及其他古董收藏家,那就更不胜枚举了。

王国维的到来,可算是"风云际会"。但是,耳听为虚,眼见为实。那时,哈夫人罗氏因信佛,取法名"大纮"(亦作太隆),更仿慈禧"老佛爷"作派,晚年取了个"慈淑老人"之号。所谓男好色,女则爱"释"了。先后来园传道讲经的,就有我们在前面提到过的"革命和尚"黄宗仰(乌目山僧),此时已"廓然归山",离园他去。取而代之的另一个和尚叫姬觉弥。此人本名潘鬵云,江苏睢宁人。"追源复始",自编了个"周文王后裔"的家谱,改姓"姬",易名觉弥,号佛陀。他"亦玄亦史,即佛即心",附庸风雅弄古董、作书画,别署"瀛洲馆主"、"九鼎山人"、"如来居士"等。他迎合哈同夫妇,取"仓颉造字"之意,鼓吹所谓"仓学",声称:"爱俪园"院长罗诗氏"不忍中国仓学凌夷,毅然发愿提倡";园主哈同"见义勇为,慨然输资,玉成此举",而"命睢宁姬觉弥主持其事"。于是,园内开设了"广仓学宭",并将乌目山僧创办的"华严大学"改办为"仓圣明智大学"。讲到这些往事,辛亥革命后避住"哈园",并与罗迦陵结拜了姐妹的瑞澂夫人寥克玉作为知情者和历史见证人,曾致信笔者说,什么"仓圣",什么"大学",全是骗人的鬼话!主持者是个和尚,人称罗氏"面首"(男妾),是他会同"哈同夫妇附庸风雅,欺世盗名而已"。[①]

王国维初来乍到,听了各方面的传闻后,对哈同夫妇"发愿提倡"而

---

① 寥克玉老人致笔者函,1981年5月3日。

由姬佛陀前台跳梁的所谓"仓学",当然要嗤之以鼻了。他致信罗氏,说:

> 其欲刊行月报,日欲提创"苍教"(按,即"仓学")也。而所谓苍教(苍颉之教)者,又全为荒诞不经、随口胡诌之说,虽景叔亦畏而笑之。①

所谓"仓学"既是荒诞不经的随口胡诌,王国维对于自己是否应聘去"哈园"编"学问杂志",踌躇再三。正月十三日(1916年2月15日)下午,他抵沪一周,眼看元宵节就要到了,姬佛陀在邹安陪同下来到他暂住的樊炳清家中拜访,出动了哈同的汽车将他接入所谓"侯冈圣化,爱俪名园",他这才"晤哈同君",并由"姬君导观各处",察看了中西杂陈的"图书室"、"武器室"(即体育器具)、"礼乐器室",以及真伪参半的"彝器室"等等;随后穿过"初春杨柳秋枫叶"的"絮舞桥",所谓"仓圣明智大学"的门楼赫然在目。他在当天日记中记其观感,说:"大学尚未开办,仅有中小学而已。"最后,他在邹安陪同下,由姬某"导"入他将要到任的"广仓学宭"之"编辑处",还未落座,姬某就颐指气使地说:"此地处学校之上级地位,如见教员有不妥者,可随时用条开除。"王国维由此更看到,姬某"其人随处自显势力,一无学术及办事用人方法";此人仗哈夫人之势,"一面挥金如土","一面有陵藉一切之意",而"语及学术、随口胡诌,语语出人意外";他深感,"我辈处今日固不必深问其人品学术,然以一小人而复多变易,且未受社会陶融,此等人殆难共处。"②当晚,姬佛陀设了桌素席款待王国维,邹安及那时已在"编辑处"任事的况周颐陪同。席间,姬某邀请他与邹安等参加"仓圣明智大学"的"开学典礼"。他出于无奈,只好应邀,并记下了数日后以"首拜仓颉"开场的这幕"无礼"之礼的开学闹剧:

---

① 王国维《致罗振玉》,《罗王书信》第34页。
② 王国维《致罗振玉》,《罗王书信》第31页。

是日，园主哈同君未到。园（院）长哈同夫人陆（罗）女士、校长姬君与诸教习等率诸生，首拜仓颉，行三跪九叩首，我辈外人，亦与于礼；次诸生拜院（园）长、校长、教习等，行一跪三叩首，我辈无法，亦随同受之。既而行团拜礼，均所谓无与礼者之礼也。礼毕，入大讲堂，姬君及陆（罗）夫人演说，稍久而散。①

哈同夫妇等与师生合照

如此"典礼"，实在令王国维啼笑皆非。这个仅有初中一二年级及小学的"大学"，何故取名"仓圣明智"呢？原来，作为"欧人"的"园主"哈同在附庸风雅中也给自己取了个"中国特色"的大号："明智居士"，并且将他的"明智"之号与"造字"的"仓圣"组装成了"大学"之名，以示中国之"仓学"或曰"字学"，还得由他这"明智"的"洋大班"来"输资"办学、传授！

以王国维的学问、品格、声望，怎能在这样一个首先令他自己都鄙弃的"鬼地方"任事？"看来，此局久则三个月，速则敷衍至月杪"。这是他来"哈园"实地考察后的最初计划。

---

① 《丙辰日记》，正月二十二日（1916年2月24日），据手迹。

这里，值得注意的是，姬佛陀虽不学无术，倒也颇知晓"欺世"尚需"邀名"。他为留住王国维这样一位大学者以装点其"仓学"门面，乃提出要在"哈园"新建住宅内"留三幢一所"，并亲自"导观新造之屋，极宽大而佳"，恳请王国维携带家眷搬来居住。王国维决意不受。他说，"盖我辈如能委蛇取容，则辛亥以前早可得意，壬子以后又何事不可处乎？"①倒是罗振玉，从日本京都来信，劝他既要"守初志"，又勿与园方"决裂"，并讲了樊炳清、刘季英诸君此时在上海商务印书馆做编译，虽有月薪百馀元，但得按时上班，"每日必牺牲六七点钟"，人已疲极，何能再治学问？所以劝他尽量留在"哈园"，以利于专心学术研究，说：

> 抑弟尚有厚望于先生者，则在国朝三百年来之学术不绝如线。环顾海内外，能继往哲开来学者，舍公而谁？……若以天挺之质，而以"生活"二字了之，岂不可惜！②

经与罗氏通信征求意见，又与邹安反复商酌"定计"，王国维这才勉强同意应聘就任《学术丛编》"编辑主任"，并针对姬某欲请他任"仓圣明智大学"教务长，以及要求"每日须入编辑处"议事等项提议，他向园方提出了就职"三原则"：

一、由他"包办"《学术丛编》杂志，刊载他本人的著述及选用其他文稿，园方不得插手干预，尤其是拒载姬某"随口胡诌"的"仓学"；

二、拒绝园方的"教务长"之请，专任杂志编辑之外，不兼教职，不参与"仓圣明智大学"的教务；

三、不入住"哈园"，也不每天到园"上班"，辞谢了姬某邀其举家迁居园内新建的二幢豪华住宅。

这就是王国维，就是被梁启超称赞不已的"学者人格"！

---

① 王国维《致罗振玉》，《罗王书信》第31—32页。
② 罗振玉《致王国维》，《罗王书信》第33页。

经邹安从中周旋，姬佛陀只好一一答应，并接受了王国维拟具的办刊方案，商定"广仓学宭"之"学报"分三支：

一、《学术丛编》，以经史、小学为主，由王国维任编辑主任；

二、《艺术丛编》，以金石甲骨拓本为主，由邹安任编辑主任；

三、另出一个《仓圣大学杂志》（按，后以《广仓学演说报》为名刊行），"凡姬君所发挥之仓教理论，皆归入其中"，由况周颐编辑，因其中有"觉学"（按，即佛学）、"宗教"，又加聘了个"佛教事项"的编辑。

此举成功，王国维不无欣喜地说，这都是他与邹安之"巧计"。他还给自己"包办"的《学术丛编》明确规定，分设经学、小学、史学三门，并附印古书；月出一期，按门计酬，每月每门酬金五十元。一切商议妥帖，他自感"如此则《国学丛刊》虽停而不停"。他可将自己的著述在"获得全权"主编的《学术丛编》上发表；而罗氏收藏之殷墟甲骨、钟鼎彝器及其他文物拓本，则通过邹安主编的《艺术丛编》，亦有了发表园地。

当年二月十八日（1916年3月21日），潘夫人带着子女、仆人从海宁来上海，全家迁进了地处僻静的一幢石库门楼房的三层楼底①。这是王国维返沪后选定购买的。他自题其书室曰"尚明轩"，由此开始了新的学术耕耘。

三 二考一论，轰动学界

王国维丙辰之春归国，确是再创他后半生学术辉煌的新起点。

让我们先来看《学术丛编》。王国维亲拟了办刊条例，其中最重要的是关于办刊宗旨：

> 本编宗旨，专在研究古代经籍奥义及礼制本末、文字源流，以期

---

① 其地为上海爱文义路大通路吴兴里392号，旁靠罗振常之蟫隐庐书店。故罗、王两家又成了近邻。

明上古之文化，解经典之奥义，发扬古学，沾溉艺林①。

还在该刊筹创期间，王国维就撰定了《史籀篇》叙录、疏证，《周书顾命考》等专著。其中《史籀篇疏证》二卷（包括《叙录》及《疏证》），是他为《学术丛编》"小学门"所撰第一篇专著，从许慎《说文解字》摘出籀文共二百二十三字，加以逐字疏证，并在写给罗振玉的信中说，"此事惟先生知我，亦惟我知先生。然使能起程（易畴）段（玉裁）诸先生于九原，其能知我二人，亦当如我二人之相知也。"②足证他在追溯"文字源流"方面，用功之深。而他在《疏证》中提出的"籀文即古文说"，被后来的学者认为，乃是"古文字学一大翻案"③。

为了充实《学术丛编》的内容，王国维本着解经史奥义、考礼制本末的宗旨，考《乐诗》、释殷礼、补正《流沙坠简》，并蝉联着《史籀篇疏证》作《释史》一卷；同时，着手整理排比清光绪年间始出于洛阳的魏三体石经，撰《魏石经考》，并据石经详考汉以来诸经立学之沿革，撰成考察中国古代学制的第一部专著《汉魏博士考》（三卷）；尤其是通过考释"三代重器"中铭文字数最多的毛公鼎而撰成的《毛公鼎考释序》，这是王国维返沪不久问世的影响极大、至今犹为经典的学术名文，《序》中写道：

> 苟考之史事与制度文物，以知其时代之情状；本之《诗》《书》，以求其文之谊例；考之古音，以通其义之假借；参之彝器，以验其文字之变化。由此而之彼，即甲以推乙，则于字之不可释、义之不可通者，必间有获焉。④

---

① 《仓圣明智大学发刊〈学术丛编〉条例》，《学术丛编》第一册（期），丙辰正月（1916年2月）。按，《条例》未署名。查《丙辰日记》正月廿二日（1916年2月24日）云："晨七时起，作《学术丛编》条例。"可证此条例乃王氏亲撰。
② 王国维《致罗振玉》，《罗王书信》第42页。
③ 参见胡朴安《中国文字学史》，商务印书馆1937年版，第605—606页。
④ 《毛公鼎考释序》，《观堂集林》卷六，《遗书》第一册。按，此《序》初刊于《学术丛编》第四册。

这里，应补说一下何谓"三代重器"？按照他在《序》中概括，器以盂鼎、克鼎为最巨，文以毛公鼎为最多。梁启超所谓一铭"字数抵一篇《尚书》"者，殆指此三器，皆出土于清道光、咸丰之后；而铭文拓本，则以毛公鼎最先出，包括孙诒让、吴大澂等晚清学者，都曾为之考释；毛公鼎铭文更成为篆文书法之极品，自清末民初以来书法名家，无不争相临摹。

那么，王国维何时获见毛公鼎铭文拓本？光绪三十一年乙已十二月十二日（1906年1月6日），王乃誉日记云：

静出毛公鼎拓本，计二百馀文，唯未释文，难读。①

当时，王国维正在江苏师范学堂任教，从苏州返海宁度岁。他的父亲乃誉公从他所携归家书籍文物中，见到了毛公鼎拓本，欣喜不已，翌日晨起，即"临毛公鼎"；就王国维而言，这应该是他收藏金石铭文拓本的最初记载。由此，我们也可以说，王国维从始获"难读"的毛公鼎铭文，到1916年亲自为之释文"并撰《序》，历时适为十年。应当指出的是，王国维乃在前辈学者考释毛公鼎铭文的基础上，补其所阙，证其所是，存其所疑，自谓："虽新识之字无多，而研究方法颇开一生面。"而《毛公鼎考释序》，则是对他这个"颇开一生面"的方法，作了精湛的表述。曾在清华研究院聆听他讲授古金文考释的戴家祥评述其《序》中提出的方法，乃是从事金甲文字研究的"基本原则"，继罗、王之后，如郭沫若、董作宾、胡厚宣、陈梦家、商承祚、余永梁、杨树达、陈邦怀、唐兰、朱芳圃等，"并世学者取得令人信服的成绩，一般说来都没有脱离王先生所规定的基本原则"。②

汇入《学术丛编》的，除上举诸作之外，还有考定司马迁生年的《太史公系年考略》③，属于古文字音韵学的《汉代古文考》《唐韵别考》《韵

---

① 《王乃誉日记》，中华书局2010年影印本，第四册第2051页。
② 戴家祥《甲骨文字选读序》，华东师范大学出版社1981年版。
③ 此篇原刊《学术丛编》第十三册，丁巳（1917年）正月出版，初名《太史公年谱》，后改定为《太史公行年考》，《观堂集林》卷二，《遗书》第一册。

学馀说》，以及《尔雅草木虫鱼鸟兽释例》《古本竹书纪年辑校》《今本竹书纪年疏证》（上下卷）等。所以，王国维主编的这本"学问杂志"，尽管发行面很窄，印数亦有限，但仍受到了海内外学术界的广泛关注。而尤为轰动了学界的，则是他撰成于1917年春二月的甲骨文字研究力作《殷卜辞中所见先公先王考》及《续考》①。

首先有必要指出，甲骨文字的收集、考释、研究，乃是几代学者合力凿通商周古史的一项学术解密工程。在这之前，还有颇受王国维钦敬的三位作出了贡献的先驱：

第一位，王国维谓之"庚子殉难"而被谥了"文敏"（按，实谥"文愍"）的王懿荣，是位悲剧人物。就在庚子前一年（1899年），他从药铺出售的"龙骨"中发现了甲骨文字并出资收购。亦即以金石家的眼光鉴识清光绪戊戌、己亥年间（1898—1899年）始出于河南彰德府（今安阳）西北五里之小屯的龟甲骨学术价值，是从他开始的。可惜，这位原是晚清最高学府总教头的"国子监祭酒"，却被慈禧老佛爷钦点了去充灰头土脸、目不识丁的"拳民"总教官：义和团"团练"。八国联军攻入北京，举家吞金投井自尽，他则以肥硕之体服毒自戕，几经周折，死状惨不忍睹，令人嗟叹。

第二位，以《老残游记》而被鲁迅列入了晚清"谴责小说家"的刘鹗，也是位悲剧人物。他自号铁云，是罗振玉的儿女亲家。据罗氏长婿刘季英说，其父铁云先生原是"王懿荣门生"，所以

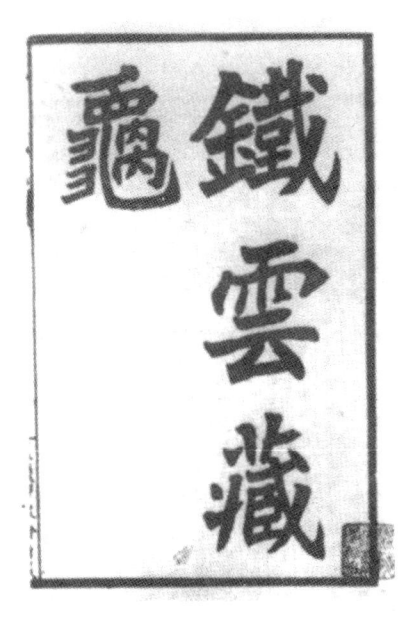

刘鹗《铁云藏龟》

---

① 《殷卜辞中所见先公先王考》及《续考》，依次刊于《学术丛编》第十四、十六册，丁巳（1917年）三月、四月出版；编入《观堂集林》卷九，《遗书》第二册。

文敏蒙难后所藏龟甲骨皆归其收购，并出资请文物商贩去河南继续收购，所得龟甲骨片达三四千片，于光绪壬寅（1903年）"选千馀片影印传世"，即《铁云藏龟》。这是第一部著录甲骨文字的专书；而卷首自《序》称甲骨文字为"殷人刀笔文字"，这应该是对这些文字的最早定性了。不幸，他在庚子变乱中"以贱值购太仓储粟于欧人"（赈济饥民）；其后，在"争购浦口地"中被劾"替外商购国土"（营建铁路）；又主张引外资开山西矿等，被指称"汉奸"；袁世凯等据以"挟嫌"办罪，将他流放新疆。1909年，刘氏以五十三岁死于迪化戍所。罗振玉感叹这位亲家"有才而不能自养"，"致杀身而丧名"（《五十日梦痕录》）。他实在倒是敢于招商引资兴实业的先觉；如果再向洋人推荐诺贝尔文学奖，他或许还会是近代中国作家"入围"之第一人吧？

第三位，就是由王国维发现的《契文举例》著者孙诒让①。此书是孙氏于光绪甲辰（1904年）据《铁云藏龟》撰成的，也是近代第一部考释甲骨文字的专著，但作者生前未刊行。王国维丙辰返沪不久，从蟫隐庐书店收购的旧书中看到其手稿，乃以五元之价购回，携至寓中，连夜翻阅，欣喜不已，并写信向罗振玉通报，说：

（《契文举例》）书连《序》共九十六页，每半页十二行，行二十三字，其所识之字虽多误，考证亦不尽然。大辂椎轮，此为其始，其用心亦勤矣。𜴘释为贞，始于仲老，林博士（按，日本学者林泰甫）与之暗合耳。②

经他推荐，由罗氏出资刊印《契文举例》（二卷），使这部"此其为始"的甲骨文字考释的初创之作得以行世。

---

① 孙诒让（1848—1908），字仲颂（容），号籀庼，浙江瑞安人，清同治举人，报捐刑部主事，旋归里办学著书。著有《周礼正义》《墨子间诂》《古籀拾遗》《籀庼述林》《名原》等。
② 王国维《致罗振玉》，《罗王书信》第209页。

1917年4月，王国维（左一）在爱俪园与罗振玉等合影留念

当然，发现孙氏《契文举例》遗稿，只是王国维研究金甲文字之馀兴中的偶然。他返沪后，做了两项更重要的基础工作。

一是，为"哈园"整理和考释甲骨文字拓本。当时，哈同的"戬寿堂"收藏有一千多片龟板甲骨，大多购自刘鹗后人。王国维认为，"殷虚遗物，片骨只字，皆足考资。"经他遴选排比，编定为《戬寿堂所藏殷虚文字》（一卷），并写了《序》；又详为考释，撰成《戬寿堂所藏殷虚文字考释》（一卷）[①]。

二是，协同罗振玉补释待考之甲骨文字。罗氏于1911年初派其弟振常赴河南安阳小屯实地查访殷虚遗址，收购甲骨文物，是以私资考察并探明甲骨文字出土地的第一人[②]。他自称所得甲骨"殆逾万"、"数万"，王国维说他所得"二三万片"，是近代以私资收藏甲骨数量之多无人能比及的"收藏大户"[③]。罗氏撰成《殷虚书契考释》后，又在京都从其所藏

---

① 《戬寿堂所藏殷虚文字》一卷、《考释》一卷，初刊于戊午（1918年）八月《艺术丛编》第十三册。《文字》被姬某盗名，署"睢宁姬佛陀类次、太隆·罗诗氏叙"；《考释》署名王国维。
② 参见罗振常《洹洛访古游记》（陈鸿祥校注并序），河南人民出版社1987年版。
③ 近人胡厚宣定罗氏所得龟甲骨约二万片（《五十年甲骨发现总结》）；董作宾统计，罗氏《殷虚书契前编》《后编》及《殷虚书契菁华》三书共选入甲骨三千四百一十片（《甲骨学五十年》，台北大陆杂志社1955年版）。

甲骨拓本中辑选《殷虚书契待问编》，于丙辰（1916年）秋寄给王国维，说："此书舍公外，殆无第二人能读之者。"王国维接读稿本，帮助罗氏考释"待问"之字，撰成《殷虚书契待问编简端记》（一卷）①。

这样，王国维通览了刘、罗诸家（包括哈同所藏）数以万计的甲骨文字拓本，并运用近代的科学方法，进行认真的考释、研究；这就使他足以承继前贤又胜出之，通过《殷卜辞中所见先公先王考》及《续考》，解开了被埋地底三千余年的甲骨文字之奥秘，揭示了殷代社会之真相。例如，他由卜辞中之"王亥"，参证《山海经》《楚辞·天问》《竹书纪年》及其他古籍记载，确证"王亥为殷之先公"，不但凿通了自古以来被视为"天书"一样不可解的《天问》"该秉季德，厥文是臧"之"该"，即"王亥"；而且将发生于夏商之交、上古数千年以前之史事，重新加以"复活"，使之再现于今人眼前。罗氏接读"二考"，惊为绝作，赞叹"考古至此，可谓毫发无憾"②。

王国维"二考"问世，《史记·殷本记》所记王室世系中之商代先王，几乎全部得以证实，并纠正了其中某些人名与世次之舛讹。由此，"卜辞之时代性得以确定，殷代之史实性亦得以确定"③。同时，开了甲骨文字研究的新纪元，如唐兰所述：

> 卜辞研究，自雪堂导夫先路，观堂继以考史，彦堂区其时代，鼎堂发其辞例，固已极一时之盛。④

这就是中外闻名的"甲骨四堂"。而王国维的以"地下之学问"与"纸上之材料"相互参证的"二重证据法"，就是在以"二考"为代表的研究

---

① 手稿，未刊印。其后，商承祚撰《殷虚书契文字类编》，从王氏《简端记》稿本中录入二十三字；罗氏增订《殷虚书契考释》，亦从《简端记》稿本录入十余字。
② 罗振玉《致王国维》，《罗王书信》第282页。
③ 郭沫若《卜辞中的古代社会》，《郭沫若全集》历史编第一卷，人民出版社1982年版，第193页。
④ 唐兰《天壤阁甲骨文存自序》，《辅仁大学丛书》，1939年版。按，"四堂"者，依次为：罗振玉、王国维、董作宾、郭沫若。

中产生的。

继"二考"之后，王国维又发表了他的"轰动了全学界"的大论文——《殷周制度论》①。发语是，"中国政治与文化之变革，莫剧于殷周之际。"还在1915年他归国前，就曾写了《三代地理小记》，故此篇原拟题为《续三代地理小记》。何故而将记"地理"，改名为论"制度"呢？这是因为，"都邑者，政治与文化之标徵也。"如他在论中所述：

> 殷周间之大变革，自其表言之，不过一姓一家之兴亡与都邑之移转；自其里言之，则旧制度废而新制度兴，旧文化废而新文化兴。又自其表言之，则古圣人之所以取天下及所以守之者，若无以异于后世之帝王；而自其里言之，则其制度文物与其立制之本意，乃出于万世治安之大计，其心术与规模，迥非后世帝王所能梦见也。

那么，王国维此论的立意何在？按照他自述，"基本原则在德治"；并强调，这篇"名理之文虽系空论，然皆依据最确之材料"，此文要旨在论"周改商制"而立"尊尊之统"的嫡庶之制；由此而孳生宗法、分封弟子、君天子臣诸侯等制，以及出于"亲亲之统"的庙制，"同姓不婚"之制等等。所以，他在论中如是描述：

> 周世一切典礼皆由此制度出，而一切制度典礼皆所以纳天子、诸侯、卿大夫、士、庶人于道德，而合之以成一道德之团体。政治上之理想，殆未有尚于此者。

王国维说，他在"考据之中寓经世之意"，颇可以追步亭林先生②。

---

① 《殷周制度论》，初刊于《学术丛编》第二十册，丁巳（1917年）八月出版；编入《观堂集林》卷十，《遗书》第二册。
② 王国维《致罗振玉》，《罗王书信》第288、289页。

罗振玉更称赏此论是"发明礼意"的"不朽之作",誉之为"今日亭林,先生勉之,亦无可让也"①。

但是,我们也应该看到,历史是发展的,制度在变化。郭沫若盛赞其"二考"而"批判"其一"论",认为这篇被新旧史家"奉以为圭臬"的论文,完全根据"周公制作之本意"的"旧式观念",予以全盘否定②,显然批过了头。其实,王国维说得很明白,他撰此论,绝非据"后世之理论",而是"根据《尚书》《礼经》与卜辞立说"。也就是,"一论"接续着"二考",是他据卜辞"考史"的整体。我们当然应该倾听这位大师的诉说,不能将他论殷周制度之"剧变",硬套"奴隶制"与"封建制"的理论框架,这是一方面。另一方面,又必须指出,顾炎武所处明清之交的改朝换代,与王国维面临的帝制向"共和"转制,两者有着根本的质的不同。《殷周制度论》问世,恰当新文化运动兴起。他的"旧制度废而新制度兴,旧文化废而新文化兴",则是科学的论述。从这个历史视角上说,如果将周代一切礼制奉为万世不变的"无尚"理想,那确属历史的倒退了。

四 面对新文化大潮

王国维丙辰归国之时,恰当袁世凯龙袍加身,悍然宣布自1916年元旦之日起,废民国年号而改称"洪宪元年"。王国维赋诗曰:"劫后穷桑号赤明,眼看天柱向西倾。"(《游仙》三首之三)。在他看来,袁氏称帝,神州陆沉,这是乱臣贼子带给中华古国的又一大劫难。

然而,诚如王国维诗中所吟,"谁知一觉钧天梦"。蔡锷在云南首举"护

---

① 罗振玉《致王国维》,《罗王书信》第293、282页。
② 《古代社会研究的自我批判》,《郭沫若全集》历史编第二卷,人民出版社1982年版,第7页。

国"义旗，各省纷起响应。在举国上下"慷慨激昂"的讨袁声浪中，做了八十三天（1916年1月1日至3月23日）"洪宪皇帝"的袁世凯被迫取消帝号，"过把瘾"就死了（6月5日）。从北京到上海，舆论额首称庆。但是，王国维却敏锐地感到，庆父虽死，乱靡有定。况且，从"辛亥之变"以来他屡次赋诗作文斥袁讨袁，既有对帝制的眷恋，更有对辛亥以后"共"而不"和"的愤慨。"蓬莱清浅寻常事，银汉何年风浪生？"（同上）此番袁氏称帝告败而死，他在写给罗振玉的信中说："元凶既毙，虽快人心，然后来之事，仍如长夜。"① 问题是，谁来领头生"风浪"、破"长夜"？远在日本的罗氏，不断来信向他探听消息；近在上海的沈曾植，在暗中进行紧张的"布置"；南北各地的"遗老"，都想趁"元凶"已伏"冥诛"之机，把已经宣布"逊位"的小皇帝溥仪重新抬出来。果然，一年之后，张勋"复辟"。一心要做"议政大臣"并欲以自己七八岁女儿册封"贵妃"的"辫帅"，迫不及待地将十来岁少年的"宣统"扶上了"龙廷"，只是更加短命："七日而终"（1917年7月1日至7日）②。王国维顿即致信罗氏，惊呼"今日情势大变"，担心在"复辟"中被授了"学部尚书"的沈曾植等"北行诸老"的安危，说他们"只有一死谢国"了！

当然，王国维未免虚惊一场了。当时，领头"复辟"者除了武的张勋躲进了荷兰使馆，文的如被授了"辅弼院副院长"的康有为等人，也都已逃之夭夭，有谁会去以死"谢"溥仪"授职"的"隆恩"？王国维乃赋诗叹曰："方流玉水旋成泥"，"五山峙海根无著"（《游仙》）。帝制既被"共和"动摇了根基，"复辟"也不能不是逆历史潮流而动的浊水污泥。王国维虽甚关注"复辟"动静，但就连同他交往甚密的沈曾植离沪前往北京"受职"，都对他严守秘密。故他在"复辟"告败后虽曾打算像辛亥以后作《壬子三诗》那样，再写长诗为他所谓清王朝建立"三百年来乃得此

---

① 王国维《致罗振玉》，《罗王书信》第102页。
② 关于"复辟"时间，有二说：一以7月12日张勋逃入荷兰使馆计算，为十二天；一以7月6日冯国璋就任"代理总统"，7日段祺瑞"讨逆军"进发北京计算，为七天。

人，庶足饰此历史"的"真男子"张勋唱赞歌，但那也只是他委蛇"遗老"群中的"豪壮"之语罢了。他清楚地看到，谁想要在神州大地上再行帝制，那只能是"钧天一梦"。自此之后，他就以"梦"作为"复辟"的代名词，称之为"梦事"；更将升允、沈曾植、劳玉宣等人谋划再"复辟"讥之为"复梦"、"再梦"。

照此说来，王国维与"复辟"活动无丝毫干系。纵然要"清查"与"复辟"相关的人与事，也绝对牵扯不上。他只管一如既往埋头研究自己的学问就行了。

孰料，"复辟"虽化为泡影，却给他平添了新的"烦恼"：他脑后拖着的那条辫子！原来，那时流行"以辫划线"：民国之初，剪除发辫乃是拥护孙中山"推翻满清，驱除鞑虏"的一个基本标志。并通令全国，派兵剪辫。但"留恋不舍"者仍大有人在。其中就有王国维和辜鸿铭这样的大名士。到了张勋"复辟"，引起"海上人心浮动"，留辫子成了拥戴满清皇帝"复位"的一个标徵。这就逼使王国维"以后便拟简出，恐招意外之侮辱也"①。什么"侮辱"？就是在"复辟"失败后甚怕被人看到了"抓辫子"强行剪去；并由此导致了他在尔后的政治风波中的"恐辱"之症！

然而，王国维绝非不明世情的"冬烘"。就像《殷周制度论》显示的，他洞悉新旧制度剧变，世道人心何能不变！我们还记得，孙中山曾于1916年秋八月，前往他的故里海宁盐官观潮，继而以革命先行者的宏伟气魄，亲书了"世界潮流，浩浩荡荡，顺之则昌，逆之则亡"的著名题词。而王国维则在两年之后（1918年），感悟俄国"十月革命"（1917年11月7日）之后的中国政治走向，写下了"世界潮流，颓洞澎湃，恐遂至天倾地折"，并且预言，"东方道德政治，或将大行于天下"。②接着，"五四"运动爆发。在爱国学生"火烧赵家楼"要求惩办的"亲日派官僚"中，那曾任驻日公

---

① 王国维《致罗振玉》，《罗王书信》第268页。
② 王国维《致狩野直喜》，《书信》第311页。按，此札据日刊本《王忠悫公遗墨》引录。原札未署时间，《书信》注为1920年，非是。当为1918年。

使的陆宗舆，就是王国维东渡留学时交结过的海宁同乡哩！

学潮很快从北京波及上海。就连"哈园"里的"仓圣明智大学"也停了课。王国维"心绪恶劣"，十分担心"最可怕之社会运动"，尤怕"俄国过激党之祸延及东方诸国"，而被他称为"泊渍"了"过激党"①之说的新文化运动，就这样"汹洞澎湃"兴起了。

当时，王国维十分敬仰的两位学术前辈，是"南沈北柯"。一个是北京的柯劭忞②。此老因著《新元史》被日本授"博士"，又是与时任"民国总统"徐世昌同榜进士的"老同年"。王国维乃于"五四"前夕"致一长函"，请他游说徐世昌，派代表在巴黎"和会"上提议组建"国际联盟"，"合世界之力"扑灭"过激党"。再一个是上海的沈曾植。王国维与此老诗词相酬，抒"遗老"情怀。眼见新文化大潮势不可挡，王国维乃于戊午（1918年）夏日选录《人间词》，取名《履霜词》书赠此老，并写了篇短跋，说：

> 光宣之间为小词得六七十阕，戊午（1918年）夏日小疾无聊，录存二十四阕，题曰《履霜词》。呜呼！所以有今日之坚冰者，非一朝一夕之故矣。

什么叫"履霜""坚冰"？语出《易经·坤卦》初六："履霜，坚冰至。"王国维是眼观"世界新潮"，胸怀"共产"之惧；他所谓"今日之坚冰者"，换用鲁迅此时（1918年）所写《随感录》中警句，就是："来了！"③正是怀着这样"大难临头，心之忧矣"的感怀，他进而取《诗经》"苕华""何草"，"周室将亡，不可救矣"之意，干脆将自己在辛亥革

---

① "过激"即"共产"。这是俄国"十月革命"之初，包括上海《东方杂志》在内的报刊通用译名。

② 柯劭忞（1850—1933），字凤荪，号蓼园，清光绪进士，曾署学部右参议左丞、京师大学堂经科监督，民国后应聘为《清史稿》总纂兼清史馆代理馆长。

③ 鲁迅《随感录》五十六《来了！》，《鲁迅全集》第2卷，人民文学出版社1983年版，第67页。

命前写的全部词作,改名为《苕华词》!

五 指导演习古礼,讲授《经学概论》

这个期间,王国维在"哈园"所任之事,也有所变化。《学术丛编》编至1917年底,园方决定"明年停办学报",改聘王国维担任"仓圣明智大学"教授。他权衡利弊,为使自己既不留在园内"势成闲散",又能确保研究与写作,于是提出了应聘教职的条件是,"功课排在上半日,并令备车迎送"。当然,他之所以就任"仓圣"大学"校事",除了全家衣食生计之外,尚有两件颇可他心意之事。

首先是演习古礼。就在张勋"复辟"告败不久,姬佛陀忽然提出要组织"仓圣明智大学"师生"习礼"。王国维对哈同夫妇"大做寿"、"祭仓圣"那套把戏极为不齿,说是"必有大笑话"可闻可观,惟独十分赞赏"哈园习礼一事甚佳"。所以,当姬某提出"习礼",并向他这位"善说殷礼"的"礼堂先生"请教如何"演习"时,他不但称道"其意甚善",并且十分热心地为之出谋划策,提出应"以先造宫室为第一著",还具体指导姬某采用"古法"构造了"礼殿";接着又商议谁来主持"习礼"?鉴于"仓圣大学"教员中"能胜任其事"的"决无其人",经姬某再三恳请,王国维答应"每月往三次",去学校"指点一切"。没有合适的"主持"人,怎么办?王国维向姬某提议,先从校内选"聪明者"开"讲习会"加以培训,并答应每月讲授二次、演习一次。

仓圣明智大学校门

第二件事是学校"明年开

自右至左：王国维、姬佛陀、邹安，摄于"哈园"

办预科"，并且由于"经学教授极难其选"，姬佛陀"坚嘱"王国维"担任此事"。而原先仅有中小学的"仓圣明智大学"，确是在他应聘就任了"经学教授"的1918年才正式开设了"大学预科一二年级"，随后又有了大学"正科一年级"①。王国维还兴致盎然地代"校长"姬佛陀为庚申（1920年）三月出台的《仓圣明智大学章程》写了篇序，开宗明义第一句是，"举世竞言'新'，独我学校以'旧'名于天下。"序文以"答客问"的形式，历数"近世欧美之政教，以富强为政，以权利为教"，导致"外之则血战经年，伏尸千万；内之则上下交争，虞不可终日"；抨击"所谓新生之文化，又变本加厉"，"以利为治，以利为教"，循此下去，"即其民族与其固有之文明，亦将岌岌不可保矣"；强调"中国圣人之所以治天下及其所立教"，那才是"万世之言治与教者，率未有以易也"，说：

> 欧美今世所谓新与旧，岂尚足傲我中国之治与教哉！又乌知欧美

---

① 参见蒋君章《仓圣明智大学的回忆》，台北《传记文学》1966年12月号。

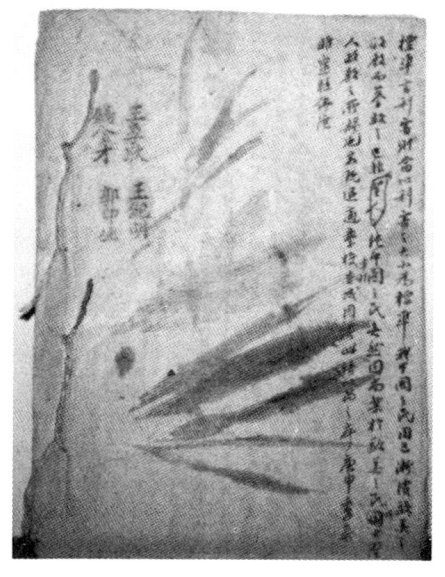
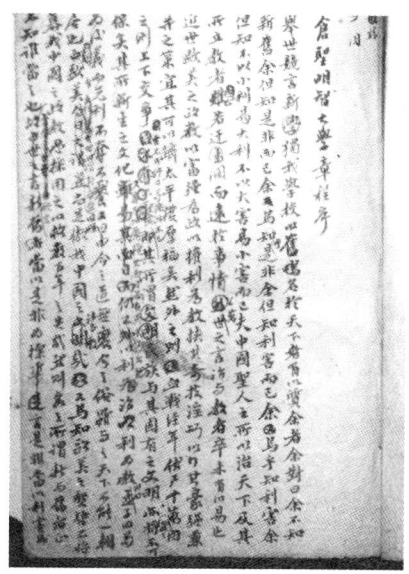

王国维《仓圣明智大学章程序》手稿

之贤哲不将慕我中国之政教,思采用之以救百年之失哉!①

我们应该尊重历史,完全不必"为贤者讳"。所谓的"仓圣"大学是如此逐旧而悖新,逆潮流而反时代,所以王国维代为其办学章程作序,直言不讳此校"以'旧'名于天下"。序中所谓"血战经年"云云,盖指第一次世界大战(1914—1918年)及随之爆发的俄国十月革命,这在数年后王国维进入溥仪小朝廷所撰"论政学疏"中,有更为详尽的论述。王国维借序褒"旧"贬"新",显然是面对着当时方兴未艾的新文化运动,而要倡导在他看来将"大行于天下"的"东方道德政治"。饶有意味的是,当王国维作序时还是"孩提之童"的今世"泰斗"、"大师",竟然唱起"二十一世纪是东方文化的世纪"。这倒真有点儿"人心很古"了。

其实,王国维研究学问的"材料"——包括"地下"的与"纸上"的,确是很古;而他的"心"却一点也不"古"。即使是他在"哈园"执教期

---

① 王国维《仓圣明智大学章程序》,据手稿。按,此序署"庚申季春睢宁姬佛陀"。

间讲授的那部被后来的学者誉为"简明扼要,握群经大纲"的《经学概论》①,其论"礼"述"经"的精神也完全迥异于"一孔之陋儒"的"迂阔",而贯注了崭新的学术精神。

《经学概论》凡十一章,其篇目为:一、《总论》,二、《周易》,三、《尚书》,四、《诗》,五、《礼》(包括《仪礼》《礼记》《周礼》),六、《春秋》(包括《左氏传》《公羊传》《谷梁传》),七、《论语》,八、《孝经》,九、《尔雅》,十、《孟子》,十一、《历代之经学》。这里,谨述其《总论》。

《总论》指出,孔子以前,有《易》《书》《诗》《礼》《乐》《春秋》诸书,而未有"经"名。《礼记》有《解经篇》,其所举之"经"凡六,曰:"温柔敦厚,《诗》教也;疏通知远,《书》教也;广博易良,《乐》教也;洁静精微,《易》教也;恭俭庄敬,《礼》教也;属事比事,《春秋》教也。"此篇《记》以为孔子之言,虽未必然,要不失为七十子后学之说。《庄子·天下篇》亦云:"《诗》以道志,《书》以道事,《乐》以道和,《易》以道阴阳,《春秋》以道名分。"其所述者,盖儒家之恒言。则战国时"六经"之名,固已确立矣。此六经中,《诗》《书》《礼》《乐》,皆古代之遗文。百家诸子,多称《诗》《书》;《礼》《乐》独为儒家所传。

《总论》认为,《易》为卜筮之书,《春秋》为鲁国史。儒家以孔子赞《易》、修《春秋》,遂尊之为"经"。故《诗》《书》《礼》《乐》者,古代之公学,亦儒家之外学也。《易》《春秋》者,儒家之专学,亦其内学也。其尊之为经者,以皆孔子手定之故。儒家谓孔子删《诗》《书》,定《礼》《乐》,赞《易》,修《春秋》,以经圣人手定,故谓之"经"。

《总论》追述汉以后经、传之流变,说,六经亦谓"六艺"。汉初,《乐经》先亡,故又称"五经"。其馀孔子之言,为门人所记,如《论语》《孝经》,均不在六经之数。《尔雅》为释经之书。《孟子》则与《荀子》并在诸子之列。

---

① 笔者所见《经学概论》,有两个本子。其一,孙晓野《经学概论笺证》,吉林师范学校暨吉林女子师范学校1935年刊本;其二,商务印书馆《经学概论讲义》,约当出版于1925年。

其后,《周官》《礼记》以附于《礼》而称经;《左传》《公羊》《谷梁》以附于《春秋》而称经。唐以后,遂有"九经"之目,而《论语》《孝经》《尔雅》则谓之"三传"。宋儒自《礼记》中别出《大学》《中庸》,与《论语》《孟子》并称"四书",亦犹汉人呼《论语》《孝经》为传之意。宋元以后,又有"十二经"、"十三经"之目①,于是古人所谓"传",皆得经名。然其初,本谓孔子手定之书,不可不知也。

《总论》最后为"经"下了如下定义:

> 其所以谓之"经"者:经者,常也,谓可为后后世常法者也。故诸子百家目其先师之书,亦谓之经。如墨家有《墨经》,道家谓老子之书为《道德经》,医家谓神农《本草》为《本草经》、黄帝《素问》为《内经》;其馀小小方技,如相牛、相马之属,亦各有经,甚至茶谱谓之《茶经》,酒谱谓之《酒经》,皆谓先师之书,足以为世程式者,其与儒家称孔子之书为经之意,固不相远。故今可得下经之定义曰:经者,孔子手定之书,足为后世常法也。

遵此定义,自古及今,绝无超凡绝俗的"至圣先师",孔子与诸子百家,应处于平等地位;而各种学问,皆有其"经",故包括儒家经典在内的一切之经,都是后人对其先师之书的一种尊称,当然不是神圣不可侵犯;无论何时,也无论其学问有多大,举凡"学术造神",都是错误的,是应当摒弃的。

当然,由于这是个"讲义",所以,王国维生前并未将此作为独立的学术论著。但我们应注意这样两点:一是,王国维丙辰归国之初(1916年8月),曾"数日觅题,拟作《先秦儒术考》",说,儒家独传之学在于"六

---

① 此据孙氏《笺证》本,商务版《讲义》此句作"又有十四经(兼《大戴礼》)、十三经之目"。按,"十二经"初见《庄子·天道篇》"繙十二经以说",盖于"六经"之外,复加"六纬"。

艺"，而《书》《诗》又为儒墨公共之学，惟《易》《春秋》《礼》《乐》乃儒家之专门①。此即《总论》所述"公学"、"专学"，"外学"、"内学"之所由来，可见他撰这部《经学概论》，酝酿已久，绝非因任"经学教授"而仓促拼凑，而他提出的儒家"内""外"学，应该成为当今国学研究的重大课题。二是，就现存两个"讲义"本而言，孙氏说他的《经学概论笺证》原本得之于高亨，商务版《经学概论讲义》原本曾由周传儒收藏。周、高二位教授，分别为清华研究院1925年、1926年第一、二届研究生，都是王国维的学生。我们再看王国维为研究院诸生讲授《古史新证》，其《总论》所述"纸上之材料"，主要是《十三经》中之《书》《诗》《礼》（包括"三礼"）《易》《春秋》（包括"三传"）。由此可证，他曾将昔年在"哈园"讲授的这部《经学概论讲义》介绍给听课诸生，这应该是高、周收藏此书的原因所在。

尤其值得注意的是，在王国维讲授《经学概论》的这一时期（1921年），还以书信形式写了《与友人论〈诗〉〈书〉中成语书》。文章发表以后，曾被胡适赞为揭开了"旧经学黑幕"的"新经学宣言"②。王国维在《论》中开门见山，指出：

> 《诗》《书》为人人诵习之书，然于六艺中最难读。以弟之愚闇，于《书》所不能解者，殆十之五；于《诗》亦十之一二。此非独弟所不能解也，汉魏以来诸大师未尝不强为之说，然其说终不可通，以是知先儒亦不能解也。③

应当懂得，王国维是从最原初的意义上论"经"，所以他不称"六经"而谓之"六艺"；如同他在《经学概论》总论中阐述的，所谓"经"，乃

---

① 参见王国维《致罗振玉》，《罗王书信》第134页。
② 《我们今日还不配读经》，《胡适论学近著》第一集第四卷。
③ 《与友人论〈诗〉〈书〉中成语书》，《观堂集林》卷二，《遗书》第一册。

是汉代以后才通行的,是孔子门人对其"先师之书"的一种尊称。"艺"就是学问。"六艺"就是包括了《尚书》《诗经》在内的六门不同的学问。汉魏以来,那些"先儒"、"大师"对这六门学问尚且未能真正读懂弄通,更遑论在后来的不同社会文化状态下泛起的所谓"读经"了。

还应一提的是,在王国维就任"哈园"教职前后的四五年间,相继聘请他任教的名牌大学,有远在日本的京都大学,有近在南京的东南大学(今南京大学前身);尤其是蔡元培任校长的北京大学,从1917年起,曾先后多次致信或派人来沪登门聘请,但王国维直到1921年才允以"不受薪"的"通讯导师"。足见他不图虚名,洁身自好。

六 《观堂集林》背后的故事

岁月不居。丙辰返沪五六个年头了,王国维决定将他的新著旧作,"删繁挹华",编成文集,这就是《观堂集林》。按照梁启超的评价,那是"几乎篇篇都有新发明",是他用"最科学而合理的方法"取得的学术精华[1]。

《观堂集林》问世,当然更是王国维在上海完成的最辉煌的学术工程。但在这部文集背后,或喜或悲,颇有故事。

首先是"观堂"之名的来历。

还在1917年秋冬间,王国维就将其在日本京都及返沪近两年内所撰论著,包括此时刚问世的《殷卜辞中所见先公先王考》及《续考》等,选编成集,取名《永观堂海内外杂文》[2]。这是自《静庵文集》刊行以后,他自编的第二部文集。他书告罗振玉,说书名"永观堂"三字"尚大雅",

---

[1] 梁启超《王静安先生墓前悼辞》,《国学月报》第二卷第八号,1927年10月。
[2] 《永观堂海内外杂文集》,上、下卷,共收文五十七篇,编为《广仓学宭丛书》第二十三、二十四册,1917年11、12月出版。

并请罗氏代写匾额：

> 公如作书时，祈为书"永观堂"三字小额，以后拟自号"观堂"。①

我们从罗、王书信中可以看到，在这之前，罗氏多称他"礼堂先生"（或称"人间先生"），而称其"观堂先生"，始见于1918年3月24日②；王国维在致罗氏书信中自署"永观"，则始见于他丙辰归国后的1916年4月11日③。由于王国维的学术名望高、影响大，"观堂之学"更驰誉中外学术之林，故对于他的名号，亦颇引发学者兴趣。例如，刘蕙孙就曾撰文，说"观堂之名"取自他在日本回国前"寄居"的京都吉田山麓之"禅寺永观堂"④。但是，我们在前已作了辨述，即使京都郊外确有这样一个"禅寺"，迄今所见他的书信、日记及其他相关文字中，惟有他"寓韫公家"即罗氏"永慕园"私宅的记载，尚无有一语述及他曾寄住"禅寺"的佐证。还应说明，清代及清以前，已有号"礼堂"或"观堂"的学者，而王国维之所以不讳前人，先号"礼堂"，继改"观堂"，这恰如他曾号"人间"一样，盖出于他自己确认为"大雅"的"命意"耳。

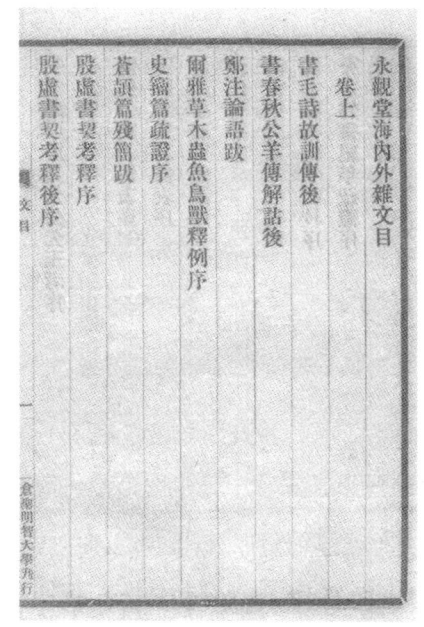

编入《广仓学宭丛书》之《永观堂海内外杂文》

---

① 王国维《致罗振玉》，《罗王书信》第356页。
② 罗振玉《致王国维》，《罗王书信》第358页。
③ 王国维《致罗振玉》，《罗王书信》第58页。
④ 刘蕙孙关于《〈殷虚书契考释〉成书经过的回忆》，《追忆王国维》，中国广播电视出版社1997年版，第557—558页。

很有喜剧意味的是,在他拟自号"观堂"的同时,又在致罗氏书信中给自己留了个"特写镜头",说:"自上月(按,1917年7月)初留须,已鬑鬑然,但未及寸"①。而罗氏复信因"须"祝"学",说:

> 公已留须,须者,老之表见者也。弟既老且衰,公亦且逾壮盛年代,惟祝学术日隆。近数年中新著,甚不负此岁月,以后之进步又无限,企祝无似。②

于是,从此时的"仓圣明智大学",直到后来的清华研究院,王国维映现于听课学子眼里的形象,除了原有的发辫之外,又有了"唇上留八字须"。罗氏自称"老且衰",而说他"逾壮盛",意谓在年龄上亦属合格的"遗老"了。其实,直到这时,他才及四十不惑之年,处于学术上如日中天的壮盛之期。借用顾颉刚的话来说,他在学问上是一年比一年进步着,哪谈得上"老"?但王国维自号"观堂",并以此命名其文集为《观堂集林》,则确是他学术成熟的重要标志。

那么,《观堂集林》又是怎样编印成书的呢?

《观堂集林》选编于1921年春夏间,收录著作的时间跨度整十年(1912—1921)。王国维对这十年间的所有著述进行了认真的自我鉴定。所谓"删繁挹华",从某种程度上可以说是"再创作"。原刊于他在京都期间为罗氏主编的《学术丛刊》,以及后改的《雪堂丛刊》《云窗丛刻》上的论著;新刊于他在上海主编的《学术丛编》,以及后改的《广仓学宭学术丛书》的大批著述,当收入《观堂集林》时,从标题到内文,均作了精心修改;许多重要专著,例如,王国维在日本京都期间所撰《宋代金文著录表》《国朝金文著录表》《流沙坠简》和返沪后所撰《史籀篇疏证》《松江本急就篇》《毛公鼎考释》《周代金石文韵读》《竹书纪年》的疏证和

---

① 王国维《致罗振玉》,《罗王书信》第284页。
② 罗振玉《致王国维》,《罗王书信》第287页。

其他古文字音韵学的考论等等，均只选录其卷首《序》，这就是"挹华"。经过严格剔选，一丝不苟改定，编成《观堂集林》二十卷①，不惟所选文稿至为精审，编排体例亦极为严谨。后世"名人学者"以其"重名"而收罗"下作"，滥编"文集"以欺世图利。这是王国维鄙弃的。

当时，上海是文化出版的中心。然而，非常遗憾，作为王国维学术结晶的《观堂集林》，这部"在几千年来的旧学的城垒上，灿然放出了一段异样的光辉"②的不朽经典，当其编成之初，花落谁家？那只可用王国维论说"有我之境"所引南唐词人冯延巳的词来应答："泪眼问花花不语，乱红飞过秋千去"了。

王国维在"乱红"飘飞的暮春之季编定《观堂集林》，送交了传书堂主人、乌程蒋氏以聚珍版刊行，纸质是上好的，印工亦极精美。自1921年夏付梓，迄于1923年底才告印成，历时两年半之久。

那么，这位慨然解囊，为王国维承印这样一部无利可图的"纯学术"之书的蒋氏，又是何许之人？

说来也是一种缘分。此人名蒋汝藻③，出身于离海宁不远，以"藏书之乡"著称的浙江乌程（今南浔）。他是蒋氏"传书堂"的传人，与另一位

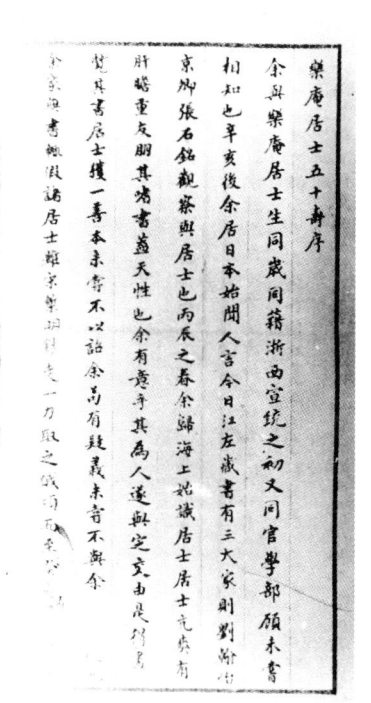

王国维书赠蒋氏（乐庵居士）之《五十寿序》

---

① 《观堂集林》初刊二十卷。1927年王国维去世后刊印《遗书》，据其生前手定《观堂集林》补编目录，补入了嗣后数年（1921—1927）的主要论著。这就是现行《观堂集林》（增订本）二十四卷。

② 《中国古代社会研究·自序》，《郭沫若全集》历史编第一卷，人民出版社1982年版，第8页。

③ 蒋汝藻（1877—？），字元彩，号孟蘋，亦号乐庵，浙江乌程人，清光绪末举人，藏书家。

来自乌程的刘氏"嘉业堂"传人刘承幹（翰怡），皆以藏书世家闻名于上海。王国维说到他与蒋氏的关系有"三同"，即"生同岁，同籍浙西，宣统之初又同官学部"①。不过，他俩虽"同官"，却并不相识。辛亥革命以后，蒋氏弃官从商，在上海经营轮船、垦牧等实业，并从事商贸活动。当王国维丙辰归国之际，正是他从商最风光的年头。王国维曾说，蒋氏去东北收购珠宝，一次就赚回了二十万元。与此同时，蒋氏"幼传其家学，能别古书真伪"，经商之馀不惜重金收集从南北故家流散出来的珍贵古籍，并与那时的"海上学人"如沈曾植、朱祖谋，被称为"海上三君子"的王国维、张尔田（孟劬）、孙德谦（益庵）等，均有交往。从1919年起，蒋氏以"月脩五十元"聘请王国维为其藏书编目作序，彼此过从更密，交谊也更深了。这时，王国维在"哈园"的学校课程不多，加之子女学费等开支增多，故欣然应聘。王国维以略带调侃的口吻说，"此事至佳，既可疗贫，且得观异书。"所谓"异书"，就是蒋氏以巨资收藏的经、史、子、集中的善本或孤本典籍，如被他惊叹为"昔人均未见过"的南宋白鹿洞书院翻刻南雍本《史记》，以及其他诸多宋、元、明刊古籍。迄于1923年秋，王国维历时四年半，撰成《乌程蒋氏传书堂藏书志》。据近人统计，全志共收录宋元明清善本书二千七百部、五万八千七百六十八卷②。这在中国版本目录学史上，也堪称叹为观止了！

然而，"文人下海"，好景不长。乱世中尤其如此。两年之后（1925年），蒋氏经商惨败，实业破产，不得不以其辛苦收集连同祖传的藏书抵押。这时，王国维已经到了北京，不禁为之扼腕痛惜，但也只能写信以"山河大地尚有变移"宽慰，并勉之以"天道剥而必复，人事愤而后发"③。在这样的无可奈何中，王国维又为之作《传书堂记》，赞扬"惟此传书之精神则历

---

① 王国维《乐庵居士五十寿序》，1926年。据手稿。
② 参见吴修艺《王国维〈传书堂善本书志〉研究》，《王国维学术研究论文集》第二辑，华东师范大学出版社1987年版。按，《乌程蒋氏传书堂藏书志》，亦名《密韵楼藏书志》，系王氏缮写之初稿本；据上海《蟫隐庐书目》（1935年第23期），其定稿本名《乌程蒋氏传书堂善本书目》，全书四册，十二卷，为王国维亲自清稿写定。
③ 王国维《致蒋汝藻》，《书信》第433页。

千载而不亡"。

不亦悲夫！

还有《观堂集林》卷首二《序》，分别署名"上虞罗振玉"、"乌程蒋汝藻"，究出于谁人之手？这也是长期以来为学界关心，却难以判定的"谜团"。罗《序》追忆罗、王相交二十有六年之经过，概述王国维由西而中，由文而史之学术转变及其业绩，特别推举《殷卜辞中所见先公先王考》《殷周制度论》，"义据精深，方法缜密，极考据家之能事"的学术方法，序末且有如是策勉：

> 君尝谓：今之学者于古人之制度、文物、学说无不疑，独不肯自疑其立说之根据。呜呼！味君此言，可以知君二十年中学问变化之故矣。君今年四十有七，百里之涂，行尚未半。自兹以往，固将揖伏生、申公而与之同游，非徒比肩程、吴而已。

蒋《序》侧重于品赏《观堂集林》之学术成就，略谓：

> 君书才厚数寸，在近世诸家中著书不为多。然所得之多，未有如君书者也。君所得之多，固由于近日所出新史料之多，然非君之学识，则亦无以理董之。盖君于乾嘉诸儒之学术方法无不通，于古书无不贯串，其术甚精，其识甚锐，故能以旧史料释新史料，复以新史料释旧史料，辗转相生，所得乃如是之夥也。

现在我们可以确知，这两篇序文，作于癸亥（1923年）春二月，虽署罗、蒋之名，其实都是王国维自己撰写①。是凝集了他治学甘苦与展望未来的"夫子自道"。

---

① 参见王国维《致蒋汝藻》，《书信》第351—352页。

第十章 "骑马"紫禁城

> 鱼钥千门启,龙楼一道通。
> ——朱彝尊"恩赐禁中骑马"诗

一 进了"南书房"

王国维有词云:"人间事事不堪凭。"当他埋头为《观堂集林》写《序》时,他哪会想到,早已被他在《颐和园词》里判了"末路"的"觉罗氏一姓",会找上他那僻静的"尚明轩"书斋,使他几乎完全中断了学术耕耘!

1923年清明之际,王国维刚从海宁扫墓返回上海,突接逊帝溥仪于三月初一日(4月16日),从北京"紫禁城"(今故宫)小朝廷发出的"上谕":"杨钟羲、景方昶、温肃、王国维,均著在南书房行走。"杨、景、温三位进士出身、翰林资格,惟独王国维仅是"诸生"(秀才),这就更使他"身价"倍增。罗振玉在天津获知"京信"的第二天就给他写信报喜,称他们"四君子"入"选",是近年来"第一快事"。还特别神秘兮兮地透露,他的被"征"入"南书房",是曾为前清封疆大员的升允荐举"面保",并告以"月俸亦不薄",不必为生计担心,催促他"早日束装","入都任职"。消息传开,所谓"海上友人",其实就是在沪与王国维交往的那些"遗老"、"寓公",亦纷纷上门致贺,有的为他设宴钱行。

然而,对于在忧患中度过了大半生的王国维而言,此时又正值"哈园"学校(仓圣明智大学)解散。进入新年后,他在上海"无所事事"。如今

"圣旨"自天而降，果真时来运转了么？颇可注意的是，还在1920年春，罗振玉从日本京都归国定居天津不久，曾写信向他索要生辰八字，请京津间哄传神仙般灵验的"宋瞽"为他算命，说未来的三五年，是王国维"平生最佳之运"，须"投笔戎幕"，入朝做官。其实，王国维哪信什么"观人气"、算命运？他当即给罗氏复信说，如今"新思潮"呈"勃发"之势，"世界与国家却无命可算"，两三年中还不知有何"变态"呢！看来，这不过是罗氏欲借"瞽"者之言，要将他拉入逊帝溥仪之"幕"中。

当时，"十七岁少年"的溥仪刚办过"大婚"典礼。就连北洋政府送给溥仪婚礼的大红帖子上都"大书特书"了"中华民国大总统黎元洪赠宣统大皇帝"①。按照惯例，"大婚"过后就要开始"亲政"了。依然在其小朝廷里称"朕"下"诏"的溥仪虽是"关门做皇帝"，无"政"可"亲"，但却心存"复辟"之念，并遵奉"祖制"，遴选所谓品学兼优的"海内硕学"来充实冷落已久的"懋勤殿"、"南书房"。差不多同时被"选"入"朝"的，还有前述撰《新元史》出名的柯劭忞；有清末诗坛颇负盛名、后来做了伪满"总理"的郑孝胥；当然也少不了王国维儿女亲家的罗振玉。而向溥仪"面保"王国维"南书房行走"的升允，更被罗氏吹捧为"器识果断，当推素公为第一"；奔走"复辟"，还在张勋之前。1913年，此公就窜往日本，谋划恢复大清皇朝，并与寓居京都的罗振玉"一见如旧交"，"畅谈凡三日夕而别"②。王国维就这样被罗氏拽着做了一心要帮扶"宣统"重登"大位"的"素帅"③的"门生"，把自己的命运与升、罗等人一道捆到了溥仪的小朝廷上。

话虽如此，王国维真要启程北上，麻烦事可不少。北京虽是他任职学部时的故地，但早已"换了人间"。首先是须臾不能离的书籍，共七八大箱，

---

① 溥仪《我的前半生》（全本），群众出版社2007年版，第97页。
② 罗振玉《津门疏稿序》，《升罗悖语》二种（包括升允《津门疏稿》及罗氏《辽海焚馀稿》），据魏建功1948年抄本。
③ 升允（1858—1931），字吉甫，号素庵、素存，官至清闽浙总督、陕西总督，故罗氏称之为"素帅"；又在张勋"复辟"时被授"大学士"，故又尊之为"素相"。

乘火车上下既不便，又不安全，他带着早年在北京时就跟随他的仆人冯友，改乘了轮船。好不容易到了北京，按理说他是北京大学国学门"通讯导师"，而国学门教授"二马三沈"中的马衡、沈兼士又都是他的浙江同乡好友，一般学子也慕其大名做了欢迎他的准备，抵京后一应食宿本不成问题。但他却甚"恐大学中人欢迎"，避之惟恐不及。为免北大师生前来欢迎"照料"，他还特意暂住到了远离北大的溥仪"内务府总管"金梁寓所。

王国维是5月底抵京的。6月1日入朝"觐见"，2日入朝"谢恩"。他这个"南书房行走"算是正式到"职"了。什么叫"南书房"？它亦称"南斋"，初设于康熙十年（1677年），清圣祖玄烨"命择词臣敦谨有学者日侍左右"，其职责是侍奉皇帝读书，兼以撰写应制文字，起草诏令之类。一般说来，有资格"入值南斋"的应是翰林院编修，且须品学兼优。王国维在前清学部做"编译"，原算不上什么"官"。而今他算是"敦谨"的"词臣"了，溥仪给他"加恩赏五品衔，并赏食五品禄"，又当面下了"每日进来入值"之"谕"，亦即要求他每天来"南斋"侍奉"皇上"读书。入朝后，王国维还请罗振玉为他专刻了个朱文方印的"文学侍从"章。所谓"王国维是溥仪的国文老师"，盖自此而来。罗振玉更给他鼓励打气，夸他"身膺二百余年未有之恩遇"。实在呢，就像俗话说的"死要面子活受罪"。譬如，入朝"接旨"、"觐见"、"入值"都得穿"官服"，冬天还须备"貂服"，这可比登台演戏的戏装要讲究。他一介"寒儒"，哪来闲钱购置这些昂贵的"穿戴"？幸好蒋汝藻在上海帮他张罗了朝冠、披肩、朝裙等衣帽；但抵京后不久就听说要"入内"为太妃祝寿，正逢盛夏，他只得再向蒋氏求援，赶紧借了"纱蟒袍"寄来北京。折腾得真够窘态百出了！

再看所谓"入值"。不要说"每日进来"，就是"每六日入内一次"，也"无所事"。在写给为他筹借"穿戴"的蒋汝藻信中，他抱怨说，来京数月，精力尽耗在"笔墨上无谓之应酬"；他"最不能书，然已书扇面二三十，此亦无法之事也"。[1] 这哪是什么"不次之隆遇"？这分明是在浪费他的

---

[1] 王国维《致蒋汝藻》，《书信》第366页。

学术生命啊!

中秋过后,他奉"旨"去"景阳宫检书",借此可以看到宫中书籍、文物等"秘藏",才算有了个"实差"。还有使他略感宽慰的是,小朝廷念"寒儒之寒",尚能按月发给他"五品俸"①。他因此得以择定"后门内织染局十号新租之屋",并且颇为满意地说,有房二十馀间,"上房及厢均甚高敞",且与他的老友马衡之兄、北大教授马幼渔相邻,借阅其所藏"普通书"亦甚方便。年底,他将妻儿从上海接来,终于在京城里重新安了家。

二 上书溥仪"论政学"

正当王国维因接眷安家,"几于竭泽而渔"的窘困中准备"度岁",腊月初二日(1924年1月7日),溥仪给他加发了一道"上谕":"著在紫禁城骑马。"

王国维接"旨"谢"恩"。他按捺不住内心激动,给罗振玉写信说,自康熙朝以后,"内廷虽至二品,亦有不得者",并举了《竹垞集》中有"恩赐禁中骑马诗",以证他本人被"拜朝马之赏",实属"特之又特"的"恩遇"②。这位"竹垞先生",就是以选编《词综》著称的"浙西词派"创始者朱彝尊③。他生当明末清初,很有学问,却无功名。康熙十八年(1679年),被征为"博学鸿词",已是双鬓染霜的五十岁半老头了,甚受"圣上"玄烨赏识,于康熙二十二年正月二十(1683年2月15日)"召入南书房供奉",他赋诗感恩,自称"本作渔樵侣,翻联侍从臣";当天,又被"恩

---

① 当时,溥仪的首席师傅、师傅、教师的"养廉银",分别为一千两、八百两、六百两;据此,王国维的"俸入"当不低于他后来任教清华研究院的"月薪四百元"。
② 王国维《致罗振玉》,《罗王书信》第603页。
③ 朱彝尊(1629—1709),字锡鬯,号竹垞,浙江秀水(今嘉兴)人,清初词人、学者,著有《曝书亭集》。

赐禁中骑马",他倍感"隆遇",乃再赋一诗,不忘"薄游思贱日,足茧万山中"。王国维虽非"渔樵侣",但吟竹垞之诗,尤感有清一代,以"布衣"拜"紫禁城骑马",他自己要数第二人,而惊为"异数"了!

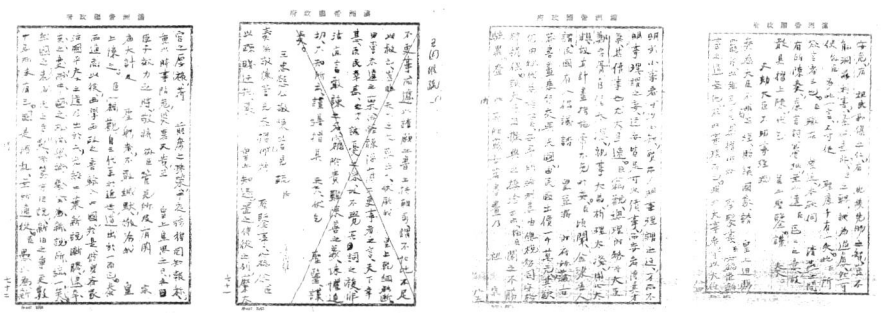

从伪满档案发现之王国维《敬陈管见疏》及《劾大臣不明事理疏》(抄件)

那么,何谓"紫禁城骑马"?这不是官衔品级,所谓"骑马",只是个象征。东汉蔡邕著《独断》,已有天子居"禁中"之说。清代自朱彝尊"召入南书房"的那个时候起,"内值南书房官许于禁中骑马,至所出入之门",这便是朱氏感恩诗所谓"鱼钥千门启,龙楼一道通"。其实,王国维所谓"拜朝马之赏",就是由皇上颁给了出入"禁中"的"特别通行证";换用今天通俗的话来说,具有了轿车任意出入红墙的特权。然而,当局者谜。这时,"紫禁城"内年轻的"皇后""皇妃"都在学骑自行车,"皇上"溥仪则除了挂怀表、装电话之外,出入"禁中"更要坐小汽车了。所谓虽二品大臣不能得的"骑马",早已成了失去其原有荣耀的虚名,实在不过是"紫禁城黄昏"中的一个幻景而已。

王国维诚惶诚恐。自谓:"糜太官之厚禄,荷席前之殊荣。"也就是吃了"五品俸"的"皇粮",又加了"骑马"之赐,怎能不知恩图报?他常常"中夜彷徨",难以安寝。而最令他不安的,则是"时事阽危"。为了报"皇上知遇",效臣子之力,他身不由己,给溥仪写了个《敬陈管见疏》。

然而,王国维绝非"疏贱迂拙"的腐儒。当然也不是二百多年前赋诗感恩的朱彝尊所能比拟。他所陈"管见",归结其要端则有二:一陈西政之害，二论西学之弊。他说：

> 自欧战以后，欧洲诸国情见势绌，道德堕落，工业衰微，货币低降，物价腾涌，工资之争斗日烈，危险之思想日多。甚者如俄罗斯，赤地数万里，饿死千万人，生民以来未有此酷。而中国此十二年中，纪纲扫地，争夺相仍，财政穷蹙，国几不国……

这里，"甚者如俄罗斯"是着重句，是关键词。在王国维所述"十二年中"，就当时的苏俄而言，主要是1917—1921年发生的大饥荒，究竟"饿死"了多少人，至今仍难以有准确的数据[①]。但即使在领导了"从破坏历来的旧制度到创造新制度"的列宁笔底，也"丝毫不掩饰"地使用"熬过了前所未闻的令人难以置信的艰难、饥饿、穷困和苦难"[②]这样的措词，来指称这个"苦难如灾荒、饥荒和经济破坏多么深重"的"过渡时期"[③]。所以，王国维尽管与那时欢呼"庶民的胜利"、"赤旗的世界"站在完全相对的立场，但他显然是把"欧战"即第一次世界大战结束、俄国十月革命爆发作为影响了世界的标志性的历史事件。其所谓"生民以来未有此酷"，亦非耸人听闻的夸大之词，而是与列宁本人所说"前所未闻"、"难以置信"完全吻合。更重要的是，针对"此十二年"，即辛亥革命以来中国现状，王国维观古论今，从"共和"说到"共产"；而所谓"西学"，则涉及了西方资产阶级的"天赋人权"、"私有财产神圣"和影响了中国几代知识分子的"物竞天择"的"进化论"，等等。

从政治上来说，无论是"立宪焉，共和焉"，还是"社会主义焉，共产主义焉"，王国维概予反对。他首先提出的质疑是：

[①] 近顷，据俄罗斯科学院的有关学者撰文披露，在1921年波及苏俄十七省的大饥荒中因饥饿和疾病死亡人数有五百多万人。
[②] 《列宁选集》第四卷，1995年版，第129页。
[③] 《列宁选集》第四卷，1995年版，第571页。

> 然试问立宪、共和之国，其政治果出于多数国民之公意乎？抑出少数党魁之意乎？民之不能自治，无中外一也，所异者以党魁代君主，且多一贿赂奔走之弊而已矣。

在王国维看来，无论是"立宪"还是"共和"，无非是以"少数党魁之意"代替"多数民意"，甚矣哉则是"党魁代君主"。例如，他那时所见篡夺了民国"大总统"的袁世凯；他身后"传位于长子"的蒋介石。同时，在他的近距离"试问"中，实际上还提出了这样一个问题："选票"果真是治国平天下的万能灵药么？他所谓"贿赂奔走"，盖指喧腾当时（1923年）的直系军阀曹锟以武力逼走总统黎元洪，旋以"五千元一票"的高价贿赂"国会"议员"选"他本人当"总统"。这一"贿选"（其实也是以权势"逼选"）丑剧虽早已成了历史的笑柄，但王国维提出的问题犹足资崇奉"立宪"、迷信"选票"的今世"学者"反思。

除此之外，我们当然不能认同他对作为一种新兴的社会制度和政治理想的社会主义、共产主义的激烈攻讦。然而，他剖析"俄人行之"而致"伏尸千万，赤地万里"的"均产"之弊，痛陈"均产"之后，"管理"仍操于少数人之手，故而"不均之事俄顷立见"，最后"不能不承认私产之制度"。凡此之类，不是颇可以"十月革命"八十年后"苏联解体"、"东欧剧变"，反证其"逆向思维"里的超前性么？而追溯历史，"西政"源于"西学"，王国维归纳其要义有四，就是：

> 以权利为天赋；
> 以富强为国是；
> 以竞争为当然；
> 以进取为能事。

当然，王国维非常了解"西洋近百年中自然科学与历史科学之进步"，并极为赞赏其方法"诚为深邃精密"；然而，他认为科学不是万能。宇宙万物并非皆能"以科学之法驭之";尤其是"人之心灵"与"人类构成之社会国家","万不能以科学之法治之"。于是,他把话题重新归结到数年前为"仓圣大学"章程所作序中提出的"圣人之所以治天下及所立之教"的"东方道德政治"。他指出,自从"欧战"以后,西方有识之士已看到了其政学之流弊,思所以变计,故转而崇拜"东方之学术"。数年之中,欧洲各大学开设"东方学讲座者数以十计",有的还分别建立了以孔子、老子命名的学术团体。这是为什么?他不无自得地夸口说,"盖与民休息之术,莫尚于黄老;而长治久安之道,莫备于周孔。"时隔八十多年了,人类文明早已由声、光、化、电进入了信息时代;然而,反观"历史科学","黄老"、"周孔"特别是《论语》竟成了走俏入时的"心灵鸡汤",重新张扬,大肆倡导。这不是同样颇发人深思的么?

但是,也应当指出,王国维的上述"管见",是对"少年天子"溥仪"敬陈"的。当时,"禁"外既"时事阽危","禁"中则"灾异又告":1923年6月26日之夜,紫禁城库藏金银珍宝最集中的建福宫突发大火,蔓延邻近各宫殿楼阁,一夜之间焚毁了数以千万计的金佛、字画、古器、古书。事后,仅从灰烬中拣出的金片、金块即达一万七千多两①。王国维对宫中的变乱,焦虑万分。所以,他上折痛陈"西政""西学"流弊,意在劝谏"冲龄践祚"、"俯临天下十五年"的今"皇上"溥仪谨记"圣祖仁皇帝"(康熙)与"高宗纯皇帝"(乾隆)之德业,坚信"天命未改,民心未去",要严守位号,静待时机,以图"恢复"!

遗憾的是,王国维虽身为"侍从之列",但毕竟只有"五品"。他的这个折子被"太傅"陈宝琛以"内廷者遇事面陈,不必具折"为由"阻勿上"。嗣后,因为升允"密疏陈奏"中提到了王国维曾有折"敬陈",溥仪发话"索观",这才得以"呈乙览"。而罗振玉则不惟在当时屡次催促"大文已上

---

① 参见陈瑞云《清帝列传·宣统帝》,吉林文史出版社1993年版,第180页。又,溥仪《我的前半生》记此次火灾时间为6月27日夜,烧毁金佛二千六百六十五尊、字画一千一百五十七件、古玩四百三十五件,以及古书几万册。

陈否？"更在王国维去世后称颂他生前已预见"观中国近状，恐以共和始，而以共产终"的"过人之识"①，并将这篇"敬陈管见折"以"论政学疏"之名，摘编成了《王忠悫公别传》。

三 竭尽"愚忠"发抗议

其实，王国维上书溥仪的时候，小朝廷"库藏支绌"，争权夺利，内讧不已。王国维作为"文学侍从"，最关注的一桩大事，则是如何保护国宝，以免大批珍贵文物、书籍流失宫外，被盗卖。所以，他紧接着上了第二道折子：《劾大臣不明事理疏》。

时在1924年4月、5月间。溥仪决意亲自"管内廷"，撤换"各项执事人员"，并将"引进"不久的"新派"郑孝胥委为掌"印钥"的"内务府"总管②。王国维上疏称他"不明事理"，"劾"了他上任以后"计画措施常不免于妄"的三件事情：一是拟"将内务府所藏古器书画悉行交与民国"；二是"以售物为政策"，借出售宫中珍宝"筹巨款"之名中饱经手者私囊；而最令他忧心如焚的则是第三事："《四库全书》运沪"！他在疏奏中痛心疾首地说：

> 夫《四库全书》，以高宗纯皇帝二三十年之规画、纂修诸臣数百人之辛勤，乾隆时代全盛之物力克成此；而文渊阁恭藏之书，又为当时所写之第一部，校勘最精、缮写最善，又为同时七部之冠。此乃我大清万世不可磨灭之盛事，亦我皇室历代相传之重器也。

---

① 罗振玉《王忠悫公遗书序》，《丁戊稿》，1929年罗刊本。
② 郑孝胥（1860—1938），字太夷，号苏戡、苏盦、海藏，福建闽侯人，前清举人，历任总理各国事务衙门章京、湖南布政使等；1923年7月入溥仪"小朝廷"；1932年任溥仪伪满"总理"。

这究竟是怎么回事？应该说，《四库全书》翻印出版，至今仍是文化学术大事。追溯历史，《四库全书》乃是继明《永乐大典》之后编成的中国有史以来卷帙最为浩瀚的百科全书式的大典。仅就字数而言，近人统计，《永乐大典》三点七亿字，而《四库全书》达九点九七亿字，增近三倍之多，像这样的天文数字，当时只能以卷次册数来统计了。《四库全书》由纪昀领衔总纂，经、史、子、集四部分纂为：戴震主经，邵晋涵主史，周永年主子，纪昀主集；参与各部撰修的则有当时的名宿王念孙、程晋芳、任大椿、俞大猷、朱筠、翁方纲、王太岳、姚鼐、金榜、吴锡麒、卢文弨、丁杰等。王国维疏中说"纂修诸臣数百人"，就包括了以上诸人，加上其他编校抄写人员，总计参加者达四千二百多人，可以说举全国知识精英、名流学者于一役；从乾隆三十七年（1772年）至四十七年（1782年），历时十年；编入之书，一为"内府本"（即内阁大库藏书），二为"采进本"（即各省督抚学政收采之书），三为"进献本"（即各地藏书家如天一阁、汲古阁等献书），总计存书三千五百零三种，七万九千三百三十七卷，其中直接从《永乐大典》辑录的有三百八十五种、四千九百二十六卷。

那么，王国维折中所谓"文渊阁恭藏之书"为"七部之冠"，又是怎么回事？原来，《四库全书》是边编校，边抄写，至乾隆四十七年，缮写了四部正本，分贮于圆明园之文源阁，大内（即故宫文华殿）之文渊阁，热河避暑山庄之文津阁，奉天（今沈阳）之文溯阁，此即"内廷四阁"，亦称"北四阁"；接着又组织抄写副本，于乾隆五十三年（1788年）缮为三部，分贮于扬州大观堂之文汇阁，镇江金山寺之文宗阁，杭州西湖行宫之文澜阁，此即"江浙三阁"，亦称"南三阁"；合之则为"四库七阁"。笔者曾见辽宁省教育会于"九·一八"前夕（1931年6月）所编《文溯阁四库全书要略》，其中概述全书贮藏，还讲到了以上七部之外，尚有抄存翰林院的一部，加上编纂过程中相继抄写《荟要》二份，总计全书八部二荟要，共三十一万二千册，皆手工缮写而成，赞叹其"工事之钜，古今中外，罕有其俦；虽拟诸古之长城、运河，不是过也"。这也无怪王国维要在疏中赞之为"盛事",为"重器"了。

但是,《四库全书》历经战乱,损毁惨重。尤其是英法联军(1860年)与八国联军(1900年)先后入侵北京,焚毁劫掠。完整保存的仅有文渊阁、文津阁、文溯阁三部;而那时仍由溥仪小朝廷掌管着的文渊阁《四库全书》,系第一部抄本。所以,王国维上折说,"皇上许商人借印《四库全书》,实出于奖励学术之心",但应在京借印,或拍摄成胶卷送沪印制,断不能将原本搬运出宫。"出言悍甚"(罗振玉语)的郑孝胥竟擅自作主,欲将原书运往上海。这时,外界还哄传:郑孝胥原系商务印书馆董事,他入宫就是专为骗取《四库全书》,并且已经私下与日本"成议",要以数十万元之价将此文渊阁原书卖给日本,因而引起了"民国干涉"(指北洋政府)。像这样的"大臣","皇上"怎能授以"全权"?!

以上表明,王国维此疏虽"劾"郑孝胥"不明事理",更出于他保护《四库全书》及其他文物国宝的拳拳之心。在此前后,京沪报纸不断披露内宫书画被盗的消息。当年中秋前夕(1924年9月、10月间),"库藏窘困"的"内府务"终于因"售物"即盗卖文物而风波骤起,爆出了以北京大学"考古学会"名义,谴责"亡清遗孽擅将历代相传之古器据为己有"、进行变卖的《保存大宫山古迹宣言》。按照顾颉刚的说法,这是北大研究所为"反对清室出卖产业,丧失国宝"而发,宣言直指溥仪①。王国维读了这个《宣言》,"不胜惊骇"。尤其是对于《宣言》"指斥御名"气愤万分。于是,他"乃以考古学者之资格",而"非以皇室侍从之资格",给时任北大国学研究所教授的沈兼士、马衡写信抗议②。信中引述了明末清初吴伟业(梅村)的二首七绝,一为《读史偶述》:

宣炉厂盒内香烧,禁府图书洞府箫;
故国满前君莫问,凄凉酒盏门成窑。

---

① 参见顾颉刚《悼王静安先生》,原刊《文学周报》五卷一、二期合刊,1927年8月7日出版。
② 王国维《致沈兼士马衡》,《书信》第405—407页。

二为《送王员照》：

> 内府图书不计钱，汉家珠玉散云烟；
> 而今零落无收处，故国兴亡已十年。

这倒确实颇能映照王国维自己对"亡清"的哀怨之情。问题是，他因"借印《四库全书》"而上折"劾"郑孝胥，不正是为"内府图书不计钱"吗？尽管他在信中援引"古今中外之法律"，申辩内府所藏器物是"私产"而非"公产"，其实在保护国宝不受侵夺和维护"学术神圣"（包括"知识产权"与"文化遗产"）这两大基本问题上，他与北大诸教授并无不同；他"惊骇"的乃是溥仪遭到了指名道姓的申斥，说：

> 优待条件载民国人民待大清皇帝以外国君主之礼，今《宣言》中指斥御名至于再三，不审世界何国对外国君主用此礼也！

王国维作为"紫禁城骑马"，当然更要循"优待"之"礼"，发"严正"抗议的同时，宣布：

一、"停止"北大国学研究所研究生上门"咨询"；

二、"取消"研究所国学门导师"名义"；

三、胡适索取之《书戴校水经注后》、容庚（希白）抄去之"金石文跋尾"若干篇，原拟登北大《国学季刊》，均请"停止排印"。

当然，王国维在一时愤激中尽管有此"三停"，并未影响他与马衡等北大友人的私谊及交往；但他维护溥仪"皇上"之尊而不顾"内府图书"零落、"汉家珠玉"失散，这样竭尽"愚忠"，就未免"愚"之过甚了。

四 煞费苦心撰"忠武碑文"

这个期间,溥仪小朝廷内发生了另一桩闹剧:"谕葬"张勋、撰"忠武碑文",把王国维也卷了进去。

我们还记得,1916年袁世凯称帝与1917年张勋"复辟",相接相随,花样不一,目的相同:都为着取缔共和,恢复帝制。尽管,经康圣人(康有为)"笔削"的溥仪"复辟上谕"宣称,为"兴复初政",第一条就是要推行"君主立宪政体";但除了少数梦萦"君主立宪"的所谓"学者"之外,有谁信之?而张勋在其"复辟"当天(1917年7月1日)发出的通电中则集中攻讦"共和"之"祸",什么"辛亥武昌兵变,创改共和,纲纪隳颓","推原祸始,实以共和为之厉阶";什么"国体既号共和,总统必须选举","选在北则南争,选在南则北争,争端相寻,而国非其国矣",等等。他的倒行逆施,遭致举国共讨,实属历史的必然。

不过,话得说回来。在追随溥仪的那些"遗老"眼里,袁世凯自行称帝,那是窃国篡位的大憨;张勋拥溥仪重登"大位",才是存亡绝续的大忠。于是,1923年9月12日张勋病死天津以后,前往吊唁的溥仪小朝廷及其他前清"遗老",纷至沓来;连同北洋政府中的相关官员及其他各界致挽联挽词达三千一百馀副。溥仪于9月17日下"谕旨"赐予张勋"三赏":赏给陀罗经被,赏银三千元治丧,赏其长子张梦潮(按,张作霖长婿)"乾清门头等侍卫"等。溥仪并且亲往天津张府祭奠,宣读其"时穷见节"、"劲草独标于疾风";"世乱需才"、"一木难支守大厦"的祭文。张勋遗言:将其灵柩送回江西奉新老家安葬。于是,又有了溥仪的"谕葬"张勋、谥"忠武";并经罗振玉协同升允紧张活动,给王国维争得了代"皇上"拟写《谕葬张勋碑文》的"话语权"!

应该说,以王国维写《颐和园词》哀清亡的大手笔,来为区区一介武夫的张勋写碑文,岂非牛刀小试?况且,王国维与张勋虽素未谋面,却"神交"久矣。他早就认定张勋为清"三百年来乃得此人，庶足饰此历史"的"大英雄"、"真男子"，并曾打算作长篇排律《南池篇》彰其"复辟"之功；而今由王国维来撰这篇"忠武碑文"，可谓"舍我其谁"了。

但是，真要动笔，王国维却倍感"文甚不易作"。这又是为什么？

原来，袁世凯死后，王国维最深以为耻的"大清臣子"，盖有三人：徐世昌、冯国璋、段祺瑞。此三人者，都是脱去蟒袍补褂，换了民国新装，而他们的作为，实与张勋"貉一丘"。例如，"复辟"鸟兽散后分别就任了总统、总理的冯、段二人，不但曾参与"复辟"密谋，且在溥仪宣布"二次退位"后向"皇上""致意"，信誓旦旦要维护"皇室优待条件"，使之"永勒成宪，世世不渝"。嗣后就任"民国总统"的徐世昌，明里虽然通电反对"复辟"，拒绝受任"太傅太保大学士弼德院院长"；暗里却硬是要与张勋较劲：张欲以其八岁之女册为溥仪"贵妃"，徐则打算立其女儿为溥仪"皇后"，自做"国丈"。所以，王国维在接到撰写碑文的任务后就写信给罗振玉，并请罗氏转告升允，说明碑文所以"不易作"的原因，说，"我辈此次立言，须泯去痕迹，方为有效"；又说，"论人固不可，论事亦著形迹，故以论心为要。"① 也就是，只"论"张勋"忠武"之"心"，而"泯"去张勋本人曾为民国"大总统"袁世凯效力之"迹"；更须"泯"去与"复辟"有牵连的现任北洋政府要员段祺瑞等人之"迹"；反之，如果直书其人其事的"形迹"，那势必会触犯了明里"讨逆"、反"复辟"，暗中与溥仪小朝廷频通款曲的民国权要。这是整篇碑文最令王国维难以落笔的"违碍"之处。

当然，以上都是"历史旧账"，尚可以宜粗不宜细地"泯去"，更难的还在眼前：曾因讨伐张勋"辫子兵"而自诩"再造共和"，并在"北京政变"、冯军"逼宫"不久就任了"中华民国临时执政"②的段祺瑞，是个翻云覆雨，惯弄权术的阴谋家。当王国维撰此碑文时，段氏出于其鸠合

---

① 王国维《致罗振玉》，据原札抄件。
② 段祺瑞于1924年11月21日通电就任"临时执政"，距冯军"逼宫"适为半月。

新旧势力以拥其上台执政的政治需要，正与溥仪及其左右串通，故"深讳前非"，十分忌讳有人翻他的"老账"：张勋"复辟"，他通电"讨贼"，并亲任"讨逆军总司令"攻打北京，威迫溥仪再次"退位"；而被溥仪改任"勤懋殿行走"的郑孝胥，这时正在"结托懋堂"，巴结段氏（祺瑞）以取得其对小朝廷的政治支持。如此内外沆瀣一气，王国维代溥仪撰碑文表彰张勋"复辟"之忠，反过来不等于谴责段氏当年"讨逆"之奸吗？所以，王国维请升、罗"以一二月为期"，等待"可以进言之机"，再着手拟定碑文，实属事出有因。却说"辫帅"张勋死后在天津"公祭"，固然颇令时人瞩目，而其更为轰动的还在一年后的"归葬"。时在1924年8月。盛放张勋遗体的那口金纹红木巨棺，由其儿女亲家张作霖派了一个师护送，一路吹吹打打，至当年11月才运抵奉新，其棺木出天津时，送葬者达二万人；下葬时，远近前来祭吊吃喝者，更难计其数，安葬费用估计达上百万银两！

那么，这篇"忠武碑文"究竟撰成于何时？根据我们查对罗、王往来书信及溥仪小朝廷诸人活动状况，王国维是在前述"敬陈管见疏"与"劾大臣不明事理疏"之后写就碑文的，其时间当在1924年6月至7月间，亦即张勋灵柩从天津发送之前。王国维煞费苦心，拟定碑文后又书告罗氏，说，"忠武碑文已缴"，但溥仪的师傅朱益藩等人颇"不以为意"；他在"缴"文时还特别附函说明，"有违碍处及须改易处"，请提出意见以便修改，但"未得其复"，"大约须由他人代拟"了①。

现在，且让我们与读者一起来"奇文共赏"，将这篇未被溥仪采纳，但基本反映了张勋其人及其"复辟"真情的碑文，从尘封了八十多年的故纸中打开，分节逐录，并酌加按语诠释如下：

碑文称：朕维鼛声立号，爰思将帅之臣；天步多艰，聿表忠贞之节。

---

① 张勋墓在江西奉新县赤田乡陶仙岭下，有神道碑三，其左侧碑上楷书阴刻"皇清诰授光禄大夫建威将军内阁议政大臣北洋大臣直隶总督奉新张忠武公神道碑"；右侧碑上楷书阴刻"湘乡陈毅撰文□□书丹"及铭文，碑额雕花图案刻"御赐"二字。又，此"湘乡陈毅"，盖即1917年参与张勋"复辟"，而被"讨逆军"所索"罪魁"刘廷琛、万绳栻、陈曾寿、王乃徵、章梫、陈毅、张镇芳等七人中之"陈毅"；与罗振玉同任"学部参事官"之"黄陂陈毅"，非一人。特此注明。

其有致身君国不恤门户，勤劳卅载屯成三边，功庸著于中外，忠诚贯于日月。公论所予，非朕有私尔。

［谨按］此为引语，碑文的例行程式。

碑文称：前署两江总督、江苏巡抚、世袭二等轻车都尉张勋：忠勇性成，果毅间出，出身广右，转战日南，迭克名城，屡摧强敌，宣力南徼，绵历岁时。

［谨按］张勋（1854—1923），字少轩、绍轩，号松寿，江西奉新人。出身农家，早年父母双亡，十五岁起在当地某大官僚家做了十年书僮。二十六岁投军。三十一岁（1884年）转投广西提督苏元春。"转战日南，迭克名城"云云，指其参加中法战争，尤其在镇南关大捷（1885年）中立了大功，迭升至参将，充守备司，管带广武右军各部，驻守广西边防。

碑文称：嗣缘鸡林内讧，鸭绿有警，灌婴将骑为韩信之颜行；去病冠军作卫青之前部，参佐毅军，著有劳勋。既而总兵小站，移成东斋，肃清山东；追奔直北，奉迎车驾，总六卫于端门，扈东陵西陵之行，剿宣府大同之寇，阃外遂授勇爵。寻以日俄构难，边圉震惊，爰总师干移防口北，防强邻之侵轶，任中立之维持。既而移师东疆，荡平积寇，计功积阀，勋劳最高。

［谨按］此节述张勋发迹，紧联着近代史上的几件大事：一是所谓"鸡林内讧，鸭绿有警"，殆指1894年春朝鲜爆发"东学党起义"，日本趁机发兵朝鲜，挑起中日甲午战争，张勋奉命随四川提督宋庆调驻奉天（沈阳）。二是北洋海军在甲午之战中全军覆灭，袁世凯乃于1895年在天津小站督练新建陆军，张勋充工程营管带，并于1899年随袁世凯赴山东镇压"义和团"，擢升为副将。尤关紧要的是第三件：张勋奉袁世凯之命，带兵从保定赶来长安，为《辛丑条约》签订（1901年9月）后偕同光绪帝回京的慈禧太后护驾。从当年秋八月长安起驾，至十一月抵京（1901年10月至1902年1月），所谓"沿途供张甚盛"，在各地官员劳民伤财的迎送中，慈禧固然得以尽洗庚子之变中仓皇出逃所受的"怀来之辱"；而张勋则一路徒步紧随慈禧轿后，深得慈禧赏识，称其"忠勇可嘉"，"谕

留宿卫",被钦点为"九门提督"。1905年,带兵围剿张家口以北一带积"匪",获赏"勇爵"(即"壮勇巴图鲁");1906年,调任奉天北部军事指挥官,以其在日俄战争期间严守清廷"局外中立"政策,赏加头品顶戴,又因剿捕中东铁路沿线之"寇"有功,升提督。

碑文称:迨予嗣服之初,特畀南疆之任,坐镇江浦,郁为干城。当报最三年之期,会汉家十世之厄,揭竿起于楚泽,篝火遍于江浔。金陵孤城,南服重地,人无固志,军有异心,尔乃忠愤愊发,武节横厉,斥庶僚之阴谋,歼九镇之叛卒。旋以彼众我寡,援绝城孤,乃全师北渡,徐图南对,授为江苏巡抚署两江总督。

[谨按]此节述溥仪即位至辛亥革命爆发,张勋在此风云变幻的数年间之升迁:所谓"特畀南疆之任",即1909年(宣统元年),五十五岁的张勋升任云南提督(未到任);1910年(宣统二年)接统江防营,驻守浦口,并于1911年8月被任为江南提督兼江防大臣,旋又加任会办南洋军务大臣等职,成守护东南的"干城";何谓"忠愤愊发,武节横厉"?辛亥八月(1911年10月)武昌新军起义,各省纷起响应,苏州宣布独立,张勋狂吠:"独立即造反,反则皆贼也。"遂率江防营反击南京新军第九镇起义,攻入南京城内,大肆捕杀革命党人,劣迹昭著。所以,嗣后有人追溯张勋"复辟"由来,说,"自辛亥而还,中外男女均无不知有张勋两字。"① 江浙革命联军攻克南京,张勋退守徐州,被清廷授以江苏巡抚署两江总督。

碑文称:朕以达观时变,哀念蒸民,高谢世纷,游心姑射。尔乃笃守臣节,不忘王家,譬梁公之相周,若臣靡之事羿,深缘众望,实主斋盟。遂因晋阳之师,并有夺门之请。朕方守信无贰,让德不台。尔更执愚款,不受君命,欲申大义于天下,乃忘一身之安危。已而同盟来攻,众寡悬绝,尔巷战终日,勇气弥厉,阖门百口,誓以同殉。乃宾馆迎以辒车,同时儗对,犹惊扩廓之奇,异国士夫,争壮王琳之节。

---

① 许指严《复辟半月记》,中华书局2007年版,第143页。

[谨按]此节述张勋"复辟"之前因后果，实为全文主脑。其要端有三：

　　一、所谓"朕以达观时变"，即1912年2月12日宣统下诏退位，袁世凯窃取"民国总统"，张勋则以清"遗臣"自居、坚持留发辫而被称为"辫帅"，其所部则称为"辫军"。这是他"笃守臣节"的重要标志。

　　二、"实主斋盟"云云，殆指1916年6月，张勋在徐州与安徽省长倪嗣冲等筹组十三省联合会，自为"盟主"，这是他在袁世凯死后，图谋复辟帝制的一个重要步骤；1917年6月，趁黎（元洪）段（祺瑞）"府院之争"，张勋乃以"调停"为名，率"辫军"进京，于7月1日拥"宣统"溥仪"复位"，自任内阁议政大臣兼直隶总督、北洋大臣，并发出"谨于本日奏请皇上复辟，以植国本而固人心"的通电，称："溯自辛亥武昌兵变，创改共和，纲纪隳颓，老成绝迹，暴民横恣，霄小把持，奖罪魁为伟人，视死囚为烈士"；"名为民国而不知有民，称为国民而不知有国。至今民穷财尽，而国本亦不免动摇，莫非国体不良，遂至此极。……默察时势人情，与其袭共和之虚名，取灭亡之实祸，何如屏除党见，改建一巩固帝国，以竞存于列强之间"；"中国本为数千年君主之制，……然则为时势计，莫如规复君主；为名教计，更莫如推戴旧君。此心此理，八表攸同"；狂吠："凡我同胞，皆属先朝旧臣，受恩深重；即军民人等，亦皆食毛践土世沐生成，接电后应即遵用正朔，悬挂龙旗"。以上，就是张勋通电之"复辟大义"。

　　三、"已而同盟来攻"，段祺瑞组织"讨逆军""保卫共和，反对复辟"。据张勋说，去岁（1916年）徐州历次会议，冯（国璋）、段（祺瑞）、徐（世昌）等人均有代表在场；此次密商"复辟"，彼等亦未表示反对或拒绝。孰料，张勋7月1日发表"复辟"通电，段氏7月2日即"匆匆南行"来到天津附近之马厂，与李长泰等"筹决""立发讨逆军"，并于当天发布"反复辟"电文，谴责"张勋怀抱野心，假调停时局为名，阻兵京国，至昨夜（按，即7月1日凌晨）遂有推翻国体之奇变"；声称："惟念辛亥缔造伊始，……（祺瑞）既已久服劳于民国，不能坐视民国之颠覆分裂而不一援"。段氏自任"讨逆军总司令"并在天津组设"国务院办公处"，指挥"讨逆军"

进攻北京。"辫军"迅即溃败。段氏趁势通令张勋"无条件投降"①，于7月12日攻占北京，驱走"辫军"；"辇车"即当天清晨，荷兰使馆派出汽车驶至张宅，先将其眷属护送至德国医院；然后驶回，将张勋本人接入荷兰使馆藏匿。什么"阖门百口，誓以同殉"，纯系欺世盗名之"作秀"耳。

碑文最后称：尔之举事，绝非朕意。尔之遘厉，实缘朕躬。幸获优游于暮年，方企绵延于遐算，何图微疢，遽告沦亡。饬终之典，敢于尔靳，节惠尊名，实曰"忠武"。呜呼！世运之移既莫之致而致，忠义之至乃无所为而为。虽质文有殊尚之时，而名节无或刊之日，用宣朕意，勒之丰碑。

[谨按] 所谓"尔之遘厉"，就是张勋"复辟"告败，先由冯国璋（总统）、段祺瑞（总理）联名宣布"逆勋之罪，罄竹难书"的"八大罪状"；复于7月17日颁发"大总统令"，声称"将京师完全收复"，"首逆张勋尚未擒获"，"责成内外各路军队与各省地方警察长官一律严缉"。其实，张勋躲在外国使馆里安稳如常。1918年10月，北洋政府宣布对张勋"特赦"，将这个原本官样文章的"通缉令"取消了。"幸获优游于暮年"，是指张勋携带搜刮民脂民膏所得大批金银财宝，于1920年住进了天津租界一幢占地一万八千余平方米的德式花园别墅里，真个是富可敌国，拥姬妾自娱，蓄壮士自卫；并且以数千万元巨资投入工商、金融业，成为北洋军阀中的"金融大鳄"。在这样的"优游"中，他的亲家张作霖曾向北京政府提议恢复张勋长江巡阅使兼安徽督军之职（1920年）、特派张勋"督办热河林垦事宜"（1921年），均被他拒绝。同时，"辫帅"既势大钱多，又颇能对江西同乡慷慨解囊做"好事"，这又使他赢得了"广散钱财接济穷人、乐善好施的美名"，也是他死后能有众多吊客的原因之一。

---

① 当时，段氏"讨逆军"称"共和军"，张勋"辫军"称"定武军"。7月7日，辫军由丰台退入永定门；10日，共和军对荷兰公使出面"调停"提出三项条件：一、保留清室优待条件；二、取消皇帝称号；三、解除张勋及部下之武装，并保护其生命。张勋答：第一，同意，第二，不同意，第三，不解除武装，自率兵返去徐州。张勋并且在其北京私宅内召集营以上军官"征各军最后之决心"，要求"严督所部，誓共生死"，云云（据《复辟半月记》）。

通观整篇"忠武碑文",当然免不了"谀墓"的老套,诸如以灌婴、霍去病类比张勋之"勇武",更是显而易见的"拔高"夸饰之词。但是,碑文中也有某些取譬设比,至今读来仍令人击节叹赏。例如,辛亥革命以后,心怀"复辟"野心的张勋既要效忠前清,为什么又那样听命于袁世凯?对此,《清史稿·张勋传》是这样说的:宣统下诏退位,袁世凯遣使"劳问"兵败徐州的张勋,张答曰:"袁公之知不可负,君臣之义不能忘;袁公不负朝廷,勋安敢负袁公?"于是,袁氏给张勋封"定武上将军",先后委以江北镇抚使、长江巡阅使、江苏都督、安徽督军等要职;张勋也确实拼死效命袁氏,尤其是率部攻打南京、镇压"二次革命",深得袁氏赏识。从宣统逊位(1912年2月)至袁氏称帝失败而死(1916年6月),前后凡四年零四个月,王国维在碑文中却只用了两个典故,写了两句话:"譬梁公之相周,若臣靡之事羿。"盖"梁公"者,武则天自封"大周皇帝"期间的名相狄仁杰,他力劝武氏立唐嗣、恢复李唐王朝,因而在死后被唐睿宗追封"梁国公",范仲淹特为之撰《唐狄梁公碑》;"靡"乃是夏代扶少康灭浞复国的忠臣,事迹载《左传·襄公四年》。这样,既不"著"张勋被袁氏信用的"形迹",又借"梁公相周"的典故彰显张勋志在重兴清室、"笃守臣节"之忠;更以"臣靡事羿"传说中弑君篡国的奸相寒浞,谴责袁氏"建号"称帝的罪恶,而张勋紧接在袁氏死后率"辫军"北上"复辟",也就顺理顺章了。

还须指出,张勋反对"共和",复辟帝制,罪不可逭;但恰如孙中山所说,"张勋强求复逆,亦属愚忠,叛国之罪当诛,恋主之情可悯。"(1917年7月21日致广西督军陆荣廷电)我们如果要探究其"愚忠",有两点值得玩味:一是张勋虽属草莽,但在早年做书僮时却也曾跟着读了《资治通鉴》《纲鉴易知录》等书,故可称"忠"得"其来由自"。二是张勋虽一介武夫,但却颇能"知恩图报",且在"憨厚"中通达官场"潜规则"。尤其是早年在广西提督苏元春麾下由武弁提为参将以后,苏元春因贪污军饷被清廷御史参劾,犯下了死罪,急着要找慈禧宠信太监李莲英"疏通"。张勋知道:只要保全了上司,自己的前程也在其中了!于是,主动"为主分忧",携带重金厚礼赴京交结李莲英，不但保全了苏元春官位，更重要的是由此而投靠李莲英，并经李莲英向慈禧太后引荐而受赏识，成为他日后平步青云的"契机"。所以，我们要借诠释碑文，对近年来重被宣扬的张勋其人其事，述要如上。

王国维的这篇"忠武碑文"，表面上是代"皇上"拟写，实际上乃是为着升、罗向溥仪邀宠而"立言"。撰文前，被王国维称为"上公"的溥仪岳父荣源，曾找他谈话，点了他亲家罗振玉名，说罗氏在内廷"挑拨"结党，目的是要拥"素老"（升允）出来把持小朝廷的一切。果然，罗氏得知王国维所撰的碑文可能被否定，一面伙同升允串通溥仪身边的亲贵、大臣，力阻请人另撰碑文；一面给王国维鼓励打气，怂恿他坚持不让步。但王国维甚怕自己卷入升、罗"朋党"之中，深感溥仪小朝廷内相互争夺倾轧，是个"恶浊界"，故早就动了"请假"出宫之念①。及至"忠武碑文"被否定，他更打定了"请假"的主意，说："得请之后，拟仍居辇毂，闭门授徒以自给，亦不应学校之请，则心安理得矣。"②京城旧称"辇毂"，意思是准假后，他仍居北京，教书自给，同时也便于"皇上"随时"召对"。所谓"不应学校之请"，是指1924年春，北京大学曾打算请他担承国学研究所主任③。但在他致信马衡等教授，抗议北大研究所《宣言》后，当然不会有"学校之请"了。

然而，"忠武碑文"嫌隙乍起，更大的政治风波接踵而至。1924年10月23日，冯玉祥率"国民军"进抵北京，发动了包围"总统"官邸、幽禁曹锟的"北京政变"；11月5日，冯军"逼宫"，向溥仪宣布《修正清室优待条件》，"大清皇帝自即日起永远废除皇帝尊号"，并限于"即日移出宫禁"。这就是王国维所谓的"甲子之变"。他自述当天"护驾"出宫，说："十月九日（按，1924年11月5日）之变，维等随车驾出宫，

---

①② 王国维《致罗振玉》，《罗王书信》第626页。
③ 参见王国维《致蒋汝藻》，《书信》第394页。

白刃炸弹,夹车而行。"① 其实,据执行"逼宫"任务的"北京警备总司令"鹿钟麟说,他奉冯玉祥之命带了二十多名警卫直入内宫,不过掏出了两颗事先准备的"空心炸弹",举在手里以吓唬溥仪及他的那班想要耍赖抗命的师傅、大臣②!

溥仪既被"撤号"逐出"宫禁",王国维哪能再"骑马"紫禁城?回顾"扈从"溥仪出宫的这段往事,他不无馀悸地说,"自冬徂春,艰难困辱,仅而不死。"③然而,"祸兮福所倚"。"逼宫"给他"逼"来了新机遇:不用他本人向溥仪"请假""闭门授徒",而是由清华研究院请他去公开讲学。

---

① 王国维《致狩野直喜》,据狩野氏《回忆王静安君》引录。
② 参见鹿钟麟《驱逐溥仪出宫始末》,《文史集萃》第三辑。
③ 王国维《乐庵居士五十寿序》,据手迹。

第十一章　清华园里欢与悲

> 万古离怀增物色，几生愁绪漪风光。
>
> ——韩偓《即目》二首之一

一　清华研究院第一位到任导师

王国维是怎样就任清华研究院导师的？这要从清华学校改制说起。

1925年初，原由美国退还"庚款"创立的清华留美预备学校，改设留美预备部、大学部与国学研究院，统称"清华学校"①。那时，由北洋政府委派的清华学校校长曹云祥是胡适的留美同学。国学研究院（简称清华研究院）的筹办，就是由曹君直接委托胡适，按照中国书院，参酌英国学院制度设计的。据研究院首届毕业生蓝文徵回忆，为了办好研究院，胡适并且向曹君提议，应聘请梁启超、王国维、章太炎三位大师来任教。这一点，从胡适当年的日记也可以得到佐证，他说：

> 现今中国的学术界真凋敝零落极了。旧式学者只剩王国维、罗振玉、叶德辉、章炳麟四人；其次则半新半旧的过渡学者，也只有梁启超和我们几个人。内中章炳麟是在学术上已半僵了，罗与叶没有条理

---

① 清华留美预备学校始建于1911年，是以美国退还庚子赔款中的款项创立的，1925年进行改制，1928年正式改名"国立清华大学"。

系统，只有王国维最有希望。①

显然，胡适心目中最合适的人选，第一是"最有希望"的王国维，第二是"半新半旧"的梁启超。但是，请梁容易，请王难。为什么？因为，那时梁启超是自由之身，且正在各处公开讲学；而王国维尽管在"甲子之变"中被"逼"出了紫禁城，但其身份依然是"皇室侍从"，他要走出"南书房"到民国的学校任教，须经溥仪下"旨"才行！

怎么办？当然还得由推荐者胡适出马去请。这里又有两层原因。其一，在当时的新文化人士中，直接被"宣统"溥仪"召"入宫中谈论"新诗""白话文"，舍胡适而外，殆无第二人。曾被京津报纸传得沸沸扬扬的"清宣统帝打话来邀"胡适"进宫去谈谈"，胡适说"他称我'先生'，我称他'皇上'"，就发生在王国维1923年6月奉"召"北上就任"南书房行走"的前一年②。所以，到了创办清华研究院，清华校长曹云祥特请胡适去找溥仪下"旨"让王国维来任教，就是基于"宣统与胡适"的这层"特殊关系"。

其二，在新文化人士中，曾撰《鲁迅与王国维》的郭沫若，要算是既推崇鲁迅，又敬仰"观堂之学"了，但他引为遗憾的是未能在他们两位生前见上一面。而像胡适那样，既在新文学运动中与鲁迅做过"同一战壕"中的战友，又为创导"国学"而与王国维直接交往的，实在不多。胡适曾说，那时他住在北京钟鼓寺十四号，离王国维居处"不远的地方"。从1923年12月16日胡适的日记中，我们可以看到他亲往"甚高敞"的王宅拜访，聆听王国维畅谈古今文化学术，从清代学者戴东原（震）的哲学，说到中国戏曲、古希腊悲剧和美国电影，等等③。这应该是胡适首访。而从近年公布的胡适遗稿中，我们又看到了一年之后，胡适前往王宅再访的

---

① 《胡适日记全编》三，安徽教育出版社2001年版，第775页。
② 参见胡适《宣统与胡适》，原刊《努力周报》第12期，1922年7月23日出版。
③ 参见《胡适日记全编》四，安徽教育出版社2001年版，第131—132页。

记载:

1924年12月8日,胡适陪曹云祥校长拜访了王国维,第二天,曹云祥即在致胡适的信中明确表示聘请王国维任教。①

胡适(1922年)

看来,胡适为了请王国维出山,曾亲自将曹云祥送来的聘约转呈给王国维,并写信转达清华校方恳请他任教的诚意。王国维则在接到清华聘约后,于1925年2月13日复信胡适,允以作"一星期考虑"。胡适见王国维的口气有了松动,十分高兴;但又听吴宓(雨僧)说,王国维这时最大的顾虑是与清室的关系。于是他当即写信再达"曹君"(云祥)及清华师生期盼他早日到任的热切愿望,并针对他的"过虑",为之"排忧解难",说:

"一星期考虑"的话,自当遵先生之命。但曹君说,先生到校后,一切行动均极自由。先生所虑(据吴雨僧说,不能时常往来清室一层),殊为过虑。鄙意亦以先生宜为学术计,不宜拘小节。甚盼先生早日决定,

---

① 据耿云志《胡适遗稿及秘藏书信》。

以慰一班学子的期望……①

什么叫"不宜拘小节"？说白了，就是经冯军"逼宫"，溥仪的"皇帝"尊号已被撤销，成了"在法律上"与大家"同等"的"中华民国国民"；"一切行动均极自由"，就是转告王国维，就算你仍要遵"君臣"之礼，尽可以随时去溥仪那里"觐见"，校方绝不会干预。这颗"定心丸"很重要。王国维信守自己提出的"一星期考虑"的承诺，于2月20日正式决定应聘，并在第二天（2月21日）就请吴宓到他寓所共商研究院章程了。

如上所述，胡适以他的学术名望与影响，在把王国维这位"文学侍从"从那时已被逐出"宫禁"的溥仪"皇室"里"请"出来这件事情上，确是"厥功不可没"。当年3月初，已从北京到了天津张园"关门做皇帝"的溥仪，曾在其"行在"里"垂询"清华之事，问罗振玉，"迩日已到校否？"当他得知王国维已应聘去清华，为表示"皇上"的"圣明"，他还声称："我无养贤之赀，清华为我暂时养贤，亦稍慰我心。"②后来，陈寅恪因"康门弟子"梁启超与"溥仪老师"王国维同时就任清华研究院导师，特为研究院同学戏题一联："南海圣人再传弟子，大清皇帝同学少年。"倒颇能道出溥仪所谓"清华为我暂时养贤"的"历史真实"。

当然，促成王国维应聘清华教职，胡适的力请固然重要，但我们也不能忽略了具体负责筹创清华研究院的一位关键人物，即前引胡适书信中提到的吴宓（雨僧）。

据吴宓日记，清华"改制"，他于1925年2月9日"被派为大学筹备委员"；10日，被委为兼研究院"筹备主任"。他立即"全权办本部分之事"，于2月12日成立研究院"筹备处"，开始办公；13日，"入城谒王国维"，并注明："初见"③。这表明，吴宓筹创研究院，走马上任的第一件大事

---

① 胡适《致王国维书信》十三封之十一，《文献》第15辑，1983年3月。
② 罗振玉《致王国维》，《罗王书信》，东方出版社2000年版，第640页。
③ 《吴宓日记》第三册，三联书店1998年版，第4、5页。

是去京城里拜访王国维。他在其后自编年谱，曾记述了当天（1925年2月13日）"恭谒"情状：

> 宓持清华曹云祥校长聘书，恭谒王国维（静安）先生，在厅堂向上行三鞠躬礼。王先生事后语人，彼以为来者必系西装革履、握手对坐之少年，至是乃知不同，乃决就聘。①

胡适"转呈"清华"聘约"，大约在这之前三天（2月10日左右）；而吴宓持"聘书"登门，看来既表示校方聘请之诚，又为着落实签约事宜；但更打动了王国维应聘之心的，乃是令他大感意外的吴宓"向上行三鞠躬礼"！

但是，作为清华研究院的"筹备主任"，吴宓对王国维的礼敬并不限于"三鞠躬"，还有生活上的周到安排，教学上的虚心请示，等等。那时，从地处西直门外的清华园进城交通极为不便。为了使王国维能安心任教，故在他"决就聘"后，吴宓立即与校方联系，张罗宿舍，并请王国维偕同潘夫人前往察看、选定住所，于4月18日举家迁入了清华园西院十六号（五间）、十八号（七间）二所古色古香的中式平房。自此之后，王国维每月难得一二次进城，也是晨出暮归。其时，教职员多未到职。吴宓就常来他的西院寓所商谈招生、购书等事宜。他还与吴宓一道参加了招生考试、阅卷及审定录取考生名单等工作。

1925年9月9日，经改制后的清华学校正式开学。校长曹云祥主持了在清华大礼堂举行的开学典礼。随后，在清华工字厅举行了由吴宓主持的首届研究院师生"茶话会"及"拜师礼"。曹云祥出席并向诸生逐一介绍了研究院各位导师（教授）；其中最受关注的，就是师生们仰慕已久，"布袍粗褂，脑后垂发辫者"的王国维。应该说，清华研究院这个"以科学方法整理中国固有的文化学术"为宗旨的书院式学院之所以后来居上，很快

---

① 《吴宓自编年谱》，三联书店1995年版。

成为"学术重镇",完全是由于梁启超、王国维、陈寅恪、赵元任四位大师①相继来院任教;而原本最难请的王国维,则成了应聘到任并迁居清华园的第一位导师。

王国维与梁启超(前排左三)、赵元任(前排左四)等清华研究院教职员合影

二 娓娓动听讲古史,老老实实说"不知"

王国维任教清华研究院,师生们对他很敬重。当时,除了研究院主任吴宓管理院务之外②,以"专修国学"为主的研究院之教学与研究,自当以梁启超、王国维为主导;而在教学上,擅长史学理论的梁启超,与以古史考证驰名学界的王国维,彼此相得益彰,配合默契,尤被传为佳话。从首届研究生徐中舒、吴其昌等人的回忆中,我们可以看到,"性好动"又"富于领导力"的梁启超,是研究院实际"领导一切"的"山长",但他又"极服先生之学,凡有疑难,皆曰'可问王先生'";并且"深自谦抑,向校方推荐(王)为首席导师,自愿退居先生之后"。所以,周传儒教授在20

---

① 梁、王、陈、赵,被尊为"清华研究院四导师";加以时任人类考古学讲师的李济,称"清华研究院五大师"。
② 吴宓于1926年3月辞去研究院主任以后,暂由校长曹云祥兼理;当年5月,改由教务长梅贻琦接任研究院主任。

世纪80年代初写信回复笔者的提问时，犹以敬仰的口吻追述清华"五大师"之关系，说：赵（元任）、李（济）以后学自居，陈（寅恪）以长辈待梁、王，而梁又事事推让海宁（王国维），故五大师"排座次"，则王、梁、陈、赵、李。这种"学术湛深，文章淹贯"，又能"集思广益，执谦自下"的好学风，不正是我们今天应当褒扬的清华研究院之最重要的特色吗？

清华研究院既"略仿昔日书院，及英国大学制，注重个人自修，教授专任指导"①，所以教学环境相当宽松。王国维作为经史小学专任导师，1925年9月第一学期讲授的课程为《古史新证》一小时，《尚书》二小时，《说文》一小时②。而且就像胡适给他转呈清华聘约的信中所说，"授课"系指"谈话式的研究"，而不是"讲演考试式的上课"。这就使他能在课堂上"口授指画"，将自己的各种研究成果运用自如地贯彻到教学中去。他上课的讲义多"随讲随发"，后来曾由他自己汇编成《清华学校研究院讲义》，以"研究院办公室"的名义印发给学生，共二十九篇，实际上萃集了他丙辰（1916年）归国以来近七年间，在商周古史研究、金甲文字考释和探讨《书》《诗》《礼》《乐》，论述《说文》先秦古文、秦代籀文，以及汉魏石经、历代尺度诸领域中的主要研究成果。特别是讲义首篇《古史新证》③，依据他考证殷代先公先王及其他商周史地的论著，提出了以"地下之材料"与"纸上之材料"相互参证的"二重证据法"。

《古史新证》分为五章，即：一、《总论》，二、《禹》，三、《殷之先公先王》，四、《商诸臣》，五、《商之都邑及诸侯》。《总论》首先指出：

---

① 《研究院纪事》，《国学论丛》第1卷第1号。
② 1926年8月研究院第二届开学，王国维每周改授《仪礼》二小时，《说文》一小时。
③ 《古史新证》，笔者所见者有五种本子：一、《燕大月刊》1930年2月第1、2期合刊本；二、1935年北京来薰阁影印手稿本；三、清华大学出版社1994年据王氏自编讲义重印之《古史新证——王国维最后的讲义》本；四、台北大通版《王国维先生全集》第11册排印本；五、吴其昌听课笔记《王静安先生〈古史新证〉讲授记》。本书引文据清华讲义参校来薰阁影印本及燕大合刊本。

研究中国古史，为最纠纷之问题。上古之事，传说与史实混而不分。史实之中固不免有所缘饰，与传说无异；而传说之中亦往往有史实为之素地，二者不易区别。此世界各国之所同也。

《总论》概述"纸上之材料"凡十种，按时代先后为：①《尚书》，②《诗》，③《易》，④《五帝德》及《帝系姓》，⑤《春秋》，⑥《左氏传》《国语》，⑦《世本》，⑧《竹书纪年》，⑨《战国策》及先秦诸子，⑩《史记》。

"地下之材料"仅有二种，即：① 甲骨文字（殷时物，自盘庚迁殷后迄于帝乙时），② 金文（殷周二代）。

《总论》论述"二重证据法"，贯彻了实证的方法与辩证的精神，说：

吾辈生于今日，幸于纸上之材料外，更得地下之新材料。由此种材料，我辈固得据以补正纸上之材料，亦得证明古书之某部分全为实录，即百家不雅驯之言，亦不无表示一面之事实。此二重证据法，惟在今日始得为之。虽古书之未得证明者不能加以否定，而其已得证明者不能加以肯定，可断言也。

王国维在讲授中，运用"二重证据法"，把学术触角从殷先公先王伸向了夏代，娓娓动听地讲述了中国古史中"最为纠纷"的问题之———禹，如吴其昌听课笔记所记：

商祖宗名氏，全可由卜辞中证出，而尧、舜则金石、甲骨文字中丝毫无见，但不能谓并无其人。……至于禹，则金文中曾一见于周时《秦公敦》，其字作𢿩……

就这样，王国维据《秦公敦》《齐侯镈钟》等青铜古器铭文中所记之"禹"，以确凿不易的史实，证明《尚书》之《吕刑》《尧典》《皋陶谟》及《诗经》之《商颂》《大雅》等篇章中所言之"禹"，均为实录。

那么，王国维为何要在《古史新证》中专章讲述《诗经》所诵的"维禹之绩（迹）"呢？这是有针对性的。我们读鲁迅的《故事新编》，定当记得其中的《理水》曾以"禹是一条虫"，讥讽顾颉刚等"文化山"上的学者，但这毕竟是小说。王国维则以其有理有据的"新证"，讲述了中国远古之传说人物禹，乃是有史可稽的实有的"古帝王"。这是他运用金甲文字破解殷代以前"传说与史实混而不分"的上古历史疑案的一个典型案例。他虽然没有提出"新史学"理论，但却以自己研究所得的"新证"，既批评了汉魏以后学者的"信古之过"，并肯定了"生于今日"的学者"怀疑之态度及批评之精神"，"不无可取"；同时指出，如果因此"并尧、舜、禹之人物亦疑之"，乃是"疑古之过"，从而启导研究院诸生，对学术界否定一切的"疑古"与肯定一切的"信古"，这两种各偏一端的"纠纷"，应予以科学的辨正。这使那时以"古史辨"学派著称的顾颉刚等青年史学家，对他更加折服，将他引为自己平生最"服膺"的学术导师。

还值得注意的是，王国维之所以受到清华研究院师生敬重，更由于他不做空头"名家"，不吃自己的"学术老本"，不在学术以外渔猎名利；而是名愈盛则愈专注于学，在讲学之外，不断开拓新的研究领域，再出新的研究成果。例如，他的列入清华研究院讲义印发的《中国历代之尺度》《莽量释文》等考察历代尺度的"系列论著"；他交由《清华学报》发表的搜集、校勘自宋至清，多种《水经注》珍贵版本所撰跋文集合而成的《水经注跋尾》[①]等，都是他长期研究、来清华任教以后写定、问世的新成果。在此期间，关于蒙元史文献资料的辑录、校注、考证，是王国维晚年从事的另一项重要的学术研究工程，并得到了清华当局的关注和扶持。校长曹云祥于1926年4月批拨专款，梁启超为之题写书名，将他那时刚撰成的蒙元史研究的奠基性著作《蒙古史料校注四种》（附《鞑靼考》《辽金时蒙古考》），

---

① 《水经注跋尾》，凡六篇，初刊《清华学报》第2卷第1期，1925年6月；后分篇编入《观堂集林》卷十二，《遗书》第二册。

列为《清华研究院丛书》第一种刊行①。而王国维自己则以他始终一贯的严谨态度，决不放言"另写新元史"，也无意"重写蒙元史"，而是尊重前贤，虚怀若谷，自称"元史素未留意，乃作一次小学生"，在大量占有史料，进行认真辑校笺注的基础上，写出了一批受到中外学术界广泛推尊的论著，成为近现代蒙元史研究领域中创获多、成就高、贡献大的学者之一。

然而，王国维并非全知全能，更反对"学术造神"。在清华研究院四导师中，同住在清华西院的陈寅恪与王国维交往最密，对他的了解也最深，为他的《遗书》作《序》曾赞"先生之学博矣精矣，几若无涯岸之可望，辙迹之可寻"，可谓推崇备至，但也只说"几若"，事实上，自古及今，哪有什么高不可及的"文化昆仑"呢！梁启超说王国维是"奇字译鞮刱通龟契"，在金甲文字的考释方面，他破解了那么多古文字，又凿通了那么多古史之"谜"，但他老老实实承认，即使在自己攻究的学术领域里，亦非尽知尽通，仅"识字"这一项，他曾作了这样的基本估计：

金文——自宋代欧阳修，清末吴大澂，到他本人作《毛公鼎考释》，所能解读的青铜彝鼎铭文，为"十且八九"；

甲骨文字——从孙诒让《契文举例》，罗振玉《殷墟书契考释》，到他讲《古史新证》，所识之字"不过十之二三"；

"六艺"中最难读的《尚书》，经汉魏以来历代"先儒""大师"传注，"不能解者殆十之五"，"《诗》亦十之一二"。

所以，1925年9月清华研究院正式开学，

蒙古史料校注四种
坤鞑靼改辽金时蒙古改各一卷
梁启超署檢

列入《清华研究院丛书》之一的《蒙古史料校注四种》

① 《蒙古史料校注四种》，包括《圣武亲征录校注》《长春真人西游记校注》《蒙鞑备录笺证》《黑鞑事略笺注》等四种。

王国维登上讲台讲《尚书》,破题儿就说《尚书》这部书,阿拉只读懂了一半!

我们当然还不应忘了"五十而知天命"。王国维初入清华园的时候,还只有四十七八岁。徐中舒说,先生身着不合时宜之朴素衣服,面部苍黄,鼻架玳瑁眼镜,骤然视之若六七十许老人;态度冷静,动作从容,一望而知为修养深厚之大师也。那时,清华研究院学制为一年。而聆听他讲课的第一、二届研究生最为敬服他的大师风范,不惟由于他讲授古史、古文字学之"恢郭甄微",更在于他"阙疑阙殆,以不知为不知"。周传儒说,无论在课堂上解答学生提问,还是课后指导研究论文,王老师都能实事求是,知之为知之,不知为不知,他掌握的,不惮其烦,反复详尽解释;没有掌握的,就直说"弗曾见过","阿拉弗晓得格";他不放言高论,更不攻击古人,不议论他人长短,不吹嘘,不夸渊博,不抄袭他人言论。如果以今天的眼光来看,所谓"高山仰止",一个被尊为"大师级"的教授、学者,才智过人、学识超群,当然是可贵的;但尤其难能的,不正是上述"六不"吗?其实,"不吹"、"不夸"与对人不议论、不攻击,乃是互为表里,说到底就是不欺世盗名,卖弄学问。所以,王力直至晚年还念念不忘当年听王国维上课的印象,说:他讲学的时候,常说"这个地方我不懂";但又宣称:"我研究的成果是无可争议的!"他这样讲,只能使我敬重他。这番话,实在也可以作为王国维在清华讲学丰采的一个真实写照。

【附录】伯希和藏清华国学研究院导师演讲及指导研究题[①]

一、研究院普通演讲讲题时间表

教授名氏	讲题	时间	附注
王国维先生	古史新证	星期一上午九时至十时	研究生必修
	说文练习	星期三上午九时至十时	研究生必修
梁启超先生	中国通史	星期三下午七时半至九时半	研究生必修(此系与大学新生清华旧生合班)

---

① 录自祖艳馥 (西)罗斯编著《史与物(中国学者与法国汉学家论学书札辑注)》,商务印书馆2015年版,第189—190页。

续表

教授名氏	讲题	时间	附注
赵元任先生	方音学	星期二、四上午九时至十时	研究生必修
	普通语言学	星期二、三下午二时至三时	研究生及旧制清华生选修
陈寅恪先生		（未定）	
李济先生	人文学	（每星期二、小时时间未定）	研究生必修

【附注】以上，除《中国通史》（归礼堂）外，均在第一院大楼下117号研究院教室上课。按，陈寅恪于丙寅（1926年）秋七月至北京，就任清华研究院教授，此表盖当拟于本年陈先生到任前。

二、王静安教授指导研究题目示例

（一）《尚书》本经之比较研究

（1）句法之比较　（2）成语之比较

（3）助辞之比较　（参考《诗经》）

（二）《诗》中状词之研究

（1）单字　（2）连绵字　（甲）双字　（乙）双声字　（丙）叠韵字　（丁）其馀

（三）古礼器之研究

（四）《说文》部首之研究

（五）卜辞及金文中地名或制度之研究

（六）诸史（或一史）中外国传之研究

（七）元史中蒙古　色目人名之画一研究

（八）慧琳《一切经音义》之反切与《切韵》反切之比较研究

（梁任公教授指导研究题目示例，略）

三　长子英年之丧与挚友断交之痛

王国维在清华研究院任教期间，校方给予的生活待遇亦较优厚。当时，清华学校的教授月薪二百五十元左右，吴宓是研究院主任兼大学部西洋文学教授,月薪三百元;而梁、王、陈、赵四位导师的月薪,分别为四百元①。由此"供奉标准",也体现了这个书院特色的研究院对导师(教授)之尊重。

这时,被称为山光水色的"水木清华"之幽景,我们只要读过朱自清写于清华园的名作《荷塘月色》,便可以领略。王国维在这样惬适的校园里专心治学,潘夫人主理家政,完全改变了"辛亥之变"以后很长时间内为生计忧心奔波的困境。他的六子二女,长有所业,幼有所教,真可谓其乐融融,家和人丁旺。

特别是,就像鲁迅诫子"万勿做空头文学家"一样,历经艰困的王国维也并不希望"子承父业",去做"空头学问家"。据王东明女士回忆说,父亲王国维深知求职谋生不易,为了给子女未来能有一个较好的职业铺路,1916年从日本回到上海以后,就让她的三位兄长都进了"以重视英语闻名"的工部局所办育才公学,因为自清末直到民国,公务机关及与外商有关的海关、邮政等招考均注重外语,尤其是英语;尔后,三兄弟相继考入了海关、邮政、铁路。这在那时都属于工薪较高,令人欣羡的职业。②只是三子贞明投考铁路时(1919年)才十六岁,王国维念其"中文、英文程度极浅",命他重新回校读书,并在中学毕业后考入沪江大学,又于1927年初转学到了燕京大学,来清华园里与家人团聚了。

所以,这里我们要略述此时分别在上海海关及邮政服务的长子潜明、次子高明。

先说潜明。③他学业优异,奋发上进。

王国维儿女中唯一健在的王东明女士,在其近作《白岁自述》中说,"父

---

① 当时通行的币制是银元。如以1元折合今天的人民币100—150元计算,月薪400元约当人民币4万—6万元。
② 据王东明《先严王公国维为子女所铺的路》,打印稿。
③ 王潜明(1899—1926),字伯深,号挹翠、在山,雅好文史,在育才公学就读时,曾与王高明等结成"嘤鸣诗社",集有《如此江山楼诗草》。

王东明女士与本书作者摄于清华园（1997年）

亲个性刚直，最爱大哥"，① 因为大哥潜明是王国维的长子；而罗振玉则昵称潜明为"伯琛（深）贤坦"，② 因为这是他亲自为最小的三女儿孝纯（曼华）择定的佳婿，并且在小两口婚后即致王氏亲家，有道：

> 弟夙爱此女，然亦未尝以爱而恣之，总须笃守妇职，以礼自持，乃有以对公也。③

这应该是罗氏对由学术同道而成了儿女亲家的王国维"掏心窝子"话了。

罗、王为女儿完婚所择喜期，在罗振玉携全家自日本归国的己未初复，婚礼是在上海举行的。但王国维乃"一介寒儒"，并未登报张扬、"大操大办"，亦未见有喜帖留传，故遽难断结婚的具体日子。经笔者查考，郑孝胥本年

---

① 《国学大师王国维长女王东明女士百岁自述》之《父兄见背》，李秋月整理笔录，2013年（据王亮赠打印稿）。
②③ 罗振玉《致王国维》，《罗振玉王国维往来书信》，东方出版社2000年版，第454、458页。

四月十九日（1919年5月18日）日记，有如是记述：

> 与叔伊同过罗叔蕴，贺其嫁女，其婿乃王国维之子也。

"过"者，探望拜访之谓也。这或即王家花轿上门，孝纯出嫁之喜日吧！

王国维当然更关爱迎娶了自己挚友掌上明珠的长子潜明之婚后生活，及其未来幸福；潜明考取海关，他难抑心头欣喜，曾致信罗氏，云：

> 此次得一职业，便身有所归来，甚为幸事。但愿此后循分而进，即其一生幸福，较我辈为多矣。①

实际上，还在与孝纯结婚前，潜明就通过了香港大学高等考试，完全有机会赴英国留学，但他放弃不读，由校方推荐，投考那时被称为"金饭碗"的海关，应试二三百人，经初、复试，最后录取十二名。潜明就是在这样激烈的竞争中考取的。王国维任教清华时，潜明的月薪已从最初的四十元，加至一百四十三元（清华研究院助教为六十元），算得上高薪"白领阶层"了。

再说高明（即王仲闻），这时也已结婚成家。他不仅长相酷肖王国维，而且在"独立之精神"方面，亦颇有乃父之风。王东明追忆她的这位二哥，说他在兄弟六人中天分最高，尤其嗜好文史。他就读的育才公学原是教会学校，每逢圣诞节都要放假开会庆祝。他就会同另外两位爱好古文的同学向校方提出，孔子生日也应放假庆祝，因为这是我们中国的"圣诞节"，并且不顾学校当局反对，在"孔诞"当天不去上课。第二天，学校张贴布告，将他们三人开除了。就这样，他高中尚未结业，于1920年考入邮政，捧上了"铁饭碗"；随后，由潘夫人帮同定亲和操办婚事，在上海安了家。他从基层邮政一直干到民国时期的邮政总局业务处副处长；新中国成立之

---

① 王国维《致罗振玉》，《罗振玉王国维往来书信》，东方出版社2000年版，第476页。

初,又当上了邮电部秘书处副处长。可以说,在其先父王国维为之铺就的职业路上,他依靠自己的才智和努力,较为顺畅地走过了前半生。然而,进入他"知天命"的20世纪50年代,厄运接踵而至:先是"审干"被定为"特嫌",降职在邮局窗口"卖邮票";继之"反右"被打成"右派",开除公职到中华书局做"临时工"(编外编辑)。他擅长文史校勘之学,尤精通宋词,在这样的逆境中他承传观堂学术薪火,先后校订《人间词话》、校注《李清照集》,特别是协同词学家唐圭璋参订《全宋词》[①],在词学研究上留下了不可磨灭的劳绩。然而,"文革"爆发,给他带来了更大的灾难。在1969年的清队中,他被打入"特务集团",不堪批斗凌辱,乃以近古稀之年避开家人,喝下"敌敌畏"惨死于居民院内的公共厕所,他收集、校勘、研究宋词所得撰成的《读词识小》书稿,亦随其自尽而俱焚了……

王国维在当年的乱世中,曾"千秋郅治想贞观"。他当然不可能料想高明在他身后数十年会有如此惨酷的遭际;然而,就算眼前祸福,又岂易知?且让我们回头来看王国维生前最为器重,又欣喜他能有"一生幸福"前景的长子潜明,在与罗女孝纯婚后的头几年,曾从上海调至天津海关,寄居于岳父罗氏家中;天津海关新建公寓落成,小两口迁住公寓,过起了独立的小家庭生活。1925年5月,就在王国维迁居清华园不久,潜明奉调上海海关,单身赴沪;随后由潘夫人陪同罗孝纯去上海,帮助觅屋安家。王国维还特别叮嘱,新居"最好在同一里,照应较便也"。这是指他原先在上海大通路吴兴里的寓所,留给了高明小两口居住,所以潜明的新居

王国维次子王仲闻(右一)与其三子摄于1957年

[①] 王高明(1902—1969),亦名学初,字仲闻,亦字幼安。关于他参订《全宋词》详情,参见《全宋词·改版重印说明》,中华书局1999年版。

也在吴兴里，以便于两兄弟相互关照。孰料，仅隔一年，病魔无情地夺去了年仅二十七岁的潜明的生命！

时为 1926 年 9 月 26 日。

潜明英年之丧，使王国维陷入了巨大的悲痛之中。他偕同潘夫人赶赴上海。尽管前来帮同治丧的罗振常及在沪的蒋汝藻等友人都来给他安慰，但他精神上所受打击是难以言喻的，以至于人变得"呆郁郁，逢相识即告以长子死矣"。① 特别雪上加霜的是，罗振玉赶至上海以后，不但不给悲痛中的亲家以劝慰，反而在刚办完潜明丧事后就"携女大归"，带着他的宝贝女儿罗孝纯不辞而别，气冲冲地返回了天津。就算是"舐犊之爱"，这样做不嫌绝情么？这就难怪一向心情平和的王国维怒道："难道我连媳妇都养不起？！"

其实，原本在上海建起了幸福小家的潜明病亡，确是痛及王、罗两家。罗氏痛惜自己女儿二十四岁就做了遗孀，这是人情之常；但为长子之丧操碎了心的王国维何尝不顾及于此？他在沪办理潜明丧事的同时，又为安排好长媳未来的生活，办了两件事：

一是立嗣。由于潜明无后，决定将高明长子庆端过继，使长媳膝下有子；

二是恤寡。办理潜明的海关恤金等遗款，委托老友金颂清通过银行将款项全数汇至天津罗家。

除此之外，又派男仆冯友赴天津，将从上海运回的潜明夫妇的家具送至罗宅。

一切处理妥当，王国维于 10 月 15 日自沪乘车返京，并致信罗氏，以自责的口吻恳切陈词：

> 维以不德，天降鞠凶，遂有上月之变。于维为家子，于公为爱婿。哀死宁生，父母之心彼此所同。不图中间乃生误会，然此误会久之自释。故维初十日晚过津，亦遂不复相诣，留为异日相见之地，言之悯悯。

---

① 罗守巽《我所知的王观堂及其一家》，据手稿。

信中详细交代了托银行汇去的款项，计有潜明的海关恤金等遗款（洋银）二千四百二十三元；罗女孝纯在潜明丧期"交来收用之款"共五百七十七元（镯兑款二百零六元五角，海关款二百二十六元五角，又薪水一个月一百四十三元），合计三千元整，请罗氏"代为之全权处理"。①

如果罗氏体谅王国维的这番苦心，代女儿收下款项，即使在上海潜明治丧期间有过什么"误会"，还有什么说不清楚，或者不能调停的呢？然而，罗氏却复信假托"小女屡次声明不用一钱，义不可更强"，断然拒绝受理；王国维乃再发信，恳切劝收，而罗则复信"未可再强"，不予收受；如此一来一往，各执一词，互不相让，但从王国维这一面来说，信中一如既往，尊罗为"亲家"；而罗氏复信则由原先亲热的"亲家"，一律改称"静公"，且行文咄咄逼人，示人富不受贫，以强凌弱之感。正是有鉴于此，王国维在忍无可忍中，指出罗氏父女不受潜明遗款，乃是"蔑视他人人格，于自己人格亦复有损"。而罗氏竟不顾彼此近三十年的交谊，给王国维发来了"绝交书"，其中写道：

> 弟交公垂三十年。方公在沪上，混豫章于凡材之中，弟独重公才秀，亦曾有一日披荆去棘之劳。此卅年中，大半所至必偕，论学无间，而根本实有不同之点。圣人之道，贵乎中庸，然在圣人已叹为不可能，故非偏于彼，即偏于此。弟为人偏于博爱，近墨；公偏于自爱，近杨。此不能讳者也。

罗氏以墨子"兼爱"自况（自称"博爱"），而以"不拔一毛"的杨朱之"为我"指斥王国维。这公允吗？罗氏信中的这句"根本实有不同"，不惟宣布了罗、王两亲家断交，更将他俩"卜邻莫忘他年约，同醉中山酒一杯"（王国维诗）的三十年学术友谊，来了个彻底"翻案"。试想，就

---

① 王国维《致罗振玉》，《罗王书信》第659页。

算你对王有"披荆去棘"的识拔之功,有"所至必偕,论学无间"的扶持之力;反过来说,王在"此卅年中",对你办教育,编书刊,以至著书立说的付出,难道少吗?这就叫"当局者谜"。罗氏以所谓"自爱"来否定对方的一切,其实首先否定的不就是他自己吗?

当然,对于王国维致罗氏书信中所说"不图中间乃生误会",我们不必多所猜议,但有一点是很清楚的,就是事关罗女孝纯。罗振玉在上述书信中强调女儿"卒遭大故"、"异常伤心",犹"能体亲心",何能说她"不爱舅姑"?其实作为"舅姑"(即公婆)的王国维夫妇,又何尝不爱这位"大媳妇"?所以王东明说到"大哥的爱侣"、"命运坎坷"的大嫂之不幸遭际,曾如是写道:

> 大哥过世时,大嫂二十四岁,可以说心皆尚未十分成熟,[①]在顿失依靠的时候,既无儿女可守,那么最可信赖的,当然是父母。像大嫂这样遭逢不幸者,多数人都会选择返回父母跟前之一途。

这是一位历经百年沧桑的长者为过去年代遭"顿失依靠"的女性而发的同情与理解;并就"大嫂当初是否本有归宁之意,或因误会而临时动意随父而去",写道:

> 大嫂又是罗氏的掌上明珠,以两家关系之深,情谊之厚,先父母绝对不会不尊重大嫂的意见。

这就意味着,如果罗氏不逞一时的意气,非要"不声不响,偷偷把大嫂带回娘家"而让"交垂三十年"的王氏亲家落入难以为堪、连媳妇都"养不起"的境地,又怎会导致彼此闹翻……!

不过,感人至深的是,如同东明老人指出,"所谓大归,只是罗家的说法,

---

① 罗孝纯(1903—1969),字曼华,与潜明结婚时才十六岁。

我们王家并无此说,兄弟姊妹仍视孝纯为我们的大嫂,是家中的一员。"①

对此,我曾与王庆山先生有过数次随谈。庆山乃王仲闻幼子,聆听他追忆这位"归"住于罗家的大伯母往事,可以说完全排除了前辈昔日的嫌隙与误会。庆山笑言,大伯母很喜欢我,自己寄住罗家,生活都维持不了,还提出要把我过继给他。我父母怎好同意呢!

但严重的还是生活问题。庆山说,1950年代初,父亲(王仲闻)在北京,是邮电部秘书处副处长,且系"保留工资",收入是比较高的,每月都要给我大伯母生活费。先是发薪后由伯母雇乘黄包车到我家来自取(由我母亲出面交钱)。后来,父亲说这样每次往返车费太多了!所以,到我上初中后,就改由我骑自行车送钱上门;为防止途中把钱丢了,母亲还将钱装在我内衣口袋,用线缝上,到了伯母那里再拆线取钱。记得1955年,现行的人民币颁行时,我父亲的副处级工资一百多元,发薪后都要取出十元,由我骑了自行车送到伯母手里。那时,人民币值钱,十元一月,足以维持个人中等的生活费了!

时光过去一个多甲子,往事犹历历在目。尤令庆山铭记不忘的是,老母在他骑车去伯母处送钱时,必定要叮嘱:到了那里,千万别坐在你伯母床上。为啥?庆山笑着说,伯母孝纯既是罗氏"掌上明珠",罗家大小姐,自幼爱干净,有"洁癖"呀!那时,我家住城西,伯母住景山东街一个四合院的厢房内(记得是罗福葆家),是个狭长的小房间,就摆着张床,也没啥椅子、板凳可坐,所以每次钱送到,也就不多逗留了。

然而,不幸的是,1957年,父亲被打成"右派"开除公职,丢了"铁饭碗",就改由我上海的六叔登明接手给伯母寄送生活费。②

这都是后话了。但不正体现了王东明所说"关系之深,情谊之厚"的罗、王两家亲嘛!

---

① 王东明《王国维家事》(李秋月整理),安徽人民出版社2013年版,第55页。
② 《王庆山随谈记》,陈鸿祥2017年4月3日补记整理。

四　自沉昆明湖

岁月悠悠。回说当年，我们痛惜罗、王两亲家因处理潜明后事发生龃龉，以至"金石之交几绝"（罗福颐语）；特别是在王国维丧子而最需要自己的挚友与亲家伸出"兼爱"之手的时候，罗氏竟如此不顾后果，"恶言相向"（王东明语），这给他带来的精神创伤，是难以言表的。除此之外，这时的时局之变，亦开始困扰王国维，打破了他在清华园里的平静生活。

这就是1926年7月从广州出发的举世瞩目的北伐战争。在当年的一个冬夜里，王国维借题清乾隆年间著名书法家邓石如（完白）绘像，写了这样一首七绝：

潇洒衣冠全盛日，联翩题咏中兴时。
万方鼓角穷冬夜，剪烛披图有所思。

北伐军在"万方鼓角"中所向披靡，席卷长江中下游。到1927年春夏间，将要会师徐州，向黄河以北挺进。自称"为党派观念所逼"的梁启超，听说蒋介石在上海发动"清党"，他就"恐怕北京的变化意外迅速"，作了"不能不亡命"的准备。就连并不介入政治的吴宓，因主编《学衡》抨击过新文化运动，甚怕"文学思想之仇敌""乘机报复"，因而也有了"党军到京，必身甚危，至少亦恐受辱"的疑虑[1]。那么，王国维又是怎样呢？他可是从不沾党派之边，更与那时的北伐政治无涉；然而，他毕竟是曾吃过前清俸禄的学者，又有着溥仪小朝廷"文学侍从"的特殊身份；尤其是当年4月11日，被梁启超称为"本人不自爱"但"学问却甚好"的叶德辉在湖南的农民运动中被处决，消息传来，更增加了他的"恐辱"之感。

---

[1] 《吴宓日记》第三册，三联书店1998年版，第328页。

何况，他脑后还拖着一条带有"遗老"象征的辫子！

由于时局动荡，清华校方决定，研究院"学年将满"的第二届学生提前放假，并于6月1日中午在"工字厅"举行"师生叙别会"。据操办此次午宴的姚名达记述，梁启超发表即席讲话，勉励师生说，如果研究院还能办下去，必将成为"国学重镇"。王国维虽未发言，但席散"与众作别如平时，无异态"。谁也没有想到，这竟是他与清华研究院师生的永诀！第二天——6月2日上午，他照常八点钟去研究院办公室上班，向研究院秘书侯厚培交代了诸生考试成绩，还商谈了下学期招生事宜；九时许，向侯君借了五元纸币，雇了校中"洋车"（黄包车）至颐和园门口，悄然进入园内，步行至排云殿鱼藻轩，点燃了卷烟，沉思有顷，约当巳时（十一时），投昆明湖自沉。而他的那份写有"送西院十八号王贞明先生收"的临终遗书，则是在遗体打捞上岸，翌日验尸时才被发现。兹转录如下：

颐和园中之鱼藻轩（王静安先生自沉处）

王国维临终遗书

　　五十之年，只欠一死。经此世变，义无再辱。我死后，当草草棺敛，即行藁葬于清华园茔地。汝等不能南归，亦可暂于城内居住。汝兄亦不必奔丧，因道路不通，渠又不曾出门故也。书籍可托陈、吴二先生处理。家人自有人料理，必不至不能南归。我虽无财产分文遗汝等，然苟谨慎勤俭，亦必不至饿死也。五月初二日，父字。

由于天气闷热，遗体不能久放，家属遵其"草草棺敛"的遗命，验尸、入殓后，即于6月3日傍晚七时许，扶柩至校南成府之刚秉庙停灵，并在刚秉庙内举行了简朴的丧礼。前来送殡、告别遗体的，除研究院学生之外，尚有清华教授梅贻琦、吴宓、陈寅恪、梁漱溟、陈达，北大教授马衡，燕大教授容庚等。特别是王国维遗命"书籍可托陈、吴二先生处理"的受托者陈寅恪，怀着对挚友的深情，向灵柩行了三跪九叩大礼。吴宓说，他亦随同寅恪先生行了跪拜大礼。这让研究院同学深受感动。

王国维的上述临终遗书，至今仍是学界不断猜议的话题。有的学者将他在遗书开头说的"五十之年，只欠一死。经此世变，义无再辱"，称为十六字"绝命箴言"。那么，他为何如此决绝，要在五十壮盛之年去"一死"？其关键即在"义无再辱"之"辱"。我们从吴宓日记中看到，就在投湖"前旬日"，即5月20日左右，王国维曾偕同陈寅恪来到吴宓居处，"商避难事"。吴宓劝他，暑假中"独游日本"。陈寅恪则认为，人不必出京，但清华园地处乡郊，为防止乱兵袭扰，可以"移家入京（城）居住"。王国维说"我不能走"。恰在此时，梁启超在北海松坡图书馆举行"茶会"，向选听他讲授"历史研究法"等课程的清华学生宣布，他将"东渡日本，重过亡命生活"，并且还征询过王国维的意见。王国维回到家中曾对潘夫人说，"梁先生约我赴日暂避，尚未作考虑。"实际上，在"恐辱"的精神重压下，他既不想再次"东渡"，也不愿移家。

为什么？戴家祥教授在20世纪80年代初给笔者的信中追忆王国维死因，就讲了他在6月1日清华研究院师生聚别会上，亲闻王先生与同学卫聚贤的一席谈话。卫劝王先生离京暂避、迁往他的家乡山西长治。王先生回答说，"没有书，怎么办？"又据谢国桢回忆，聚别会散后的当天下午，他与几位同学去西院王先生寓中访谒，言及时局，王先生叹息说，"余除治学外，却无从过话耳。"可证时局无论怎样动乱，要他离开了自己热衷的学业去"避难"，那怎么行？他是真正地"以学术为生命"啊！

还必须指出，王国维不仅拒"避难"，而且拒"剪辫"。就在"聚别会"前的5月下旬，蛰居京津的那些"遗老"风闻叶德辉在湖南被杀，惶恐不已，纷纷"逃难"，还传说罗振玉已躲进了外国使馆。为此，老友马衡特地从北京大学赶到清华园，劝王国维说："党军"马上要打过黄河了，你又不肯外出避难，那就先将辫子剪了吧！但是，他不为所动，并向来他家问学的姜亮夫等同学征求意见，说："有人劝我剪辫子，你们看怎样？"在当时那种风头上，他的家属及研究院师生，都劝他赶快把辫子剪掉。他的答语是：

> 诸君皆速余剪其辫，实则此辫只有待他人来剪，余则何能自剪之者。①

这就表明，他宁可"留辫取祸"，也绝不"自剪免辱"。这样来看他《遗书》所说"义无再辱"，其实就是以"一死"来保持既不避难，亦不"自剪其辫"的人格尊严。当然，这仅是就"剪辫"而言。梁启超挽联有"一死明行已有耻之义"；陈寅恪挽诗有"一死从容殉大伦"等语，应该说都是从人格尊严上解其"一死"之"义"，但又都不能离开当时"兵事方亟，京中一夕数惊"的时局背景。

五 自沉以后的遗响：遗书、遗折与遗墨

王国维自沉的死讯，是在他投湖后的第三天，即6月4日才正式见报。

---

① 周光午《我所知之王国维先生》，《追忆王国维》，中国广播电视出版社1997年版，第162页。

这一天，上海《申报》发了"清华教授王国维在颐和园投河死"的"北京专电"，未加任何评语；天津《大公报》则在"国学家王国维在颐和园石舫投水"的报道上加了"因悲观时局"的导语，次日又发了《悼王国维》的社评，称颂他"怀文抱质，恬淡寡欲"，是千百年来文人"以名节自立"的典范。

6月4日这一天，恰逢农历五月初五"端午"节，相传屈原投汨罗江之日，于是北京的《顺天时报》以《继屈平投江之后王国维投昆明湖自杀》为题，报道他"为胜国逊帝悲观无愧于忠，赴颐和园以死自了伤心千古"；而写了"汨罗异代沉屈子"挽联的吴宓，在读了这则报道的当天就致信该报，指斥其谬误，并首次将王国维临终遗书录寄该报全文刊载，以正视听①。

令人意想不到的是，王国维自沉以后，除了从他遗体的内衣口袋里发现了他亲笔的《遗书》之外，又冒出了一份写呈逊帝溥仪的《遗折》！这究竟是怎么回事？原来，就在6月4日，王国维投湖的死讯报至天津罗宅，业已中断往来半年多的罗振玉"大受震惊"，迅即在当天代拟了一份《遗折》，并由其四子罗福葆仿王国维本人的笔迹缮写，于6月5日递呈溥仪，奏称：

> 臣王国维跪奏，为报国有心，回天无力，敬陈将死之言仰祈圣鉴事：窃臣猥以凡庸，过蒙圣恩，经甲子奇变，不能建一谋，画一策，以纾皇上之忧色，虚生至今，可耻可丑。迩者赤化将成，神州荒翳。当苍生倒悬之日，正拨乱反正之机。而臣自揣才力庸愚，断不能有所匡佐；而二十年来士气消沉，历更事变，竟无一死节之人，臣所深痛。洒此耻，此则臣之所能。谨于本日自湛清池。伏愿我皇上日思辛亥、丁巳、甲子之耻，潜心圣学，力戒宴安……并愿行在诸臣，以宋明南渡为鉴，破彼此之见，弃小嫌而尊大义，一德同心，以拱宸极，则臣虽死之日，犹生之年。迫切上陈，伏乞圣鉴。谨奏。宣统十九年五月初三日。

---

① 《遗书》载1927年6月6日《顺天时报》；又，沈阳《盛京时报》于6月10日亦刊载了王氏"遗嘱原文"。参见《吴宓日记》第3册，三联书店1998年版，第349页。

溥仪接读罗氏代呈的这个伪折，也许确实被折中所说"辛亥、丁巳、甲子"，即1911年10月辛亥革命、1917年7月张勋"复辟"与1924年11月冯军"逼宫"，这三次"世变"触到了痛处，于是，"览奏陨涕"，当天就在他的天津"行在"里下"诏"，给王国维加了"忠悫"之"谥"。"诏"曰：

> 谕南书房行走，五品衔王国维：学问博通，躬行廉谨，由诸生经朕特加擢拔，供职南斋。因值播迁，留京讲学，尚不时来津召对，依恋出于至诚。遽揽遗章，竟自沉渊而逝，孤忠耿耿，深恻朕怀。著加恩予谥"忠悫"，派贝子溥忻即日前往奠酹，赏给陀罗经被，并赏银贰千圆治丧，由留京办事处发给，以示朕悯惜贞臣之至意。钦此。

我们如果回头再去读一读王国维在投湖前夕写给"王贞明先生收"的临终遗书，除了对时局激变可能遭致"再辱"的忧愤之外，主要是嘱咐后事，哪有什么讨"封"求"赏"之意？然而，经过罗振玉与溥仪的一"奏"一"谕"，"朕""臣"合力，就不惟把他的"忠悫"形象包装了出来，他的所谓"孤忠耿耿"，投湖"一死"以"殉清"，也被坐实了。溥仪后来撰《我的前半生》，有一节写罗振玉的文字，其中讲到了罗氏"造假遗折的秘密"，说：王国维死后，社会上曾有一种关于国学大师"殉清"的传说，这其实是罗振玉作的文章，而我在不知不觉中成了这篇文章的合作者。这可算是"末代皇帝"改造自新以后，对这位曾做过他的"文学侍从"的学问家之检讨赔罪吧！

那么，罗振玉的伪折又是怎样被戳穿的呢？溥仪接着讲到他身边"最善于钩心斗角的几个人"，通过收买彼此的仆役以探知对手的隐私，在这上面肯下功夫又肯花钱的是郑孝胥和罗振玉"这一对冤家"。罗振玉假造遗折的秘密，就这样被郑孝胥探知，于是在某些遗老中传开了。[1]

---

[1] 参见溥仪《我的前半生》（全本），群众出版社2007年版，第146页。

不过，我们看现已公开的郑孝胥日记，对于王国维之死确甚关切，摘录如下：

端午节（6月4日）　诣行在，罢行礼。王国维自沉于昆明湖。

初六日（6月5日）　诣行在，罗振玉来，为王国维递遗折。奉旨：予谥忠悫，赏银二千元，派溥忻致祭。见王静安遗嘱。清华学校诸生罢课一日。北京各报并记其自沉之状，众论颇为感动。梁启超亦为清华教授，哭王静安甚痛。

初九日（6月8日）　晤罗叔蕴，定以二十日公祭王静安于日本公园。

二十日（6月19日）　午后二时，借日本公园公祭王静安。①

日记所称"见王静安遗嘱"，当指罗氏伪造的那份"遗折"，这当然是瞒了溥仪，也瞒了天津"行在"里的郑孝胥及其他"师傅"、"大臣"。但"借日本公园（按，即溥仪所说"（天津）日租界日本花园"）公祭"王国维，动静很大，并非是什么"秘密"；罗氏在事先还曾"晤"郑孝胥，应该是经过共同会商的。

当然，我们还得把话说回来。王国维去世以后，曾有所谓罗振玉"逼债"把一个学者"活活的逼死"之类传闻，其源头据说即来自罗氏"冤家"郑孝胥，梁启超则斥之"猥琐龌龊"之谈。但是，当其时也，罗振玉为了"把造假进行到底"，继《遗折》之后，又在北京和天津举行的王国维追悼会上，②分别致祭大肆吹捧溥仪加"谥"赐"赏"是"恩遇之隆，振古未有"，云云。实际上是要炫耀他对王国维的识拔之功。他的此类作为，当然只能

---

① 《郑孝胥日记》（四），中华书局1993年版，第2146—2149页。
② 王国维的正式追悼仪式，于1927年6月14日（旧俗"二七"之日）借全浙会馆举行，参加追悼与致送挽联挽词者，有一百七八十人，汇为《王忠悫公哀挽录》，罗氏天津贻安堂1927年秋刊印。再就是6月19日在天津日本花园举行的"公祭"，这是由溥仪天津"行在"内的罗振玉会同郑孝胥等"遗老"发起的。从郑孝胥日记，我们还可以知道，"公祭"之后，溥仪还曾"召见"过王氏之子慈明。

弄巧成拙，成了他欲借"王国维之死"进行"欺世盗名"的丑闻。这是一方面。

另一方面，我们在澄清历史真相的同时，也应指出，罗振玉在王国维死后，除了亲赴北京"经纪丧事"之外，还曾资助王氏遗孀潘夫人携带幼小的子女南返归里，落实了《遗书》对"家人自有人料理，必不至不能南归"的嘱托。特别是在京料理丧事返回天津以后，罗氏立即着手汇编王国维生前已刊未刊的著作，从1927年秋迄于1928年春，仅半年多时间，通过他自办的天津博爱印刷厂，编印出版了《海宁王忠悫公遗书》，这是第一部王国维全集。即使在今天"电脑照排"的条件下，要在这么短时间内印成这样一部卷帙浩瀚、纸质精良的学术论著，也绝不是件容易的事情。也可以说，罗氏是以自己的实际行动，弥补他在两亲家断交中的过失。直到晚年，他怀念与王国维"三十年金石之交"，还对儿孙辈讲了"我负静安，静安不负我"的深深悔意。时至今日，如果仍要因袭罗氏伪折，说王国维之死是"殉清"，是"尸谏"，那是完全错误的。

王国维自沉之初，清华研究院师生还盛传着他临终前夕，为表示"死志"而手书了若干首"落花诗"。后经证实，他书赠谢国桢、赵万里的扇面上录写的并不是"落花诗"，而是从唐末诗人韩偓《玉山樵人诗集》里选录的数首七律，其中一首题《即目》：

万古离怀增物色，几生愁绪溺风光。
废城沃土肥春草，野渡空船荡夕阳。
倚道向人多脉脉，为情困酒易怅怅。
宦途弃掷须甘分，回避红尘是所长。

然则，所谓"落花诗"，原是指王国维写在谢国桢"送给友人"的一个扇面上的"清太傅"（溥仪师傅）陈宝琛①的二首七律。经我们查对陈氏《沧

---

① 陈宝琛（1848—1935），字伯潜，号弢庵，别署"沧趣楼主"，清同治进士，官至内阁学士兼礼部侍郎，清亡后任溥仪汉文师傅，加"太傅"；著有《沧趣楼诗集》《沧趣楼文存》等。

趣楼诗集》，原题为《感春》（四首），被吴宓误以为《落花诗》写进了他的《空轩诗话》。据时为吴宓助手的清华研究院秘书周光午回忆，王国维临终前书扇的陈宝琛《前落花诗》第三四两首，如下：

生灭元知色即空，眼看倾国付东风。
唤醒绮梦憎啼鸟，罥入情丝奈网虫。
雨里罗衾寒不耐，春阑金缕曲初终。
返生香岂人间有，除奏通明向碧翁。

——其三

流水前溪去不留，馀香骀荡碧池头。
燕衔鱼唼能相厚，泥污苔遮各有由。
委蜕大难求净土，伤心最是近高楼。
庇根枝叶从来重，长夏阴成且少休。

——其四

陈宝琛与郑孝胥及陈寅恪之父陈三立（散原老人）并称"同光诗人"。郑孝胥进溥仪小朝廷，就是陈宝琛引荐的，故在陈、郑与升（允）、罗（振玉）各成一党的明争暗斗中，王国维取了"不近不远"的态度。值得注意的是，近人评述其沧趣楼诗文重新校点出版，所录举诗作实在也仅有被王国维书扇的感慨甲午之败的《感春》，以及哀叹清亡的《落花》。

然而，王国维临终前对《落花诗》及"玉山樵人诗"之兴趣，并不仅限于他书扇（或书条幅）的那几首。近年来，我们又从他生前留下的遗墨中，看到了他亲书的另外六首《落花诗》，谨转录其最后一首：

十分颜色尽堪夸，只奈风情不恋家。
惯把无常说成败，别因容易惜繁华。
两姬先陨伤吴队，千艳丛埋怨斜汉。
消遣一枝间拄枝，小池新锦看跳蛙。

这些《落花诗》的作者，姑且阙疑待考。惟诗中"两姬先陨伤吴队"，盖用《吴越春秋》孙武"小试兵法"，令斩吴王阖闾二宠姬典故。如果联系王国维1923年进呈《敬陈管见疏》，以康熙、乾隆二朝"内无声色之好，外无流连之游；小之无高台深池奇丽之观，大之无好小人煽惑之祸"劝谏溥仪，我们应该说，诗中之"消遣"、"小池"云云，不正寄寓着他要上书谏"皇上"勿为"高台深池"之好，莫受"小人女子"之惑，应"卧薪尝胆"以图"恢复"么？

非常意味深长的是，紧连于上述《落花诗》之后，王国维还书写了一批未署作者姓名的诗作，其诗题依次为：（1）《春尽》，（2）《安贫》，（3）《残春旅舍》，（4）《袅娜》（丁卯年作），（5）《多情》，（6）《三月》，（7）《湖南绝少含桃，偶有人以新摘者见惠，感事伤怀，因成四韵》（以上七首为七律），（8）《寄邻庄道侣》，（9）《已凉》，（10）《遥见》，（11）《春恨》（以上四首为七绝）①。经我们查证，这十一首，都是王国维手录韩偓诗；

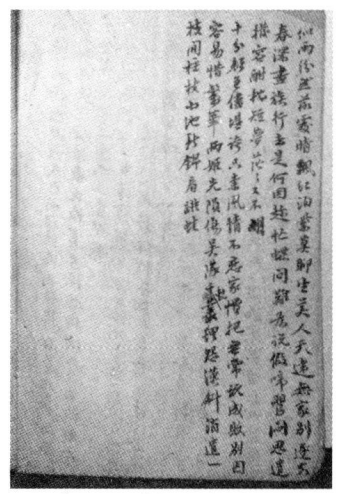

王国维手书《落花诗》六首之五、六

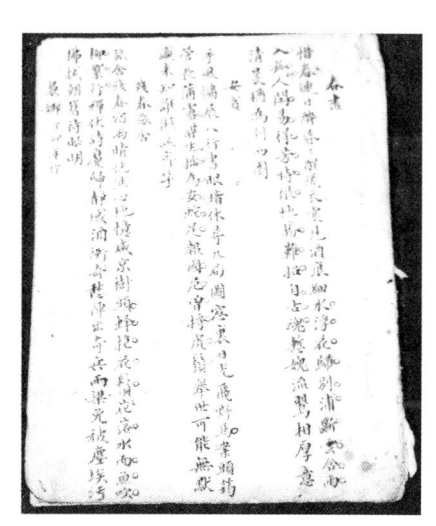

王国维手书韩偓诗之一页

① 以上《落花诗》六首及此十一首韩偓诗，均据《国宝——人间绝笔》电视编导葛芸生先生摄赠笔者的王国维墨迹影印件，特致谢忱！

其中,《袅娜》《多情》二律及《已凉》《遥见》《春恨》三绝,录自《香奁集》;馀六首则皆录自《玉山樵人集》。实则,韩偓留下的五七言近体诗不过三四十首,而王国维手录的,包括书扇及书条幅在内,计有十四首,即占韩诗总数三分之一左右。我们还记得,王国维在辛亥以前批诗论词,无一语道及韩偓;到了他临终前,竟会如此专注于生当唐、五代之交,遭逢了唐"末代皇帝"哀帝(李柷)的变乱之世的韩偓之诗,并称赞其诗"风骨转遒"(为赵万里书扇跋语),这就决非事出偶然了。

第十二章　沉痛的历史教训，
　　　　　不朽的学术业绩

> *心知去不归，且有后世名。*
>
> 　　　　　　　　——陶潜《咏荆轲》

一　巨大的社会反响

王国维投湖自沉，这是一个沉痛的时代悲剧，更是近现代文化学术的一个无可挽回的重大损失，激起了巨大的社会反响。当时的知识界，尤其是文化学术界，莫不痛惜一代大师、巨星陨落。

这里，让我们先录"清华研究院四导师"中领头的梁启超挽联：

其学以通方知类为宗，不仅奇字译鞮，刱通龟契；
一死明行已有耻之义，莫将凡情恩怨，猜拟鹓雏。

再录王氏遗命"书籍可托陈、吴二先生处理"的陈寅恪挽联：

十七年家国久魂销，犹馀剩水残山，留与累臣供一死；
五千卷牙签新手触，待检玄文奇字，谬承遗命倍伤神。

吴宓挽联：

> 离宫犹是前朝，主辱臣死，汨罗异代沉屈子；
> 浩劫正逢此日，人亡国瘁，海宇同声哭郑君。

当然，我们也不可"因事废言"。伪造"遗折"的罗振玉，在王国维去世后所撰《王忠悫公传》《别传》，以及为《王忠悫公遗书》所撰《出版弁言》，都为我们研究观堂学业提供了宝贵的第一手的信史；他在王国维丧后七日（俗称做"头七"），率子福成、福葆、福颐、孙继祖、绳祖来京，"以清酌庶羞之奠"致祭，并撰挽联数副，其一为：

> 致诚格天，邀数百年所无旷典；
> 孤忠盖代，续三千年垂绝纲常。

遵照王国维遗命，其家属购买了清华园东二里西柳村七间房墓地，于1927年8月14日迁灵柩安葬，墓碑上刻了"王忠悫公"的"谥号"，并由杨钟羲撰墓志铭、袁励准书石，清华学校校长曹云祥及其他教职员十数人前来送葬。由于放暑假，清华研究院学生仅有留校的何士骥、姜亮夫、王力、毕相辉、刘节等参加了安葬仪式。

9月20日，清华研究院开学。当天，梁启超手持鲜花，率全体同学，包括第二届毕业生及第三届新生，来墓前拜奠，并发表了著名的《王静安先生墓前悼辞》，论述王国维临终遗书开头的"十六字箴言"，认为他"义无再辱"而自杀，完全代表了中国学者"不降其志，不辱其身"的精神；高度评价王国维的学术贡献，指出，"王先生在学问上的贡献，那不是为中国所有而是全世界的。"特别是为清华研究院失去王国维这样一位导师而痛心，说：

> 近两年来，王先生在我们研究院和我们朝夕相处，令我们领受莫大的感化，渐渐成功一种学风。这种学风，若再扩充下去，可以成功中国学界的重镇。他年过五十而毫不衰疲，自杀的前一天，还在讨论

学问，若加以十年，在学问上一定还有多量的发明和建设，尤其对于研究院不知尚有若干奇伟的造就和贡献。①

沉浸在悲痛中的清华研究院师生当然不会想到，梁启超在发表这篇"悲苦"的谈话一年之后，也在北京住进了医院，溘然病逝②。由于王、梁二位大师相继谢世，清华研究院亦随之停办③。

对于王国维投湖自沉，国内外新老学者，无分政治派别，也无论是否与王国维有过交往，纷纷撰文致哀。许多报刊相继出专刊或纪念号，追怀他的生平、业绩和贡献。

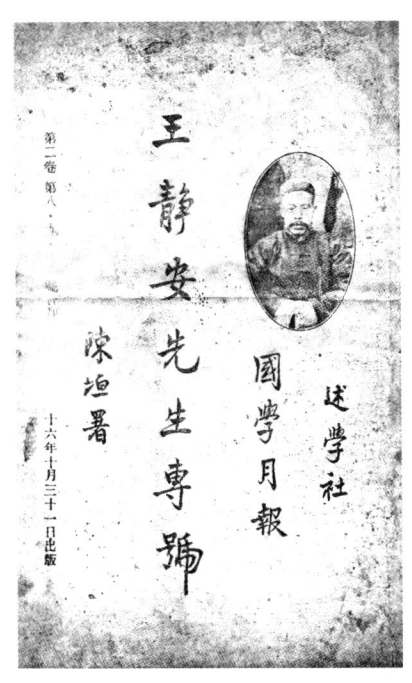

陈垣题《国学月报》王国维专号

在国内，除了上述影响极大的上海《申报》、天津《大公报》的报道之外，北京《世界日报》、北大《国学月报》、清华《国学论丛》，上海《文学周报》《教育杂志》，天津《大公报·文学副刊》等，皆出专刊、专号；《东方杂志》《小说月报》，皆发专文哀悼。先后发表的悼念与研究论著有：赵万里的《王静安先生年谱》《著述目录》及《手批手校书目》（以上《国学论丛》）；姚名达的《王静安先生年表》、储皖峰《王静安先生著述表》、耘僧（吴宓）《王静安先生整理国学之成绩述要》（以上《国学月报》）；

---

① 梁启超《王静安先生墓前悼辞》，姚名达记录整理，刊于《国学月报》第二卷第八号，1927年10月。
② 梁启超于1929年1月19日病逝于北京协和医院，终年五十六岁。
③ 清华研究院先后四届，每届一年，各届招收研究生数为：首届1925年，29名；二届1926年，36名；三届1927年，18名；四届1928年，2名；总计85名。

陈乃乾《关于王静庵先生逝世的史料》、顾颉刚《悼王静安先生》(以上《文学周报》);徐中舒《王静安先生传》(《东方杂志》),等等。吴宓主编的《学衡》杂志还出刊逝世周年专号,发表了浦江清(穀永)、张荫麟(素痴)等人的纪念文章,探讨王国维的文学批评及文艺思想,论述王国维自沉及其与晚清思想界的关系。

王国维逝世的消息传至欧洲,时为法国巴黎大学教授的伯希和,立即走告巴黎东方学家,各以薪俸捐赠其家属。伯氏并撰文追忆他曾在北京面见王国维的往事,对"现代中国从未产生过走得这般前面又涉猎如此丰富"的这位"第一流学者",寄以深切的哀思和敬意[1]。而德国汉堡大学中国文学教授颜复礼代表政府聘王国维为"东方学术研究会"名誉会员,聘书尚在途中而讣告至,乃改致函唁[2]。

王国维不幸逝世,日本学者除了桥川时雄在北京主编的《文字同盟》发表追悼文章之外,狩野直喜、内藤虎次郎、铃木虎雄等联名发出《追悼小启》,于京都"袋中庵"诵经追悼,出刊《纪念册》,题名者达六十馀人,几乎包括了当时日本"汉学家"(文学、史学、文字学)中全部名流;并组织"静安学社",筹划《东洋学丛编》以资纪念[3],还由"静安学会(社)"在大阪市召开了"王国维先生追思会"[4]。日本《艺文》杂志还在当年8月出版了纪念专号。

二 沉痛的历史教训

1929年6月,值王国维自沉二周年,《王静安先生纪念碑》在清华园

---

[1] 参见伯希和《王国维》、《追悼王国维》,中国广播电视出版社1997年版,第414—415页。
[2] 据戴家祥《哭观堂师》附注,打印稿。
[3] 参见蒋天枢《陈寅恪先生编年事略》,上海古籍出版社1981年版,第66页。
[4] 参见神田喜一郎等《追想王静安先生》,《追忆王国维》,中国广播电视出版社1997年版,第384页。

内落成。陈寅恪受清华研究院师生嘱托，撰写碑文如下：

> 海宁王先生自沉后二年，清华研究院同人咸怀思不能自已。其弟子受先生之陶冶煦育者有年，尤思有以永其念。佥曰：宜铭之贞珉，以昭示于无竟，因以刻石之辞命寅恪。数辞不获已，谨举先生之志事，以普告天下后世。其词曰：
>
> 士之读书治学，盖将以脱心志于俗谛之桎梏，真理因得以发扬。思想而不自由，毋宁死耳！斯古今仁圣所同殉之精义，夫岂庸鄙之敢望？先生以一死见其独立自由之意志，非所论于一人之恩怨，一姓之兴亡。呜呼！树斯石于讲舍，系哀思而不忘；表哲人之奇迹，诉真宰之茫茫。来世不可知者也，先生之著述或有时而不彰，先生之学说或有时而可商，惟此独立之精神，自由之思想，历千载万祀，与天壤而同久，共三光而永光！
>
> 中华民国十八年六月三日，二周年忌日，国立清华大学研究院师生敬立。①

陈寅恪撰王国维碑文

在大师辈出的清华园里，这座王国维纪念碑既是近现代中国文化学术的丰碑，又是深为海内外学者敬仰的学术重镇之标志；而陈寅恪碑文中"独立之精神，自由之思想"二语，殆成观堂"五十之年"一生的盖棺论定而

---

① 陈寅恪撰碑文，原刊《禹贡》半月刊第五卷第十期，个别文字有讹，现据碑文拓本校正。

被学界广为传颂。

在王国维自沉之初，陈寅恪还"效王先生《颐和园词》之体"写了《王观堂先生挽词》。按照吴宓的说法，哀挽之作，应以此《王观堂先生挽词》为第一。陈寅恪在这篇挽词《序》的开头提出了"观堂先生所以死之故"，说：

> 凡一种文化，值其衰灭之时，为此文化所化之人，必感苦痛。其表现此文化之程量愈宏，则其所受之苦痛亦愈甚。迨既达极深之度，殆非出于自杀，无以求一己之心安而义尽也。吾中国文化之定义，具于《白虎通》三纲六纪之说，其意义为抽象理想最高之境，犹希腊柏拉图所谓Eidos者。若以君臣之纲言之，君为李煜，亦期之以刘秀；以朋友之纪言之，友为郦寄，亦待之以鲍叔。其所殉之道，所成之仁，均为抽象理想之通性，而非具体之一人一事。……①

《序》中强调，王国维之死，非关"具体之一人一事"，这也正是对碑文所述"先生以一死见其独立自由之意志，非所论于一人之恩怨，一姓之兴亡"的最好诠释。所谓"一姓之兴亡"，也就是"殉清"，这是陈寅恪所断然否定的。那么，何谓"一人"，或曰"一人之恩怨"？殆指王、罗关系，具体讲就是在王国维死后相当一段时间内，被"炒"得沸沸扬扬的罗振玉"逼债"说；此说并且延续到20世纪80年代：

> 王国维"殉清"的消息，在遗老中正闹得热火朝天的时候，忽然跳出来一个煞风景的郑孝胥，把罗振玉如何索债逼死王国维的事实真相全盘揭露出来，大家这才恍然大悟，原来如此。②

---

① 陈寅恪《王观堂先生挽词并序》，曾被吴宓刊载于其主编的《学衡》杂志第六十四期王国维逝世一周年（1928年）纪念专号。
② 周君适《伪满宫廷杂忆》第七章《静园里的形形色色》，四川人民出版社1981年版。

实则，在陈寅恪看来，所谓"殉清"既悖于"古今仁圣所同殉之精义"；"索债逼死"更将王国维陷入了"俗谛之桎梏"。值得一提的是，据吴宓日记，在王国维治丧期间，"须发俱白"的罗振玉曾请陈寅恪偕吴宓至清华西院十八号王宅"谈王静安先生身后事"；陈乃邀罗"至其宅中晚饭"，罗复"坐马车来回拜"①。罗氏返回天津后，陈寅恪还将这篇《挽词》寄去，罗氏复信称赞"大作忠悫《挽词》，辞理并茂，为哀挽诸作之冠，足与观堂集中《颐和园词》《蜀道难》诸篇比美；忠悫以后学术所寄，端在吾公矣"，云云②。也可以这样说，陈寅恪虽绝不会苟同由"一姓之兴亡"所致的"忠悫"之谥，但他秉学者之良知力斥"逼债"之类滥言，显然使罗氏得到了宽慰。

那么，我们又该怎样解读陈寅恪《挽词》序中所举"纲"中之"君"、"纪"中之"友"呢？李煜与刘秀，一为"亡国之君"，一为"中兴之主"，王国维当然不会"悫"到将"末代皇帝"溥仪，当成了重建东汉帝国的光武帝刘秀；寅恪之意，不过是要以观堂侍君之忠，衬托其待友之仁。作为序中对举的郦寄与鲍叔，《史记》皆有传。郦寄，字况，与吕禄友善，或者说乃是依仗吕后而权倾一时的吕禄至交。惟此之故，当吕后死时，郦寄就能将握有军权的吕禄骗出军营，帮助周勃顺利入据军中，诛灭诸吕。郦寄本人因而得以代他病故的父亲郦商（郦食其之弟）做了景侯。这就是天下称"郦况卖交"的由来（《史记》卷九十五，《樊郦滕灌列传》）。

与卖友求荣的郦寄相反者，则是齐大夫鲍叔。他是春秋时代"任政相齐"的大政治家管仲的少年朋友。按照《史记》所记，"天下不多管仲之贤而多鲍叔能知人也。"为什么？这是因为，追随齐公子小白的鲍叔，在小白立为桓公、命他为宰时，主动辞相让贤，而向桓公推荐身世贫困、因追随公子纠并在纠死后被囚的管仲为相，从而使管仲"任政于齐，齐桓公以霸，

---

① 《吴宓日记》第三册，1927年6月6日，三联书店1998年版，第350页。
② 《王观堂先生挽词并序》附录，《国学论丛》第一卷第三号，1928年4月。

九合诸侯，一筐天下"。说到这段经历，管仲感慨万端，说：

> 吾始困时，尝与鲍叔贾，分财利多自与，鲍叔不以我为贪，知我贫也。吾尝为鲍叔谋事而更穷困，鲍叔不以我为愚，知时有利不利也。吾尝三仕三见逐于君，鲍叔不以我为不肖，知我不遭时也。吾尝三战三走，鲍叔不以我为怯，知我有老母也。公子纠败，召忽死之，吾幽囚受辱，鲍叔不以我为无耻，知我不羞小节而耻功名不显于天下也。生我者父母，知我者鲍子也。（《史记》卷六十二，《管晏列传》）

我们当然不可因罗、王晚年交恶，而以"卖交"的郦况比附罗氏；但王国维一生，确以"忠实"为立身治史之本，极端鄙视在"世变"中"卖交"求荣，窃国篡权如袁世凯这类"厉人"。我们更不可因罗氏早年曾识拔过王国维而取"知人"的鲍叔"对号入座"，但就王国维而言，罗氏虽非必真"知我"，而他却始终如一不忘友情。他不惟在题罗氏"三十小像"诗中写了"四海一身原偶寄，千金三改岂前期"；又在给罗氏六十寿诗中写了"卅载云龙会合常，半年濡响更难忘"；其胸怀之仁厚，确为古来圣贤所难比。所以，我们认为，陈《序》所举"纲"中之"期"与"纪"中之"待"，确能体现王国维论述屈子、渊明、子美（杜甫）、子瞻（苏轼）所说的"高尚伟大之人格"。

王国维为何要自沉于1927年春夏之交？陈寅恪在挽词《序》的结尾说：

> 盖今日之赤县神州，值数千未有之钜劫奇变。劫竟变穷，则此文化精神所凝聚之人，安得不与之共命而同尽。此观堂先生所以不得不死，遂为天下后世所极哀而深惜者也。至于流俗恩怨荣辱委琐龌龊之说，皆不足置辩，故亦不之及云。

所谓"曲高和寡"。吴宓称道"此序陈义甚高，而至精切"，又说，

"寅恪在一九二七年,已看明一九四九年以后之变,可谓先识之士矣。"①其实,陈《序》所论"纲纪仁道"虽为"抽象理想之物",但他在碑文中所述"思想而不自由,毋宁死耳",却不是抽象的口号。什么叫"值数千年未有之钜劫奇变"?推翻帝制,创建共和,而自秦以来的"焚坑之事",却在当时及其后的"世变"中愈演愈烈。于是,在"钜劫奇变"中,有着数千年传统的文化成了祭坛,而像王国维这样既凝聚此文化精神,又与此文化共命的学者就成了这个祭坛上的牺牲。这是陈《序》的深刻之处,也是其弘扬"独立自由之精神"的碑文之所以传颂不绝的原因所在。

当然,王国维是人,而不是神。我们既不可以具体的一人一事看他的自沉,也不可以孤立的一时一事看他的"只欠一死"。

"与蝴蝶,蘧然觉。"(《人间词甲稿·贺新郎》)1894年夏秋间,日本大举侵华的"甲午之战",把"阛阓"之内的王国维从少年梦幻中惊醒。自此之后,戊戌变法、庚子之变、辛亥革命、"五四"运动,直到导致他投湖自沉的1927年北伐战争;中间还穿插了慈禧"新政"、袁世凯称帝、张勋"复辟",以及冯军"逼宫"等,"世变"接踵而来,有时是七八年,有时是二三年,他都一一经历了。"板荡见忠臣,乱世出英雄"。汹洞澎湃的世界新潮,交汇了新旧剧变之云诡波谲,涌现了所谓"或数十年而一出,或数百年而一出"的旷世天才,也成就了王国维"独立之精神,自由之思想"及其"兼通世界之学术"的大学问。然而,溥仪既被"逼"出了小朝廷,他还能到哪儿去做"忠臣"?作为时刻担心着乱兵闯入清华园的一介寒儒,他当然更不会去充什么"英雄"!所以,我们应当历史地看待他在当时特定政治气候下的自沉,正确总结其沉痛的历史教训,而不可任意妄猜什么"自沉之谜"。从个人性格上说,他自称"性复忧郁";从哲学思想上说,他曾受叔本华影响,浸染过《红楼梦评论》所述"厌世解脱"

---

① 吴宓晚年为陈《序》所加按语,转引自吴学昭《吴宓与陈寅恪》,清华大学出版社1992年版。

精神；这些均可以作为剖析其自沉内因的参照，但是内因要起作用，离不开与之相应的外因。试看：王国维本人在1927年春夏闻"党军"将过黄河、"京中一夕数惊"的"奇变"中投湖自沉；而他的次子王仲闻则是在1969年被打成"特务"的"文革""钜劫"中服毒自尽。虽说父子俩均有"忧郁"之性，但如果在正常的社会条件下，何能同此自杀的厄运？王国维有诗云："圣德圣功古所难，千秋郅治想贞观。"（《题敦煌所出唐人杂书》六首之五）他生于乱世，所以更祈求贞观郅治，向往社会安宁。他又是一位毕生"惟以书册为伴"的书斋学者。梁启超说，他自杀前的一天还在讨论学问。他确是"以学术为性命"，又以性命殉了学术。但因此将他的死说成"殉文化"，甚至美化其自沉是"中国文化之芬芳"。这是对陈寅恪"新旧文化冲突"的曲解，也是出于对历史无知的妄谈。

三　划时代的学术贡献

王国维去世已经八十多年了。他的自沉，为什么"为天下后世所极哀而深惜"？我们认为，归根到底，是由于他的学术成就，他在学问上的贡献，尤其是死于他在《观堂集林》问世之初所自期的"百里之途，行尚未半"的壮盛之年，这就更令学界痛惜。蔡尚思在20世纪80年代为拙著《王国维年谱》题词，赞曰：

先师王国维，学问博且精。
生年仅半百，贡献令人惊。

顾颉刚更从年龄上将王国维与当年4月在青岛七十寿终的康有为加以比较，说，康自称"三十五岁以后，学问没有进步，也不求进步"（按，指其1894年前后开始从事"变法"活动）；王国维则相反。他在学问上的贡献，大多在三十五岁（1912年）以后，而且是不厌不倦，愈做愈邃密，

终于"成为中国学术界惟一的重镇",说:

> 今年他只有五十一岁,假使他能有康氏般的寿命,他的造就真不知道可以多么高。现在呢,他竟"中道而废"了!他竟把想象中的一座伟大的九仞之台自己打灭了!为学术界着想,他的死是一个极重大的损失,说不出代价的牺牲。①

那么,王国维在"生年仅半百"的有限年华里,怎样构建了一座"令人惊"的学术上的"九仞之台"?从他自沉的1927年以后,迄于20世纪70年代末的半个多世纪内,先后刊行的王国维著作集,有如下三种:

甲、《海宁王忠悫公遗书》,罗氏天津博爱工厂,民国十六年(1927年)石印本,凡四集,四十三种,一百二十二卷,附外集四卷。

这是王国维的第一部著作总集,收录了作者生前手定的《观堂集林》《宋元戏曲考》《人间词话》等主要著作。借用郭沫若的话来说,这部名目远不及《观堂集林》四字冠冕的《海宁王忠悫公遗书》,"外观虽然穿的是一件旧式的花衣补裰,然而所包含的却多是近代的科学内容"。②这部《遗书》的刊行,实可视为20世纪二三十年代之交中国文化学术界的一件大事。我们从鲁迅1928年、1931年日记的书账里,曾两见购买《遗书》的记载③,亦可见他对观堂遗著的重视。

乙、《王静安先生遗书》,商务印书馆,民国二十九年(1940年)长沙石印本,凡四十三种,一百零四卷。

此书编成于战前(约当1934—1935年),虽沿用了《遗书》之名,但改变了编排体例,调整了收录的著述篇目;其中最重要的增补是,编入了被罗刊《遗书》舍弃、罗氏称之为辛亥以后"尽弃前学"而"悉摧烧之"

---

① 顾颉刚《悼王静安先生》,原刊《文学周报》第五卷第一、二期合刊,1927年8月。
② 郭沫若《中国古代社会研究·自序》,《郭沫若全集》历史编第一卷,人民出版社1982年版,第7页。
③ 参见《鲁迅全集》,人民文学出版社1981年版,第14卷第746页、第15卷第50页。

的《静庵文集》，以及《静庵文集续编》（赵万里补辑），从而恢复了王国维前期学业的面目，使《红楼梦评论》等一批具有"西洋色彩"的"哲学上及文学上之著述"正式编入《遗书》传世。现在通行的《王国维遗书》，就是据这部《遗书》的石印本分册影印的①，卷首保留了陈寅恪、王国华、宋春舫写的序；特别是陈《序》（1934年），不仅对《遗书》作了精要的"导读"，实乃迄今为止论述观堂学术理据绵密、阐释透彻的大文章。

丙、《王国维先生全集》，台北大通书局1976年印行，凡二十五册，其中《初编》十二册，《续编》十三册（内《附录》一册）。

此书以上述二《遗书》为基础，囊括了二《遗书》互有取舍的所有篇目而有所增补，例如：《初编》编入了王国维刊于清《学部官报》（1910年）的译稿《世界图书馆小史》（第六册），以及在清华研究院的讲稿《古史新证》（1925年）；尤其是编入了《传书堂藏善本书志》（手稿影印）凡六册（《续编》第七、八、九、十、十一、十二册），占了整部《全集》四分之一（《续编》二分之一），使这部具有重大文献价值的遗稿首次现身；此外，《全集》各册编入了近人撰写的有关王氏诗文、著述的评论、序跋、校补等，又以最后一册附录了有关王氏的传论回忆、年谱及著述年表等，可供了解和研究观堂生平、学业之参考。

特别令人高兴的是，从20世纪80年代以来的近三十年内，我们看到了大批新发现的王国维书信、序跋与其他遗著遗译，包括他的《人间词话》《丙辰日记》《词录》等手稿；他主编《教育世界》的诸多著译（有的未署名）；他就任清学部编译期间的大批译著；他辛亥东渡以后的一批学术札记；以及他丙辰归国以后在上海"哈园"讲授经学与在清华研究院讲授经史的讲义，等等。在此新的基础上，编纂《王国维全集》，具备了充分的条件，也应该是中外文化学术界共同期待的一项重大出版工程。②

---

① 《王国维遗书》，共十六册，据商务印书馆1940年版影印，上海古籍书店1983年版。
② 新版《王国维全集》（浙江教育出版社、广东教育出版社2010年版），凡二十卷。这是迄今为止，卷帙最为浩瀚、蒐罗著译最最多的王氏全集。

还应当指出，作为不仅是中国而且是世界的学者，王国维在近现代学术文化的诸多方面均有精深的造诣和卓绝的建树。概括地讲，他前期（即三十五岁以前）的成就，主要在文学，包括文艺批评、诗词与戏曲史研究；后期主要在经史小学，特别是金甲文字考释与商周史研究。郭沫若评价王国维"甲骨文字的研究，殷周金文的研究，汉晋竹简和封泥等的研究，是划时代的工作"；并且把他在学术上的贡献与鲁迅在文学上的贡献并举，指出：王国维是新史学的开山，鲁迅是新文艺的开山[①]。陈寅恪则从学术内容与方法上综括王国维一生的学业，说：

> 先生之学博矣精矣，几若无涯岸之可望、辙迹之可寻。然详绎《遗书》，其学术内容及治学方法殆可举三目以概括之者。
>
> 一曰：取地下之实物与纸上之遗文互相释证。凡属于考古学及上古史之作，如《殷卜辞中所见先公先王考》及《鬼方昆吾玁狁考》等是也。
>
> 二曰：取异族之故书与吾国之旧籍互相补正。凡属于辽金元史事及边疆地理之作，如《萌古考》及《元朝秘史之主因亦儿坚考》等是也。
>
> 三曰：取外来之观念与固有之材料互相参证。凡属于文艺批评及小说、戏曲之作，如《红楼梦评论》及《宋元戏曲考》等是也。
>
> 此三类之著作，其学术性质固有异同，所用方法亦不尽符会，要皆足以转移一时之风气而示来者以轨则。吾国他日文史考据之学，范围纵广，途径纵多，恐亦无以远出三类之外。此先生之遗书所以为吾国近代学术界最重要之产物也。[②]

事实上，学术方法与学术内容是密不可分的。王国维的"三类之著作"为什么能移风气、示来者？就在于其所采用的释证、补正、参证等整套方

---

① 郭沫若《鲁迅与王国维》，《历史人物》，人民文学出版社1979年版，第212—213页。
② 陈寅恪《王静安先生遗书序》（1934年），《遗书》第一册。

法是科学的、现代的。恰如梁启超所说,"先生古貌古饰,望者辄以为笃旧自封畛,顾其头脑乃纯然为现代的,对于现代文化原动力之科学精神,全部默契,无所抵拒。"① 这也正是他迥然有别于一般"笃旧自封畛"的所谓"国学家"之处。

四 引领学术新路的不朽业绩

那么,我们应该怎样体认王国维与近现代学术之关系及影响?

如前所述,王国维曾是20世纪20年代大师云集的两大国学重镇——北京大学研究所国学门的通讯导师与清华大学国学研究院的导师(教授)。仅此两项,现在学术文化界尊他为"国学大师",自属名至而实归。

但是,我们应该看到,王国维与"国学"结缘,远在上世纪初、国学始兴之时。罗振玉曾说,所谓"保存国粹之说",乃是他在1902年奉命考察日本教育归来以后,"著论揭之《教育杂志》,畅言其理,于是'国粹保存'四字,一时腾于众口"②。这不免有自夸之嫌。但两年后(1905年初),邓实等人在上海创立以"发明国学,保存国粹"为宗旨的"国学保存会"(初名"国粹学社"),并编辑出版《国粹学报》,其发起者名单里,除了号称"二

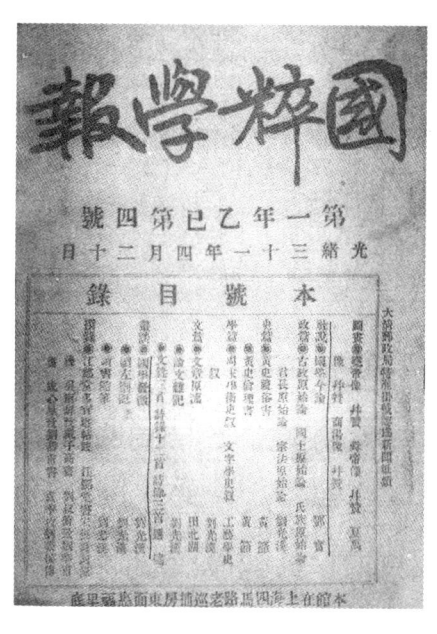

创刊初年(1905年)之《国粹学报》

---

① 梁启超《王静安先生纪念号》序,《国学论丛》第一卷第三号,1928年4月。
② 罗振玉《集蓼编》。按,所称"揭之《教育杂志》",应为《教育世界》杂志。

叔先生"的章太炎（枚叔）、刘师培（申叔）之外，罗、王两位亦赫然在目；而王国维的《人间词话》及《戏曲考原》等多部戏曲史著作皆初刊于该学报，就不是偶然的了。

然而，即使在"保存国粹"成了"腾于众口"的学术时髦，王国维则不但撰文批驳"读经"，并且断然宣称：

> 异日发明光大我国之学术者，必在兼通世界学术之人，而不在一孔之陋儒，固可决也。①

当然，我们不能据以将保"国粹"、讲"国学"，等同于"一孔之陋儒"。胡适说得很对："国故"包含"国粹"，但又包含"国渣"；"我们若不了解'国渣'，如何懂得'国粹'？"② 所谓"发明光大"，就不是消极的"保存"，更在于积极的"发明"，就是要扬弃其"渣"，而光大其"粹"；若再以《国粹学报》揭载的王国维《人间词话》及《戏曲考原》等论著为例，这不正是他"取外来之观念与固有材料互相参证"提炼出来的学术精华，且是他"兼通世界之学术"的最好明证么？

所以，我们认为，与章太炎标榜"国学"、演讲"国学"、创建"国学"社团、开设"国学"讲习所不同，王国维注重于通过自己的学术实践来发明光大我国之学术。他早年虽曾列名"国学"社团，并且实际主编了由罗氏创办的近代第一个以"国学"命名的学术期刊《国学丛刊》；但终其一生，仅见于他为该丛刊创刊号写的《序》中"同人将刊行国学杂志"一语，除此之外，在他本人的著述中，殆未见"国学"二字。他说：

> 此志之刊，虽以中学为主，然不敢蹈世人之争论。此则吾人所自信而亦不能不自白于天下者也。

---

① 王国维《奏定经学科大学文学科大学章程书后》，《静庵文集续编》，《遗书》第五册。
② 胡适《〈国学季刊〉发刊宣言》，《胡适文存二集》卷一。

针对"世人之争论",王国维在这篇创刊序中提出"学无新旧,无中西、无有用无用",主张"中西二学"应"互相推助"的主张,强调"居今之日,讲今日之学"。① 可以这样说,王国维虽认同"国学",在清华研究院任教期间,他还曾为《国学月报》题写了刊名;但在他看来,学既无分新旧中西,故宁可统名之为"学术"。胡适列举"旧式学者"王国维、罗振玉、叶德辉、章炳麟(太炎)四人中,特别推举"只有王国维最有希望";鲁迅讲到《流沙坠简》,认为"那才可以算一种国学的书",王国维"才可以算一个研究国学的人物";究其原因,亦莫不在于此。

事实上,王国维作为一个"研究国学的人物",他的学术实践,从内容到方法,都判然有别于一般"旧式学者"。他以自己的令人惊叹的学术成就,开拓和引领了学术研究的新路,彰显了20世纪前半期的"学术变迁大势"。尤其是甲骨文字的考释,这是王国维的"绝学"(梁启超语)。王国维1925年给清华学校师生作暑期学术讲演,开讲第一句是,"古来新学问起,大都由于新发见";近二三十年中的第一大"新发现",则是"殷虚甲骨文字"②。而在近代学人中被称为"我国学术界惟一不相信而反对研究甲骨文字的人",恰恰是被尊为"国学大师"的章太炎!章氏在他的国学代表作《国故论衡》里,有一篇《理惑论》就是专门抨击金文和甲骨文,尤其痛诋"近有掊得龟甲者"乃"欺世豫贾之徒,国土可鬻,何有文字?"其实际所指殆即刘鹗的《铁云藏龟》。章氏讲了一生"国学",何以对真正的"国粹"——举世公认的殷墟遗址发掘的甲骨文字,偏"不相信"?"甲骨四堂"之一的彦堂董作宾说得很透彻:章氏以"国故"自封畛域,奉《说文》

---

① 王国维《国学丛刊序》,《观堂别集卷四》,《遗书》第四册。按,《国学丛刊》第一期(创刊号)出版于1911年春。因辛亥革命,只出了一期。

② 王国维《最近二三十年中中国新发见之学问》,《静庵文集续编》,《遗书》第五册。按,王氏讲了五大新发见,即:一、殷虚甲骨文字,二、敦煌塞上及西域各地之简牍,三、敦煌千佛洞之六朝唐人所书卷轴,四、内阁大库之书籍档案,五、中国境内之古外族遗文。

为金科玉律①。这就导致了他在古史、古文字领域里不容"新学问",严拒"新发见"。而王国维则在庆幸"吾辈生于今日,幸于纸上之材料外,更得地下之新材料"的同时,明确指出,他的《古史新证》"二重证据法,惟在今日始得为之"。

这样看来,我们今天讲"国学",绝非意味着要回复"国故"(即仅限于"纸上之材料")老路。对于王国维,我们应从他留下的丰富学术遗产中汲取营养,认真思考自20世纪初提出"国学"以来,整整一个世纪内"国学"自身之兴替,文化学术之得失的历史经验。王国维曾提出,"一代有一代之文学。"文化学术,何尝不是如此?我们应循着他引领的学术新路,不断

笃实不欺,廉贞自律的大学问家——王国维晚年遗照

有新的发见,作新的开拓,创新的学问。我们认为,这是在新的历史条件下首先应具的基本认识。

第二,我们今天讲"国学"当然也不是要去重编"学术封神榜"。对于王国维,我们更要传承他孜孜以求、耕耘不辍的学术精神。回顾历史,王国维当年作《国学丛刊序》感叹"学之义不明于天下久矣",痛诋"不学无术";追思故人,陈寅恪之所以盛赞他的"独立之精神,自由之思想",也完全基于他勇于开拓、独树一帜的大学问、大贡献,如果离开了他的学

---

① 参见董作宾《甲骨学六十年》,《中国现代学术经典·董作宾卷》,河北教育出版社1996年版,第194—195页。按,董氏以为《国故论衡》针对罗氏《殷虚书契前编》及《殷虚书契考释》"而加以猛烈的抨击",则有误。盖其时(1910年)罗氏此二书皆未问世。

术业绩去谈他死于"文化痛苦",岂非成了"空头文化"?颂扬所谓"中国文化道德礼教之精神",就难免偏颇,以致助长不学无术、欺世盗名,或有名无实、以卫"道"自居,滥封"大师"、"泰斗"之类窳败的学风。这是王国维一贯深恶而鄙弃的。

第三,我们还要发扬王国维廉贞自律的学术品格。王国维曾借屈原自赞"廉贞",说,"屈子之性格,此二字尽之。"这实在也可以说是王国维的"自赞"。王国维是位笃实不欺的学问家。梁启超说他"具有科学的天才,而以极严正之学者的道德贯注而运用之",这是很中肯的。他提出的"古今之成大事业、大学问者,必经过三种之境界",贯彻于他自己毕生的学术实践中。他在世时,是学术文化界的一个重镇;在新的历史时代,他依然是学问上的坐标,学风上的楷模。戒空疏,反浮躁,廉于学业,贞于学问,不断追寻新的学术境界,创造新的学术业绩。这是我们对王国维的最好纪念。

后记

光阴荏苒。回想1979年夏秋间,我在车辆昼夜不息的马路边之大杂院陋室里,开始草《王国维年表》、撰"人间"诗词论稿,距今三十载了。

虽说"跬步终趑趄",但不学步,何以"致千里"?而今,阔佬多以"宁静致远"充风雅,雅士则每取"板凳坐冷"自矜;实在呢,"嗤嗤小民",求静岂易?寻常百姓,就像吃不到"绿色食品"一样,欲觅一条真木板凳,不亦难哉!而我则在饭桌、书桌、床铺、板凳的琳琅满"木"中悠游书卷,耳闻窗外车声、人声嘈杂,自得其乐,这况味,确是惘然难再了。

嗣后,我的业余研究环境逐步有所改善,并且得到了那时尚健在的诸多学术前辈,包括曾就读清华研究院的"王门弟子",罗、王后人,以及其他学界友人的关心、支持、帮助,在20世纪八九十年代的"出书难"中,相继写就了《王国维与文学》《王国维与近代东西方学人》《王国维年谱》等专著;并由老友张松林等学者协同,编著《〈人间词话〉〈人间词〉注评》。而私衷所在,则是要写成一部较为完整展示观堂生平、思想、学术的传记。我的这个"业余研究工程",终于在进入21世纪之初得以实现,这就是数年前问世的《王国维全传》。

所以,现在奉献于读者面前的这本书,高雅一点讲,应该是"王国维新传"了。

那么,既有了全传,何故还要再写新传呢?我首先要说的是,处于当今信息时代,文化交流频繁,学术思潮激变,全传出版前后,欣逢两次盛会:1997年在清华园、2007年在海宁召开的纪念王国维诞辰110周年和120周年国际学术研讨会。我应邀与海峡两岸、中国香港地区及来自日本的学界同仁研讨，并访晤了曾在台北撰写过一系列忆述其先父生平事迹的王东明女士及参会的其他王氏后人。如果说，第一次盛会激励了我写好一部观堂传记的信心；那么，第二次盛会使我获得了学术上的新感受，思想上的新启迪。事实上，从两次盛会以来的近十年内，在王氏研究领域里不断有新信息、新发现、新史料；而在与之同时、骤然而兴的"国学热"中提出了诸多新问题，也莫不与观堂之学密切相关，亟需我们作新的探索。

惟此之故，本书乃是以全传为基础，调整结构，精炼章节，汲取新信息，补充新史料的再创作；因为是再创作，故从内容到体例，从史料到观点，均力求有所突破、有所出新，难度也更大了。我在撰写中的意愿是，理务求其真，事务求其实，更加鲜活地再现一代大师观堂的风貌，写出一个符合历史真实的王国维。

当然，这是本书追求的新目标，探觅的新境界。为此，传中对观堂生平、业绩的论述，尤关注以下数事：一是热点。例如，私塾、科举、读经，是当今"国学热"中三大新热点；观照历史，王国维当年亲历了几多甘苦，有哪些惊世之变？而被尊为"国学大师"的王国维本人，是怎么看待"国学"，他与一般的"国学家"有哪些不同？传中作了务求其真的记述。二是亮点。举其大端，则有：王国维对砸了菩萨创建号称中国第一所民立师范学校之清末状元张謇的"废庙立学"，提出质疑；为叱咤"变法"风云、号称介绍康德哲学"第一人"的梁启超指谬；向读"洋毛子书"出身、首开"中学西传"的辜鸿铭英译儒家经典（《中庸》）叫板；特别是数次撰文，批驳以"经术文章"名天下、且主管清学部的重臣张之洞手定学堂章程之"废哲读经"；即此数端，所谓"独立之精神，自由之思想"的观堂风貌，不亦尽展于吾人之前了么？三是看点。举其突出者，诸如王国维"召"入"南书房行走"与其自沉后被谥"忠悫"，这是学界周知的话题；而他代溥仪撰"谕葬"张勋的《忠武碑文》，则鲜为人知，传中不仅首次揭其全文，且详为诠释，以帮助读者了解领头"复辟"之"辫帅"张勋其人其事，并对照自任"讨逆司令"、自诩"再造共和"的段祺瑞之所作所为，可谓亦庄亦谐，颇足以解颐。再如，传中较为详尽析解了陈寅恪《挽王观堂词序》

所述王氏"不得不死"的"致死之因",又对序中名句"君为李煜,亦期之以刘秀","友为郦寄,亦待之以鲍叔"作了史事解读,亦可启人心智。

还须说的是,现在传记向文学挂靠,"传记文学"日趋时髦。实则,"传"固不可无"文",但首先应该是"史",而且是严格的"正史"。故传中论学述事,致力于"第一手"史料,在撷采《词录》《人间校词札记》,发掘《优语录》上下卷,剖析《咏史二十首》、《势力不灭论》等史迹的同时,还关注第四事:疑点。有的原本清楚,却被近年新出的某些王氏传论(包括年谱)混淆了,诸如王国维究竟何时东渡留学,其"线路"果真是由武昌到东京吗?有的是本应辨明却一直疑而不清,诸如在王国维众多的戏曲史研究专著中,何者为第一部,问世于何时?传中以确凿的史实,作了较为详实的辨析。

本书从2007年秋冬间动笔,历经两度寒暑,跨越三个年头。由繁而简、充实再写、写而复改,三易其稿,至今年春夏间始克写定。其间,小女陈君霜和钱峰先生在繁忙的工作之馀,协助收集史料,整理初稿,付出了许多艰辛,故在本书内封加署了整理者姓名,特予说明。责任编辑王宏波先生则在确定选题以后,对全书的写作要求、章节体例,均提出宝贵的意见,给予热情的帮助,并在校核书稿、觅配图片等方面,做了许多耐心细致的工作,谨致以诚挚的谢忱!

最后,我还要重引寅恪老人之言:观堂之学博矣精矣,几若无涯岸之可望,辙迹之可寻。我是完全抱着从头再学习的态度写此新传。虽恪尽绵力,但自感学浅才薄,对于书中不足不当之处,敬请文界学界友人和读者诸君不吝赐教、指正。

陈鸿祥

2009年7月22日,数百年难遇之日全食,次日大暑校毕全稿;11月26日至28日再校一过,并记于南京之龙园寓庐。

补记

我喜好观堂之学，并且做一点业余的研究；而其指归，则在为观堂立传。循此，我先后撰了"王氏四传"，依次为：

1998年之《王国维传》（团结出版社），此为"试笔"第一传；

2004年之《王国维传》及2007年修订版《王国维全传》（人民出版社），力图完整展示观堂生平业绩，此为第二、第三传；

2010年之《王国维传》（江苏文艺出版社），此为"新传"、第四传。

现在面世的，即此第四传新版，可算是第一传付梓二十年以来，奉呈读者之第五传；惟为便于读者了解该传原貌，故连同其后记亦一字不易，一并保留。

当然，既为新版，我尽己所能，力求完善，加以修订，做了以下数事：

一是校核。语云：校书如扫落叶。对原传文字，从头至尾，逐字逐句校读，改正讹舛；凡有引文，均查对原书，务求准确，其中如引录王乃誉日记，悉据影印本墨迹核对。

二是考辨。例如，对原传第四章征引之王国维七律辛丑《杂感》，查考唐诗，得解诗中"川如不竞"，实指号称"无竞居士"之前清重臣张之洞；诗中之"云若无心"、"敷水条山"，皆出陆游《剑南诗稿》，而其"驰怀"、"托意"，则咸在"时事"，殆即"辛丑变法"及其"新政"，从根本上辨明近人周（策纵）、钱（锺书）两家分别以达尔文之"主义"与柏拉图之"理想"解读王氏此诗之误。

三是查证。例如，罗、王结为儿女亲家，非惟"家事"，实亦关乎"罗王二家之学"的学术史要事；然而，罗女孝纯与王子潜明，究于何时完婚？当事者罗、王及其后人，均无具体记述；包括笔者在内的他人所撰罗、王谱传，皆语焉未详，或于此根本"失语"。为此，我多方查证，终于从郑孝胥晋日记中发现了过访罗氏，"贺其嫁女"之记载，从而得以在新版传记中落实罗、王儿女在沪成亲之时日。这虽似"细节"，实足补二大师行状中之空白性缺失。

四是出新。例如，王国维留日归来，就任通州师范教职，出罗振玉引荐，而张謇何故若此之器重王国维？我通过解读《观堂别集》所载《题族祖母蒋夫人画兰像》诗，追溯张謇远在光绪初年，即为王氏族祖父王欣甫"家教"；而王乃誉则对象"馆欣叔处"、"早有状头之目"的张謇"精金美玉"之学问文章，钦仰已久。然则，张、王相知殆非朝夕。还有为以往一切研究者所忽略焉，就是王国维研究中国戏曲史，实乃"其来有自"：王乃誉及其敬重之"欣叔"，莫不雅好昆曲，王欣甫更有"曲王"之誉。所以，我于新版传中特补上一笔：王国维之被梁启超尊为"曲学"的"不祧之祖"，岂出偶然欤！这应属实事求是。

我是久已处于"塾户"状态的退休闲人了。趁此，要感谢帮助我沟通信息的学界友人。尤其是进入新世纪以来，不断推出观堂研究新著的王亮先生，无论在史料与信息方面，可以说都给了我"有求必应"的关心、支持与帮助。例如，补入本书的日本东京物理学校遗址照片，就是他作为王氏曾孙应邀访日之际获得的；我与他的父亲王庆山是同龄老人，庆山先生风采依旧，追怀上世纪五十年代初中期、按月为伯母罗孝纯送生活费，至为亲切有味，特补入书中；这应是这部新版传记中最为珍贵的亲历者口述了。

我还要感谢此书责任编辑赵晓丽先生，为此书出版事宜，不惮其烦，不断给予关心、鼓励，并认真校读书稿，促成了新版传记的顺利成书、出版；原传责任编辑王宏波先生，则于百忙中帮助查找、发送原传电子版，谨一并致以诚挚的谢忱！

陈鸿祥，2018年5月20日，岁在戊戌孟夏，余八二初度二阅月矣，补记于龙园寓庐之后学轩。